熊铁基文集

第一卷

秦汉新道家

熊铁基／著

華中師範大學出版社

新出图证(鄂)字10号

图书在版编目(CIP)数据

熊铁基文集. 第一卷 / 熊铁基著. — 武汉：华中师范大学出版社，2021.6

ISBN 978-7-5622-9037-7

Ⅰ.①熊… Ⅱ.①熊… Ⅲ.①道家—文集 Ⅳ.①B2-53②C53

中国版本图书馆CIP数据核字(2021)第070454号

熊铁基文集 第一卷

©熊铁基 著

责任编辑:梅 杰 **责任校对:**罗 艺 **封面设计:**罗明波

编辑室:学术出版中心 **电话:**027-68997792/3280

出版发行:华中师范大学出版社

社址:湖北省武汉市洪山区珞喻路152号 **邮编:**430079

销售电话:027-67863426

网址:http://press.ccnu.edu.cn **电子邮箱:**press@mail.ccnu.edu.cn

印刷:湖北新华印务有限公司 **督印:**刘 敏

开本:710mm×1000mm 1/16 **字数:**536千字

版次:2021年12月第1版 **印次:**2021年12月第1次印刷

印张:33.75 **定价:**178.00元

欢迎上网查询、购书

幼年与父母合影（中为作者）

初中留影

本科留影

研究生留影

与弟弟、妹妹合影
（右一为作者）

在华东师范大学

全家人合影（左一女儿、左二妻子、左四儿子）

与李雪松游长沙

与妻子李雪松游鸣沙山

与妻子李雪松手托老照片，记录时光

本科同班同学合影（二排右一为作者）

与研究生导师吴泽（中）、同学郭惠青（右）合影

研究生同学合影（前排左一为作者）

与何兹全（中）、李雪松（左）合影

与陈启云（右）合影

与安作璋（左）合影

与陈鼓应（右）合影

与李学勤（右）合影

与林甘泉（左一）、窦连荣（左二）、张美娣（左三）合影

与田昌五（右）合影

与裘锡圭（右）合影

与钟肇鹏（右）合影

教/学/经/历

与第一届研究生
赵国华（右）合影

第一届博士生论文答辩会合影
（含第二、三届的博士生，前排右三为作者）

八十华诞合影（前排右四为作者）

学/术/著/作

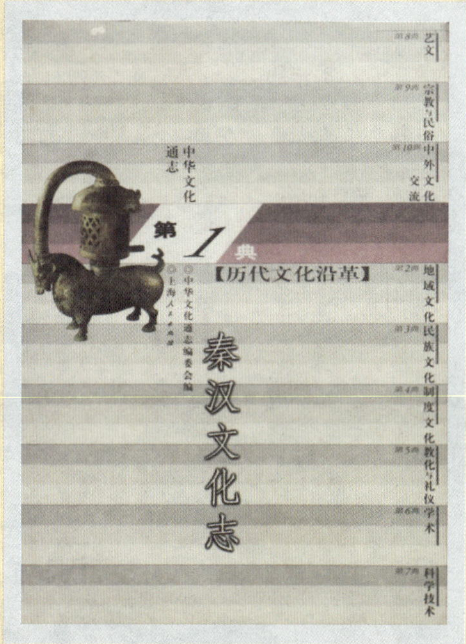

《秦汉文化志》

《秦汉文化史》

《汉唐文化史》

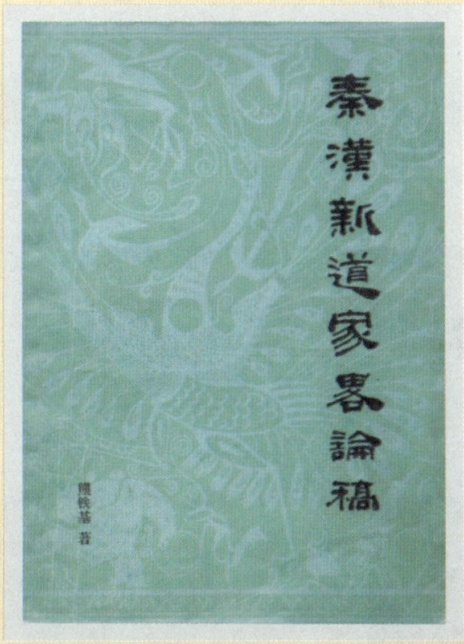

《秦汉新道家略论稿》

《秦汉军事制度史》

《熊铁基学术论著选》

《中国老学史》

《中国庄学史》

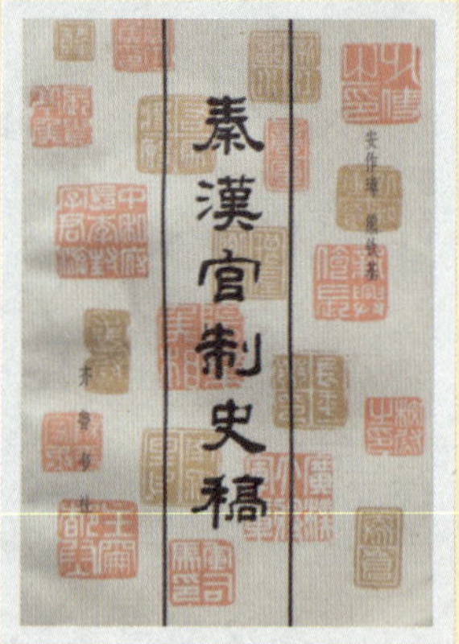

《秦汉官制史稿》

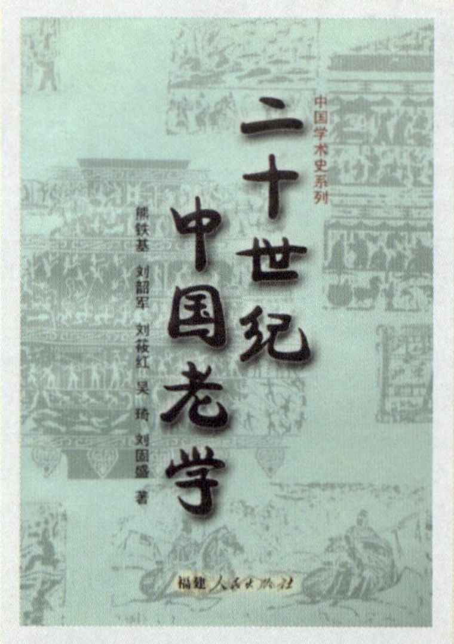

《二十世纪中国老学》

《汉代学术史论》

自　　序

有几位好学的朋友（学生）极力促成为我出一套文集，这对于一辈子读书、教书、写书的人也是一种总结，既有纪念意义，也有继续为社会做点贡献的作用。首先是它应有社会作用，这可以从内容谈起。

本文集共10卷，其中有9卷，主要是曾经出版过的专著（包括与人合作的由我撰写的部分）以及两部论文集。

我的第一本书是1984年出版的《秦汉新道家略论稿》，该书在当时是有一定影响的，引起哲学史领域的诸多学者的关注，这些我在2001年出版的《秦汉新道家》的前言中有所记述。1993年我参加大型丛书“中华文化通志”的编写，写了一本《秦汉文化志》，是有点新思考的（当时范军写了一篇有思想的书评），2007年上海东方出版中心组织一套断代文化史书系，把它以《秦汉文化史》的书名出版，除了做过一些文字校对之外，内容未做修改。没想到10年之后（2018年），北京新世界出版社又比较高调地出版了一次，书腰上写道：“一部诠释全球视野下秦汉时代文化发展脉络的重磅力作”，“一部了解秦汉时代历史文化沿革的入门经典读物”。两次重新出版，反映的是社会的某种需要。另一本书是我和安作璋先生合作的《秦汉官制史稿》，除开2007年因某些需要，齐鲁书社出了一个第2版之外，现在人民出版社又准备纳入“人民文库”出版，责任编辑翟金明告诉我：“‘人民文库’精选出一批在当时产生过重要历史作用，在当下仍具有深刻思想性、学术性以及珍贵史料价值的优秀作品。”看来该书有文化积累的意义，对当前社会文化的发展也是有意义的。前几天参加研究生的读书会，讨论制度史研究延伸和发展的问题。有学生说，即使延伸，原来的重要著作，如《秦汉官制史稿》之类的，也是基础，不可忽略（在读学生有此见解，也很难得）。以上是讲影响较大的两本书，其他如《汉唐文化史》（出版10年后，曾被纳入“学海一牛鸣”丛书再版）、《秦汉军事制度史》、《秦汉新道家》等，在小范围内也是有点影响的，读者各有所好地予以赞赏。既然如此，出版文集也不过是再多印刷一次罢了，或能满足需求者的需要。

主编和合作撰写的《中国老学史》与《中国庄学史》，我发起组织并自己动手撰写（《中国老学史》的秦汉以前部分、《中国庄学史》的隋唐以前部分）。这两本书在社会和学术上的影响都比较大，《中国老学史》出版以后，加印了四五次。《中国庄学史》先后在湖南人民出版社和福建人民出版社（增订本）两次出版。实际上可以说是开辟了老庄学史研究这样一个新的领域（紧接着我还组织出版了《二十世纪中国老学》和《二十世纪中国庄学》），后续的还有断代的和专题的老学史以及多卷本的中国老学通史出版。

另一大类是论文集，两卷。一卷是古代史，分秦汉史（秦汉史专攻了30多年）和其他关于古代史的论文两部分（包括几篇未刊稿，反映我学习和研究古代史的足迹）。另一卷是关于道家与道教研究的论文，道家研究是从读秦汉史书《吕氏春秋》开始的。开始是把它当作秦汉史的资料读，后来发现其思想研究的意义更大，写了《重评〈吕氏春秋〉》，接着是读《淮南子》，评《淮南子》，因而提出了一个"秦汉新道家"。道家与老子有关，从而研讨老学，进而研究庄学，这就有老庄学史的产生。20世纪90年代以后，道教界的学术研究风气日渐浓厚，时不时举行一些研讨会，我也常被邀请参加，因为老子是道祖，我写老子学史，那也就是道教文化的研究者。参加活动多了，自觉和不自觉地思考一些道教有关问题，陆陆续续也写了一些小文章，至今还在继续。现在我想解决的是道教何时产生的问题。

有些论文是产生过一定影响的，例如《秦始皇的最后十年》《重新认识古书辨疑》等曾为一些朋友津津乐道；有些论文如关于道教产生的问题，被作为一家之言看待；还有些虽被人称引（如李振宏的推介"汉人改造先秦典籍"并且有所发挥），我认为还未引起足够的重视，所以又写了"再论"和"三论"。"汉人改造先秦典籍"，这虽不是完全新的发现，但关系到如何依靠文献资料研究先秦史的问题，出土先秦文献越多，越说明这个问题重要，不应该把汉人的思想当作先秦人的思想。文集收集了一些散见的论文，更便于查考，这是最直接的意义。

文集收了几篇未刊稿，意在表明在某些问题上自己是思考过的，其实还有一些，就不必全收了。未公开发表的只是自己学习和研究的一个记录，从1956年当研究生开始，我可以说是笔耕不辍的，有些是作业，还有吴泽、束世澂等老师或长或短的评语；有些是自己学习过程中的心得体会，开始想学明清史，写过一些理论方面的东西，如资本主义萌芽问题之类。后来拜师唐长孺先生，认真读过《隋书》、新旧《唐书》、《资治通鉴》等相关史籍，写过几篇文章，还做过《隋书·食货志》译注（有原稿保存）。1979年转学秦汉史，开始写《秦统一六国》（也保存有原稿），汉武帝研究除已发表的之外，还有未刊的稿子。还有一些未刊稿没有产生过社会影响，也没有很特殊的见解，就不必收录了。

还有一卷，包括回忆录、序跋、杂文等，可以说这是从几个横断面看人生的足迹。我始终认为自己是一个普通人（本来也是），普通人和大众更接近，经历能得到更多人理解，有人或可从中获得点什么启发。记得何建明主持过我的一次讲座，一个较大的阶梯教室，室内走道、室外走廊满满都是人，屏声静气一个多小时。内容大概是结合个人经历讲未来。何建明说，不必太高远，可望而可即，也许这就是流行的接地气吧。我这一生，也就是读书、教书、写书，但不论什么时候，不论做什么事，都会与社会时事有关。这也是我长时间表示的一个看法，从古到今，完全脱离时势、政治的人和事是没有的（当然是就大的方面而言）。历史就是《资治通鉴》，一代一代的“资治”。人生也是如此，任何人都脱离不了时势和政治，只有自觉和不自觉、主动和被动的不同。写回忆录，我翻阅了一些旧日记、信件等材料。最近找到了两本高中一年级时的作文本（残缺不全），感慨甚多，老师逐字逐句地批改，文后还有批评或鼓励，篇头还盖有教务处的图章（教学管理如此之细），是1948年下半年和1949年上半年的（长沙解放前夕）。我当时就读于兑泽中学，学校在长沙东郊丝茅冲。我是一个很普通的学生，虽跟着参加过一些迎接解放的集会和游行，但并不认识任何地下党团或者是进步的学生。从题目看，作文与时事政治是有密切关系的。《币制改革后长沙面面观》《戡乱与救国》《徐州战争》《我所理想的学校》《暑假生活杂传》（老师改“传”为“缀”）……第二学期的题目有《寒假生活回忆》《国共和谈之我见》《更夫》《凄风苦雨话四七》（记当时南京的学生运动，老师评语：语多慷慨激昂）……好像都不是命题作文。结合回忆录的内容，可见形势、政治对一个普通学生的影响。我常说，回忆、口述是有很多不可靠的东西，包括记忆之不完整，个人的心态和主观思想等，读回忆和口述，要做一定的分析。

我写回忆录，开始于2018年暑期，当时全家人聚集在女儿嘉慧家里一个多月，我带了一本1948年下半年至1949年上半年的日记本（包括50年代前后也有一些不完整的记录）。开始写作，我发现，有许多我记得很清楚的人和事，日记上没有，日记上有些人和事我忘记了，甚至印象都没有。2019年以后，就以问题为中心陆陆续续写了。也是有日记的，不过只是一本本简单的流水账，能反映思想和具体生活的内容太少了。写出来我自己都不满意。

序、跋不多，有些事能反映我的工作态度，如1993年组织青年教师编写一本《传统文化与中国社会》，在前言中写道："总的设想是我提出的，经过大家讨论、充实，然后才分头去做。前后三四个年头了，每一篇从草拟提纲到写作完成，我都是提出了意见的（或多或少），每一篇从初稿到定稿，最少的看了两遍，有的看了三四遍，甚至更多。提出这一点是说明我对这本书的责任，如果有问题的话（缺点、错误、不足之处），我是不能辞其咎的，我等待着大家的批评。"主编《帝王宰相辞典》，协助张舜徽先生主编《中国史学名著题解》和《中国古代学者百人传》，我都是这样做的，如张先生所说，"在编写过程中，在奔走联系、组织人力方面，熊君之力尤多"，花了大量的时间和精力。

人们如何从过往的经历中认识和总结，这恐怕是值得探讨的一个问题，不是名人、大家的普通人，其人生足迹也有自己的特点，有的内容多少或可给他人一点启示。

人的一生，时间长了，有各种各样的经历，某些时候，认识错误、行为错误会有不少，但是，我没有故意为恶、害人过，善良、正直是主导面。好学勤奋是一生的努力，真正是死而后已。我经常想到：吾日三省吾身，为人谋而不忠乎？与朋友交而不信乎？传不习乎？时至今日，我还没有停息，恐怕既不是为名也不是为利了，名和利已经基本定型了。刚好翻到一篇1948年的作文《我们要过有意义的生活》，老师批语："现在社会上的人个个都是争名夺利，所以作者也只看到名利二字才是有意义的生活，可是我们想想、看看，争名夺利的结果怎样，归宿怎样，那就知道名利的害人，知道为名利是无意义的生活。（十二月四日）"感谢老师的早期教育！几十年来，名利思想恐怕是反复斗争、变化过的。写回忆录，恐怕反映不了这么多、这么复杂的发展变化。

因为我活得比较长，而写作生涯中有一个突出的现象，大多数研究成果是 60 岁前后特别是 60 岁以后出来的。我想人生不必要像坊间所说的那样：60 岁告老还乡，70 岁打打麻将，80 岁晒晒太阳，90 岁躺在床上。我的经历是 60 岁以后可以干事，可以干较多的事。但这又似乎没有普遍意义，60 岁以前成果不多，一方面有时代的客观原因，读书、做学问受到不少干扰；另一方面也是自己不行。过去和现在都有 50 岁前很有成就的人，我的经历唯一可以说的就是告诉人们，60 岁以后可以做一些事，可以做较多的事。愿与老朋友们共勉。现在我的很多学生都已经步入了老年。

我讲话、作报告有时候会有些幽默，能获得一点笑声和掌声，写文章却太缺乏文采，只能实话实说，这既是优点也是缺点。

前　言

一

我是学历史的，原来主要学习和研究中国古代政治、经济等方面的问题，1978年前后开始发表秦汉思想史方面的文章，在我的老师张舜徽先生和武汉大学萧萐父先生的关心下，在上海人民出版社的支持下，1984年出版了《秦汉新道家略论稿》一书。当时虽然赵吉惠先生写了书评，但那时候对我的制度史写作关心的人似乎更多一些。不过也有支持我研究思想史的，记得李学勤先生就曾鼓励说，学历史的治思想史会有自己的特点，并提供了有关信息。加拿大的白光华（Charles Le Blamc）先生也曾关心我的《淮南子》研究。过了将近十年，1993年初，一次与周振鹤先生夜谈，他提到看过《略论稿》并且印象不错。也就是这一年，与哲学史界的朋友接触多起来了。1993年底应张岂之先生之邀，参加陕西省第二次老子思想讨论会，并遵嘱发言，我讲了“老学”发展问题（后来写了《中国老学史》）。紧接着又参加了成都的道家道教思想研讨会，会上遇王葆炫先生谈起《略论稿》，我冒昧地问他，该书为什么会引起人们注意？他认为，一是“文革”之后，学术著作刚刚恢复出版，数量不多，二是该书还有一些自己的见解。我觉得原因也许即在于此。这里我要特别提及的是，我与哲学史界特别是研究道家道教文化史的朋友们认识和交往，得力于陈鼓应先生。他为了道家道教文化研究东奔西走，不辞劳苦。1990年他从四川来武汉，亲临寒舍交谈，从而使我紧紧地与道家文化研究活动联系在一起。而《略论稿》当然是他以及他的朋友（包括余敦康、牟钟鉴、董光璧、许抗生、王博等许多先生）对我有所了解的一个基础，在见这些先生之前和之后，都陆续从旁听到他们对我的推荐，当然我十分感谢朋友们对我的信任。后来，湖北长江文化丛书的主事者告诉我，推荐我参加写道家文化的是余敦康先生。该丛书作者名单在报张岱年先生审阅时，张先生说看过我的东西，这当然也是指《略论稿》。没想到，一本小书引起了哲学史界的先生们广泛注意。1996 年哲学界的方克立等先生，批准我的《秦汉新道家》列为社科基金项目，当然也是以这本小书为前期成果而确定的。1996 年 8 月参加北京的道家文化讨论会，会上第一次见到台湾的陈丽桂先生，才发现她几乎和我做的是相同的课题，由于我孤陋寡闻，她的许多著作都未拜读。会后我冒昧地写信索要她的有关著作，很快收到一大包，一一拜读，受益匪浅。有一份是《八十年来的淮南子研究目录》，其中也收有我的两篇文章，关于《从〈吕氏春秋〉到〈淮南子〉——兼论秦汉之际新道家》，她介绍说："文中指吕览与淮南为新道家而非杂家，从而论述新道家的特质与成败，两书的异同。析论精赡剀切而深入，屡发他人所未发。"如果我 1992 年读到这段评论，将是何种心情，现在无法想象了。如今看来，真是过誉了，"精""深"两字使我惶恐不安，仅与陈丽桂先生相比，我相差太远，这绝非虚言客套，单说陈先生作研究目录这一点就是我所不及的。事实上，现在的这本《秦汉新道家》，就是想解决原来那本小册子不精、不深的问题。

为什么流水账式地写以上这些？用意在于说明：学术研究中的相互影响，理解、支持和鼓励是有利于学术事业发展的。我在开始研究时，参考过别人的东西，别人也看到过我的研究成果，或者同意或者反对①，然后又有新的研究成果，反过来我又学习和吸收，进一步使研究向精深发展。现在呈现给大家的这本书，就是这样产生的。

本书中的关于《老子指归》和《河上公章句》两章，是在《老学史》的基础上改写的。改写时才仔细阅读王德有、王卡两位先生的标点本，在他们的启发下，分别补写了两节，字数几乎比原来多一倍，并且发现还有许多问题值得深入探讨。全书初稿将全部完成时，又从《文汇读书周报》上看到丁原明先生的《黄老学论纲》，随即向山东大学出版社马新先生索取，承她很快寄给我阅读，该书中有几次提到我的《略论稿》，有同意也有不同意我的观点，其所不同意的，我在本书中加强了论述。该书秦汉时

---

① 例如陈奇猷先生在《吕氏春秋校释》一书最后加了一个"补论"，认为把《吕氏春秋》视为道家或新道家"皆有所偏"，是点了我的文章的。

期只有一章（但问题还是涉及较多），主要讲秦汉以前，对我启发也很多。两书各有侧重，可以互相比照。以上这两点，或可再次证明，学术研究发展中相互影响的价值和意义。

二

那么，《秦汉新道家》与原来的《略论稿》有哪些不同呢？篇目增加了几近一倍，字数超过了两倍，在论述的角度和深度上自然有较大的进展，原来的篇目都有很大程度的修改。近两年新写的章节，除《吕氏春秋两论》① 之外，也都有所修改。例如关于诸葛亮的内容，虽然在1994年的《道家文化研究》第五辑上发表过，此次又扩充了一倍的文字予以论述，相比似更全面。总的来说，所作修改，反映了自己认识不断的提高，也包括少量看法甚至错误的纠正。提高的主要表现在两个方面：

首先，从整体看，本书与原《略论稿》相比，无疑要完善得多，初步具备了比较完整严密的体系，分“历史”和“思想”两篇是从纵横两个方面进行论述，也力求向历史和逻辑的统一方向上努力。思想如果不结合现实（历史就是过去的现实），那是意义不大的。实际上，任何思想都是与当时的现实有关的。“历史篇”比较集中地探讨这一问题，这是原《略论稿》中所没有的。“思想篇”各章，较为全面、系统地论述了秦汉时期新道家主要代表人物和代表作。其中有些章节的内容虽是大家都反复探讨过的，但在本书的整个新体系中，其地位是很重要的。三篇附录，是作者研究思考整个问题时的副产品，虽为副产，却带有思考的普遍意义：杂家问题是最初提出问题的出发点；范蠡思想则与黄老道家的原初情况有关系；朱熹思想离得远一些，意在表明黄老道家在历史上的影响，这和原《略论稿》的附录《魏晋道家思想流行》② 的用意一样，但更为深远一些。这几方面，都是全书研究中经常涉及的问题，当然也都可展开更深更充分的研讨。

其次，从每一单独的篇章看，虽然大多不是新的题目，但每一篇的写

① 最近在《道家文化研究》上发表的两篇论文，合为“两论”，并以此换下了原《略论稿》关于《吕氏春秋》的两篇。

② 本书已取消了此篇，但基本思想在“历史篇”的最后一章中有所表述。

作和修改，都是经过一定的深思熟虑的，某些“一孔之见”的来源有二：一是对原材料认真钻研的心得；二是借助他人论著，或者在互相启发中有所体会。

三

这里，还想简略论说的，是与本书研究课题密切相关的几个问题。

一，古代学术思想有无派别之分？这个问题是应该作肯定的回答，因为是客观存在，不必也不应予以否定。不过有的派别及其代表人物的学术派别还比较强，儒、墨就比较突出。孟子要诛杨墨，荀子不但“非十二子”，甚至可以说主张“清洗”儒家内部之腐儒、陋儒、贱儒。墨家从墨子到其后学都有明显的派别组织。韩非所说“儒分为八，墨离为三”等，都说明派别是客观存在的。司马谈归纳为阴阳、儒、墨、名、法、道德六家，是对学术派别客观存在的一种总结，没有必要否认。

二，如何从全面看派别之分？在分析战国百家争鸣时，我曾经概括过四点：第一，同源异流，从思想起源看；第二，殊途同归，从主张的最后目的看；第三，相生相灭，从各派别思想的互相影响看；第四，求同存异与“齐万不同”，从发展趋势和规律看。其中关于最终目的，司马谈说是“务为治”，虽然还会有“入世”、“出世”不同之类的现象，但无法从根本上否认。其他几点则涉及具体内容，情况很复杂，颇不容易讲清楚。例如“源”是什么？古人有古人的说法，或源于道，或源于“六经”，这些现在当然不能照搬，恐怕要从一些不同的角度加以论述。至于相互影响及其发展，那更为复杂多样。可以从一个一个派别的历史发展中去清理。这就需要经学史、儒学史、道家思想史、老学史、庄学史，以及断代的更具体的专题的研究，如宋明理学、隋唐佛学、魏晋玄学和秦汉新道家的研究，等等。

三，如何看待思想主张的不同和相同？学术派别之分，主要是思想主张之分。我们常常从不同派别的作品、不同人物的言论中，见到一样的思想或者大同小异的语言文字的时候，也讨论谁抄谁的，这在时代晚一些的著作和言论中是可以研讨的，但对时代早一些的思想家和言论，就很难说清了，找不出师承关系，甚至难以考见其影响，例如老子、范蠡这些比较早的思想家其人和其书，有大体相同的思想甚至言辞，就难讨论他们之间的关系。我认为，每一个时代都有一定的共同思想和语言：《老子》中有“用兵有言”、“圣人云”乃至“百姓皆谓”；范蠡对越王，开口闭口“蠡闻之”、“臣闻之”；越王也称“谚有之”。这些当即指当时流行的思想和言论。有些书中“是故”之后的文字，当亦反映人们的一种共识。由此看来，各派之间有些相同的思想，是比较普遍的正常的现象。

那么派别思想之不同，又怎样呢?《庄子·天下》篇说：“天下多得一察焉以自好。”“天下之人各为其所欲焉以自为方。”《汉书·艺文志》说：“各引一端，崇其所善。”的确是各自强调各自所崇善的方面，礼或者法，仁义或者道德等，有时甚至是过偏过激。但是随着时代的发展，特别是经过一定的实践之后，各派之间的交流和互相吸取就越来越多，你中有我、我中有你的现象越来越普遍，融合、新的组合不断出现，新儒家、新道家乃至新法家，也就因此而产生。这方面，司马谈《论六家要指》分析道家时有一个很好的表述，叫做“采儒墨之善，撮名法之要”，实际上不仅道家，其他各家莫不如此，要生存就必须如此发展。墨家也许因为派别太严(尤其在组织上)，所以作为派别在历史上消失了。不过，派别之所以仍然有，是因为仍然有各自的主要主张，有各自的最中心的思想，如道家之以道为出发点，以道衡量和统帅一切，儒家之崇尚礼义——特别是仁义之义。因此，无论吸收什么、怎么吸收，都是有个主心骨的。论题一样，结论不同；引用相同的历史事实或思想资料，不同的视觉观察出不同的问题。书中有一个突出的例子，那就是《礼记》和《淮南子》中，有几乎完全相同的关于“人生而好静，天之性也”的一段话，讲“天理”与“人欲”的对立，但《礼记》的结论是“先王之制礼乐，人为之节”，而《淮南子》的结论是讲“达于道者”因而注意心性修养。在分析和研讨问题时，是不难作出这种派别不同的区分的。

四，古代有没有“指导思想”?我认为有，刘秀说“吾治亦欲用柔道”，即是讲自己的指导思想。指导思想，在很多场合，对很多人的行为来说，也是客观存在的。当然有一个自觉和不自觉，是否明确意识到的问题。刘邦说，马上得天下“安用诗书”!是没有自觉到考虑指导思想问题(他这一点不及后来的刘秀)。要陆贾上《新语》，这可说是讨论指导思想问题。同时也可说明，客观上是需要指导思想的。汉初为政的指导思想，是经过一大批谋臣共同努力形成的，萧何、曹参、张良、陈平都起过作用，《汉书·萧何曹参传》的赞中有言：“天下既定，因民之疾秦法，顺流与之更始，二人同心，遂安海内。”“顺流与之更始”，就与确定指导思想有关。指导思想，在古代不会有什么纲领文件的制定，是通过具体事的处理表现出来的，张良劝止刘邦“立六国后世”，就是指导思想的一个很具体的表现，黄老道家是主张维护统一的。通过许多具体表现，集中看到一种主要起作用的思想，就是指导思想。汉初为政去苛烦，重安定，崇尚节俭，与民休息，被概括为“清静无为”的黄老之治，就是以黄老道家的思想主张为“治”的，黄老新道家的思想就是汉初的指导思想。其作用不小，影响很大。在以后的历史中，人们还会经常想起它，讨论它。

四

我的秦汉新道家研究，从最早探讨新道家问题开始，至今已二十年。这本书的计划和写作前后也有四五个年头了，虽然不是“焚膏油以继晷”，但也是持续不断地反复思考和改写，现在算是画了一个句号。继续希望得到学界朋友们的关心和支持，当然包括批评指正。

最后必须要说的是：前面说到《秦汉新道家略论稿》的影响，如果当时不能出版，就无从谈起。因此，近二十年来我始终没有忘记上海人民出版社，始终记得该社的张玟先生，是他支持了我的“新观点”（这是当时他的话）。责任编辑是虞信棠同志，当时他很年轻，审读编辑的水平令人感佩。现在他更成熟了，看了我重写的稿子之后，又积极向社里推荐，而总编郭志坤先生几乎二话没说，就同意接受列入出版计划。他们的见识、魄力和作风，再次使我产生更多的想法：上海人民出版社一向重视学术著作的出版，八十年代以后，出版“文化史丛书”，最近出版百卷本《中华文化通志》、多卷本《中国通史》，等等，都是突出的事例，不但出了很多好书，同时也支持、培养了一大批学者，仅从历史学这一方面看（其他学科也必相同），国内老老少少不少人，有的是在这个社出版处女作，有的是出版相当成熟的代表作，或者两者兼而有之。这些，都是学术界有目共睹的。我作为该社的一名作者，衷心祝愿上海人民出版社在新世纪里事业更加繁荣昌盛。

1999 年 4 月 20 日改定

目　录

历　史　篇

思　想　篇

历史篇

第一章　从“稷下黄老”到“家人之言”

——新道家问题的提出

秦汉新道家是秦汉时期一个影响很大的、重要的学派。它与历来所说的“黄老”有密切的关系，所以有必要从头说起。

一、先秦学说的分派别与黄老道家

“学派”，这是现代的名词术语，古代与此大体相同的词是“诸子百家”的“家”。学说或者学术之分家或者分派别，在中国古代是战国以后的事，战国早期的《墨子》中说：

> 天下之人异义。是以一人一义，十人十义，百人百义，其人数兹众，其所谓义者亦兹众。①

这个“义”是议论之义，也是义理之义，引申可为现今主义之义。各有各的主义，还没有类别，墨子主张“尚同”，把“兹众”的义按“家—国—天下”“一同”起来，这就是一种归类的办法了。主义、学说是可以分类的。

到战国中期庄子之时，则有了“百家之学”的说法。《庄子·天下》篇虽也说“天下之人各为其所欲焉，以自为方”，“天下之治方术者多矣”，但他所说“百家之学”就是一个概括，尤其是具体地批评学术时，把墨翟和禽滑釐、宋钘和尹文、田骈和慎到（还有彭蒙）、关尹和老聃分别联系在一起，可以说是大体上分了家，分了学派。其所谓“后世之墨者”，如：

---

① 《墨子·尚同》，诸子集成本，中华书局1954年版。

相里勤之弟子，五侯之徒，南方之墨者苦获、己齿、邓陵子之属，俱诵《墨经》……以巨子为圣人，皆愿为之尸，冀得为其后世，至今不决。①

更明显是讲了一个墨家学派。

战国后期的《荀子·非十二子》篇和《庄子》一样，是批评各家学说的，它批评的是“六说”、“十二子”，用了“说”字，“说”即言论、主张之义，也可以说学说，“六说”就有分派的意思，不过，它的分法与庄子不相同，如墨翟、宋钘合为一说，这是因为其所批评的内容有所不同。荀子认为他们的主要问题是：

不知壹天下、建国家之权称，上功用、大俭约，而僈差等，曾不足以容辨异、县君臣。②

而庄子评论墨翟的内容是：

不侈于后世，不靡于万物，不晖于数度，以绳墨自矫，而备世之急。……为之大过，已之大循。作为《非乐》，命之曰《节用》，生不歌，死无服。墨子泛爱兼利而非斗，其道不怒；又好学而博，不异，不与先王同，毁古之礼乐。③

墨子过分强调了“道术”的某些方面，以至“毁古之礼乐”。荀子和庄子批评墨子的内容基本相同，但侧重点不一样，这是很显然的。至于宋钘、荀子与庄子所取就大不相同，庄子所取的是：

不累于俗，不饰于物，不苛于人，不忮于众，愿天下之安宁以活民命，人我之养毕足而止，以此白心。④

---

① 《庄子·天下》，诸子集成本，中华书局 1954 年版。
② 《荀子·非十二子》，诸子集成本，中华书局 1954 年版。
③ 《庄子·天下》，诸子集成本，中华书局 1954 年版。
④ 《庄子·天下》，诸子集成本，中华书局 1954 年版。

这里只是讲了宋钘所“喜悦”的“道术”的一个方面，没有过多的批评之意。宋钘的著作没留下来，可见到的一些材料，也主要是庄子所叙述的这一方面。至于与墨子相通的思想，如庄子所说“其为人太多，其自为太少”以及“禁攻寝兵”等等，与墨子的兼爱、非攻、节用、非乐是一致的。荀子也讲到“上功用，大俭约”，这是墨翟与宋钘相同之处。至于宋钘是否与墨子一样“不知壹天下、建国家之权称”，不很明确，照理说荀子对宋钘是比较了解的，《荀子》书中称引“子宋子”之文不少。也许宋钘原书中有这方面与墨翟相同的言论；也许在荀子看来，宋钘过分地“以情欲寡浅为由”，“不累于俗，不饰于物”等，与他所强调的礼不一致，其结果是不利于“壹天下、建国家之权称”的。

以上可以说明，战国诸子，彼此之间是有不少共同之处的，用《庄子·天下》篇的说法，是“皆原于一”，皆出于“无乎不在”的“道术”，本来就应该是“相通”的，只是“多（各?）得一察焉以自好”，各人喜悦“道术”的某些方面，才分出看起来冰炭不相容的“百家之学”来。但如《汉书·艺文志》所说：“其言虽殊，辟犹水火，相灭亦相生也。”它们的内容不仅是“相反相成”的，而且常常有一些完全相同的内容。因此，这“百家之学”如何分类，一开始就不是（也不可能是）很明确的。

战国后期，到了《韩非子》的《显学》篇中，学说分派别的思想更明确了，大致的派别划分也比较明确，儒、墨即为两大派：

> 世之显学，儒、墨也。儒之所至，孔丘也。墨之所至，墨翟也。自孔子之死也，有子张之儒，有子思之儒，有颜氏之儒，有孟氏之儒，有漆雕氏之儒，有仲良氏之儒，有孙氏之儒，有乐正氏之儒。自墨子之死也，有相里氏之墨，有相夫氏之墨，有邓陵氏之墨。故孔、墨之后，儒分为八，墨离为三，取舍相反不同，而皆自谓真孔、墨。孔、墨不可复生，将谁使定后世之学乎?①

这段文字可以说明，在韩非看来：第一，学说上是有派别的，不仅有

① 《韩非子·显学》，诸子集成本，中华书局1954年版。

儒、墨这样的大派别，大派别在发展过程中又有许多分化①。要判断这些大、小学派（定后世之学），不是很容易的，“自谓”与事实的情况都比较复杂。第二，不同学派学说的不同，主要是“取舍相反不同”，这和庄子所说各喜悦“道术”的某一方面是一致的。

虽然学说的派别不好分，事实上又存在着不同的派别，汉初的司马谈把它们概括为阴阳、儒、墨、名、法、道德六家：

> 《易大传》：天下一致而百虑，同归而殊涂。夫阴阳、儒、墨、名、法、道德，此务为治者也，直所从言之异路，有省不省耳。②

顺便要指出，“务为治”、“所从言之异路”等思想，是从墨子、庄子、韩非一直发展而来的。这个看法极为重要，是如何看待中国古代学术思想的一个根本性的观点。

司马谈所列六家，应该说就是当时的“显学”，是客观事实的反映或者总结，他对于六家之“要指”（主要特点）进行了论证和分析，但是没有列举各家的代表人物或著作，这就给后人留下了不少问题，而“道德”一家就是最大问题之一。

首先，它和儒、墨、名、法等家不一样，连学派的名称都不很确定，司马谈自己既说“道德”家，又说“道家”。在司马迁的《史记》当中，“老子”、“道家”、“道德”、“黄老”这些词，常常是同一意义。说老子“修道德”、“言道德之意”，或“言道家之用”。说老子的后学则多用“本于黄老”、“学黄帝老子之言”，或“修黄老道德之术”。不过，在讲庄子时，司马迁只说“其要本归于老子之言”，没有用“黄老”，这是应注意到的。

其次，道家的代表人物和著作的问题。司马迁显然没有注意学说的分派，如《史记》的《老子韩非列传》，主要讲的学术渊源，“皆原于道德之意”。又如，《孟子荀卿列传》更是如此，附记了慎到、田骈、接子、环渊一批“学黄老道德之术”的人，并没有注意他们的学术思想内容，而着意

① 韩非的分派与《庄子·天下》篇所言“墨子后学”可互相参考。

② 司马迁：《史记》卷一百三十，《太史公自序》，中华书局 1982 年版，第 3288～3289 页。

的是他们和所有各派的“稷下先生”一样，“各著书言治乱之事，以干世主”。不过，司马迁比司马谈还是前进了一步，不仅讲了各学派的特点，也涉及各学派的代表人物。

西汉末年，刘向、刘歆父子校理图书，把诸子分成十大家。这十家分类虽不是专讲学术流派问题，但实际上却是按学派划分的，所谓“儒家者流”、“道家者流”等，流者，派别也。从学术思想派别来说，其分类和具体划分有不少问题。大的“六略”是图书分类，不涉及学派问题。其中“诸子略”分为十家，而且说“其可观者九家而已”，这就把当时一个较大的学派——兵家排斥在外了。还有，医家是否也应算一个学派。另外，“杂家”之出现极不恰当①，引起学派划分上的混乱。如果说，《七略》和《汉书·艺文志》主要是图书分类，不是讲学派的划分，那么这些问题似可不究，但哪些书入何家？这个问题就不能不清理了。这方面，刘向父子是失当的，因此后来引起许多辩论，这里就不具体说它了。

以上讲先秦学说分派别的历史发展。归结起来要指出几点：第一，学术上的派别是客观存在的；第二，学说的派别问题又是较为复杂的；第三，要了解中国古代的学术发展史就有必要对派别问题重新讨论和认识。

学说上的派别虽然是客观存在，但先秦的任何一家，其名称均非该派人物自己的叫法，“皆时人或后人所加，各有所取义”②。孔子为儒家的开山祖，未尝以“儒”自名其学派，《论语·雍也》篇“汝为君子儒，毋为小人儒”，并非讲儒家。一直到孟子、荀子，“儒”字的意义，亦非指儒家而言。只有《韩非子·显学》篇的儒、墨，才是儒家学派和墨家学派的意思。

道家的问题更复杂一些，谁是开山祖，一直有疑问，老子其人其书总有一些不同看法，早期道家究竟以哪些人为代表，都是学术界讨论的问题。但老子、庄子无疑是道家的代表人物，《老子》《庄子》无疑是道家的代表著作。问题是在汉初“道家”名称出现时，就同时有“道家”和“道德家”的不同叫法，尤其是“汉人言道家辄曰‘黄老’”③，该如何看待？我认为：道家有一个形成和发展的过程。关于“道”的思想开始得很早，

---

① “杂家”源流及其评议，参阅本书附录三。

② 蒋伯潜：《诸子通考·绪论·十家名称之取义》，浙江古籍出版社 1985 年版，第 13 页。

③ 蒋伯潜：《诸子通考·诸子人物考·庄子及道家者流》，浙江古籍出版社 1985 年版，第 186 页。

在诸子学派形成之前和开始形成以后，都有不少关于“道”的理论。《老子》中的“道”，也是就原有的思想进行解释和发挥。诸子皆言“道”，或指事物的发展规律，或指道德、政治原则，如《易·系辞上》中的“一阴一阳谓之道”，如各家所说的尧舜禹汤之道等。但有那么一派着重讲道是宇宙万物的本原，同时也讲事物发展规律之道，这就是道家。明确表达这种思想的就是《老子》，在先秦诸子中发挥这一思想比较充分的一个是《庄子》，另外就是被称为黄老之学的著作。可以说道家在其形成过程中就有较明显的两派，如清人魏源所说，“有黄老之学，有老庄之学”①，这几乎和孔墨之后“儒分为八，墨离为三”一样，老子之后道别为二了。

二、“老庄”与“黄老”

“老庄”与“黄老”是两个比较常见的词，它们的含义，它们的关系，至今还是研讨得不够的，很多时候都是一带而过，如说：“汉人言道家辄曰‘黄老’，魏晋人言道家则曰‘老庄’。”② 即便如冯友兰《从黄老到老庄》③ 这样的专节，也未具体究其原委，考其异同。也有些考、释黄老的论著，但又过细，难得要领，考来考去甚至有些论点互相抵牾。有必要予以明确论定。

我认为，道家的形成与儒、墨等家的形成有明显的不同，它之成为一家，有一个较长酝酿、发展过程，并且在形成过程中，先后出现了两个各自独立的派别，而不是一个统一派别的分化。

（一）战国、秦汉时期的老子与道家

道家与老子有关，老子其人其书也许还可以做不少文章，但多数人比较一致的说法：老子与孔子同时而年长于孔子，《老子》书为老聃所著④。我同意此说法。

---

① 《魏源集·老子本义序》。

② 蒋伯潜：《诸子通考·诸子人物考·庄子及道家者流》，浙江古籍出版社 1985 年版，第 186 页。

③ 冯友兰：《中国哲学史新编》，第 39 章，第一节，人民出版社 1986 年版。

④ 可参最新论证，张岱年：《论老子在哲学史上的地位》，《道家文化研究》第一辑，上海古籍出版社 1992 年版。

战国时期，人们把老子看作是阐发了“道”论的哲人，用《庄子》的话说，是“古之博大真人”①。人们尊崇他，常常称引他的话，以为立论根据，或加以阐发。引述和阐发老子的言论或思想，有的是大段或个别的摘引，如诸子之一般引“老聃曰”，或如《文子》之解经式的称引和阐述；有的则根据老子的思想加以发挥，如《庄子》，如一些依托黄帝之作，但是，都没有把老子当作“宗师”看待。对博大精深的《老子》的思想，许多人各取其一端，加以强调，加以发挥。在儒、墨等逐渐成为显学的时候，研究老子道论的人，更是抬出一个黄帝来，合起来叫做“黄老道德之术”，不过，中心还是老子，“黄帝言”是按照“老子言”编造出来的（详下）。

到了战国末年，黄帝的地位日益被强调，因而《吕氏春秋》中有一个值得注意的现象：书中明明引老子之言，却不用“老子曰”，而有些地方却把“黄帝曰”作为权威论述来引用，对于“神农、黄帝之所法”②，“神农、黄帝之政”③ 是十分肯定的。尤其是《序意》《圜道》等篇，反映出黄帝之具有指导思想的意义。这或者可以反映一个事实：老子后学——形成中的黄老道家试图以“黄帝之言”对抗儒、墨显学。

汉初，崇信黄老，黄帝、老子之书都读，《史记·外戚世家》写道：

> 窦太后好黄帝、老子言，帝（景帝）及太子（武帝）、诸窦不得不读黄帝、老子，尊其术。

马王堆出土帛书，《老子》之外同时还有名为《经法》等篇，实所谓黄帝之言，这是时人读黄、老的最有力证明。但是，当时的有识之士很清楚，黄帝是假的，是人们托古自重，如司马迁说：

> 学者多称五帝，尚矣。然《尚书》独载尧以来，而百家言黄帝，其文不雅驯，荐绅先生难言之。④

---

① 《庄子·天下》，诸子集成本，中华书局 1954 年版。
② 《吕氏春秋·必已》，诸子集成本，中华书局 1954 年版。
③ 《吕氏春秋·上德》，诸子集成本，中华书局 1954 年版。
④ 司马迁：《史记》卷一，《五帝本纪》，中华书局 1982 年版，第 46 页。

《淮南子·修务训》中写道：

> 世俗之人，多尊古而贱今。故为道者，必托之于神农、黄帝而后能入说。乱世暗主，高远其所从来，因而贵之。为学者，蔽于论而尊其所闻，相与危坐而称之，正领而诵之。

无论何时看，事实都很清楚，黄帝书是依托的，是人们按照流传的《老子》的思想加以时人己意之作，这从《汉书·艺文志》的记录也可以看出来，班固一方面记录了当时所知道的一些黄帝书，另一方面加注予以说明，如：

> 《黄帝君臣》十篇，注：起六国时，与《老子》相似也。
> 《杂黄帝》五十八篇，注：六国时贤者所说。
> 《力牧》二十二篇，注：六国时所作，托之力牧，黄帝相。

而对“小说家”类的《黄帝说》四十篇更注云：迂诞依托。

因为人们有如此明确的认识，所以黄帝书虽流行一时，但在班固时大多亡佚了（《经法》等篇不论是否《黄帝四经》，看来班固也未见到，这是自然淘汰）。

因此，汉初虽讲黄老，重黄老，实际上主要的还是讲老子，重老子。虽然《史记》中许多地方黄老连称，但落到实处则是老子。《史记·儒林列传》记载，窦太后好《老子》书，召辕固生问《老子》书。这与上述《外戚世家》“好黄帝、老子言”不同，这绝非一般地省去黄帝，而表明其所好、所读主要是《老子》一书，所谓“世之学老子者则绌儒学，儒学亦绌老子”①，没有用黄老，只用老子。这些可以说明老子在当时的地位和影响，老子不仅是真实的，而且是“深远”的，司马迁认为老、庄、申、韩“皆原于道德之意，而老子深远矣”②。这是结论，也是符合实际的结论。

老子之深远在其道论。但多数人都承认：老子的道论不是凭空产生的，

---

① 司马迁：《史记》卷六十三，《老子韩非列传》，中华书局1982年版，第2143页。
② 司马迁：《史记》卷六十三，《老子韩非列传》，中华书局1982年版，第2156页。

他有所继承，这在《老子》书中有明显的反映。不过，《老子》是第一个道论大集结的书，也是不可否认的。《老子》书的内容含量很大，包括宇宙、社会、人生各个方面，是一个以道论为中心的体系。但是它言简意赅，一方面“微妙难识”（司马迁语），另一方面又留给人们许多发挥的余地。

如上所述，战国时，老子的言论思想就有人称引，有人推崇，有人研究，有人发扬，多半是取其一端或数端加以发扬。但是，没有人把老子奉为宗主，这就可以说，战国时没有以老子为宗主的道家。汉初，司马谈概说“儒、墨、名、法、阴阳、道德”六家，道德家又称“道家”，或叫“黄老”。道家和其他各家一样，不是汉初突然出现的，有一个形成和发展的过程。不过，道家的形成发展过程与儒、墨等家有所不同：第一，虽然道家与老子分不开，但始终没有被这一派的人正式奉为宗师（被道教奉为教主是另一回事）；第二，儒、墨两家，在孔子、墨子在世时就可以说形成了学派，孔、墨死后“儒分为八，墨离为三”，道家则明显不同，老子时很难说有一个学派，他死后道家才逐渐形成，在形成过程中先后交替地出现了有很大不同的两派，即老庄派与黄老派，下面就分别谈谈这两派。

（二）“黄老道德之术”与黄老道家

黄老之名是汉代记载中才有的，黄老之实战国时肯定有了，有一批“学黄老道德之术”的人（详下）。黄老这一类的人有共同之点，他们都和老子一样“贵道”。正如司马迁说：

> 老子所贵道，虚无，因应变化于无为，故著书辞称微妙难识。①

其书言简意赅，学者不仅有钻研的兴趣，而且可以按己意加以发挥，所谓“因发明序其旨意”，不是一般地叙述老子的“旨意”，而是从中得到启发，开拓地、推陈出新地加以阐明。这些人似乎没有很深的门户之见，能够择善而从，兼采别人别家之长，能够“与时迁移，应物变化”②。他们“各著书言治乱之事，以干世主”③，可以说是共同探索一条“无为而无不为”

① 司马迁：《史记》卷六十三，《老子韩非列传》，中华书局1982年版，第2156页。
② 司马迁：《史记》卷一百三十，《太史公自序》，中华书局1982年版，第3289页。
③ 司马迁：《史记》卷七十四，《孟子荀卿列传》，中华书局1982年版，第2346页。

的政治路线：

> 其术以虚无为本，以因循为用。无成势无常形，故能究万物之情；不为物先，不为物后，故能为万物主。有法无法，因时为业；有度无度，因物与合。①

沿着这条线索发展，最终就形成了道家的黄老学派。偏离了这个方向的，或遭淘汰，或形成新的另一个学派，如法家、名家之类。这样，也就好理解司马迁的《老子韩非列传》了，他说“主刑名”的申不害，“喜刑名法术之学”的韩非，都“本于黄老”，正是黄老之术发展情况的客观表述。

黄老之学（黄老道德之术）发生和流行于战国时期，黄老道家学派的形成则在秦汉之际。提出道家的是司马谈的《论六家之要指》，或曰“道家”或曰“道德家”，他所概括的特点主要是黄老道家。“道家”这个词的使用也许更早一些，《史记·陈丞相世家》中记载：“陈平曰：‘我多阴谋，是道家之所禁。’”（其实这句话也是值得玩味的，暂不说它）。而司马迁最后又用自己的话说：“陈丞相平，少时本好黄帝老子之术。”可见陈平所说道家就是黄老。在司马迁父子心目中，乃至在多数汉代士人心目中，道家就是黄老。老子是具体的，最可信的，他们也是按黄老学派的观点来理解老子的。

一个学派的形成应有相对独立的、比较全面系统的思想理论。可以代表黄老道家学派思想理论的第一部大型的著作，那就是《吕氏春秋》，而最后集大成者则是《淮南子》（详后）。

（三）庄子与“正宗”道家

庄子其人其书虽也有些问题，但比老子其人其书的问题要小得多。庄子与老子关系密切，有同有异。自汉以来，老庄相连，但很少有人深究：老庄为什么相连？老庄相连的意义何在？也很少有人能给一个较为明确清晰的回答。这里想作一番探求，从另一个方面谈谈道家形成的问题。

---

① 司马迁：《史记》卷一百三十，《太史公自序》，中华书局1982年版，第3292页。

庄子虽称老子为“博大真人”，但并没有直接引用多少老子曰，他似乎是“别为一宗”①，但后人又要老庄相连。这里，不妨清理一下这相连的发展：从古书记载情况看，先秦诸子没有把老庄连在一起，最引人注目的《荀子·非十二子》和《韩非子·显学》，既没有提到老子，也没有提到庄子，更没有老庄相连②。《庄子·天下》篇中关尹、老聃相连，庄周单提，不讲他和老子有什么关系。联系老庄的，最早是司马迁，是他的《史记·老子韩非列传》。这要玩味他的原文：

> 其学无所不窥，然其要本归于老子之言，故其著书十万余言，大抵率寓言也。作《渔父》《盗跖》《胠箧》，以诋訿孔子之徒，以明老子之术。《畏累虚》《亢桑子》之属，皆空语无事实，然善属书离辞，指事类情，用剽剥儒、墨，虽当世宿学不能自解免也。其言洸洋自恣以适己，故自王公大人不能器之。
>
> 太史公曰：老子所贵道，虚无，因应变化于无为，故著书辞称微妙难识。庄子散道德，放论，要亦归之自然。皆原于道德之意，而老子深远矣。

庄子其学之要“本归于老子之言”，显然司马迁是就思想之根本相同而言的，是他研究《老子》《庄子》的内容，作了比较分析，结论认为他们“皆原于道德之意”。但是他没有全面写“老庄比较论”，庄子如何“明老子之术”，只是举例式的，不是全面的论述。但主要的比较又是清楚的，可以说老、庄之同在“道”，异亦在“道德”。学术界曾就司马迁所举《庄子》篇名讨论成书时间及庄子思想问题，我同意这样的看法：司马迁是把他见到的《庄子》当成一个整体的，所举数篇，主要是“以微辞见旨”，具体说明“世之学老子者则绌儒学”。他没有注意区分今本之所谓内、外、杂篇，或者他所见的《庄子》篇目次序等与今不同。③

---

① 王夫之《庄子解》颇有见地：“内篇虽与老子相近而别为一宗，以脱其矫激权诈之失。外篇则但为老子训诂，而不能探化理于元微。故其与内篇相发明者十之二三，而浅薄虚嚣之说杂出而厌观，盖非出一人之手，乃学庄者杂辑以成书。”（卷八论外篇）这段话可以作为许多考证的结论。

② 《荀子·解蔽》篇从“蔽于一曲”的角度批评了“庄子蔽于天而不知人”，仍未提老子。

③ 参阅张德钧：《庄子内篇是西汉人著作吗?》，《庄子哲学讨论集》，中华书局 1962 年版；张恒寿：《庄子新探》，湖北人民出版社 1983 年版，第 101～104 页。

重要的是，司马迁把庄子与老子联系起来了，与申、韩之“归本于黄老”都有不同，庄子是“本归于老子之言”，是“明老子之术”，这样，和“黄老”一样，“老庄”相连是呼之欲出的。因此，几乎与司马迁同时的《淮南子·要略》篇中就有“考验乎老庄之术”的提法了。有人怀疑此文是否后人之窜入①，那是不对的，这句话的前后语义连贯，毫无可疑之处：

道应者，揽掇遂事之踪，追观往古之迹，察祸福利害之反，考验乎老庄之术，而以合得失之势者也。

下文还有：“已言俗变而不言往事，则不知道德之应。”《道应训》这一篇如何“考验乎老庄之术”呢？

曾国藩云：此篇杂征事实，而证之以老子道德之言，意以已验之事皆与昔之言道者相应也。故题曰《道应》。每节之末，皆引老子语证之，凡引五十二处。②

似乎主要是说老子，该篇只有一处明确引“庄子曰”。但是该篇征引的许多事实都是《庄子》中有的，尤其是该篇开头“太清问于无穷……”那一大段文字，应该说是根据《庄子·知北游》改写的。说“道应者……考验乎老庄之术”这话无疑是《淮南子·要略》之原文。汉初，《庄子》没有《老子》流行广，没有被重视（其原因当另考论）。但是，刘安和他的门人肯定是钻研过《庄子》的，这有淮南子《庄子后解》《淮南王庄子要略》③ 可证。和司马迁一样，他们经过研究，从主要思想方面，把“老庄”联系起来。至于东汉人之提到老庄、魏晋以后之“老庄”作为道家的代名，那都是以后的事，这里先探其源。

那么，庄子在道家的地位如何呢？郭沫若曾有一段精彩的论述，他在《十批判书·庄子的批判》中写道：

---

① 张维华：《释“黄老”之称》，《文史哲》1981 年第 4 期。

② 刘文典：《淮南鸿烈集解》卷一二引。

③ 《文选》注中提到此二书。张恒寿《庄子新探》（湖北人民出版社）第 22～26 页有征引和考证，可以参阅。

……从庄子的思想上看来，他只采取了关尹、老聃清静无为的一面，而把他们的关于权变的主张扬弃了。庄子这一派或许可以称为纯粹的道家吧？没有庄子的出现，道家思想尽管在齐国的稷下学宫受着温暖的保育，然而已经向别的方面分化了：宋钘、尹文一派发展而为名家，田骈、慎到一派发展而为法家，关尹一派发展而为术家。道家本身如没有庄子的出现，可能是已经归于消灭了。然而就因为有他的出现，他从稷下三派吸收他们的精华，而维系了老聃的正统，从此便与儒、墨两家鼎足而三了。在庄周自己并没有存心以“道家”自命，他只是想折衷各派的学说而成一家言，但结果他在事实上成为了道家的马鸣、龙树。

这是表达得最理想的一段话。没有庄子就没有道家，看来很绝对，实则很有道理。“纯粹道家”这个提法也很有意思，沿着“维系了老聃的正统”这个思路，我在标题上使用了“正宗道家”。这个老庄道家与司马谈所言道家显然是不同的（要具体比较）。老庄相连，庄子继承和发挥了老子的道论，成为以后与儒家相抗衡的思想理论基础。当然，这方面还需进一步论证，大家都说庄子继承老子，但究竟如何继承？这是值得具体研讨的，这里不再说下去了，有待于他日或者他人来辨析。

以上所述远非周详，主要观点可归结一下：道家的形成与儒、墨不同，一无开山祖，二无具体的传授系统，三无明显的形成时间，与孔、墨死后“儒分为八、墨离为三”不同，而是在形成过程中出现了黄老与老庄两派。黄老之学出现很早，几乎有《老子》书的流传，就有黄老之学产生，但黄老道家这一派的形成并不很早，当在秦汉之际，或可以《吕氏春秋》作重要标志。这样，它就比老庄道家的形成要晚一些，所以又可称为新道家。老庄道家以庄子其人其书为标志，在秦以前，一般也就视之为先秦道家，是所谓“纯粹道家”或“正宗道家”。司马谈和汉初人所说道家没有作这种区分，而以老子作为道家的代表，实际所尊奉的又主要是黄老道家，有意无意地忽略了庄子。魏晋以后，又不怎么提黄老了，而以老庄道家作为道家的正宗。

以上这些，前面有的论述了，有的仅仅提出有待进一步证明，如黄学与老学之异同，庄子与老子的异同，黄老之学与黄老道家的异同，以及老庄道家与黄老道家之比较，他们各自的发展、演变等，都有待进一步研讨。

三、“稷下黄老”的地位和作用

黄老之学的问题在前面已经提到了，黄老之学的发生、发展与“稷下之学”有密切关系。本节就着重谈谈稷下黄老的问题。

春秋战国时期，各国国君为了争霸、争天下，展开了争夺人才之战，正如《管子·霸言》篇所言：

> 夫争天下者必先争人，明大数者得人，审小计者失人。得天下之众者王，得其半者霸。是故圣王卑礼以下天下之贤而王之，均分以钓天下之众而臣之……

因而各国国君均有礼贤下士、广招人才之举，而始终是大国之一的齐国，在这方面也是比较突出的，它所立稷下学宫，有稷下之学的美称。刘向《别录》说：

> 齐有稷门，齐之城西门也。外有学堂，则齐宣王立学所也，故称为稷下之学。……又有记载说：《史记》云：谈说之士，会于稷下。皆此地也。①

这个学宫持续了一百五十年之久，直至齐国灭亡才彻底解散。其兴盛时期，即宣王（前319年—前301年）时期，有稷下先生和稷下学士“数百千人”。诸子百家各派的学者都有，稷下就成了一个百家争鸣的集中场所。因而所谓“稷下之学”是有很大意义的，稷下学宫是有一定历史地位的。

当时的稷下有各种学说争鸣，其中尤为突出的是黄老之学的兴起，关于“稷下黄老”，主要是依据《史记》中的几段论述：

---

① 《太平寰宇记》卷一八“益都”下所引，其中《史记》云，指《集解》所引之文。

自邹衍与齐之稷下先生，如淳于髡、慎到、环渊、接子、田骈、邹奭之徒，各著书言治乱之事，以干世主，岂可胜道哉！

慎到，赵人。田骈、接子，齐人。环渊，楚人，皆学黄老道德之术，因发明序其旨意。故慎到著《十二论》，环渊著《上下篇》，而田骈、接子皆有所论焉。①

宣王喜文学游说之士，自如邹衍、淳于髡、田骈、接子、慎到、环渊之徒七十六人，皆赐列第，为上大夫，不治而议论，是以齐稷下学士复盛，且数百千人。②

在这一大批人中，各家各派的学士都有，这也是大家所公认的。但司马迁几次集中提到田骈、接子、慎到、环渊等几位学“黄老道德之术”的人，而且在其所列举的名字中占了大半，这是比较突出的事实。或者因为这批人在当时的势力最大，司马迁如实地反映出来；或者因为司马迁尊奉黄老，对这批人特别重视。有的学者为了说明黄老之学产生于秦汉之际，而认为司马迁“往往是将早期道家理论与黄老之学混为一谈”，强调“稷下道家与黄老之学”不能“等同”③。这又未免太拘泥了，而且会自相矛盾。司马迁把道家、道德家、老子、黄老混为一谈是事实，但稷下之有黄老也是事实。

在司马迁的概述中有一句话特别值得注意：

皆学黄老道德之术，因发明序其旨意。

这是高度概括的文字，几乎每一个字都值得推敲，因为它有实际内容：“皆学”者大家都学习；黄老道德之术，在《史记》中与黄帝老子之术、黄老之言（乃至《老子》书）通用，或简称黄老，可学的东西，当然主要是图书，如《老子》，如托名黄帝之书；“因”者，依也，依顺着黄帝、老子之言；“发明”，阐明；“序”'，叙述；“旨意”，主旨意图。全句话用现在的语言表达，即：许多人——或者田骈、接子等许多人都学习黄

① 司马迁：《史记》卷七十四，《孟子荀卿列传》，中华书局1982年版，第2346～2347页。
② 司马迁：《史记》卷四十六，《田敬仲完世家》，中华书局1982年版，第1895页。
③ 吴光：《黄老之学通论》，浙江人民出版社1985年版。

帝、老子关于道德的思想和理论，并且依据这些思想和理论，进一步阐明、解释其主旨意图。

因而就有阐明、解释的文字，所以接下去就是另一句值得注意的话：

> 故慎到著《十二论》，环渊著《上下篇》，而田骈、接子皆有所论焉。

虽只列举了四个人，且只有慎到、环渊的书名，但完全可以肯定，还有其他“发明”黄老“旨意”的著作，因为稷下的所有人都是会有著作的。

这样一批人，说他们是黄老学派有理可言，因为他们都是学习而且发明黄老道德之术的，对黄老之学有贡献。说他们不是黄老学派亦可，因为如庄子所说，他们各自喜悦“道术”的某一方面，在某一方面加以“发明”甚至创造，这就有可能走向另外的学派，如说一些法家代表人物之“归本于黄老”就是如此。这要具体分析，且以慎到为例，作些分析。

慎到，司马迁说他发明黄老道德之意“著《十二论》”，《汉书·艺文志》诸子法家类列《慎子》四十二篇，注云：“名到，先申韩，申韩称之。”《十二论》与四十二篇《慎子》是一还是二，难以断言，均无原本传下，流传下来的《慎子》书不可不信也不可全信，慎到的思想最可靠的记载是《庄子》等书。《庄子·天下》篇说他和彭蒙、田骈一样，喜悦“道术”的如下方面：

> 公而不党，易而无私，决然无主，趣物而不两，不顾于虑，不谋于知，于物无择，与之俱往。……齐万物以为首。曰：“天能覆之而不能载之，地能载之而不能覆之，大道能包之而不能辩之。”知万物皆有所可，有所不可，故曰：“选则不遍，教则不至，道则无遗者矣。”

关于慎到个人的思想，具体写道：

> 是故慎到弃知去己，而缘不得已，泠汰于物，以为道理，曰：

“知不知，将薄知而后邻伤之者也。”謑髁无任，而笑天下之尚贤也，纵脱无行，而非天下之大圣。椎拍輐断，与物宛转，舍是与非，苟可以免。不师知虑，不知前后，魏然而已矣。推而后行，曳而后往，若飘风之还，若落羽之旋，若磨石之隧，全而无非，动静无过，未尝有罪。是何故？夫无知之物，无建己之患，无用知之累，动静不离于理，是以终身无誉，故曰：“至于若无知之物而已，无用贤圣，夫块不失道。”豪杰相与笑之曰：“慎到之道，非生人之行而至死人之理，适得怪焉。”

这里所说的思想，和《老子》的思想是基本一致的，似不必多说，比较自明，但慎到并不能算知“道”。另外，如《荀子·天论》中说：“慎子有见于后，无见于先。”也是“自以为知道，无知也”。这都是讲慎子“发明”的道家思想，但他是“偏”于“道术”之一个或者某些方面。

当然，偏于道家的理论又并非慎到的全部思想，荀子还记载了他的另一方面，在其《非十二子》篇中，也是把慎到和田骈连在一起的，这可以说是偏于法家方面的理论，但是慎到“尚法而无法”，法的理论也是不很全面、不很成熟的。不过，他的思想直接影响了申、韩，“先申韩，申韩称之”这个说法是很有道理的，《韩非子·难势》篇一开头就引了慎到关于“势”的论述。从现存的《慎子》来看，关于法的论述是比较多的，故《汉书·艺文志》把它列于法家。如上所述，说他是法家也不很确切。清代《四库全书总目》著录《慎子》一卷，列入子部杂家类，《提要》云：

周慎到撰。……《汉志》列之于法家。今考其书，大旨欲因物理之当然，各定一法而守之，不求于法之外，亦不宽于法之中，则上下相安，可以清静而治。然法所不行，势必刑以齐之，道德之为刑名，此其转关，所以申、韩多称之也。

这话，当然还是从司马迁所谓申、韩“归本于黄老”的意思引申而来的。郭沫若在半个世纪以前作《十批判书·稷下黄老学派的批判》（1944年9月）时写道：

> 据这辑本《慎子》来看，差不多全部都是法理论，黄老的气息比较稀薄，但这一部分的法理论毫无疑问也是道家思想的发展。

这是比较客观的描述。可以说明，像慎到这样的稷下学士，在“发明”“黄老道德之术”的过程中，同时“创造”了关于法的一些理论和思想，后再进一步发展成较为完整的法家理论。然而，就慎到在稷下的当时来说，可以说是属于研究黄老之学的。

慎到的思想是如此，田骈、接子、环渊的思想更是如此，既复杂又有所归。这里就不一一剖析了。有的学者甚至说《史记》中列举的邹衍、邹奭、淳于髡一流人，“统在齐国底稷下皆可目为第三期初叶的道家”，并且说是“新道家”。假如分析阴阳家的起源，讲阴阳家与道家的关系，像讲法家与道家的关系一样，也是有一番道理的。持此说者云：

> 就广义言，阴阳家实即是道家。因为道是从本质言，阴阳是从历程言；道是玄学上所谓本体论，阴阳是玄学上所谓宇宙论。上段讲过：道的开展永久是辩证式的，即一正（阳）一反（阴）的。道——纯理地讲来，虽是绝对宁静，但决非一死物；它——实际地讲来，必须地要开展，而这开展又必然地为一正一反的辩证。所以道离开阴阳，便无道之可言，不妨说阴阳就是道的魂魄。邹衍底慧眼，独能对于道窥破其奥妙之所在，故司马迁称他“深观阴阳消息”是一针见血之评。①

这个分析合情合理，所以我大段地把它引出来以作参考。但是，战国诸子讲邹衍的不多，更没有怎么多谈阴阳家的问题，这是为什么？有待研究。

稷下学黄老的人物，除司马迁列举的人名之外，还有一些人，钱穆《先秦诸子系年》列“稷下学士”17名，大多与黄老之学有关，其中尤以宋钘、尹文为著。实际上当不止这些，还有些未留下姓名的人，不说那“数百千人”之中，就是“76人”之中也还会有“学黄老道德之术”的。

① 谢扶雅：《田骈和邹衍》，《古史辨》第5册，上海古籍出版社1982年版，第728页。

再说，著名大师们又有不少弟子，如《荀子·正论》篇云：“今子宋子严然而好说，聚人徒，立师学，成文典。”又如《战国策·齐策四》云：“齐人见田骈曰：……今先生设为不宦，赀养千钟，徒百人。”总之，仅就稷下而言，学黄老道德之术的人是很多的。这批人，无论是集中之当时，或是后来分散之后①，即在各地以不同的方式发挥影响和作用。

稷下黄老学者发挥的影响，就是他们的思想和言论，或口耳相传，或著书立论。当时的大家（如上面提到的）都是有著作的，只不过流传中散失较多罢了。还有不少是没有作者（未留下姓名）的著作：如《管子》书中的一些内容，特别是《心术》《内业》《白心》等篇；如《汉书·艺文志》所列一些已“亡”的道家著作，特别是那些以“黄帝”命名的著作，到西汉末年已经亡佚了，但现在又出土了西汉流传的一些黄老著作。总的可以说明当时论著很多。它们影响着当时和以后人的思想和言论，《庄子》《荀子》等书的称引也好，批驳也好，就是这种影响的一种说明。例如《荀子》中称引黄老之学的言论就不少，如对宋钘，他显然注意的是其黄老之学思想，所谓“孙卿道宋子，其言黄老意”②。在《非十二子》篇中把墨翟、宋钘相连，针对的是其“不知壹天下，建国家之权称”，不知轻重，不讲君臣等差，这在墨子是其“尚同”、“兼爱”等思想，在宋钘也许就与其“见侮不辱”、“禁攻寝兵”（如《庄子·天下》篇所说）等思想相连。《解蔽》篇说“宋子蔽于欲而不知得”，《正论》篇主要是“正”“世俗之为说”，但特别称引了宋钘两个有影响的观点加以纠正：

> 子宋子曰：明见侮之不辱，使人不斗。人皆以见侮为辱，故斗也。知见侮之为不辱，则不斗矣。……二三子之善于子宋子者，殆不若止之，将恐得伤其体也。
>
> 子宋子曰：人之情欲寡，而皆以己之情为欲多，是过也。故率其群徒，辨其谈说，明其譬称，将使人知情欲之寡也。

这后段文字的最后是上引“子宋子严然而好说”一段话。从《非十二

① 《盐铁论·论儒篇》：“及王……矜动不休，诸儒谏，不从，各分散：慎到、接子亡去，田骈如薛，而孙卿适楚。”

② 《汉书·艺文志》之《宋子》十八篇注。

子》《解蔽》《正论》等篇的引述看：一，宋钘的学说在当时是有影响的；二，荀子也从宋钘那里学过他的学说，故尊之为“子宋子”；三，荀子所举宋钘的思想也是《庄子·天下》篇中所说的“见侮不辱”、“以情欲寡浅为内”等思想，这些思想是道术的一个方面。此外，还有《天论》篇中的“宋子有见于少，无见于多”，也是属于道家思想范围的。所以“孙卿道宋子，其言黄老意”，这话算是说到了点子上。

钟肇鹏先生讲黄老之学起源时，完全否定了上述司马迁所言之稷下黄老，说都是“假托黄帝之辞”，说从宋钘、慎到等人的逸说中也看不出有什么黄学的痕迹①。这就有所偏颇了，“黄学”有没有且不说它，其源于《老子》是客观事实，应该说许多黄帝的著作，本来就是稷下先生们“发明”的。钟先生又说“真正的黄老学者，只有司马迁《史记·乐毅传》中讲到的那些人”，即河上丈人、安期生一直到盖公等人，这些人比稷下先生晚，或者是某一稷下先生的传人。河上丈人“不知其所出”，不过是不知其本师罢了，难道可以把河上丈人说成是黄老之学的创始人？黄老之学的产生是有一定条件的，是有一个过程的，很难有十分具体的标志，而稷下黄老倒是一个比较明显的标志，因而稷下黄老的地位是重要的，其所起的作用——对黄老之学的产生、黄老道家的形成是很大的。

四、“家人之言”及其意义

《史记·儒林列传》写道：

> 窦太后好《老子》书，召辕固生问《老子》书。固曰：“此是家人言耳。”太后怒曰：“安得司空城旦书乎！”

“家人言”是什么意思？有人释之为“一家之言”，这照字义上讲未尝不可。但从全文意思看，从《史记》《汉书》其他地方“家人”的用法看，似应解释为“一般人能读的书”；用现代话说，《老子》不过是通俗读物罢了。比较早的解释就是这个意思，如《史记索隐》：“服虔云：如家人言

① 钟肇鹏：《论黄老之学》，《世界宗教研究》1981年第2期。

也。案：《老子道德篇》虽微妙难通，然近而观之，理国理身而已，故言：此家人之言也。”颜师古注《汉书》则说：“家人，言僮隶之属。”又《史记·栾布列传》的“彭越为家人时”，《索隐》则云：“谓君家之人，无官职也。”师古注《汉书》上句为：“家人，犹言编户之人也。”但他注《董贤传》又说：“家人，犹言庶人也。”在汉代人口中，家人就是庶人，“家人，谓庶人之家也”。又如《汉书·五行志》中记载，谷永谏成帝时说：“陛下弃公乘之至贵，乐家人之贱事。”家人也显然指庶人而言，他下面接着就明说“为庶人之事”。

以上这一番考证，也许对“家人言”作一确切的理解是必要的。“家人言”不会是“一家之言”的意思，否则窦太后不会发“怒”，而且愤愤地回敬那么一句：“安得司空城旦书乎！”这后一句也值得说一下。《汉书》注云：“服虔曰：道家以儒、法为急，比之于律令。”服虔注释似认为是指儒法之书，与道家书相对。全文之意难解。我们不妨从“安得”两字来加以考虑，安者何也，“安得”的用法，如《史记·留侯世家》：“今上欲易太子，君安得高枕而卧乎？”《陈丞相世家》：“平曰：非魏无知，臣安得进？”都是疑问副词。准此，则“安得司空城旦书乎”一句，可译为：“何以说是司空城旦之书呢！”“司空城旦”正是依着释为“僮隶”之“家人”而极言之，这里似乎与儒法、律令并无关系。

总之，《老子》书，事实上包括黄帝、老子之书，成为“家人言”，说明它的流行是极为广泛的。看看汉代，特别是汉初的情况，正是如此，无论是在朝的或者在野的，有许多人学“黄老之言”，汉初的皇帝、皇后，如文帝、景帝、窦太后，丞相、大臣，如陈平、张良、陆贾、曹参、贾谊、田叔、汲黯、郑当时以及司马谈、司马迁父子等，一般知识分子有盖公、乐臣公、黄生、王生、邓章、杨王孙、安丘生以及司马季主等可为代表。这些人多半收授弟子，从各方面发挥影响，例如：

> 盖公教于齐高密、胶西，为曹相国师。①
>
> （田叔）学黄老术于乐巨公所；②

① 司马迁：《史记》卷八十，《乐毅列传》，中华书局1982年版，第2436页。

② 司马迁：《史记》卷一百四，《田叔列传》，中华书局1982年版，第2775页。

(司马谈)习道论于黄子;①

(邓章)以修黄老言,显于诸公间……②

司马季主“闲坐”于“卜肆”中,亦有“弟子三四人侍”,贾谊、宋中(中大夫)曾“猎缨正襟危坐”,听他“语数千言”,并且置疑问难。司马季主所言可说是黄老之“道术”,讲得宋中、贾谊“忽而自失,芒乎无色,怅然噤口不能言”,而深受启发,“再拜而辞,行洋洋也。出市门,仅能自上车,伏轼低头,卒不能出气”③。这是久久地陷入沉思之中。就此来看,贾谊诗文中有黄老思想的痕迹就不足为奇了。

当然,以上事例都是王公大人、文人学士,似与“家人”无关,但也不可否认,有些人在为官之前,本也是“庶人”。讲出身,甚至是比较下层的,如陈平之类的人。在野的知识分子,一般可以看作“庶人”。不过,“家人言”的主要意思是指它的流行之广,一般人都学它、讲它。老子、黄帝书可以说是当时的“畅销”书,有条件的人死后都要把它埋在身旁,如长沙马王堆出土之黄老帛书就是一个很好的实证。

这里,我们还要指出,黄老之学在汉初的兴盛,也是渊源有自的。前面已说到,齐国灭亡之后,稷下黄老的学士分散了,他们有的还在别的地方继续宣传黄老之学,有的已经去世,但留下了著作,发挥着影响。战国末年传黄老之学的人,《史记·乐毅列传》的记载是一个代表:

乐臣公学黄帝老子,其本师号曰河上丈人,不知其所出。河上丈人教安期生,安期生教毛翕公,毛翕公教乐瑕公,乐瑕公教乐臣公,乐臣公教盖公。盖公教于齐高密、胶西,为曹相国师。

我们认为,这只是一个系统,其他各地也还会有一些人,如汉初学黄老者的老师(没有留下姓名的老师),还有一些所谓“隐者”,如“乔隐士”之著《黔娄子》;居深山,“以鹖为冠”的“楚人”著《鹖冠子》,实际上又不是“隐者”,不过隐去其名罢了。至于这个阶段留下了哪些著作,

① 司马迁:《史记》卷一百三十,《太史公自序》,中华书局 1982 年版,第 3288 页。

② 司马迁:《史记》卷一百一,《袁盎晁错列传》,中华书局 1982 年版,第 2748 页。

③ 司马迁:《史记》卷六十七,《日者列传》,中华书局 1982 年版,第 3220 页。

是有待进一步考证的。《汉书・艺文志》诸子道家类列书三十七种，在著录的当时已亡佚之书即有二十五种之多，那些亡佚之书又大多是“六国时”的作品。其中必有稷下先生的作品，如《田子》二十五篇就注明：“名骈，齐人，游稷下，号天口骈。”但也必有一些是稷下之前或者以后的作品。有的学者分齐国黄老学派和楚国黄老学派，我看似可不必。虽然在当时流传的作品中，齐人和楚人的东西比较多，但其他各地人的著作也有，如《公子牟》四篇，“魏之公子也，先庄子，庄子称之”，留传至今。可考虑为这一阶段作品的，如新出土的黄老帛书，如《鹖冠子》这样一些需要进一步论证其时代和作者的子书。

对于汉初黄老之学的兴盛有更大影响的是《吕氏春秋》，它是稷下黄老分散之后又一次大的集中。学者的集中，系吕不韦大招门客所致；思想理论的集中，不仅“各著其所闻”，从“良人问《十二纪》”之类的情况看，《吕氏春秋》写作时有一定的研究和讨论。虽然由于政治上的原因，汉初对于这部书似乎讳莫如深，但实际上“不韦迁蜀，世传《吕览》”①，在秦代和汉代都是公开或暗中传播的，《汉书・艺文志》有著录，高诱“家有此书”②，均可证明。很多人，特别是学黄老之人，收藏此书，阅读此书，从中学黄老之言，只不过心照不宣罢了，汉代的图书中有一些《吕氏春秋》的文字（如详加比较的话），就是很好的证明。

“家人言”经过汉初统治者的提倡和实践，黄老之学的理论和实践进一步丰富和发展，从而出现了一个比《吕氏春秋》水平更高的《淮南子》，它集黄老道家理论之大成，是黄老道家思想的总结性著作，是黄老道家学派发展的一个新的里程碑。虽然，《淮南子》的命运几乎和《吕氏春秋》的命运一样，两位主编者的政治下场一样的不好，成书之时的最高统治者的统治思想已经转变也是一样，因而都不能得到合法的流传。但是，它不仅流传于世，而且“先贤通儒述作之士，莫不援采以验经传”；它的学术地位很高，以至“学者不论《淮南》，则不知大道之深也”；它的学术影响很大，有人拿该书“以劝后学”，高诱年少时，就曾“从故侍中、同县卢君受其句读，诵举大义”③。在某种意义上说，《淮南

① 司马迁：《史记》卷一百三十，《太史公自序》，中华书局1982年版，第3300页。
② 《吕氏春秋》序，诸子集成本，中华书局1954年版。
③ 引文见《淮南子》高诱叙。

子》哺育和培养了整整两汉一代的知识分子，直到东汉末，在野的如王充，掌权的如诸葛亮，都可以说是黄老新道家的杰出代表。其他学派的知识分子也无不受其影响，如有的学者在董仲舒的著作中找到与《淮南子》等黄老著作的共同语言，这是可以专题深入研究的问题，不再详说。

五、几点结论

（1）如果说“孔、墨之后，儒分为八，墨离为三”的话，可以说，自老子之死后，道别为二，有黄老道家，有老庄道家。这样概括应该是比较切合当时实际的，是科学的概括。这种划分似比“儒分为八，墨离为三”更为确切。从“取舍相反不同”的角度看，这两派道家的不同之处更为明显，而且不像儒、墨后学仅仅是“自谓真孔、墨”，争一个正统地位。道家两派虽然都是在《老子》思想的基础上发展起来的，虽然也尊重老子，也打老子的旗号，但并不奉其为师祖，因而也无需争什么“真正”“老牌”（或“道统”），不存在正统地位问题。

（2）黄老道家的形成，与儒、墨的形成不同，与老庄道家的形成也不同，它的形成是一个较长的过程。它没有一个事实上的师祖（如孔、墨），也始终没有很大影响的中心人物（如庄子）。在形成过程中不断变化，不少人对这一派的理论学说作了贡献，既有不少“发明”，又有积极的传播，但是有些人自身的发展又走向了别的学派，如慎到、宋钘乃至邹衍等人的发展变化，他们本来都可说是“发明”黄老道德之意的人，由于其某些内容有独到之处，如慎到言势，邹衍谈阴阳，因而被后人列入法家、阴阳家，宋钘甚至被列为小说家。据以上这些情况，战国时黄老道家似又不成为一个学术派别，故通常只谓“黄老之学”。稷下黄老尚未成为黄老道家学派，它不像“墨者”那样有严密组织的派别，也不像儒者那样有明显的师徒关系，而是在形成发展的过程之中。派别的形成应在秦汉时期。

（3）属于黄老道家的作品不少，但较全面的总结性的代表作还是秦的《吕氏春秋》和汉的《淮南子》，其黄老之学的理论最高、论述最全面。因为是集体之作，有各方面的专家，能从不同的视角来阐明博大精深的“道论”。思想的社会基础越广泛，理论就越精深，《吕览》与《淮南》的高深理论，就是建立在黄老之学成为“家人言”的基础之上的。

（4）司马谈《论六家之要指》第一次明确提出“道家”（或名“道德”家），没有区别黄老与老庄，他和司马迁所讲的“道家”内容，主要又是黄老道家的内容。从道家的整个发展看，这是含混的。从当时“家人言”的实际看，他们没有什么错，当时是：老子等于道家，道家等于道德家，道德家等于黄老，而司马迁父子又都是信奉这一派的。

第二章　《文子》《经法》及其他
——黄老之学的著作

所谓“稷下黄老”、“黄老之学”、“黄老道家”，都是后人的概括、现在的说法，但是它们应该有各自的含义。如前一章所言，黄老相连是汉代就有的，当时也在不同的情况下有比较笼统的说法，那就是“黄老之言”、“黄老道德之术”，或简称“黄老”，有时又用“道论”，等等。前一章也指出，学黄老、“本于黄老”乃至“发明”黄老的人，并不就是黄老道家的代表。申子、韩非“本于黄老”，但是从来没有人把他们当作黄老道家。田骈、慎到等人“发明”过黄老“旨意”，所属学派也存在争议。先秦时期，谁是黄老道家的代表人物很难说。然而，黄老之学是不可否认的，属于黄老之学的著作也是不少的，《汉书·艺文志》把它们放在道家类了。我们具体分析一下这些著作，有助于对黄老之学进一步的了解，也有助于我们区别黄老之学与黄老道家。

一、黄老之学的概况

究竟有些什么书可以而且应该算作黄老之学著作呢？我们可以依据《史记》和《汉书》的两处综述来进行分析。

前一章已经提到，在《史记·孟子荀卿列传》中，司马迁明确地指出：慎到、田骈、接子、环渊等人“皆学黄老道德之术，因发明序其旨意”，并且说他们皆有论著。我们可以认为，这些人的论著，就是属于黄老之学的论著，他们所论述的一些问题，对黄老之学理论的形成和发展作出了不同的贡献，但这些人并不能肯定为黄老道家的代表人物。

例如慎到，前面已经有所论述，后来把他归类于法家是有道理的，但他和本于黄老的申韩一样，他的法家思想是从黄老之学中演变而来的。有的学者指出，《荀子·非十二子》中批评慎到“尚法而无法”，“意即以承继老子的道家哲学为法家政治作论证”，与《韩非子·大体》的“因道全法”是一个意思①。这种道法关系，即其“发明”，因而也就是黄老之学的部分内容。《慎子》一书，《汉书·艺文志》列于法家类，时有四十二篇，今存数篇，亡佚较多。清《四库全书》又把它放在杂家类，并且提要说：

> 今考其书，大旨欲因物理之当然，各定一法而守之，不求于法之外，亦不宽于法之中，则上下相安，可以清净而治。然法所不行，势必刑以齐之，道德之为刑名，此其转关，所以申、韩多称之也。

也是指明道与法的关系。另外，从《庄子·天下》所述慎到思想（前章已引），是与道论有密切关系的。慎到的论著，应看作黄老之学的著作。

田骈所论亦发明黄老道德之意，《汉书·艺文志》道家类著录“田子二十五篇”，高诱论《吕氏春秋》时称“作《道书》二十五篇”，无疑是发挥道论的著作，不必多说。只可惜原书亡佚了，无法得知其详。

接子的论著亡佚更早，《隋书·经籍志》已不著录了。《汉书·艺文志》道家类有《捷子二篇》。一般认为“捷子”即是“接子”，接、捷古通。

司马迁提到的还有一个环渊，“著上下篇”，《汉书·艺文志》道家类有“蜎子十三篇”，自注云：“名渊，楚人，老子弟子。”师古注云：“蜎，姓也。音一元反。”一般都认为即为环渊的著作。环、蜎古字通。还有的以为“十三篇”乃“上下篇”之误。

再就是《汉书·艺文志》道家类的著录，我们认为大体上可以分为两大类：一类是《庄子》《列子》以及思想与之相近的一些书；另一类就是我们所说的黄老之学的著作，包括《伊尹》《太公》《黄帝四经》《黄帝铭》等，数量还比较大，假借黄帝、力牧、伊尹、太公之名，根据《老子》的道论，发明黄老之学的旨意。前者可以说属于“老庄”系列，后者即所谓“黄老”，整个道家类都与《老子》有密切关系自不待言。有意思的是《老子》一书却没有单独出现，有《老子邻氏经传》《老子傅氏经说》《老子徐氏经说》乃至刘向《说老子》等四家，其书早亡，又无法分析。不好断言

① 胡家聪：《〈尹文子〉并非伪书》，《道家文化研究》第二辑，上海古籍出版社1992年版。

其属老庄，或属黄老。《汉书·艺文志》中有些书如《文子》《鬻子》之类尚存（当然与原本也有不同），有些书由于亡佚已久，但今又有重新出土，如马王堆出之帛书之类。有文字在，就可阅读、分析。

总的来说，《汉书·艺文志》中的道家类，大多数可说是黄老之学的著作，它们有几个共同的比较明显的特点：第一，它们都与《老子》有密切关系，不论是自己署名，或是伪托古人的论著，如《黄帝君臣》原注所云："起六国时，与《老子》相似也。"思想上与《老子》相似，主要是以道论为理论基础。文字上也有许多相同之处，直接抄《老子》之文，或引用与《老子》相同的文字。第二，它们都或多或少的对《老子》思想有所发挥、改造，即所谓"发明序其旨意"。在哲学思想上的解释和完善，如道论中的"元气"说之类；在政治思想上的发展和补充，如"无为而无不为"之类，发展部分越来越丰富。第三，它们的论著中有不少别的学派思想的倾向，各自倾向的学派不同，程度也有很大差别，形成所谓虽然讲道而"不知道"，"尚法而无法"的不明显倾向，以至于"倜然无所归宿"①。其中某些人某些著作，成为由道家向其他派别过渡和转变的某种代表。

下面，我们具体分析几种著作，以进一步论述黄老之学著作的上述特点。

二、《管子》四篇

《管子》书中的《心术》《内业》《白心》等篇，自从郭沫若提出是"稷下黄老学派"中宋钘、尹文的遗著之后②，引起了广泛的重视，在讨论中虽意见不完全一致，但不少人都同意与道家有关。因为它们和《老子》一样，讲的是关于道的理论。这里，我们暂且不管作者是谁？也不管它的内容如何错乱，且看一看它的主要内容和特点：

第一，和《老子》相比，有同有异，以同为主。例如道是万物之本，道又高深莫测，道的虚静柔弱，道的自然无为，这些都是基本相同的。例

① 《荀子·非十二子》，诸子集成本，中华书局1954年版。

② 郭沫若：《宋钘、尹文遗著考》，《青铜时代》，新文艺出版社1952年版。

如："虚无无形谓之道，化育万物谓之德。""故必知不言无为之事，然后知道之纪。""道也者，动不见其形，施不见其德，万物皆以得，然莫知其极。"① "凡道无根无茎，无叶无荣。万物以生，万物以成。命之曰道。"②等等，不必一一征引。然而不同之处也不少，有的更具体更深化。例如，关于道的具体描述："道者，一人用之，不闻有余。天下行之，不闻不足。此谓道矣。小取焉，则小得福；大取焉，则大得福；尽行之而天下服。""道之大如天，其广如地，其重如石，其轻如羽。民之所以知者寡。"③ "凡道必周必密，必宽必舒，必坚必固，守善勿舍，逐淫泽薄。既知其极，反于道德。"④ 等等，如《淮南子》所说："多为之辞，博为之说。"但很难说与《老子》有什么根本的不同。又例如，关于《内业》《心术》等篇中的"精气"说，研究者认为是对《老子》发展⑤，它们对"精"与"气"有较多的论述，在《心术下》中有"其精气之极也"一句，两者合为一体。特别是《内业》篇一开头就说"凡物之精，此则为生"。这一句话中的文字，许多人都说有误，有的认为"此"乃"化"之误，有的认为"此"为"比"之讹⑥，还有的认为"比"当为"气"，或者认为不当改"此"字，"凡"字乃"气"字之误（当读"气"字，小逗）⑦，各有各的道理，不过都认为是讲"精气"问题的，因为此处说"物之精"，下文说"此气"，十分明显，没有歧义。但是，我认为应该强调的是，《老子》中也有"精"和"气"，虽然极为简略（全书皆简略），重要的是已经说明了"精"和"气"实际都是"道"的同义词。"精"、"气"或者"精气"和"道"一样，万物必得气而后生成流动，它存在于万物之中。《内业》《心术》等的贡献和"发明"在于：更突出了"气"的地位，并且对"气"作了具体而明确的解释和说明。再例如，《老子》中有"道法自然"，有"自化"、"自正"的思想，都有"因"的含义，《心术》《内业》等篇则明确提出了

① 《管子·心术上》，诸子集成本，中华书局 1954 年版。
② 《管子·内业》，诸子集成本，中华书局 1954 年版。
③ 《管子·白心》，诸子集成本，中华书局 1954 年版。
④ 《管子·内业》，诸子集成本，中华书局 1954 年版。
⑤ 参阅胡家聪：《稷下道家从老子哲学继承并推衍了什么》，《社会科学战线》1983 年第 4 期。
⑥ 参阅郭沫若：《管子集校》，《郭沫若全集》历史编第 2 卷，人民出版社 1984 年版。
⑦ 参阅张舜徽：《管子四篇疏证》，《周秦道论发微》，中华书局 1982 年版。

“因”的思想，《心术上》说：

> 无为之道因也。因也者，无益无损也。以其形因为之名，此因之术也。
>
> 是故有道之君，其处也若无知，其应物也若偶之。静因之道也。

以及还有一些解释和发挥，这当然是对“道德之术”的进一步“发明”。

第二，和《老子》的最大不同，是在“道论”的运用上，不仅说得更为具体，而且明显有兼采别家学说的倾向。如果说对《老子》“人世”和“出世”这一点上人们还有不同看法的话①，那么，《管子》则不然，其《心术》等篇更注重治世之道、南面之术，讲“上离其道，下失其事”，而且讲“君臣、父子、人间之事”。人间之事，就是仁、义、礼、法之类。在这方面两者之不同就十分明显了。《老子》38 章中虽有“上德”、“上仁”、“上义”、“上礼”之类的提法，但其基本思想则是：

> 故失道而后德，失德而后仁，失仁而后义，失义而后礼。
>
> 夫礼者，忠信之薄，而乱之首。

《老子》是对仁、义、礼持否定态度的，更不消说“法”了：

> 天下多忌讳，而民弥贫……法令滋彰，盗贼多有。②

《心术》等篇就不是如此：

> 义者，谓各处其宜也。礼者，因人之情，缘义之理，而为之节文者也。故礼者谓有理也。理也者，明分以谕义之意也。故礼出乎义，义出乎理，理因乎宜者也。法者所以同出不得不然者也。故杀戮禁诛

---

① 陈鼓应认为“一般人常以为老子思想是消沉的、厌世的或出世的”是一种“误解”，见《老子译注及评介》，中华书局 1984 年版。

② 《老子》第 57 章，新出帛书、竹简“令”皆作“物”，值得研究，但其否定“法”的思想仍是明显的，忌讳也是禁令教诫的意思，“法物”二字应可点开来读。

以一之也。故事督乎法，法出乎权，权出乎道。

这段文字中，注释者也认为要改动一些字，如改为“礼出乎理，理出乎义，义因乎宜”，或只改最后“宜”字为“道”字①。这我们也可暂不细考。从总的主要的思想看，《老子》是“大道废，有仁义”②，失去道德才有仁义礼法。《心术》则说“出乎道”，认为仁义礼法归根结底是“出乎道”，是由“道”产生的。这和“失”而后“有”的看法显然是不同的，并且说“各处其宜”、“因人之情”等，更加强调其存在的必要性和合理性，“不得不然”也。这就为以后新道家用“道论”来解释仁义礼法，同时“采儒墨之善，撮名法之要”，打下了理论基础。这是黄老之学的主要特点，也是黄老道家的主要特点。不过，还没有完全达到黄老新道家的认识水平，与黄老道家的思想并不完全一致。《心术下》云：“圣人之道，若存若亡。援而用之，殁世不亡。与时变而不化，应物而不移，日用之不化。”似乎是讲道的普遍意义，但明显与后来黄老新道家的看法不一致，司马谈说的道家：“与时迁移，应物变化。立俗施事，无所不宜。”这个思想与《吕氏春秋》《淮南子》所述是一致的，而《管子》四篇尚未达到这种思想水平。

结论：《心术》等篇没有称引《老子》，但其内容足以与《老子》相发明，并且有很大发展，主要就是以“道论”统率仁义礼法，具备了黄老之学的特点，但又不很完善，而且，它既不引老子，也不提黄帝，还没有打出“黄老”的牌子。这些篇章被人收入了《管子》，或者为稷下先生之作，但作者自己都还不明确自己应属于何家何派。显然，这几篇的作者既不属于当时影响“天下”的儒、墨、杨诸家，又不是什么隐者，他们的学派还在形成之中，一时还推不出一个权威的代表人物来。

三、《经法》四篇

长沙马王堆出土的《经法》等四种古佚书，是黄老之学的重要著作。

① 参阅郭沫若：《管子集校》，《郭沫若全集》历史编第 2 卷，人民出版社 1984 年版。
② 《老子》第 18 章。

我曾经写过《〈经法〉四篇的再研究》[①]，对各篇内容进行一些具体分析，肯定它们是黄老思想的著作。当时主要针对其为法家著作的说法而写，另外，我当时刚刚提出新道家的问题（并且又主要针对关于“杂家”的一些说法而讨论道家）。因而研究时有欠精确，例如没有注意成书年代的研究（只认定了在汉初流行）；又例如有些脱口而出的提法，不恰当甚至是错误的。当时我写道：“黄老就是道家而且是最正宗的道家。”不确切，应该说在汉初人心目中是如此。又说：“古佚书四篇是新道家的重要著作。”没有区别黄老之学与黄老道家，而这就是我现在要讨论的问题。

我们分析《经法》等篇的思想，主要应从它们的内容看。命名为《黄帝四经》也好，命名为《黄老帛书》也好，都是我们现在的推论和命名，不一定就符合当时的真实。就其与黄帝之关系说，除了《十大经》中讲黄帝及其君臣之外，其他三篇都没有提到黄帝（和上述《心术》等篇一样）。就其与老子的关系说，引用了不少《老子》的文句，也有不少近似的文句，但根本没有提到《老子》（也和《心术》等篇一样）。大量的内容是讲法（这又与《心术》等篇不同），就事论事，说它们是法家代表作也未尝不可，即便是“道生法”，也不违背法家精神。但今天大多数人都同意其为黄老之学的著作（我也仍然如此看法），原因不外以下几点：

第一，《十大经》中明确地打出了黄帝的旗号，其十四篇中有九篇论述黄帝与其臣下力黑、阉冉、果童、太山之稽等人的对话和活动，具体描述了“唯余一人”的黄帝形象，阐述了其为政的一些主张。当时人编造的黄帝的思想和言行毕竟“落实”了，不完全是空的了。这一点与上述《心术》等篇不同，却十分重要，否则，说了半天“黄老”，连个“黄”字都没有，岂不落空了。

第二，《经法》等篇和《老子》一样是以“道论”为基础的，关于“道”的论述，主要精神是与《老子》一致的，具体论述更明确、更充分，有所发展。例如道为万物之本，是万物形成和存在的依据。和《老子》的思想一样，但关于道的描述有很大发挥，《道原》开头就说：

> 恒无之初，迵同大（太）虚。虚同为一，恒一而止。湿湿梦梦，

① 参阅熊铁基：《秦汉新道家略论稿》，上海人民出版社1984年版。

未有明晦。神微周盈，精静不配（熙）。古（故）未有以，万物莫以。古（故）无有刑（形），大迥无名。……一者其号也，虚其舍也，无为其素也，和其用也。

再例如，道的主要特点无形、无名、虚静、无为等，都是一致的。比较突出有所发展的如“因”、“柔”等特点的论述。《十大经》中有《雌雄节》一篇，集中阐述了用雌节，守雌道的主张。

第三，《经法》等篇以“道”为根本立场，以“道”为判断万事万物的标准，它说：

道者，神明之原也。神明者，处于度之内而见于度之外者也。①

故唯执〔道〕者能上明于天之反，而中达君臣之半，富密察于万物之所终始，而弗为主。故能至素至精，悎（浩）弥无刑（形），然后可以为天下正。②

故执道者之观于天下也，必审观事之所始起，审其刑（形）名，刑（形）名已定，逆顺有立（位），死生有分，存亡兴坏有处。然后参之于天地之恒道，乃定祸福死生存亡兴坏之所在。是故万举不失理，论天下而无遗策。故能立天子，置三公，而天下化之，之胃（谓）有道。③

这样，形而上的“道”就与人事紧密地联系起来了，更为“人世”了，也可以说是专讲君人南面之术了。

第四，站在“道”的立场，“采儒墨之善，撮名法之要”。《经法》等篇，不引《诗》《书》，不谈仁义（仅在用兵等一、二处提到义），也不涉及礼乐，似乎无视儒家的存在。但是其关于“刑德”的思想，明显是采用了儒家思想的（见下）。墨家的“兼爱”、“节俭”等思想多少涉及一点。讲“形名”和“刑德”的内容最多。法家的思想占有很大分量，但是关于道与法的关系，有一个十分明确的说法，即“道生法”。《经法·道法》说：

① 《经法·名理》，《经法》（马王堆汉墓帛书），文物出版社 1976 年版，下引《经法》同。
② 《经法·道法》。
③ 《经法·论约》。

“道生法”，法者，引得失以绳，而明曲直者殹（也）。故执道者生法而弗敢犯殹（也），法立而弗敢废（也）。

这显然承认道是根本，法是道所生。这对于我们理解司马迁说韩非等法家人物本于黄老是有帮助的，不过《经法》讲“法”的问题最多最具体。在“道生法”之后，大讲法的重要作用：

法度者，正之至也。而以法度治者，不可乱也。而生法度者，不可乱也。精公无私而赏罚信，所以治也。①

甚至明确地说，注重刑法就是黄帝的思想：

帝箸之明（盟），明（盟）曰：反义逆时，其刑视之（蚩）尤；反义伓（倍）宗，其法死亡以穷。②

这在韩非思想中两者是并重的，而在商鞅那里甚至是“重刑轻赏”的，《商君书·画策》中说：

故善治者，刑不善而不赏善。

《经法》等篇关于“刑德”的思想则明显不同：

不靡不黑而正之以刑与德。春夏为德，秋冬为刑。先德后刑以养生。③

天德皇皇，非刑不行。缪（穆）缪（穆）天刑，非德必顷（倾）。刑德相养，逆顺若成。刑晦而德明，刑阴而德阳，刑微而德章（彰）。④

① 《经法·君正》。
② 《十大经·五正（政）》，同前引《经法》。
③ 《十大经·观》。
④ 《十大经·姓争》。

这里是“先德后刑”、“刑阴德阳”，而且是为了“养生”，非德必倾，所以反复加以强调，这显然与法家的“严而少恩”是不同的，注重刑法的同时又注重德化，这是取了法家之“要”，又采了儒家之“善”。有德主刑辅的趋向，因而也为以后新的儒家所接受，如汉代的董仲舒就说：

> 王者欲有所为，宜求其端于天，天道之大者在阴阳。阳为德，阴为刑，刑主杀而德主生。……以此见天之任德不任刑也。天使阳出布施于上而主岁功，使阴入伏于下而时出佐阳。阳不得阴之助，亦不能独成岁……①

看来儒道之争虽然存在，彼此间的相互影响、相互吸收，越往后越加明显。或者说是“阳儒阴法”，或者说是“儒道互补”。学术思想发展的趋势，由此可见一斑。

结论：从《经法》等篇的内容及其特点看，是比较典型的黄老之学的著作。作者们把黄帝打扮出场了，但是老子又被有意放在一边，似乎要避因袭《老子》之嫌（实际是模仿和因袭）。作者自己不露真相，但绝不是隐者，隐者绝不会这样大谈南面之术，不会这样积极出谋划策企图“以干世主”，和各家各派一样，“此务为治者也”②。只不过他们自己还无法确定他们是属于何家何派。直接称之为“黄学”，或者名之为“道法家”，都不见得合适，“黄学”独立没有什么实际意义，“道法”又有些节外生枝。我们认为，总属于黄老之学的著作，是正在丰富黄老新道家的黄老之学的著作。

四、《文子》

（一）关于《文子》的真伪及成书年代

关于《文子》这部书，《汉书·艺文志》和《隋书·经籍志》均有记载。除了篇数不同之外，两书的注都说文子是老子弟子。北魏李暹以为文

① 班固：《汉书》卷五十六，《董仲舒传》，中华书局1962年版，第2502页。

② 司马迁：《史记》卷一百三十，《太史公自序》，中华书局1982年版，第3288～3289页。

子是计然，但在马总的《意林》里，既有《文子》，同时又有《范子》，后者即范蠡问计然答，则显然是两人两书。唐代的柳宗元曾专门写了一篇《辨文子》，一方面说“其指意皆本老子”；另一方面又称之为“驳书”，说它“其浑而类者少，窃取他书以合之者多，凡孟管辈数家，皆见剽窃。然而出其类，其意绪、文词叉牙相抵而不合”。但是，柳宗元未作结论，还是比较谨慎的，他说：“不知人之增益之欤？或者众为聚敛以成其书欤？”柳宗元提出的这个问题不能说没有道理，作《文子》者——或者说文子其人，既然是老子弟子与孔子同时，而杂有“孟管辈数家”的内容，那当然就值得怀疑了。柳宗元以后，认为此书全伪的人不少，其重要理由，即认为《文子》大半抄袭《淮南子》（章太炎、梁启超均如此说）。也有认为作伪时间是魏晋以后的。近年来考古发掘出土的材料，对于解决这个问题提供了新的证据。1973 年河北定县汉墓出土的大量竹简中就有《文子》，现已整理出与今本《文子》相同的文字六章[①]。不论这个汉墓主人是谁，是西汉时的人，可以肯定。西汉流传的《文子》与今本《文子》大体相同，这一点就可肯定今本《文子》就是《汉书·艺文志》著录之本。如果说在《淮南子》同时或者稍后一些，有一个大部分抄袭《淮南子》的赝品在流行，何以没有任何人提出异议（像今古文之争那样），而且还深信不疑呢？西汉人把它珍贵地藏于墓葬中，就是相信它的明证。《汉书·艺文志》是正面肯定记载的。王充也是相信文子其人的，他说“老子文子，似天地者也”[②]，说明他是通过《文子》其书来了解其人的，他把文子当作老子的正传弟子，如同孔子和颜子一样。

既然今本《文子》就是《汉书·艺文志》所录的《文子》（但传抄的讹误以及注入正文等问题又当别论），那么，《文子》是否即老子弟子所作呢？事实上也不可能，柳宗元提出的问题还是比较有力的。如果把《文子》成书的年代定在战国，这个问题就解决了。从西汉初年黄老之学的盛行、黄老新道家的形成和发展情况来看，当时关于黄帝言的书不少，以上所述，关于老子言，《老子》本身就有不同版本（马王堆帛书可证明），这个甚至可以称为“道德经义疏”的《文子》，在当时存在是毫不足怪的。

① 见《文物》1981 年第 8 期。

② 王充：《论衡·自然》，诸子集成本，中华书局 1954 年版。

从《吕氏春秋》到《淮南子》都抄它的内容来看，《文子》产生在战国末年——黄老新道家的形成时期更为合理。

这里我们要特别提出的是孙星衍关于《文子》的研究，他在《文子序》中说：

> 黄老之学存于文子，西汉用以治世，当时诸臣皆能称道其说，故其书最显。

孙星衍的论断是颇有见识的，今汉墓中出土之帛书也可证“其书最显”。这里，我们不妨再抄录一段孙星衍关于《文子》研究的原文，其文曰：

> 《文子》云：妄为要中，功成不足以塞责，事败足以灭身。《淮南》作：功之成也，不足以更责，事之败也，不足以灭身。增不字，而失其深戒之旨。……《文子》云：天地无私也，故无夺也；无德也，故无怨也。《淮南》作：日月无德也，故无怨也。取日月以偭天地，而殊无义。《文子》云：下之任，惧不可胜理，故君失一，则乱甚于无君也。《淮南》作：下之径衢。直误读其句而改其字。《文子》云：剢之为镐也，或为冠，或为绁。《淮南》作：钧之镐也。直认剢之为钧，其义浅劣。《文子》云：譬若山林而可以为材，材不及山林，山林不及云雨，言有材不及生材之地，生材之地不及生物之天，其生愈广。《淮南》作：譬若林木无材，而可以为材，材不及林，林不及雨。其义不赡。《文子》云：以禁苛为主。《淮南》作：以奈何为主。则形近而误。若此之属，不能悉数。则知《文子》胜于《淮南》。此十二篇，必是汉人依据之本。由当时宾客迫于成书，不及修辞达意。或有非贤，厕于其列，杂出所见，聊用献酬群心。又怪其时汉之阙廷无能刺其龃龉。古今好学之士，久已希觏也。赖今《文子》具存，可得援证。柳宗元疑此驳书，所谓以不狂为狂者欤？……①
>
> 有完本存于道藏中，其传不绝，亦其力也。……今《文子》十二

① 孙星衍：《问字堂集》卷四，《文子序》。

> 卷，实《七录》旧本。班固《艺文志》称九篇者，疑古以《上仁》《上义》《上礼》三篇为一篇，以配《下德》耳。

孙星衍论证之精，不能不令人折服。

以上主要说，《文子》一书在西汉初年肯定是存在的，成书时间，或者是战国末年，或者是秦末汉初。因此说是老子弟子之作是不可靠的，或者是文子的数传弟子所记，或者是战国末年黄老学派依托文子而作。这样，书中反映了战国的时代背景就不奇怪了，如《上礼》篇说：

> ……兼国有地，伏尸数十万，老弱饥寒而死者不可胜计。自此之后，天下未尝得安其性命、乐其习俗也。贤圣勃然而起，持以道德，辅以仁义，近者进其智，远者怀其德，天下混而为一，子孙相代辅佐，黜谗佞之端，息未辨之说，除刻削之法，去烦苛之事，屏流言之迹，塞朋党之门，消智能，循大常，隳肢体，黜聪明，大通混冥，万物各复归其根。夫圣人非能生时，时至而不失也，是以不得中绝。

前面几句打上了时代的烙印，反映了战国时代大规模战争的情况，不是战国末年的人是不会写得出来的。自“贤圣勃然而起”以下，是作者的政治理想，也是战国末年和秦末汉初黄老学派的政治理想。

确定《文子》成书的大致时间，不仅能解决其真伪问题，而且也有利于研讨其思想。

（二）《文子》的基本理论

说《文子》是“驳书”或“赝品”，其重要的根据，是说它既是“道德经之义疏，又杂以名法儒墨诸家”（余有丁）。《文子》的这个特点确实比较明显，明初宋濂在《诸子辨》文中说：“予尝考其言，壹祖老聃，大概道德经义疏尔……盖老子之言宏博，故是书杂以黄老、名、法、儒、墨之言以明之。”其实这一点很好解释，如我们在其他地方多次指出的，司马谈《论六家之要指》中的道家或道德家——我们所说的黄老新道家，本来就是“采儒墨之善，合名法之要”的。而司马谈所说的这种道家的基本特点，在《文子》一书中全面系统而又简明扼要地体现了出来。现略述如下：

道是《老子》的中心思想，也是道家的特点所在。但是，《老子》的道是高度概括的。《文子》的第一篇《道原》，就是探本求源，要把这个“道”字讲清楚。新道家要阐明自己的思想和主张，都首先是从这里开始的，陆贾《新语》的第一篇是《道基》，《淮南子》的第一篇是《原道》，《经法》中也有《道原》。

这里我们要指出，《文子·道原》的内容，《淮南子·原道》基本上照抄了，或是整段整段地抄，或是抄一段之后加些事例和说明，或是词句上有些改动，不过，词句的改动一般是更加醒目一些，而《文子》中有一些显然错漏之处更是难懂。

但是，就两篇的整体来比较，《文子·道原》是有其长处的：

首先，它直截了当承认自己是体会《老子》的思想，每一段都称“老子曰”（其他篇基本上也是如此，或者“文子”问、“老子曰”，仅少数段落以“文子曰”开头，但也显然是体会和发挥《老子》的思想）。有的学者说“其引老子多怪异”，指责“老子自引己书，何不检点至此”①。其实，所谓“老子曰”，不过是摘引《老子》一两句话，甚至不是原话而只是其大意，主要的实际是“文子曰”，因而河北定县汉墓出土的《文子》中“老子”均作“文子”（见前引），倒是符合本来面貌的，本来是文子所作的“老子讲疏”，今本或者是后人妄改。《道原》中十段文字，每段提头都是“老子曰”，每一段有一个或一两个中心思想，围绕着道来发挥，段与段之间不必有什么逻辑的联系，这是其本来面目。而《道原》像是一篇有头有尾的完整文章，段落的区分又不十分明显，就整篇文章说逻辑性就有问题。

其次，《道原》每一段的内容中心比较明确，容易得出一个较清晰的概念；《原道》举了一些事例，作了一些具体阐述，有些思想更为透彻，但也难免有枝蔓的感觉。例如《道原》的第一、二段和《原道》的前半部比较着读就是如此。特别是《道原》第二段简明扼要，而《原道》却花了四五倍的篇幅，把《道原》后面一些段落的内容也包括进去，就有些枝蔓。

再次，《道原》中有一些理论概括，《原道》中没有抄录，其原因当与体例也有些关系。如《道原》第三段中有这样一节文字：

---

① 钱熙祚：《尹文子 附校勘记逸文》。

> 老子曰：执道以御民者，事来而循之，物动而因之，万物之化，无不应也，百事之变，无不耦也。故道者虚无、平易、清静、柔弱、纯粹、素朴，此五者道之形象也。虚无者，道之舍也；平易者，道之素也；清静者，道之鉴也；柔弱者，道之用也；反者，道之常也；柔者，道之刚也；弱者，道之强也。纯粹素朴者，道之干也。虚者，中无载也；平者，心无累也。嗜欲不载，虚之至也；无所好憎，平之至也；一而不变，静之至也；不与物杂，粹之至也；不忧不乐，德之至也。

这是一个纲，以后的《九守》又有进一步的阐发。又如第十段中有如下一节内容：

> 夫无形大、有形细，无形多、有形少，无形强、有形弱，无形实、有形虚。有形者遂事也，无形者作始也。遂事者成器也，作始者朴也。有形则有声，无形则无声。有形产于无形，故无形者有形之始也。广厚有名，有名者贵全也；俭薄无名，无名者贱轻也。殷富有名，有名者尊宠也；贫寡无名，无名者卑辱也。雄牡有名，有名者章明也；雌牝无名，无名者隐约也。有余者有名，有名者高贤也；不足者无名，无名者任下也。有功即有名。无功即无名。有名产于无名，无名者有名之母也。夫道有无相生也，难易相成也。是以圣人执道，虚静微妙以成其德。故有道即有德，有德即有功，有功即有名，有名即复归于道。功名长久，终身无咎，王公有功名，孤寡无功名，故曰圣人自谓孤寡，归其根本。功成而不有，故有功以为利，无名以为用。

这里“有名”和“无名”的看法还有些费解，但这样集中论述“有”和“无”的关系，也是探求道原所必需的。以上这两段文字《淮南子·原道》中都没有抄录，也没有这样集中的论述。《文子·道原》关于道的性质的论述，给人的印象要更深一些。

《文子》的第二篇是《精诚》。

这一篇也有特色。它中心很明确，就是讲“精诚”。今本共二十一段，可以说每一段都没有脱离这个主题或者说中心，反复地说“精诚内形”（第二、二十一段）、“精诚发于内”（第十段）或者“精诚别于内”（第十一段）。那么，究竟什么是“精诚”呢？第一段写道：

> 夫道者藏精于内，栖神于心，静漠恬淡，悦穆胸中，廓然无形，寂然无声。官府若无事，朝廷若无人，无隐士，无逸民，无劳役，无冤刑。天下莫不仰上之德，象主之旨，绝国殊俗，莫不重译而至。非家至而人见之也，推其诚心施之天下而已。故赏善罚暴者政令也，其所以能行者精诚也。令虽明不能独行，必待精诚。故总道以被民，而民弗从者，精诚弗至也。

由此可见，精诚就是道，而且是讲道的施行。

精诚就是道，或者叫作真。第九段说：

> 怀自然，保至真，抱道推诚，天下从之，如响之应声，影之像形，所修者本也。

第十二段说：

> 悬法设赏而不能移风易俗者，诚心不抱也，……夫抱真效诚者，感动天地，神逾方外，令行禁止，诚通其道而达其意，虽无一言，天下万民、禽兽、鬼神与之变化。

第十四段说：

> 故至人之治，含德、抱道、推诚、乐施……

精诚讲道的施行，实际就是因顺自然，无为而治。第三段说：

> 圣人在上，怀道而不言，泽及万民，故不言之教芒乎大哉！……夫召远者使无为焉，亲近者言无事焉……唯同乎大和而持自然应者，为能有之。

所以，第十三段特别说明：

> 老子曰：大道无为，无为即无有，无有者不居也，不居者即处而无形，无形者不动，不动者无言也，无言者即静而无声。无形者，视之不见；无声者，听之不闻，是谓微妙，是谓至神……

第五段还举了“黄帝之治”的具体例子，实际是无为而治的理想之治。

但是，无为就是有为，第二十段写道：

> 老子曰：人无为而治，有为也即伤。无为而治者，为无为为者，不能无为也，不能无为者，不能有为也。

不能无为就不能有为，则无为即有为，这是新道家的一个基本观点，这个基本观点从理论上提出来了。以后《淮南子》作了具体的阐述。

精诚是藏于内或者说形于内的，因此，从个人修养来说就是要“全性保真”（第三段）。修己、出诚是十分重要的，所谓“勇士一呼，三军皆辟，其出之诚也。……不下席而匡天下者，求诸己也”（第十七段）。这样“精诚发于内，神气动于天也”（第十段），所以，“圣人事省而治，求寡而赡，不施而仁，不言而信，不求而得，不为而成”（第九段）。

精诚之施行，太上者即“神化”（第十二段），无为而治有其理想的蓝图，如前举第一段所述、如黄帝之治等即是。但是，“圣人之从事也，所由异路而同归”（第十九段）。如果太上的神化一时做不到的话，还可以“其次使不得为非，其下赏贤而罚暴”（第十二段）。因而，虽然是“仁义立而道德废”（第六段），但并不反对仁义，并不反对悬法设赏，并且从现实情况出发，仁义礼法甚至是必要的。在这样的逻辑思想之上，《文子》概括地说出了“随时而举事，因资而立功，进退无难，无所不通”（第二十一段）。新道家的政治思想，就正是在这基础上展开的。所以，《淮南子》中反复提到“随时而举事，因资而立功”这句话，并且加以阐述。也正因为如此，所以司马谈说新道家之为术也，“与时迁移，应物变化，立俗施事，无所不宜，指约而易操，事少而功多”①。

---

① 司马迁：《史记》卷一百三十，《太史公自序》，中华书局 1982 年版，第 3289 页。

据上所述，《文子·精诚》篇的思想是一个完整的体系，以“精诚”为中心，讲道之施行，在理论上讲得比较充分。《淮南子》则将其所讲原理原则，分别写入了《泰族》《览冥》《俶真》《主术》《缪称》《修务》等篇。例如，《精诚》篇的第一、二段，就成为《泰族》的开头，是总结《淮南子》全书的基本指导思想，“故德形于内，治之大本。此鸿烈之《泰族》也”①。又如，《精诚》篇中讲仁义立而道德废的第六、七、八段，写入了《俶真》，而后者的任务就是“审仁义之间，通同异之理，观至德之统，知变化之纪”②。《精诚》篇的第九段至十二段，讲“怀自然，保至真，抱道推诚”，是《主术》的基本思想，所谓“君之宰国、统御臣下，五帝三王以来，无不用道而兴”③。《精诚》篇的第十五至十七段被写入《缪称》，是所谓“破碎道德之论，差次仁义之分；略杂人间之事……所以曲说攻论，应感而不匮者也”④。如第十六段说：“子之死父，臣之死君，非出死以求名也，恩心藏于中而不违其难也”，《缪称》改变词句、重复叙述了这个意思之后还写道：“故义胜君，仁胜父，则君尊而臣忠，父慈而子孝，圣人在上，化育如神。”把忠孝仁义尽量解释到道论之上。此外，《精诚》的第十九至二十一段讲无为和有为的关系，正是《修务》所据以大加阐述的基本内容。

由此可见，《淮南子》中的许多基本理论，都是《文子·精诚》篇中就提出来了的。《淮南子》在其基础上进行了阐述和发挥。

《文子》的第三篇是《九守》。据钱熙祚的《校勘记》记载：

> 《云笈七签》九十一卷全引此篇，分为九节：天地未形以下为守和节，人受天地变化而生以下为守神节，夫血气者人之华也以下为守气节，轻天下即神无累以下为守仁节，尊势厚利以下为守节节，古之为道者以下为守易节，人受气于天者以下为守清节，天子公侯以下为守盈节，圣人与阴俱闭以下为守弱节。必宋本分段如是。今本首两条无题，而自守气节后半至末，分守虚、守无、守平、守易、守清、守真、守静、守法、守弱、守朴十段，与《七签》全不合篇名，九守而

① 《淮南子·要略》，诸子集成本，中华书局 1954 年版。
② 《淮南子·要略》，诸子集成本，中华书局 1954 年版。
③ 《淮南子·主术训》，诸子集成本，中华书局 1954 年版。
④ 《淮南子·要略》，诸子集成本，中华书局 1954 年版。

分十段，伪谬已甚。又以守虚、守无等目与九守并列，支干不分，篇题杂糅，于是《文子》十二篇溢为二十二篇矣，今刻分篇虽仍其旧，而校勘记则合为一篇，不复区别焉。

《文子》的具体篇目究竟如何？有待进一步考证。今本《守法》就不太合理，易生误解。我认为把它“合为一篇”是应该的，分为九篇没有大的意义。这一篇是进一步阐述《道原》中关于道的形象的（见前引）。

根据《九守》，《淮南子》写成《精神训》。《淮南子·要略》篇说：

精神者，所以原本人之所由生，而晓寤：其形骸九窍取象，与天合同；其血气，与雷霆风雨比类；其喜怒，与昼宵寒暑并明。审死生之分，别同异之迹，节动静之机，以反其性命之宗。所以使人爱养其精神，抚静其魂魄，不以物易己，而坚守虚无之宅者也。

其落脚点是：“不原人之神气，则不知养生之机。”把虚无之道和人之所由生直接联系起来，这是讲得很清楚的。但《九守》则是从道的特性的角度集中加以论述，这对于说明道家的思想基础，理论性更强一些。

《文子》的第四篇是《符言》。

这一篇的主要内容被写在《淮南子·诠言训》中。《淮南子·要略》篇说：

诠言者，所以譬类人事之指，解喻治乱之体也。差择微言之眇，诠以至理之文，而补逢过失之阙者也。

高诱对篇名解释说：

诠，就也。就万物之指，以言其征，事之所谓，道之所依也。故曰诠言。

即对于各种事物的“譬”、“喻”，分析、解释，归之于道。例如其第五段写道：

老子曰：山生金，石生玉，反相剥，木生虫，还自食，人生事，还自贼。夫好事者未尝不中，争利者未尝不穷。善游者溺，善骑者堕，各以所好，反自为祸。得在时，不在争，治在道，不在圣。土处下不争高，故安而不危。水流下不争疾，故去而不迟。是以圣人无执故无失，无为故无败。

这正是从自然、人事的各种事例中得出了“无执故无失、无为故无败”的结论。但是，《淮南子》把前面这一段文字的几句抄入《说林训》，把“得在时”至“故去而不必迟”抄入了《原道》。这就反而不如《文子》这样集中明确了。不过，《淮南子·诠言训》就人事而言，是讲得比较透彻的。

《文子》的第五篇是《道德》。

此篇共二十段，前十六段以文子问老子的方式提出了八个问题，即问“道”、问“德”、问“圣智”、问“古之王者以道莅天下为之奈何”、问“王道有几乎”、问“王者得其欢心为之奈何”、问“政”、问“夫子之言非道德无以治天下……”。每一问答之后，另加一段“老子曰”以补充说明。其第十六、十七、十八、十九段都是“老子曰”，带有总结性，特别是第十八段：

老子曰：天下是非无所定。世各是其所善，而非其所恶。夫求是者，非求道理也，求合于己者也，去非者，非去邪也，去忤于心者。今吾欲择是而居之，择非而去之，不知世之所谓是非也。故治大国若烹小鲜，勿挠而已。夫趣合者，即言中而益亲，身疏而谋当，即见疑。今吾欲正身而待物，何知世之所从规我者乎。吾若与俗遽走，犹逃雨无之而不濡。欲在于虚则不能虚。若夫不为虚而自虚者，此所欲而无不致也。故通于道者，如车轴不运于己，而与毂致于千里，转于无穷之原也。故圣人体道反至，不化以待化，动而无为。

还有最后一段的开头：

平王问文子曰：吾闻子得道于老聃，今贤人虽有道，而遭淫乱之世，以一人之权，而欲化久乱之民，其庸能乎？

不论这个平王是谁，甚至不论是不是平王，这个问题提得很好，现实性很强，意思是说，那个理想的“道”或者“道德”，究竟如何与淫乱的现实统一起来呢？新道家的主张行得通吗？文子下面回答了这个问题：

> 夫道德者，匡邪以为正，振乱以为治，化淫败以为朴，淳德复生，天下安宁，要在一人。人主者民之师也，上者下之仪也，上美之则下食之，上有道德即下有仁义，下有仁义则无淫乱之世矣！积德成王，积怨成亡，积石成山，积水成海，不积而能成者未之有也。积道德者，天与之，地助之，鬼神辅之，凤凰翔其庭，麒麟游其郊，蛟龙宿其沼。故以道莅天下，天下之德也，无道莅天下，天下之贼也。以一人与天下为雠，虽欲长久不可得也，尧舜以是昌。桀纣以是亡。

文子的回答，就是讲如何以道德为治，讲道的运用，实际也是对全篇进行了总结。而且紧密地联系了战国混乱的现实，最末所写的那句：“平王曰：寡人敬闻命矣!”其用意是深长的。

由此可见，从《道德》全篇来看，逻辑体系是相当严密完整的。

此外，在这一篇各段的具体论述中，还提出了一些特别值得注意的思想。例如在第九段回答“王道有几”的问题时说：“以道王者德也，以兵王者亦德也”，从而提出了如下思想：

> 用兵者五：有义兵，有应兵，有忿兵，有贪兵，有骄兵。诛暴救弱谓之义，敌来加己不得已而用之谓之应，争小故不胜其心谓之忿，利人土地、欲人财货谓之贪，恃其国家之大、矜其人民之众、欲见贤于敌国者谓之骄。义兵王，应兵胜，忿兵败，贪兵死，骄兵灭，此天道也。

这种思想在《吕览》《淮南》中均有反映。又如：“应时权变”、“执一即治”等思想也都是如此。这些思想都有待于进一步分析、研讨。

《道德）以下，还有《上德》《微明》《自然》《下德》《上仁》《上义》《上礼》七篇，加起来共十二篇，合于《隋书·经籍志》的记载，但《汉书·艺文志》说是九篇，孙星衍疑以为：“古以上仁、上义、上礼三篇为一篇，以配下德耳。”① 如果是那三篇合为一篇，还要上、下德合为一篇，

① 孙星衍：《问字堂集》卷四，《文子序》。

那么才正好是九篇。还在继续整理的《文子》竹简不知是否有助于解决这个问题，姑且存疑于此。

在《道德》以下的各篇中，《自然》《微明》进一步阐发了《老子》的基本思想。《微明》可以说是《淮南子·道应》的张本。《自然》的篇名为王充所采纳，都是发生了影响的。至于德的进一步解释，以及仁、义、礼之列为专篇，正反映了新道家“采撮”的特点，并且是这样鲜明、毫无掩饰，所以它成一家之言。虽然如此，但它绝未脱离道家的根本。它认为“仁义礼乐者所以救败也，非通治之道也”①，仁义礼乐是需要的，但是，第一，它们是就其次者而言，仁义礼乐毕竟薄于道德；第二，它们不仅是道德废而生仁义，在某种意义上又是道德的一种体现，是道德的具体而微，所以说：“古者，修道德即正天下，修仁义即正一国，修礼智即正一乡。德厚者大，德薄者小。”②

《上仁》篇主要讲“治国之本”，从“本在于治身”、“民亲其上”、“食者民之本，民者国之基”、“取下有节”、“贵和”等不同角度和内容讲治国之道，似乎很像是儒家的“仁政”，但实则不然，它归本于道。例如，说“未闻身治而国乱者也”，似乎就是儒家的“修身、齐家、治国、平天下”，但在《文子》中解释就不同，它说：“故曰：修之身其德乃真。道之所以至妙者，父不能以教子，子亦不能受之于父，故道可道非常道也，名可名非常名也。”修身、治国问题，是从道和德角度来看待的，是以道德为基础来提出和回答问题的。国之所以存者，既在于仁义，更在于道德。它说：“务于地广而不务于仁义，务在高位而不务于道德，是舍其所以存，造其所以亡也。”此篇末了写道：“文子问：仁义礼何以薄于道德也。”其基本态度十分明显。

《上义》《上礼》和《上仁》篇的基本思想是一样的，一方面是阐明义和礼的一些具体问题，另一方面也是归于道。其开头都从道的问题讲起，《上义》篇开头说：

> 老子曰：凡学者能明于天人之分，通于治乱之本，澄心清意以存之，见其终始，反于虚无，可谓达矣。治之本仁义也，其末法度也，

① 《文子·下德》。
② 《文子·上仁》。

> 人之所生者本也，其所不生者末也，本末一体也，其两爱之性也，先本后末谓之君子，先末后本谓之小人。

《上礼》篇开头说：

> 老子曰：上古真人，呼吸阴阳，而群生莫不仰其德以和顺。

首先强调“反性于无，游心于虚”，然后再讲礼乐、仁义之产生：

> 昔者之圣王，仰取象于天，俯取度于地，中取法于人。调阴阳之气，和四时之节，察陵陆、水泽、肥墩、高下之宜，以立事生财，除饥寒之患，辟疾疢之灾，中受人事以制礼乐，行仁义之道以治人伦，列金木水火土之性以立父子之亲而成家，听五音清浊六律相生之数以立君臣之义而成国，察四时孟仲季之序以立长幼之节而成官。列地而州之，分国而治之，立大学以教之。此治之纲纪也，得道则举，失道则废。

仁义礼乐等是从道德自然而产生的，“得道即举，失道即废”，是受道所制约的。这就是新道家的仁义礼乐观。

综上所述，尽管《文子》的篇目和内容可能有错乱（多少会有一些），但从总体上看，它是一部完整的著作，意绪并无互相抵牾而不合之处，在一定意义上比《淮南子》还要严密。《文子》比《淮南子》要精练，它着重于基本理论的阐述，可以说把新道家的基本理论都包括进来了。据此，我们认为，《文子》的思想和理论是新道家的理论基础。这是我的主要结论。

五、简短结论

我们认为，一个学派一般地说和“诸子百家”应有所不同，如司马谈《论六家之要指》那样分学派，应该有一定的标准，应该具备一些条件。这标准和条件是什么呢？从儒、墨、道、法等大学派的实际情况看，一个学派至少要具备以下条件：

第一，有比较全面系统的思想学说，言之成理。

第二，其思想学说有自己与众不同的特点，有一定的独创性，这一点最重要。司马谈论阴阳、儒、墨、名、法、道德六家，正是从它们的思想学说的不同“要指”来区分的。

第三，在当时社会上有一定影响。

第四，有祖师或宗主为后学所尊奉，或嫡传，或信奉（如黄帝）。

第五，有门徒弟子代代相传，或者形成了一个思想基本一致的群体。

以此衡量我们前面所分析的那些著作及其作者，似不宜冠以黄老道家之名，虽然它们以不同形式，都或多或少“发明”了“黄老道德之术”，都可以说是黄老之学的著作，但都不宜称为黄老新道家。因为：

首先，在思想内容上有的不系统、不全面，有的特点不突出。因而就是在《汉书·艺文志》中分类时，其归类也不好确定。管子中《心术》等篇以及慎到等人都是如此。《心术》等篇整体上似嫌单薄，与《管子》其他篇有联系，而整个《管子》既可列入道家，也可列入法家。慎子一书今不可知其全，但为慎到所作自无可疑。这些被司马迁明确指为“学黄老道德之术”而“发明序其旨意”的人，其著作，或被列入法家，或被列入杂家，其学说特点确有难认定之处。

其次，至少在形式上尚未尊奉黄老，从前面的分析看，《文子》的黄老思想是相当完整、全面的，但它“壹祖老聃”不言黄帝思想。黄帝虽是虚的，但连他的旗号也不打，要说他是黄老道家似也不当。而《经法》这样的著作，虽然明显与《老子》思想一致，却又绝口不提老子，说它是黄老道家，也有些勉强。在这方面形式与内容能够统一的著作是有的，如后来的《吕氏春秋》，既在思想内容上有比较全面的黄老思想，可说是正式以黄帝为宗师，同时并不否认《老子》，除了称引《老子》之文，以为重要理论根据之外，还说“老聃则至公矣”，是有一种崇敬心情的。

总之，前述黄老之学的著作，有其发展性、不成熟、不定型等等的特点，因而大多数的作者难以确定其所属学派。对于这类著作（除了前已分析的几种之外，还有如《关尹子》《鹖冠子》《尹文子》）人们没有具体考证其成书时间，但定在战国中后期这个大阶段中，应该没有问题。这一时段是黄老之学的发生、发展时期，是黄老道家的形成时期。我们认为黄老新道家形成的明显标志应该是《吕氏春秋》，这将在以后各章中进一步论述。

第三章　诸子“文篇俱在”与“秦圣”自谓“真人”
——秦代的道家思潮

秦朝以严刑峻法而亡，法家思想在秦朝有很高的地位，是毋庸置疑的。有两个基本事实不可否认：第一，秦代有法治的传统，这当然是指商鞅变法以来的传统；第二，秦始皇对李斯法治主张的认可。但是，过分强调秦代是“以法为教”，似乎通过“焚书坑儒”真正就禁止了“诗书百家语”，那是绝对与历史事实不符的。李斯的“焚书”建议是在秦始皇三十四年，所谓的“坑儒”事件是在三十五年，两年以后秦始皇就在巡游途中去世了，从当时的实际情况看，诸子百家的思想的流行从未间断过。甚至，就是统治思想也很难说是单一的法家思想，在制礼作乐等许多方面，儒家的思想还起很大的作用，不然就不会在秦始皇面前发生李斯与博士们的争论了。在社会思潮中，自然仍然是诸子百家流行的，这里，我们要说的是秦代的道家思潮。道家思想的存在绝不可低估：老庄一派早已出现，并有很大的影响；黄老道家正在形成（以《吕氏春秋》的出现为标志），方兴未艾。下面我们就这个问题展开一些具体的论证。

一、道家与道家学者

首先，我们看一看道家人士的活动：吕不韦的《吕氏春秋》是黄老道家的代表作，这已经越来越多的为学术界所接受。《吕氏春秋》成书的本身，就证明道家思潮影响之大，说明吕不韦所招揽的智略之士中有很大一部分人是属于道家学派的，说明他本人是赞同道家思想的，并且企图以该书教训秦王政，企图使之成为今后的治国纲领。书成之后，“布咸阳市门，悬千金其上，延诸侯游士宾客有能增损一字者予千金”①。这又进一步扩大了道家思想的影响。虽然后来吕不韦获罪，其书未被秦王采纳。但是“不韦迁蜀，世传《吕览》”②，秦始皇并没有株连吕不韦的宾客，获罪之初“岁余，诸侯宾客使者相望于道，请文信侯。秦王恐其为变”，乃令“其与家属徙处蜀”。后来，吕不韦饮鸩而死，“窃葬，其舍人临者，晋人也逐出之；秦人六百石以上夺爵，迁，五百石以下不临，迁，勿夺爵”③。和吕不韦有关的人，一个也没有杀。这些人——包括道家人士当然是分散在各地，继续著书立说，或者授徒传学。虽然著了什么，如何传授，无法得知，但有这些人的活动是毫无疑问的。再说“世传《吕览》”，可见其书未废未禁，自有人传抄、转授。当然，道家图书也照样流传，东汉王充有一个值得注意的说法：

> 秦虽无道，不燔诸子。诸子尺书，文篇俱在，可观读以正说，可采掇以示后人。④

王充再三说是“燔五经”⑤，并明言“不燔诸子”，而且他也明明知道，李斯建议“令史官尽烧五经，有敢藏诗书百家语者刑”⑥。如何理解“不燔诸子”呢？“文篇俱在”是事实，但不能直接证明其“不燔”，不过有一点可以肯定，“焚书令”及其实施程度都是有一定限度的，“唯博士官乃得有之”（王充之言，也是事实），是令本身的限度。至于实施情况，如前所述，议论此事是三十四年（前213年），两年以后秦始皇就去世了，这两年中还曾“悉召文学方术士甚众”⑦，又进行了第四次大巡狩，禁书令能推行到何种程度可想而知了。

整个秦代，道家学者活动的行迹，也可以从其他记载中得到证明。例如在《史记·乐毅列传》中写道：

---

① 司马迁：《史记》卷八十五，《吕不韦列传》，中华书局1982年版，第2510页。
② 司马迁：《史记》卷一百三十，《太史公自序》，中华书局1982年版，第3300页。
③ 司马迁：《史记》卷六，《秦始皇本纪》，中华书局1982年版，第231页。
④ 王充：《论衡·书解》，诸子集成本，中华书局1954年版。
⑤ 《论衡》之《正说》《书解》等篇中再三说。
⑥ 王充：《论衡·书解》，诸子集成本，中华书局1954年版。
⑦ 司马迁：《史记》卷六，《秦始皇本纪》，中华书局1982年版，第258页。

乐臣公学黄帝、老子，其本师号曰河上丈人，不知其所出。河上丈人教安期生，安期生教毛翕公，毛翕公教乐瑕公，乐瑕公教乐臣公，乐臣公教盖公。盖公教于齐高密、胶西，为曹相国师。

乐瑕公、乐臣公、盖公，就是在秦朝相继于齐高密等地传授黄老之学的著名学者。这一点该传中写得明明白白：

乐氏之族有乐瑕公、乐臣公，赵且为秦所灭，亡之齐高密。乐臣公善修黄帝、老子之言，显闻于齐，称贤师。

盖公自然是秦汉之际一直“教于齐高密、胶西”的学者。

另外，以上这个传授系统，肯定只是原齐国部分地区（今山东胶县、高密一带）的黄老学者。其他地方也有传学黄老之学的人。汉初功臣陈平，“少时本好黄帝、老子之术”①，从谁而学不得而知，不属盖公那个系统是可以肯定的。否则也应与另一大臣田叔一样，记上“学黄老术于乐巨公”的（旧注认为即“乐臣公”）。司马谈“习道论于黄子”，这个黄子也应该是秦汉之际的人。另外，故齐地有不少黄老学者，楚地也不会少，《史记·日者列传》记那位“术黄帝老子”的司马季主就是楚地之人。汉初还有一些“善为黄、老之言”的老人，如王生、黄生等，虽不能断言是秦朝时人，但他们的传授者必为秦朝人无疑。还有“修道洁己，非义不动”的所谓“四皓”②，道家思想在他们身上有明显的表现，道家思想在民间的影响和流传是广泛存在的。

秦代的朝廷之上又如何呢？我们可以从秦朝有博士制度中看出一点端倪，博士官起于六国之时，形成一个有职掌的固定群体，应该是在秦朝。秦始皇吸取战国各国设博士，特别是齐国稷下以大夫待遇学士的经验，形成了正式的博士官制度，让他们和大臣一起参与议论政事，所谓“通古今”、“辨然否”③。定员七十（也可能受稷下的影响）。七十人之中有大量儒家代表是很明显的，是否也有道家人士（至少受道家思想影响）呢？也

---

① 司马迁：《史记》卷五十六，《陈丞相世家》，中华书局 1982 年版，第 2062 页。

② 《史记·留侯世家》《列仙传》。

③ 《汉书·百官公卿表》《汉官仪》。

可以作肯定回答。当时相当活跃的卢生，就是博士之一，这是高诱注《淮南子·人间训》时保留的材料：

> 秦博士卢生使入海还，奏图录书于始皇帝。

其必有所据。再有，前引“四皓”也有材料说他们是秦时博士①。当然这些人或与方士、仙人有关，但在当时与道家思想也是有密切关系的（详下）。总之，秦始皇周围各种思想、各家学说的人都有，也不会没有道家。再说博士官职掌“诗书百家语”②，也不会独缺道家这一当时影响甚大的书籍，例如《老子》《庄子》等。

二、秦代的道家思潮

其次，我们可以从统治思想方面来论证秦代的道家思潮。所谓“以法为教”是韩非提出来的，但秦的法治并不是完全按韩非的主张施行的，李斯等人的言行与韩非的思想并不是一回事。王充曾叹息说：

> 及（韩）非之死，李斯妒奇，非以著作材极，不能复有为也。……假令非不死，秦未可知。③

历史是不能假设的，王充的假设却能引发人们深入思考：秦代的统治思想，不完全是法家集大成者——本于黄老的韩非的主张和思想，秦的“暴政”也与韩非及法家思想无关。从实际情况看，其统治思想中是兼容了各家学说的，其中道家思想占有相当重要的地位。这里我们要从《史记·秦始皇本纪》所载的石刻文字来分析、论述。

在石刻文字中有些字和辞特别引人注目，如“圣”、“道德”、“太平”、“无极”等，且具体分析如下：

---

① 《文选·陶征士诔》李善注引《三辅三代旧事》。

② 李斯进言焚书时说：“非博士官所职，天下敢有藏诗书百家语者……”（《史记·秦始皇本纪》）

③ 王充：《论衡·书解》，诸子集成本，中华书局1954年版。

（一）关于“体道行德”

这是琅邪刻石所记群臣共议的一句话，是对秦始皇行为的总概括之一，他们前面议论说，“古之五帝三王”，“实不称名，故不久长”，接着就总概括地说：

> 今皇帝并一海内，以为郡县，天下和平，昭明宗庙，体道行德，尊号大成。[①]

显然讲秦始皇所作所为是“体道行德”。这思想无疑是属于道家的，道家认为道为体，德为用，德是道的具体表现。德既是讲“功德”，所谓“群臣相与诵皇帝功德”，他们“立石刻”就是“颂秦德”。另一方面，行德是讲德惠及人，碑文正文中说“皇帝之德，存定四极”。碣石刻辞中的“德并诸侯，初一泰平”，会稽刻辞中的“德惠修长”，“圣德广密，六合之中，被泽无疆”等。“德惠”就是德泽恩惠，如《韩非子·解老》篇所说：

> 有道之君，外无怨仇于邻敌，而内有德泽于人民。……内有德泽于人民者，其治人事也务本。

这是韩非解释《老子》“天下有道”一章时说的话，他同时还说：“德者道之功。”由此可见，“行德”、“德惠”是有具体内容的，实际可说是讲“道之功”，因石刻文字中没有具体讲“体道”，如何理解？韩非《解老》时的说明或可参考，他说：

> 夫能有其国、保其身者，必且体道。体道，则其智深；其智深，则其会远；其会远，众人莫能见其所极。

这是解释《老子》“莫知其极，则可以有国”时说的。照字义解释“体道”为实践“道”、“行道”也可以。但“道”毕竟是比较抽象的，才会有“莫

---

① 刻石引文均见《史记·秦始皇本纪》，以下不再注。

能见其所极”的这一种情况。德则是比较具体的，与“人事”有直接的密切关系，不必要转几个弯，其什么、则什么。韩非“体道”这一段话，又恰恰是解“治人事天莫若啬”这一章时说的，该章原文只说“重积德”，没有出现“道”字，韩非则解释说：

> 夫道以与世周旋者，其建生也长，持禄也久。……德也者，人之所以建生也；禄也者，人之所以持生也。

“道”的具体表现是“德”。这些话虽出自韩非之口，但他是在《解老》中说的。第一，韩非本于黄老；第二，道与德的关系在其他道家著作中也都是这样说的。因此我认为，“体道行德”是反映道家的思想。

另外，还可以从反面来加以证明。“体道行德”的用法与儒家绝不相同。儒家学者也讲“道德”，但他们主要是讲一种修养标准，所谓伦理道德，这只要举出孔子的言论就清楚了。《论语·述而》记载说：

> 子曰：志于道，据于德，依于仁，游于艺。

这是讲“道德”修养，“道”与“德”虽也单提，但无体用之分，而且作为修养标准，道、德、仁是等同的。《论语》中的“道”大多如此：

> 君子务本，本立而道生。孝弟也者，其为仁之本与！①
>
> 富与贵，是人之所欲也，不以其道得之，不处也。②
>
> 子曰：“参乎！吾道一以贯之。”……曾子曰：“夫子之道，忠恕而已矣。”③

这些和道家思想根本不同。上述“体道行德”以及关于“德惠”等的用法，主要讲政治，无法用儒家讲伦理道德的思想来解释，儒家讲政治有时也用“道”和“德”两字，但一般不单提，多半是“王道”、“德政”这

---

① 《论语·学而》，诸子集成本，中华书局 1954 年版。
② 《论语·里仁》，诸子集成本，中华书局 1954 年版。
③ 《论语·里仁》，诸子集成本，中华书局 1954 年版。

样用法。

（二）关于“秦圣”

刻石文字中“圣”字不少。从文意看，主要是对秦始皇及秦政权的歌颂。先摘引原文如下：

> 大圣作治，建定法度，显著纲纪。（之罘刻石）
>
> 圣法初兴，清理疆内，外诛暴强。……常职既定，后嗣循业，长承圣治。群臣嘉德，祗诵圣烈，请刻之罘。（“其东观曰”）
>
> 秦圣临国，始定刑名，显陈旧章。……圣德广密，六合之中，被泽无疆。（会稽刻石）
>
> 皇帝躬圣，既平天下，不懈于治。……远近毕理，咸承圣志。（泰山刻石）
>
> 圣智仁义，显白道理。（琅邪刻石）

“圣”字如此突出，歌颂秦始皇的“圣法”、“圣治”、“圣德”、“圣烈”、“圣志”，不仅有“大圣”的泛称，而且使用了“秦圣”这样的专称，实际就是说秦始皇是圣人。这“圣人”、“圣治”的思想，是道家思想，几乎是直接从道家创始人老子那里来的，《老子》第22章说：

> 是以圣人抱一为天下式。

“一”就是“道”，这句话与第39章的“侯王得一以为天下正”的意思是一样的。虽然秦始皇并未按照《老子》“圣人无为”、“圣人去甚，去奢，去泰”等要求去做，但其被称为“秦圣”，是按“为天下式”的“圣人”来理解的，是作为一个最高统治者，所以他的“圣德广密，六合之中，被泽无疆”。

我们看到，在《老子》书中，“圣人”是以最高统治者的面貌出现的。例如：

> 是以圣人处“无为”之事，行“不言”之教。

是以圣人之治……常使民无知无欲。

圣人不仁，以百姓为刍狗。

是以圣人常善救人，故无弃人。

圣人常无心，以百姓心为心。……圣人在天下，歙歙焉，为天下浑其心，圣人皆孩之。

故圣人云：我无为而民自化；我好静而民自正；我无事而民自富；我无欲而民自朴。

是以圣人欲上民，必以言下之；欲先民，必以身后之。是以圣人处上而民不重，处前而民不害。

是以圣人云：受国之垢，是谓社稷主；受国不祥，是为天下王。

天之道，利而不害；圣人之道，为而不争。①

其他还有几章提到“圣人”的，也大多与政事有关。只有第12章的“圣人为腹不为目”与养生有关。第72章的“圣人自知不自见，自爱不自贵”，多少与道德修养有些关系，但也是紧接“民不畏威”而提出的，是警告高压政治②。总之，《老子》的“圣人”是指统治者。《庄子·天道》篇更有“帝王圣人”和“帝王天子”的提法。所以应该肯定，“秦圣”的称号，是受道家思想影响的。

当然，法家思想中也有指“圣人”为统治者的，如《管子·君臣下》篇说：

神圣者王，仁智者君，武勇者长，此天之道，人之情也。

又如《韩非子·奸劫弑臣》说：

圣人者，审于是非之实，察于治乱之情也。

可以说法家是想“圣化君主”，这方面也是本于黄老的。但他们的说法，

① 《老子》第2、3、5、27、49、57、66、78、81章。

② 参阅陈鼓应：《老子注译及评介》之引述。

还不如上述《老子》那样确指。如韩非讲“圣人之治国”，具体是指“管仲之所以治齐，而商君之所以强秦也”。又说：“人主诚明于圣人之术。”① 圣人并未确指，专指“人主”，不如《老子》明确。

再从儒家思想方面来看一看。儒家也讲“圣人”，但主要是指具有最高道德标准的人，孔子甚至说：

> 圣人，吾不得而见之矣；得见君子者，斯可矣。②

并且与“善人”、“有恒者”相提并论。孟子讲“圣人”比孔子多一些，有时也指统治者，如说“圣人治天下”③，但主要也是泛指具有最高道德标准的人，例如他在《尽心下》中说：

> 圣人，百世之师也，伯夷、柳下惠是也。

在《告子下》中又说：

> 伯夷，圣之清者也；伊尹，圣之任者也；柳下惠，圣之和者也；孔子，圣之时者也。孔子之谓集大成。

后来儒家特指孔子为圣人当源本于孟子。虽然有时候尧、舜、禹也被称为圣人，但圣人作为最高统治者，在儒家思想中并不突出，孔、孟是如此，孔、孟以后也是如此。

（三）关于“太平”和“无极”

刻石文字中有两处提到“太平”，都是后人向往的时世安乐之意，碣石之文曰：

> 皇帝奋威，德并诸侯，初一泰平。

---

① 《韩非子·奸劫弑臣》，诸子集成本，中华书局1954年版。
② 《论语·述而》，诸子集成本，中华书局1954年版。
③ 《孟子·尽心上》，诸子集成本，中华书局1954年版。

会稽刻石之文曰：

> 黔首修絜，人乐同则，嘉保太平。

“泰平”就是“太平”，用“太平”形容国家之治理状况，看来也是《庄子·天下》篇的记载最早最明确，其言曰：

> 知谋不用必归其天，此之谓太平，治之至也。

在儒家的早期著作（如《论语》《孟子》）中，几乎很难看到“太平”两字，只在《诗经·小雅·南有嘉鱼》的《诗序》中有“太平”两字，孔疏解释是指“周公、成王太平之时”。据此，我认为秦刻石文中的“太平”两字及其使用，是从道家思想中吸取的，不过，事实上秦的政治并没有“知谋不用”，因而也不得太平。这是理想与现实的矛盾。

会稽石刻文中又有“常治无极”一句，也是形容治理状况的，“无极”是一个特殊的名词，本来应该是道家的，后来到宋代被周敦颐用上了，他的《太极图说》“无极而太极”，是以后的事，这里不必说了。该词最早见于《老子》，第 28 章曰：

> 知其白，守其黑，为天下式。为天下式，常德不忒，复归于无极。

不少人怀疑此文为后人所窜入。但马王堆汉墓帛书中亦有此段文字，据此可以肯定，今本《老子》至迟是秦代的版本了。因而“常治无极”应是道家思想的反映。

究竟刻石文字中有多少道家思想？该如何评估？是一个值得研究的问题。除了上述几点比较突出以外，还有不少句子也可以算是黄老道家的思想。例如：

> 应时动事，是维皇帝。……方伯分职，诸治经易。……节事以时，诸产繁殖。黔首安宁，不用兵革。（琅邪刻石）

职臣遵分，各知所行，事无嫌疑。……常职既定，后嗣循业。（之罘刻石）

诛戮无道……武殄暴逆。（碣石刻石）

审别职任，以立恒常……义威诛之。（会稽刻石）

这些文字在黄老道家的著作中也都是常见的。不过，阴阳家、儒家等也有相同的思想。

关于儒家思想，石刻中有些句子是儒家特别强调的，如琅邪刻石中的“以明人事，合同父子”。如会稽刻石中的“有子而嫁，倍死不贞”，这后世长期束缚妇女的贞节观念居然也出现了。还有“威化廉清”一句，被认为是：女子不可改嫁，均应以廉正之寡妇清为师。秦始皇确实旌表巴寡妇清，“以为贞妇而客之，为筑女怀清台”①。

此外还有明显的名家思想，琅邪刻石中说“五帝三王”“实不称名”，秦始皇则“尊号大成”。会稽刻石中更概括一切地说：“运理群物，考验事实，各载其名。”

当然应该承认，法家思想也有突出地位，琅邪刻石一开头就说：“端平法度，万物之纪。”会稽刻石中则说：“秦圣临国，始定刑名，显陈旧章。”②

那么，秦始皇刻石文字反映的是什么思想呢？可否说是“采儒墨之善、撮名法之要”的黄老道家思想呢？据以上所述，作肯定的回答似乎是可以的。

有一点还应特别指出，刻石文字是群臣集体议论的结果，在形式上也和《吕氏春秋》一样，是集体之作，也有点“杂”的意味，具有黄老道家兼、合的特点。可见，众臣之中肯定有黄老学派的人。还有，刻石之辞当然是秦始皇首肯了的，当然可以说是统治思想的一种反映。再者，刻石的时间从二十八年（前 219 年）到三十七年（前 210 年），前后十年，也是秦始皇的最后十年。“体道行德”在二十八年，“秦圣临国”、“嘉保太平”、“常治无极”在三十七年，看来前后没有大的变化。这都是值得研究的问题。

---

① 司马迁：《史记》卷一百二十九，《货殖列传》，中华书局 1982 年版，第 3260 页。

② 《正义》：碑文作“画璋”也。

三、方士与道家思想

再次，我们从秦始皇的求仙活动看秦代的道家思潮。

秦始皇自诩为“功高三皇，德过五帝”，自称始皇帝，想二世、三世传至无穷，这是初并天下时的想法。很快又强烈地希望延长自己的地位和权力，企求长生不老，因而对当时已广为流行的仙人、仙药发生了浓厚的兴趣。统一后的第三年（二十八年），就相信海中有仙人所居之“三神山”，“遣徐市发童男女数千人入海求仙人”①。“三十一年十二月更名腊曰嘉平”，裴骃《集解》说：

《太原真人茅盈内纪》曰：始皇三十一年九月庚子，盈曾祖父濛，乃于华山之中，乘云驾龙，白日升天。先是其邑谣歌曰：“神仙得者茅初成，驾龙上升入泰清，时下玄洲戏赤城，继世而往在我盈（《太玄真经》：“我寿盈”），帝若学之腊嘉平。”始皇闻谣歌而问其故，父老具对：“此仙人之谣歌，劝帝求长生之术。”于是始皇欣然，乃有寻仙之志，因改腊曰嘉平。

这对秦始皇“寻仙之志”多少是一个证明，凡属与仙人、长生有关的事他都感兴趣，并且尽可能付诸实行。三十二年又“使韩终、侯公、石生求仙人不死之药”。虽然“费多”“不得”，一再受骗，然而他却乐此不疲，甚而至于达到迷信的程度。三十五年：

卢生说始皇曰：“臣等求芝奇药仙者常弗遇，类物有害之者。方中，人主时为微行以辟恶鬼，恶鬼辟，真人至。人主所居而人臣知之，则害于神。真人者，入水不濡，入火不爇，陵云气，与天地久长。今上治天下，未能恬倓。愿上所居宫毋令人知，然后不死之药殆可得也。”于是，始皇曰：“吾慕真人，自谓‘真人’不称‘朕’。”乃令咸阳之旁二百里内宫观二百七十，复道甬道相连，帷帐钟鼓美人充

① 《史记·秦始皇本纪》，以下不注之引文均同。

之，各案署不移徙。行所幸，有言其处者，罪死。

迷信真人的“与天地长久”，又尽情地享受人生之乐，且滥施淫威，就是“未能恬倓”！这又与“长生”的梦想背道而驰。仙人、仙药不可得，只好“自谓真人”，自欺欺人。三十六年：

使博士为《仙真人诗》，及行所游天下，传令乐人歌弦之。

三十七年继续向沿海出游，不能不说与他“寻仙之志”有关。这一年的记载继续提到“方士徐市等入海求神药”的诈言，继续上当受骗，弄得神魂颠倒，梦寐以求，乃至“始皇梦与海神战”，等等。秦始皇就这样在自我陶醉、自欺欺人的状态下死去。可以说是这位伟人的可悲下场！

秦始皇相信神仙这一点是确定无疑的。这里我们要说明的是：此时方士们的神仙思想与道家思想的关系。

关于方士及神仙的思想如何看？我们可以具体分析一下《史记·封禅书》和《汉书·艺文志》的有关记述。《封禅书》云：

自齐威、宣时，邹子之徒，论著终始五德之运。及秦帝而齐人奏之，故始皇采用之。而宋毋忌、正伯侨、充尚、羡门高最后皆燕人，为方仙道，形解销化，依于鬼神之事。邹衍以阴阳主运显于诸侯，而燕齐海上之方士，传其术不能通。然则怪迂阿谀苟合之徒自此兴，不可胜数也。自威、宣、燕昭使人入海求蓬莱、方丈、瀛洲，此三神山者，其传在勃海中……诸仙人及不死之药皆在焉……终莫能至云，世主莫不甘心焉。及至秦始皇并天下，至海上，则方士言之不可胜数。始皇自以为至海上而恐不及矣，使人乃赍童男女入海求之……

在此记述中，秦始皇派人入海求仙人、仙药的事使人有一个大概的了解。值得注意的是方仙道的几个仙和方士。

方仙道之名出现了，讲的是神魂离开人的形体（“形解销化”），讲的是鬼神之事，是否一种宗教，尚无具体论证。但这个名称把方士、神仙和“道”联系起来了。先说神仙，《封禅书》中提到了宋毋忌等人（或说四人，或说五人），都被视为仙人，但有人考证“羡门”就是“沙门”，与佛教有关①，可从。当时有神仙还没有道教，这里即使是佛、道混在一起也是很自然的，到东汉时仍黄老、浮屠混在一起的。此不必细究。

方士问题也比较复杂，《封禅书》讲了方士与阴阳家邹衍的关系，同时也说明了后来的方士“传其术不能通”，他们只得抛开邹衍“显于诸侯”的“阴阳主运”，而专讲仙人、仙药之事。但是，方士们除了接受阴阳家思想之外，还有什么思想呢？看来与道有关，名为“方仙道”就透露了消息，与道家思想有关。方士们讲仙人、仙药，欺骗秦始皇之所以能得逞，即迎合其长生之需求。道家讲长生在先秦诸子中是比较突出的。《老子》就讲：“根深固柢，长生久视之道。”（第59章）不过老子的长生之道，是从“道”的高度来讲的，注重养神，所谓“谷神不死”（第6章），所谓“载营魄抱一能无离乎”（第10章），清静无为、少私寡欲等是最基本的要求，方士们所讲之长生则大大走样，着重在求长生不老之仙药。《庄子》在发挥《老子》思想的过程中，讲长生之术更多，一方面从“道”的角度讲长生，强调“必静必清”的“守一”、“坐忘”② 等。另一方面也大讲各式各样的神仙人物，例如真人、至人、神人等，这些人都是得了“道”的人。《庄子·大宗师》中对于“真人”有较集中的描绘，如：

登高不慄，入水不濡，入火不热。

其寝不梦，其觉无忧，其食不甘，其息深深。真人之息以踵，众人之息以喉。

不知说生，不知恶死……不以心损道，不以人助天。

这里，我们再回头去看上述侯生所言之“真人”，一方面可以看到“入水不濡，入火不热”这样完全相同的文字；另一方面也看到了不同描绘：卢生强调“与天地久长”，显然是迎合秦始皇长生的需要，《庄子》则强调顺其自然，也讲到长生之术，“其息深深”，“息以踵”，或者就是讲导引之法。当然，《史记》所记卢生之言不一定是完全的，观其“今上治天下，

① 参考马非百：《秦集史·羡门子高传》，中华书局1982年版。

② 《庄子》中《在宥》《大宗师》等篇。

未能恬倓”一句，或者前面也还有清静、自然之类的内容。卢生这样的方士是有知识有思想的人（前面提到他也是博士之一），在真人问题上，与《庄子》有相同的看法、相同的描绘，当然是他袭用《庄子》，受道家思想的影响。

据上所述，可以得出结论，秦时的方士与道家思想是有密切关系的，这样的人在当时“不可胜数”，对于神仙、长生也“言之不胜数”，足以形成一种社会思潮，既然被称为“方仙道”，也可以说是道家思潮的一部分。

第四章 “学老子者则绌儒学”
——汉初的儒道之争

司马迁写《老子列传》，结尾时感慨地写下了几句话：

> 世之学老子者则绌儒学，儒学亦绌老子。道不同不相为谋，岂谓是邪？

这是对汉初学术思想现实的一个感慨，是一个客观现实的反映，也是一个准确的概括。汉初确实存在一个儒道之争的阶段，而且其意义是重大的，它说明：黄老新道家思想曾一度成为统治的指导思想，曾在一定程度上得到运用和实践。因此，儒道之争的原因是什么？其发展变化如何？是值得作一番清理的。

一、汉初儒道互绌的概况

首先，这里所说的汉初，时间比较长，一直到汉武帝建元六年（前135年）窦太后去世以后，因为有一些儒道互绌的突出现象，是发生在汉武帝初年。

汉初，道家无为而治的主张得到了朝廷采纳，先是陆贾上《新语》，“每奏一篇，高帝未尝不称善，左右呼万岁”①。陆贾《新语》的理论基础是道家的道德和无为（详见本书第十章的专门论述），是在评秦亡的议论中阐述的，在一定程度上可说是当时朝臣们的共识，所以才“左右呼万岁”，然后就是有名的“与民休息”的“文景之治”，实即清静无为之治。汉初影响政局的重臣张良、陈平、萧何、曹参等人，或多或少都学过“黄

---

① 司马迁：《史记》卷九十七，《郦生陆贾列传》，中华书局1982年版，第2699页。

老言”、“黄老之术”，而儒者未受重用，《史记·儒林列传》写道：

> 孝惠、吕后时，公卿皆武力有功之臣。孝文时颇征用（《正义》：言孝文稍用文学之士居位），然孝文帝本好刑名之言（《礼书》：孝文好道家之学，以为繁礼饰貌，无益于治）。及至孝景，不任儒者，而窦太后又好黄老之术，故诸博士具官待问，未有进者。

但是儒学一派的人是很多的（详下），他们忿忿不平，随时都想争得更高的地位，或者可以说企图“争霸”①，所以就有如景帝时辕固生与黄生面对面的争论：

> 黄生曰：“汤武非受命，乃弑也。”辕固生曰：“不然。夫桀纣虐乱，天下之心皆归汤武，汤武与天下之心而诛桀纣，桀纣之民不为之使而归汤武，汤武不得已而立，非受命为何？”黄生曰：“冠虽敝，必加于首；履虽新，必关于足。何者，上下之分也。今桀纣虽失道，君上也；汤武虽圣，臣下也。夫主有失行，臣下不能正言匡过以尊天子，反因过而诛之，代立践南面，非弑而何也？”辕固生曰：“必若所云，是高帝代秦即天子之位，非邪？”于是景帝曰：“食肉不食马肝，不为不知味；言学者无言汤武受命，不为愚。”遂罢。是后学者莫敢明受命放杀者。②

争论虽然是不了了之，从中可看出一些问题：第一，以辕固生为代表的儒者非常迂腐，不识时务，其“受命放杀”的理论，本是战国儒家的思想，证明“高帝代秦即天子之位”为是，当然是对的，但此争论之时，汉之为汉已半个多世纪，再来宣扬“受命放杀”，岂非鼓动人再来一次“代汉”！第二，黄生就是司马谈曾“习道论于黄子”③ 的人，《史记集解》引徐广曰：“《儒林传》曰黄生，好黄老之术。”黄生主张的要旨是明君臣“上下之分”，这正是黄老新道家“采儒墨之善，撮名法之要”的主要内

① 侯外庐《中国思想通史》说是“定于一尊的互绌争霸”，人民出版社 1957 年版，第60 页。
② 司马迁：《史记》卷一百二十一，《儒林外传》，中华书局 1982 年版，第 3122～3123 页。
③ 司马迁：《史记》卷一百三十，《太史公自序》，中华书局 1982 年版，第 3288 页。

容：儒家之“序君臣父子之礼，列夫妇长幼之别”，法家之“正君臣上下之分”①。强调君臣上下之分，正是当时政治的需要！第三，景帝的态度也比较明显，他认为“受命放杀”这样的理论当时是不应该“言”讲的，如同“马肝”之不可食一样，毒性很大，大肆宣扬势必引起犯上作乱。这一点大家心里明白，所以以后谁也不敢再公开地研讨它。但是辕固生这样的腐儒，可以说是“又臭又硬”，此后又公开顶撞窦太后：

> 窦太后好《老子》书，召辕固生问《老子》书。固曰：“此是家人言耳。”太后怒曰：“安得司空城旦书乎？”（《集解》骃案：《汉书音义》曰：道家以儒法为急，比之于律令。）乃使固入圈刺豕。景帝知太后怒而固直言无罪，乃假固利兵……豕应手而倒。太后默然，无以复罪，罢之。②

由此可见，儒道互绌已经是针锋相对，儒者公开宣扬《老子》书不过是家人之言，浅薄得很，道家认为儒法之书等同于律令，不是什么高深的理论。争论是很激烈的，但毕竟只是思想上的分歧，这种分歧本来一直存在，说一说还是可以的，“直言无罪”，至于采纳哪一派学说，那是另一回事。而汉初事实上实行的是黄老道家之术。正因为如此，当时的儒者还不过是在努力争取，争地位，争霸。

儒与道之争，到汉武帝时进一步发展到了由言论到行动的斗争。

汉武帝即位之初，以魏其侯窦婴为丞相，武安侯田蚡为太尉，《史记·魏其武安侯列传》记载说：

> 魏其、武安俱好儒术，推毂赵绾为御史大夫，王臧为郎中令。迎鲁申公，欲设明堂……太后（按：窦太后，当时实为太皇太后）好黄老之言，而魏其、武安、赵绾、王臧等务隆推儒术，贬道家言，是以窦太后滋不说魏其等。及建元二年，御史大夫赵绾请无奏事东宫。（《集解》韦昭曰：欲夺其政也。又，《本纪》云“请毋奏太皇太后”。）

① 司马迁：《史记》卷一百三十，《太史公自序》，中华书局1982年版，第3289页。
② 司马迁：《史记》卷一百二十一，《儒林列传》，中华书局1982年版，第3123页。

窦太后大怒，乃罢逐赵绾、王臧等，而免丞相、太尉……魏其、武安由此以侯家居。

这既是意识形态上“好儒术”与“好黄老之言”的斗争，也是政权的争夺，“请毋奏太皇太后”，以及因此而得罪下狱，明显是争夺政权。但是否如有的分析所说：“不少外戚、郡国王是以道绌儒，代表为窦氏与淮南王，而皇室则是以儒绌道，集其成者为武帝。”① 这个结论似不确切。崇尚儒术的魏其、武安都是外戚，武安是景帝后的同母弟，魏其更是窦太后的从兄之子，应该算是最亲的了，所谓“能亲将军者太后也”②。窦太后以道绌儒是很明显的，并没有代表外戚夺权斗争的迹象，更何况魏其等外戚又是试图以儒绌道！再者，汉武帝以前的皇室应该说基本上都是好黄老之道的，文帝、景帝的表现就很明显。这样，“政权的争夺显然是以儒道互绌相标榜”（引侯外庐说）就与事实不符。再说，在理论上也找不出道家为外戚、郡国王所用的理由，因为黄老新道家也是讲君臣上下之分，主张执一不二的，上述黄生与辕固生的争论就已说明。

那么，儒道之争究竟是一种什么性质的斗争呢？它与政治的关系究竟怎样呢？我们认为，它是统治者在选择统治思想时的一种斗争。汉朝初年，统治者选择了黄老道家思想作为主要的统治思想，因而儒者很少得到重用。少数得到任用，也不过是某一方面的需要，如叔孙通之改变“儒服”、“专言诸故群盗壮士进之”③、制定朝仪，随机应变，处处迎合刘邦的口味，才得以由博士而太常，最后任太子太傅，并不完全是打着儒家旗号成功的（详后）。汉朝初年以黄老道家为主要统治思想的局面，到武帝时出现了变化。由于时代条件的变化，也由于武帝个人的某些因素，黄老道家思想再不能满足统治者的需要，因而需再一次选择统治的指导思想，而此时兼采各家之长的新儒家也日益成熟。不过，这个选择也还是有一番斗争的。

汉武帝即位时年仅十六七岁，但建元元年就有较为重大举措：第一，“诏丞相、御史、列侯、中二千石、二千石、诸侯相举贤良方正直言极谏

① 侯外庐：《中国思想通史》第二卷，人民出版社 1957 年版，第 60 页。
② 司马迁：《史记》卷一百七，《魏其武安侯列传》，中华书局 1982 年版，第 2840 页。
③ 司马迁：《史记》卷九十九，《叔孙通列传》，中华书局 1982 年版，第 2721 页。

之士”。没有明说举荐什么人，但接下去的记载说：“丞相绾奏：‘所举贤良，或治申、商、韩非、苏秦、张仪之言，乱国政，请皆罢。’奏可。”①这记载毕竟简略，罢了“申、商、韩非”，那就自然与“刑名”之学有关，多少会涉及黄老道家，同时也自然就给儒家留下了很大的空间，所以《资治通鉴》把董仲舒贤良对策之事系于建元元年。是否如此，很难断定，不过给了儒家更多的发言机会，是可以说的。第二，这一年同时还下了几道“扶世导民”② 的儒家礼乐色彩很重的诏令。第三，“议立明堂。遣使者安车蒲轮，束帛加璧，征鲁申公”③。第四，任用“好儒术”的魏其侯窦婴为丞相，武安侯田蚡为太尉，他们又“推毂”申公的学生赵绾为御史大夫，王臧为郎中令。他们“务隆推儒术，贬道家言”④。一个十六七岁的少年，一开始就有如此强烈的崇儒思想，一下子就能够推出这么一系列的重大举措？有点不可思议！这一点老一辈学者想到过，吕思勉在写《秦汉史》时就认为是“风气既成”、“风气使然”。什么“风气”？当即“崇儒”之风气，这“崇儒”的“风气”与原来崇黄老道家的风气是有点针锋相对的，然而，黄老道家在汉初统治思想中占主导地位，统治阶级中虽有一批人已开始考虑重新选择统治思想问题，要真正做到以儒术代替道术还要有一过程，争斗是必然的。建元元年这一系列大举动，比较快地就以失败告终，如前引《史记·魏其武安侯列传》所说，第二年（建元二年）魏其等人就全部被罢免了，其他举措自然也遭废弃，《史记·儒林列传》记载说：

> 太皇窦太后好老子言，不说儒术，得赵绾、王臧之过以让上，上因废明堂事，尽下赵绾、王臧吏，后皆自杀。申公亦疾免以归，数年卒。

《史记·孝武本纪》说：“诸所兴为者皆废。”但是汉初儒道之争的最后胜利者是儒家，时间就是建元初的这次激烈斗争之后。具体来说，可以定在元光元年以后，《汉书·武帝纪》记载的脉络是比较清楚的：建元六

① 班固：《汉书》卷六，《武帝纪》，中华书局 1962 年版，第 156 页。
② 班固：《汉书》卷六，《武帝纪》，中华书局 1962 年版，第 156 页。
③ 班固：《汉书》卷六，《武帝纪》，中华书局 1962 年版，第 157 页。
④ 《史记·魏其武安侯列传》，从记载前后内容看，任用魏其为相等事应在建元元年。

年“五月丁亥，太皇太后崩”。元光元年：

> 五月，诏贤良曰：“……今朕获奉宗庙，夙兴以求，夜寐以思，若涉渊水，未知所济。猗与伟与！何行而可以章先帝之洪业休德，上参尧舜，下配三王！朕之不敏，不能远德，此子大夫之所睹闻也。贤良明于古今王事之体，受策察问，咸以书对，著之于篇，朕亲览焉。”于是董仲舒、公孙弘等出焉。

这些记载可以说明：第一，笃信黄老的窦老太后去世了，这位影响朝政特别是坚持以黄老思想为指导思想的权威人物去世，对讨论重新选择统治思想是有利的，建元初改制举措的失败可以反证她曾有力地反对改变统治思想。第二，从汉武帝诏书的情况看，反映他确实是在“选择”统治思想，“未知所济”、“何行而可以章先帝之洪业休德”即可证明，他“夙兴以求，夜寐以思”，“选择”统治思想是很认真的，是很急切的。第三，“于是董仲舒、公孙弘等出焉”，这句话很有意思，很客观，也比较确切。它说明以董仲舒、公孙弘为代表的儒家“于是”“出焉”，才真正开始出头了！用一个“出”字，表明开始出头的意思，前此两人皆未能“出”，他们都是这元光元年“复征贤良文学”才得以出头的，同时又未立即得到重用，公孙弘开始还是“待诏金马门”，为丞相是几年以后的事，董仲舒对策之后也不过只得到一个“江都相”，所以用一个“出”字比较恰当，而把这一句话写在这一年，表明是“开始”之意。以董仲舒、公孙弘作为儒家的代表是可以的，董仲舒被称“为群儒首”[①]，不必多论。至于公孙弘作为儒家的代表，要具体分析，人们把他当作儒家的代表，说是公孙弘以《春秋》为丞相封侯，大约一是因为他是以贤良对策出身的，而贤良多儒者（至少武帝后来所选贤良是以儒士为主的）；二是所谓《春秋》，他“少时为狱吏”，“年四十余，乃学《春秋》杂说”[②]，所以后来武帝认为他“习文法吏事”，而当时有所谓以“《春秋》决狱”，他把自己所熟习的文法吏事“缘饰”以《春秋》，这可能性太大了（详后）。

---

① 班固：《汉书》卷五十六，《董仲舒传》，中华书局1962年版，第2526页。
② 班固：《汉书》卷五十八，《公孙弘传》，中华书局1962年版，第2613页。

据上所述，汉初儒道之争的转折点是在武帝元光年间。儒道之争的大概是比较清楚的，以上征引的一些主要材料确定无疑。如果用“争霸”一词的话，汉初是黄老道家处于“霸主”地位，因为它确实是当时统治的指导思想（下面还将进一步说明），影响政局的主要人物都多少是信奉黄老的。不过具体情况又相当复杂，其中主要是一个儒家的地位问题。儒学长期以来是一门“显学”，学的人多，他们对于古代主要文献经典有专门的研究，对于古代礼乐制度也很熟悉，儒家是一股强大的势力。因此，儒家在汉初虽未得到较多的重用，也并非完全没有任用，叔孙通制定礼仪就明显是任用，并且得到汉高祖的欢心。关于汉初儒者的地位，《史记·儒林列传》有一段比较客观的记述：

> 汉兴，然后诸儒始得修其经艺，讲习大射乡饮之礼。叔孙通作汉礼仪，因为太常，诸生弟子共定者，咸为选首，于是喟然叹兴于学。然尚有干戈，平定四海，亦未暇遑庠序之事也。孝惠、吕后时，公卿皆武力有功之臣。孝文时颇征用，然孝文帝本好刑名之言。及至孝景，不任儒者，而窦太后又好黄老之术，故诸博士具官待问，未有进者。

一方面是陆陆续续有所征用，而且越来越多，另一方面“具官待问，未有进者”，主要是重用不够。

汉武帝以后，由于需要，也有条件制定各种礼乐制度（如明堂、封禅等），儒学得到越来越广泛的运用，儒者也不再仅仅“具官待问”，“进者”颇多。不过我们这里也指出一点，至少武帝时还不是儒学、儒者的一统天下，这可以引《汉书》一段论赞来证明：

> 汉之得人，于兹（武帝时）为盛，儒雅则公孙弘、董仲舒、兒宽，笃行则石建、石庆，质直则汲黯、卜式，推贤则韩安国、郑当时，定令则赵禹、张汤，文章则司马迁、相如，滑稽则东方朔、枚皋，应对则严助、朱买臣，历数则唐都、洛下闳，协律则李延年，运筹则桑弘羊，奉使则张骞、苏武，将率则卫青、霍去病，受遗则霍光、金日磾，其余不可胜纪。是以兴造功业，制度遗文，后世莫及。孝宣承统，纂修洪业，亦讲论六艺，招选茂异，而萧望之、梁丘贺、

> 夏侯胜、韦玄成、严彭祖、尹更始以儒术进，刘向、王褒以文章显，将相则……治民则……参其名臣，亦其次也。①

这段概述列举了当时的名臣（自然是影响政局的重要人物），一眼可以看出，武帝时并未任用多少儒者。所举儒雅的代表，公孙弘、董仲舒两人，我们在上面已经指出，一个很难说是纯儒，一个并未重用，只有一个“治《尚书》”的兒宽，因封禅制度有功而官拜御史大夫。同时，汲黯、郑当时又明显是黄老道家的代表人物，汲黯敢于当面批评汉武帝“内多欲而外施仁义”，并且“黯常毁儒，面触（公孙）弘等徒怀诈饰智以阿人主取容，而刀笔吏专深文巧诋……”②，虽然武帝不喜欢他，公孙弘、张汤等人陷害他，终于被免官、外放，但武帝从内心是敬重他的，在他死后还恩及其亲属③。由上述情况可以说明，汉武帝以后的所谓“独尊儒术”应作具体分析。这里有两点要特别指出：第一，主要不是儒者任用的多少，而是统治思想的选择；第二，儒者儒术的本身也必须适应统治的需要而改变自己。以下两部分就进一步来论述这两方面的问题。

二、“道不同不相为谋”

为什么“世之学老子者则绌儒学，儒学亦绌老子”？司马迁用疑问的口气说是“道不同不相为谋”④。他的父亲司马谈明明说了，儒、道各家“一致而百虑”，“此务为治者也”，目的都是一样的，结果也是一样的，只不过“同归而殊涂”，“直所从言之异路”⑤。因而严格说来，“道不同”就“不相为谋”这话是有问题的，但儒道互绌又是客观存在的事实，这中间也确实体现出“道”、“谋”的不同之处。所以司马迁才来一个“岂谓是邪？”我们不妨具体看看儒、道两家“殊涂”、“异路”之“道”与“谋”。

---

① 班固：《汉书》卷五十八，《公孙弘卜式兒宽传》，中华书局 1962 年版，第 2634 页。
② 班固：《汉书》卷五十，《张冯汲郑传》，中华书局 1962 年版，第 2319 页。
③ 班固：《汉书》卷五十，《张冯汲郑传》，中华书局 1962 年版，第 2319 页。
④ 司马迁：《史记》卷六十三，《老子韩非列传》，中华书局 1982 年版，第 2143 页。
⑤ 司马迁：《史记》卷一百三十，《太史公自序》，中华书局 1982 年版，第 3289 页。

刘邦在群雄逐鹿中夺取了天下，建立了汉朝，打天下时需要人运筹帷幄，坐天下时更需要人帮他出谋划策。有这种需要，也就自然有人来出谋献策，所以从打天下时开始，刘邦周围就逐渐聚集了一批谋士。这批谋士中的很大一批人——也是影响最大的一批人，从其思想根源看，都是黄老新道家的信仰者。他们或者是楚人，如萧何、曹参、陆贾等；或者是在楚地多少受过黄老思想影响的人，如张良、陈平等。南方楚地，似乎和道家思想的产生多少有些关系。许多人受着秀丽多变的自然环境的陶冶，接受道家思想的教育，面对战国、秦末动荡不安的现实，探求人生、社会的新道路，从而形成了一些新的思想观念，形成了一些新的主张和谋略，这就是以“清静”、“无为”为特色的政治主张，以及一套“指约而易操”的谋略，也就是司马谈所说的：

道家无为，又曰无不为……其术以虚无为本，以因循为用。①

黄老新道家的“道”与“谋”，在当时是适乎时代之潮流，合乎人群之需要的。新道家与《老子》的思想当然有关系，但形成新道家政治主张及谋略的主要原因还有另一方面，《淮南子·要略》说：“考验乎老庄之术，而合以得失之势。”这后一句话是说有它的时势背景。什么“时势”呢？这是显而易见、众所周知的：战国（乃至春秋）以来的长期分裂和战乱，社会、人民渴望统一，需要休养生息，黄老学派的第一部代表作《吕氏春秋》就是应运而生的，它既主张统一，又主张无为而治。但秦始皇没有采纳这一政治方案，所以秦王朝虽然实现了统一，解决了分裂割据的问题，然而没有解决社会经济和人民群众所需要的休养生息问题。不仅没有解决，在某些方面还变本加厉了，例如兵戍徭役就加重了，战国时兵戍徭役不能说不繁重，但是离乡背井还比较少一些，秦时不仅横征暴敛，还加之转漕、远戍之苦，北修长城、南戍五岭，南北东西大调发，陈涉、吴广就是在由南方远调北方的途中揭竿而起的。接着又是好几年的战乱，社会急需休养生息，人们迫切要求安定，读书识字的知识分子当然也不例外。因此以清静无为为特色的道家思想风靡一时，就不是偶然的了，它有深刻

① 司马迁：《史记》卷一百三十，《太史公自序》，中华书局 1982 年版，第 3289 页。

的社会原因。然而，要用在政治上，仅仅读《老子》是不够的，还需要“因阴阳之大顺，采儒墨之善，撮名法之要，与时迁移，应物变化，立俗施事”①，这是司马谈所说的道家，也就是黄老新道家。秦末汉初人们所学的道家，就是这黄老新道家。司马迁说陈平“本好黄帝、老子之术”，又记载其言曰：“我多阴谋，是道家之所禁。”② 他熟悉的道家，自然就是其所好之黄老。

黄老道家战国末年已开始形成自己的体系，既有自己的根本思想“道”，也有具体可行的“谋”，《吕氏春秋》是其代表作。“不韦迁蜀，世传《吕览》”③，《吕氏春秋》的影响是很大的，但吕不韦是亡秦之相父，作为汉朝臣子是不便公开称道的。人们必须结合新的形势进一步总结和发挥。陆贾的《新语》就是这样应运而生的。关于陆贾是否道家？《新语》是不是黄老道家之作？本书后面将详细讨论。但《新语》“考验乎老庄之术，而合以得失之势”的特点却十分明显，其所以著书，是因为刘邦的要求，刘邦要他“试为我著秦所以失天下，吾所以得者何，及古成败之国”，陆贾“乃粗述存亡之征”④。事实是讲秦汉之失与得、古国之成败，而证之以老子道德、无为之言。他在“言”、“述”古今政事时，一再说：“立事者不离道德”⑤、“道莫大于无为”⑥、“君子握道而治”⑦。应该指出的是，司马迁在记述这《新语》之产生时，前面还写道，“陆生时时前说称《诗》《书》。高帝骂之曰：‘乃公居马上而得之，安事《诗》《书》’！”陆贾这才改口劝他“文武并用”，虽以秦不“行仁义，法先圣”的事实来告诫，仍因“高帝不怿”而上《新语》，恰恰是搬出了道德、无为这一套理论，才“每奏一篇，高帝未尝不称善，左右呼万岁”⑧。说明《新语》代表着当时一般人的思想、要求和主张。

以上是道家——黄老新道家的“道”与“谋”。

---

① 司马迁：《史记》卷一百三十，《太史公自序》，中华书局1982年版，第3292页。
② 司马迁：《史记》卷五十六，《陈丞相世家》，中华书局1982年版，第2062页。
③ 司马迁：《史记》卷一百三十，《太史公自序》，中华书局1982年版，第3300页。
④ 司马迁：《史记》卷九十七，《郦生陆贾列传》，中华书局1982年版，第2699页。
⑤ 陆贾：《新语·术事》。
⑥ 陆贾：《新语·无为》。
⑦ 陆贾：《新语·道基》。
⑧ 司马迁：《史记》卷九十七，《郦生陆贾列传》，中华书局1982年版，第2699页。

那么，儒家的“道”与“谋”又怎样呢？

儒家主张“列君臣父子之礼，序夫妇长幼之别”①，这是其“务为治”的百家所不能改易的，也是相同的，如前所述，在儒道之争时，道家黄生也还特别强调“上下之分”。至于讲“仁义”、“礼”之类的这些有利于统治的思想，新道家也把它“采”、“撮”进来，所以陆贾一方面强调“道基”、“道莫大于无为”，另一方面也说：

> 君子握道而治，据德而行，席仁而坐，杖义而强，虚无寂寞，通动无量。②

把仁义纳入了道德的范围之内。但在汉初，在需要清静无为、休养生息的汉初，人们认为：儒者博而寡要，劳而少功，是以其事难尽从。为什么？司马谈进一步说明：

> 夫儒者以六艺为法，六艺经传以千万数，累世不能通其学，当年不能究其礼，故曰“博而寡要，劳而少功”。③

儒者熟悉古代典籍，熟悉古代的礼仪制度，而且特别讲究这些东西。然而那一套礼乐之事，在打天下的过程中确实是用不着的，“乃公居马上而得之，安事《诗》《书》”！刘邦说的是实话。楚汉之争时，刘邦“举兵围鲁，鲁中诸儒尚讲诵习礼乐，弦歌之音不绝”，儒者们也拜见过刘邦，“高祖过鲁，申公以弟子从师入见高祖于鲁南宫”④，似乎没有什么效果。“汉五年，已并天下”，因“群臣饮酒争功，醉或妄呼，拔剑击柱，高帝患之”。叔孙通乘机建议制朝仪，刘邦同意其“试为之”，到七年正式实行其所定朝仪，刘邦尝到了甜头：“吾乃今日知为皇帝之贵也。”因而“拜叔孙通为太常，赐金五百斤”。然后对跟着叔孙通共为朝仪的“诸弟子儒生”任“以为

① 司马迁：《史记》卷一百三十，《太史公自序》，中华书局 1982 年版，第 3290 页。
② 陆贾：《新语·道基》。
③ 司马迁：《史记》卷一百三十，《太史公自序》，中华书局 1982 年版，第 3290 页。
④ 司马迁：《史记》卷一百二十一，《儒林列传》，中华书局 1982 年版，第 3120 页。

郎”，叔孙通“以五百斤金赐诸生”①。朝仪是行群臣之礼，为儒家所长，“百家弗能易”。但当时并未采用儒家其他什么主张，也没有大兴礼乐。

汉初总的情况是儒术难以得到应用，《史记·儒林列传》写道：

(当时) 尚有干戈，平定四海，亦未暇遑庠序之事也。

《正义》引“颜云：陈豨、卢绾、韩信、黥布之徒相次反叛，征讨也。”“尚有干戈”，所以兴礼乐之事不会更多地提上议事日程。到文、景之时，稳定政局，巩固统一，仍然是首要任务，所以《史记·礼书》又写道：

文帝即位，有司议欲定仪礼，孝文好道家之学，以为繁礼饰貌，无益于治，躬化谓何耳，故罢去之。

然后，如前所述，孝景不任儒者，博士们“具官待问”。当然既已“具官”，就逐渐积蓄起更多更大的势力，到武帝时，才有可能出现大兴儒术的局面。不过，这里我们还要进一步指出，儒术的兴起，所谓“独尊儒术”，是有一个相当长过程的，武帝之前有一个“争”的过程，可看作准备过程。武帝时期的“大兴”也有一个不短的过程，《史记·礼书》就记载说：

今上 (武帝) 即位，招致儒术之士，令共定仪，十余年不就。

这是就具体的礼仪制度而言的。

礼仪的制定，主要由儒者操办。但在操办之时，一方面是根据“五经”、“六艺”等经典中的古礼，另一方面也要结合当时的实际。“秦之季世，焚《诗》《书》，坑术士，六艺从此缺焉”②，这给汉代带来一定的困难，所以武帝时欲立明堂，把《诗经》专家申公请出来，也无法搞清楚：

---

① 司马迁：《史记》卷九十九，《刘敬叔孙通列传》，中华书局1982年版，第2724页。
② 司马迁：《史记》卷一百二十一，《儒林列传》，中华书局1982年版，第3116页。

(赵)绾、(王)臧请天子，欲立明堂以朝诸侯，不能就其事，乃言师申公。于是天子使使束帛加璧安车驷马迎申公，弟子二人乘轺传从。至，见天子。天子问治乱之事，申公时已八十余，老，对曰：“为治者不在多言，顾力行何如耳。”是时天子方好文词，见申公对，默然。然已招致，则以为太中大夫，舍鲁邸，议明堂事。

一方面是古礼难以搞清楚，另一方面也还要符合当时情况的需要，叔孙通制定朝仪的尝试就是如此，《史记·礼书》上说：“叔孙通颇有所增益减损，大抵皆袭秦故。”叔孙通只熟悉秦代的礼仪制度，秦代的礼仪又是怎样形成的呢？《礼书》又说：“至秦有天下，悉内六国礼仪，采择其善，虽不合圣制，其尊君抑臣，朝廷济济，依古以来。”一些具体的礼仪制度，特别是关于“尊君抑臣”方面的礼仪制度，恐怕是没有什么儒、法之类的不同，所以叔孙通“袭秦故”所定朝仪，刘邦喜叹“为皇帝之贵”。而具体制度的制定，必须结合当时的需要，这是有识者的共识，如叔孙通和高帝讨论起朝仪时说：

五帝异乐，三王不同礼。礼者，因时世人情为之节文者也。故夏、殷、周之礼所因损益可知者，谓不相复也。臣愿颇采古礼与秦仪杂就之。①

又如武帝时展开大讨论：

或言古者太平，万民和喜，瑞应辨(遍)至，乃采风俗，定制作。上闻之，制诏御史曰：“盖受命而王，各有所由兴，殊路而同归，谓因民而作，追俗为制也。议者咸称太古，百姓何望？汉亦一家之事，典法不传，谓子孙何？化隆者闳博，治浅者褊狭，可不勉与！”②

---

① 司马迁：《史记》卷九十九，《刘敬叔孙通列传》，中华书局1982年版，第2722页。
② 司马迁：《史记》卷二十三，《礼书》，中华书局1982年版，第1160～1161页。

具体礼仪制度没有太大的儒法区别，如何制定礼仪也都会有“时移世异”的认识，儒、法、道诸家都是如此，“殊路而同归”，其结果是“汉亦一家之事”，有自己的“典法”，也就是所谓“霸王道杂之”。

以上就儒者制定礼乐制度而言，是以儒家所熟悉的古礼为基础的，是武帝时候“大兴”起来，或者说是武帝时正式确定的，如《史记·礼书》所说：“乃以太初之元改正朔，易服色，封太山，定宗庙百官之仪，以为典常，垂之于后云。”这些“以为典常”的礼仪，实际又是新时期、新形势下制定的新的制度，不过主要打着儒家的旗号罢了。当然也主要是儒者操作的，儒者是得到了更广泛的任用，而且逐步得到重用。

汉朝统治者选定以儒家思想为统治的指导思想，采用以儒家为主导的“道”与“谋”，和上述儒者的制礼作乐大体上是同步的。时间也是武帝即位和当权之后，而且有一个突出的代表人物，就是董仲舒。刘向称赞“董仲舒有王佐之材”，其子刘歆以为评价太高，但也说他“为群儒首”[①]。究竟该如何评价董仲舒？他的“对策”该如何看？仔细读一读并且分析一下《汉书·董仲舒传》，是很有意思的。

著名的“天人三策”是在汉武帝一再启发下，董仲舒小心翼翼所作的回答，好容易才把灭息“邪辟之说”（“抑黜百家”是后人的概括）的话说出来。一开始武帝就告诉他“欲闻大道之要，至论之极”，要他“精心致思，朕垂听而问焉”，并且一开始就提出了“五帝三王之道，改制作乐，而天下洽和，百王同之”的问题，鼓励他：“子大夫明先圣之业，习俗化之变，终始之序，讲闻高谊之日久矣，其明以谕朕，科别其条，勿猥勿并，……子大夫其尽心靡有所隐，朕将亲览焉。”因为有儒者遭绌的前车之鉴，董仲舒是不敢放肆的。汉武帝问他改制作乐，他以其看家本领《春秋》为题，借题发挥：“臣谨案《春秋》之中，视前世已行之事，以观天人相与之际，甚可畏也!”（危言耸听）主要讲什么呢？主要讲：“道者，所繇适于治之路也，仁义礼乐皆其具也。”他没有回避“道”这个汉初几十年已成为指导思想的问题，武帝问他的也是五帝三王之道。但是他把道作了自己所需要的解释，也就是儒家的解释，他强调指出：

---

① 班固：《汉书》卷五十六，《董仲舒传》，中华书局1962年版，第2526页。

夫仁谊礼知信，五常之道，王者所当修饬也。五者修饬，故受天之佑，而享鬼神之灵，德施于方外，延及群生也。

对于时政也略略有所讥斥：

故汉得天下以来，常欲善治，而至今不可善治者，失之于当更化而不更化也。

这话怎样理解呢？汉初对于秦来讲已经是“更化”了，改变了秦统治的横征暴敛、严刑苛法，实行了清静无为，休养生息，怎么能说没有“更化”呢？再说要“更化”，那就是要改变汉初“以虚为本，以因循为用”的政策。这样的“更化”，对于汉武帝可说是正中下怀。所以武帝进一步启发他，鼓励他，叫他不要顾虑：“毋乃牵于文系而不得骋与？将所繇异术，所闻殊方与？各悉对，著于篇，毋讳有司，明其指略，切磋究之，以称朕意。”并且直截了当提出：“（虞舜）垂拱无为而天下太平，周文王至于日昃不暇食，而宇内亦治。夫帝王之道，岂不同条共贯与？何逸劳之殊也？”再明显不过的，就是问：到底应不应该设礼乐？是应该垂拱无为呢？还是应该事必躬亲？为什么汉武帝会这样提出问题？因为汉初几十年以来，“无为而治”是传统国策，能不能改变？首先在思想理论上必须解决。从当时的形势看，是非变不可的。举其要者，如地方势力的问题、匈奴奴隶主贵族的骚扰问题等，这些事实表明，不能再“无为”下去了，非变不可！那么，如何变呢？这是当时的实际问题，也是武帝迫切需要解决的问题。

在上述这种情况下，董仲舒回答道：“帝王之条贯同，然而劳逸异者，所遇之时异也。”就是说，应该“垂拱无为”，还是应该操劳，要看情况而定，并且针对武帝的心理说：“臣闻制度文采玄黄之饰，所以明尊卑，异贵贱，而劝有德也。”因此“俭非圣人之中制也”。言外之意十分清楚，再不必像文帝那样崇节俭“以为繁礼饰貌无益于治”了！为了改制作乐，大兴礼乐教化，董仲舒提出了一点具体建议，就是要兴太学：

> 养士之大者，莫大乎太学，太学者，贤士之所关也，教化之本原也。……愿陛下兴太学，置明师，以养天下之士，数考问以尽其材，则英俊宜可得矣。

这实际就是要为知诗书的儒者大开仕进之途，使“天下之士，可得而官使也”。让儒者一个个登上政治舞台，彻底改变那种受绌的地位！

董仲舒揣摩对了武帝的心理，武帝高兴了，还要他进一步“敞开思想”：“今子大夫既已著大道之极，陈治乱之端矣，其悉之究之，孰之复之！”急切之心，溢于言表。特别是关于“天人之应”，不是说“善言天者必有征于人，善言古者必有验于今”吗？“故朕垂问乎天人之应”（看来，董仲舒的“天人感应”学说，是武帝出的题目，他做的文章）。于是，董仲舒说：

> 道之大原出于天，天不变道亦不变。
> 继治世者其道同，继乱世者其道变。

今汉继大乱之后，想要有所变更吗？——在这里，董仲舒故意欲言又止，卖弄聪明说：“若乃论政事之得失，察天下之息耗，此大臣辅佐之职，三公九卿之任，非臣仲舒所能及也。”但是接着又说“然而臣窃有怪者”，又转弯抹角说一通，逐条回答汉武帝的策问，绕了好大一阵圈子（也算说理吧），最后才说出自己的主意：

> 今师异道，人异论，百家殊方，指意不同。是以上亡以持一统，法制数变，下不知所守。臣愚以为：诸不在六艺之科、孔子之术者，皆绝其道，勿使并进。邪辟之说灭息，然后统纪可一而法度可明，民知所从矣。

这就是“抑黜百家，独尊儒术”。

由此可见，董仲舒的所谓“抑黜百家，独尊儒术”，是根据汉武帝的意图提出的。董仲舒完全是在那里揣摩武帝的意旨。根据《西京杂记》“董仲舒梦蛟龙入怀，乃作《春秋繁露》”的传闻记载，有人说：“这样因龙入怀而论著《春秋》，是象征着什么呢？是不是象征着武帝的圣旨呢？”① 这不是主观的臆想，而是合理的分析。总之，说明当时是汉武帝需要以儒绌道，董仲舒应运而出。对策之时还表现得小心翼翼，就因为黄老道家思想曾是汉初几十年的政治指导思想，不少儒者想贬抑道家曾经碰过壁，何况那位笃信黄老的窦老太后还健在②！不但董仲舒心虚，武帝本人也不能无所顾虑，例如他想“议立明堂”，就受到老太后的阻拦，并且不得不暂时停止。

但是改制、变更是势在必行，后来事实上也变更了。要变更就非崇儒绌道不可。所以，建元元年，“丞相绾奏，所举贤良，或治申、商、韩非、苏秦、张仪之言，乱国政，请皆罢，奏可”③。这里没有敢提道家，看来也未能付之实行。真正采取行动，那是老太后去世之后的事：

> 及窦太后崩，武安侯田蚡为丞相，绌黄老刑名百家之言，延文学儒者数百人。而公孙弘以《春秋》，白衣为天子三公，封以平津侯。天下之学士，靡然向风矣。④

这只是一个大概，当包括许多具体的措施，就不再详说。

汉武帝时之所以崇儒绌道，固然因为武帝“雄才大略”，与因循、无为的黄老道家思想格格不入，然而根本的原因，还是社会历史发展的必然。这方面不少学者多有论述，这里也不再重复叙述。只是从儒、道本身的问题指出一些情况。

新道家改造了老、庄的思想，把“道法自然”的思想用之于政治，主张无为而治，这是符合汉初时代需要的。虽然它“因阴阳之大顺，采儒墨之善，撮名法之要”⑤，吸收了各家各派的思想，但它本身没有制定一套行之有效的巩固统治的政策和办法。汉初，萧何等人制定了一套律令规章制度（这些制度本身不是道家的），曹参得以“因循”。但一直像曹参那样

---

① 侯外庐：《中国思想通史》第二卷，人民出版社 1957 年版，第 91 页。

② 据《资治通鉴》记载，董仲舒对策在建元元年，窦太后是建元六年才去世的。

③ 班固：《汉书》卷六，《武帝纪》，中华书局 1962 年版，第 156 页。

④ 司马迁：《史记》卷一百二十一，《儒林列传》，中华书局 1982 年版，第 3118 页。

⑤ 司马迁：《史记》卷一百三十，《太史公自序》，中华书局 1982 年版，第 3289 页。

“垂拱”、“守职”也是行不通的，客观上是不许可的，对朝廷内外不断发生的许多事，非要采取对策不可，而采取对策要用的办法不是礼就是法，所以“至今不可善治”，就为董仲舒抓住了大把柄。“雄才大略”的汉武帝讨厌它的指导思想——“无为”和“因循”，不满意它自己没有任何行之有效的办法，还妨碍别人采取某些办法。所以“道”非绌不可。

儒家呢？熟悉古代经籍、典章、制度，总结和继承了一两千年（从殷商算起）的统治经验，根底雄厚，势力也很大。但是它本身不变也不行。事实上从战国以来，儒家也是在不断变化的。但是到了汉代，到了董仲舒的时代，变化就更大了。那就是主要吸收了阴阳家的思想，所谓“董仲舒治《公羊春秋》，始推阴阳为儒者宗”①，大讲天人感应，使儒家宗教化了。有的学者早已指出，汉代的儒家是新儒家。我们可以说，是新儒家形成后才战胜新道家的，是新儒家的“道”与“谋”，取代了新道家的“道”与“谋”。

三、汉初儒道两派的代表

提出主张、出谋献策的都是人，“道不同不相为谋”，儒道之争，自然是各有自己的代表人物。如前所述，有些人是面对面斗争的，也有的只不过是提倡、实行自己的“道”与“谋”，而且这后者更多。

汉初道家，也就是黄老新道家，又被司马迁称为“学老子者”，人数应该说不少。原来参加撰写《吕氏春秋》的人，后来参与撰写《淮南子》的人，都是对新道家的理论（道与谋）有所贡献的。但显而易见的是由于这两部书主持者的政治命运，参与两书撰写的人不但不能扬名，甚至连姓名也没有留下。另一些政治上的主要人物陈平、张良、曹参、田叔、直不疑、汲黯等，虽然是“学”和“好”“黄帝老子之术”② 的，乃至“治要用黄老术”③ 的，但没有留下什么文字。只有一个陆贾，既是政治上的主要人物，又有一部《新语》传世，从其每奏一篇，“左右呼万岁”的情况看，可以说新道家的“道”与“谋”当时甚受欢迎，赞同者是有共同思想主张的。还有的记载，如：景帝时“善为黄老言”的王生，在朝廷上当着三公

① 班固：《汉书》卷二十七上，《五行志》，中华书局 1962 年版，第 1317 页。
② 司马迁：《史记》卷五十六，《陈丞相世家》，中华书局 1982 年版，第 2062 页。
③ 司马迁：《史记》卷五十四，《曹相国世家》，中华书局 1982 年版，第 2029 页。

九卿之面，要廷尉张释之为他“结袜”①。还有前所述与辕固生争论的黄生。又如武帝时“（邓）章以修黄老言显于诸公间”②，均可见黄老学者之见重于当时。再就是“窦太后好黄帝老子之言，帝及太子诸窦不得不读黄帝老子，尊其术”③。以上是黄老新道家代表人物的大致情况。

汉初儒家代表的情况比较复杂，值得作些具体分析。

“古之儒者，博学乎《六艺》之文。”④ 成为战国时期“显学”的儒学，学习《易》《礼》《乐》《诗》《书》《春秋》的人是很多的，所以汉初就有一些著名的代表人物：

> 言《诗》于鲁则申培公，于齐则辕固生，于燕则韩太傅。言《尚书》自济南伏生。言《礼》自鲁高堂生。言《易》自淄川田生。言《春秋》于齐鲁自胡毋生，于赵自董仲舒。及窦太后崩，武安侯田蚡为丞相，绌黄老、刑名百家之言，延文学儒者数百人，而公孙弘以《春秋》，白衣为天子三公，封以平津侯。天下之学士靡然向风矣。⑤

这些人大多是战国以来的遗老遗少：伏生原在秦时已为博士，孝文帝时年九十余；申公年纪小一些，汉初高祖过鲁时，他作为弟子从师入见于鲁南宫，到武帝即位“时已八十余”；辕固生景帝时为博士，武帝初“已九十余矣”，比申公还大一些；韩婴是文帝时的博士，武帝时年龄不会小于八十；田何、高堂生、胡毋生的年龄都不会太小，他们主要活动在文景之时。上述代表人物中，公孙弘和董仲舒的年龄要小得多，公孙弘被武帝征为博士时是六十岁，董仲舒更小一些，不过四十来岁，是在汉代出生和成长起来的，和前面那些遗老遗少是有所不同的。

用“遗老遗少”这样的词语来形容，是带有贬义的，除了他们年纪大之外，思想有些保守、僵化，从前述辕固生与黄生的争论看，甚至可以说顽固不化。伏生不但“老不能行”，并且“不能正言”⑥，不好说他什么。申公跟

---

① 司马迁：《史记》卷一百二，《张释之冯唐列传》，中华书局 1982 年版，第 2756 页。
② 司马迁：《史记》卷一百一，《袁盎晁错列传》，中华书局 1982 年版，第 2748 页。
③ 司马迁：《史记》卷四十九，《外戚世家》，中华书局 1982 年版，第 1975 页。
④ 班固：《汉书》卷八十八，《儒林传》，中华书局 1962 年版，第 3589 页。
⑤ 司马迁：《史记》卷一百二十一，《儒林列传》，中华书局 1982 年版，第 3118 页。
⑥ 《汉书·儒林传》注引卫宏《定古文尚书序》。

不上时代是显而易见的，他只能“以《诗经》为训故以教，亡传（师古曰：口说其指，不能为解说之传），疑者则阙弗传”[①]。武帝请他来议立明堂之事，他什么也说不出来。辕固生看来不专讲“训故”，还讲一点思想（见其与黄生的争论），但却是“食古不化”，可悲的是他还自以为是，曾倚老卖老地教训公孙弘：“公孙子，务正学以言，无曲学以阿世！”[②] 不应该“曲学以阿世”，这在原则上有道理，但如果不能审时度势，及时正确地改变自己之学，那也是根本无用的，汉初有很大一批儒者就是如此。

另一批儒者则不同，他们能因“时移世异”而不断调整自己之“学”，也能创造性地运用自己之“学”。

汉初，叔孙通被司马迁称“为汉家儒宗”，什么意思？是不是因为他是汉朝第一个也是唯一取得高官的儒者？叔孙通“秦时以文学征，待诏博士”[③]，后又被“拜为博士”，也许可以算一个儒者，但与一般“不知时变”的“鄙儒”是不同的，他能够“知时变”，随机应变，秦二世时，就用顺从二世的办法逃脱“虎口”，先后降楚、降汉，降汉时改变儒服，“服短衣，楚制”，以讨得“汉王喜”，开始带着“儒生弟子百余人”，“无所言进”，而“先言斩将搴旗之士”，当汉高帝对“群臣饮酒争功”、不分上下等行为不满之时，才趁机进言：“夫儒者难以进取，可与守成。臣愿征鲁诸生，与臣弟子共起朝仪。”他杂采古礼与秦仪（已于前引）而制定的朝仪，也是迎合了统治者的需要。跟着他东奔西走的百余名儒生弟子，先是埋怨、窃骂乃至反对他的所作所为，最后，“诸生乃皆喜曰：叔孙生诚圣人也，知当世之要务”。所以司马迁总结说：

> 叔孙通希世度务制礼，进退与时变化，卒为汉家儒宗。“大直若诎，道固委蛇”，盖谓是乎？

“大直若诎”是《老子》的原文，“道固委蛇”是道家的思想，《庄子·应帝王》记载列子之师壶子言曰：“吾与之虚而委蛇。”司马迁认为叔孙通的随机应变，是用的黄老道德之术，是否可以说明叔孙通也懂一点——甚至

---

① 班固：《汉书》卷八十八，《儒林传》，中华书局 1962 年版，第 3608 页。

② 司马迁：《史记》卷一百二十一，《儒林列传》，中华书局 1982 年版，第 3124 页。

③ 有关叔孙通事均见《史记·刘敬叔孙通列传》。

运用了黄老之术呢？这不是不可能的。

我们再看一个“以儒学显”的代表人物公孙弘。史书说“公孙弘以治《春秋》为丞相封侯”①，这是要具体分析的，他的仕途并不平坦，他的几次迁升还很难说是因为他的儒学。这看一看他的从政历史就可以明白。据《汉书·公孙弘传》记载：

> 武帝初即位……是时弘年六十，以贤良征为博士。使匈奴，还报，不合意，上怒，以为不能，弘乃移病免归。

步入老年才出道，而且一开始就不顺利。然后元光五年（已是七十岁!），再次应征对策：

> 时对者百余人，太常奏弘第居下。策奏，天子擢弘对为第一。召入见，容貌甚丽，拜为博士，待诏金马门。

此间他有一次奉命使西南夷，“还奏事”，“上不听”。仕途仍不顺利！一个七十岁的老人，学问、经历都很丰富，却如此不顺，再不“曲学阿世”，在政界实在难以混下去了。他之所以白衣为三公，我们看到的并非主要以治《春秋》之故，而靠的是在官场上老谋深算：

> 每朝会议，开陈其端，使人主自择，不肯面折庭争。
>
> 弘奏事，有所不可，不肯庭辩。常与主爵都尉汲黯请间，黯先发之，弘推其后，上常说（悦），所言皆听，以此日益亲贵。
>
> 尝与公卿约议，至上前，皆背其约以顺上指。
>
> 弘为人谈笑多闻……
>
> 然其性意忌，外宽内深。诸常与弘有隙，无近远，虽阳与善，后竟报其过。杀主父偃，徙董仲舒胶西，皆弘力也。

还加上“养后母孝谨”、“布被”、“食一肉脱粟饭”等“诈”行（汲黯对他

① 班固：《汉书》卷八十八，《儒林传》，中华书局1962年版，第3593页。

的指责[①])，处处讨汉武帝的喜悦，而得以平步青云。先是“一岁中至左内史”，然后“为内史数年，迁御史大夫”，“元朔中，代薛泽为丞相”。“凡为丞相御史六岁，年八十，终丞相位。”

记载中很难看出公孙弘如何以《春秋》而为三公。反映他的思想主张的材料不多，从《汉书》节录他的“对策”看，很难说是纯儒学的主张，例如他提出的八条“治民之本”是：

> 因能任官，则分职治；去无用之言，则事情得；不作无用之器，即赋敛省；不夺民时，不妨民力，则百姓富；有德者进，无德者退，则朝廷尊；有功者上，无功者下，则群臣逡；罚当罪，则奸邪止；赏当贤，则臣下劝。

其中不但有清静无为的黄老之术的影子，也有信赏必罚的法术。他也讲黄老道家所阐述的“气同则从，声比则应”之理论。他还提出“仁”、“义”、“礼”、“术”四者为“治之本”、“道之用”，其关于“仁”、“义”的解释，也不全是儒家的：

> 致利除害，兼爱无私，谓之仁；明是非，立可否，谓之义……

而且对于法术比较强调：

> 擅杀生之柄，通壅塞之途，权轻重之数，论得失之道，使远近情伪必见于上，谓之术。
>
> 得其要，则天下安乐，法设而不用；不得其术，则主蔽于上，官乱于下。

正是由于这些，太常评他“居下”，汉武帝擢为第一。他的主张符合汉武

① 从后来对他盖棺定论看，也许是他的优点，而不是“诈”行。元始中修功臣后，下诏曰：“汉兴以来，股肱在位，身行俭约，轻财重义，未有若公孙弘者也。位在宰相封侯，而为布被脱粟之饭，奉禄以给故人宾客，无有所余，可谓减于制度，而率下笃俗者也，与内富厚而外为诡服以钓虚誉者殊科。”

帝的意图。前前后后，他展示给汉武帝的形象是：“上察其行慎厚，辩论有余，习文法吏事，缘饰以儒术。”汉武帝喜欢他除了“慎厚”的表现之外，恐怕主要是以儒术“缘饰”文法吏事。这正是汉家自己“霸王道杂之”的制度。公孙弘属于儒家，也应该是新的儒家。其作为和叔孙通一样，“希世度务制礼，进退与时变化”，这在辕固生看来是“曲学阿世”的。然而辕固生应该属于叔孙通所指的“不知时变”的“鄙儒”。

公孙弘的儒学思想及其对儒学发展的贡献，有以下几点可以提出：第一，元朔五年根据汉武帝诏书要“太常其议予博士弟子”，“丞相弘请为博士置弟子员，学者益广”。这是《汉书·武帝纪》的记载，《史记·儒林传》(《汉书·儒林传》同)记载略详，说是“公孙弘为学官，悼道之郁滞”而请，并记述了其所请之内容，包括为博士置弟子，以及从地方选拔文学、秀才等，其影响是：“自此以来，则公卿大夫士吏彬彬多文学之士矣。”第二，因为“时上方兴功业，娄举贤良”。公孙弘为宰相之后，“于是起客馆，开东阁以延贤人，与参谋议”①。第三，他晚年“病甚”，又逢“淮南、衡山谋反”，“恐病死无以塞责”，上书“乞骸骨，避贤者路”。书中比较明确地阐述了一通儒家思想：

> 臣闻天下通道五，所以行之者三。君臣、父子、夫妇、长幼、朋友之交，五者天下之通道也；仁、知、勇三者，所以行之也。故曰：“好问近乎知，力行近乎仁，知耻近乎勇：知此三者，知所以自治；知所以自治，然后知所以治人。”未有不能自治而能治人者也。②

师古曰：“自‘好问近乎知’以下，皆《礼记·中庸》之辞。”这里所表现的倒是真正的纯儒家思想。

看来，公孙弘为丞相的几年，对儒学的发展是做了一点具体事情的，同时又可以看出，他所作的事又完全是汉武帝“方兴功业”的需要，有些更是武帝出题他作文章。公孙弘晚年得居高位，并且有点作为，有许多具体因素，包括他“希世用事”、把对手打下去等，但主要是时代的需要，

① 班固：《汉书》卷五十八，《公孙弘卜式兒宽传》，中华书局1962年版，第2621页。
② 班固：《汉书》卷五十八，《公孙弘卜式兒宽传》，中华书局1962年版，第2622页。

所以“太史公曰”：

> 公孙弘行义虽修，然亦遇时。汉兴八十余年矣，上方向文学，招俊乂，以广儒墨，弘为举首。①

最后我们再说一下被刘歆称“为群儒首”的董仲舒在当时的地位和他的主要思想。董仲舒和公孙弘一样，都是在汉武帝选举贤良中出来的。但他与公孙弘相比年纪轻，学问深，成名早。他“少治《春秋》，景帝时为博士”②，时年不过三十多岁，武帝对策时也不过四十或四十多岁。与武帝对策之后，“对既毕，天子以仲舒为江都相”（相对而言，公孙弘对策之后，不过“拜为博士，待诏金马门”，“一岁中至左内史”③）。司马迁写道：

> 公孙弘治《春秋》不如仲舒，而弘希世用事，位至公卿。仲舒以弘为从谀，弘嫉之（看来公孙弘之阿谀，汲黯等人反对，董仲舒也反对）。

董仲舒未能在政治上得到进一步重用，重要原因之一当是公孙弘的排挤，所以《汉书》在写公孙弘“外宽内深”而报复“有隙”者时说：“徙董仲舒胶西王，皆弘力也。”董仲舒为江都相时曾一度获罪，后又得赦免，因为胶西王“纵恣”，“弘乃言于上曰：独董仲舒可使相胶西王”。这表面上是抬举董仲舒，实际上是把他排挤在朝廷之外，赶走自己的一个强劲对手！不过，其学术地位始终是比较高的，他“去位归居……以修学著书为事”，但是《汉书·董仲舒传》写道：

> 仲舒在家，朝廷如有大议，使使者及廷尉张汤就其家而问之，其对皆有明法。自武帝初立，魏其、武安侯为相而隆儒矣。及仲舒对册，推明孔氏，抑黜百家，立学校之官，州郡举茂材孝廉，皆自仲舒发之。

---

① 司马迁：《史记》卷一百一十二，《平津侯主父列传》，中华书局1982年版，第2963页。
② 董仲舒事皆见《汉书·董仲舒传》。
③ 公孙弘事皆见《汉书·公孙弘传》。

这个评价比较客观，兴儒学的许多事情由他首先提出来的。公孙弘不过重复他的议论而付之实行罢了。

其次从思想特点看，董仲舒有别于先秦儒家的思想，可以称之为新儒家。至于宋代以后称之为“醇儒”或“纯儒”（这两个字既相通又有区别，又当别论），看从什么意义上来理解。事实是比较简单而明了的，他的思想很不纯，杂有阴阳、法、墨各家乃至黄老的思想，这些学术界已经有了较深入的论述。

《汉书·五行志》：“董仲舒治《公羊春秋》，始推阴阳，为儒者宗。”一般对此未加深探，好像是班固对他的评价为“儒者宗”，实际应该是说儒家大量采纳和运用阴阳思想（也就是“推阴阳”），以董仲舒为宗，他是第一人。所以叶德辉说：“《春秋繁露》有《阴阳位》《阴阳终始》《阴阳义》《阴阳出入》诸篇名，盖即志文所本。”① 这话是不错的，实际还不只这些篇名，《春秋繁露》中还有更多的《五行对》《五行之义》《五行相生》《五行相胜》《五行逆顺》《治水五行》《治乱五行》《五行变救》《五行五事》等，以及还有关于“天道”、《天地阴阳》之类的篇目。总之，是整个阴阳五行学说的阐述。班固在《五行志》中所说这句话表明，汉代儒家之大量采用阴阳五行思想从董仲舒开始，以后刘向父子等许多人“与仲舒错”，虽有不同，但是一个系统。正是在这“推阴阳”的基础上，建立起了影响很大的“天人感应”学说。在这方面，董仲舒的确“为儒者宗”。

董仲舒的天人感应学说，以及他各方面的思想，这里不作具体论述，我们要指出的是，他不仅从事理论著述，而且身体力行，亲自作些“推阴阳”的事，《汉书·董仲舒传》写道：

> 仲舒治国，以《春秋》灾异之变推阴阳所以错行，故求雨，闭诸阳，纵诸阴，其止雨反是。（师古曰：谓若闭南门，禁举火，及开北门，水洒人之类是也。）行之一国，未尝不得所欲。……先是辽东高庙、长陵高园殿灾，仲舒居家推说其意（按：这里也用了“推”字！），草稿未上，主父偃候仲舒，私见，嫉之，窃其书而奏焉。上召视诸儒。仲舒弟子吕步舒不知其师书，以为大愚。于是下仲舒吏，当

① 《汉书补注》引。

死，诏赦之。仲舒遂不敢复言灾异。

前面说朝廷大议时派使者“就其家而问之，其对皆有明法”，大约是《春秋》学之类的运用。

通过以上这些说明，董仲舒的地位和作用是比较清楚的。作为武帝时“儒雅”代表的董仲舒和公孙弘，都是新儒家的代表（具体情况颇不相同，已如上述），他们是迎合了汉武帝的需要，更确切地说是恰“遇其时”。

结论：汉初儒道之争的最终结果是，新儒家战胜了黄老新道家。儒道之争是统治思想之争，在武帝以前，符合汉初时代要求和人群愿望的黄老新道家思想一度成为统治思想，它以道论为基础，因阴阳之大顺，采儒墨之善，撮名法之要，因而得以指导当时清静无为、休养生息的政治实践，而“不知时变”的“鄙儒”未能斗赢。

第五章　从《吕氏春秋》到《淮南子》
——论秦汉之际的新道家

一、不是杂家，是新道家

《汉书·艺文志》把《吕氏春秋》和《淮南子》这两部书列为“杂家”，是很不妥当的。首先，“杂家”这个名称就不太恰当，既“杂”何以成一家之学呢？这是早已有人提出过的问题。其次，从诸子百家的发展来看，“杂家”之名也不确切。本来，春秋战国的所谓“诸子百家”，开始一个人就是一家，正如《墨子·尚同下》所说：

> 一人一义，十人十义，百人百义，千人千义，逮至人之众不可胜计也，则其所谓义者，亦不可胜计。

因而“国之为家数也甚多”。因为“天下之治方术者多矣”，所以《庄子·天下》篇有“百家之学”的说法。《荀子·非十二子》篇列举六种邪说，非难了十二个人，也还是一个个人分别来讲的，没有划分出几个学派来。到了《韩非子·显学》篇，提到“儒分为八，墨离为三”，才有个大致的分类。而真正把诸子百家分成几个大派别，是从司马谈《论六家之要指》开始的，他是分的阴阳、儒、墨、名、法、道德六家。刘向的《七略》如何分类，无法详知，现在只能看到《汉书·艺文志》的分法，“杂家”之称是从它开始的。“杂家”是否恰当，人们不太注意，但过去也有人从不同角度提出过一些问题，例如，章学诚对列为“杂家”的几部重要书籍都提出过异议，他认为把《尉缭子》《尸子》《吕氏春秋》“猥次于杂家”都是错误的[①]；江瑔的《读子卮言》中又有《论杂家非驳杂不纯章》，近人也

① 《校雠通义·汉志诸子第十四》。

有“杂家不杂”等说法。如果仅仅因为包含有别家的某些思想和议论就叫“杂家”，那么各家后期的代表都有这种情况，何以不叫“杂家”呢？

是否有别的什么书可以或者应该列为“杂家”又当别论，我们这里主要讨论《吕氏春秋》和《淮南子》列入何家为好？章学诚在批评《汉书·艺文志》的分类之后说，《吕氏春秋》“当互见于《春秋》《尚书》”，《淮南子》“当互见于道家”①。这个说法也是有毛病的。他自己也说：“古者春秋家言，体例未有一定。”从学术思想的流派看，没有什么春秋家。早已有人指出过，《淮南子》在一定意义上说是步趋《吕氏春秋》的，如果说《吕氏春秋》和《淮南子》一样“当互见于道家”，也许还合适一些。这里，我们再看看江瑔的另一个说法，是很有启发的。他说：

> 其得道家之正传，而所得于道家亦较诸家为独多者，则为杂家。盖杂家者道家之宗子，而诸家皆道家之旁支也。惟其学虽本于道家，而亦旁通博综，更兼采儒墨名法之说，故世名之曰杂家。此不过采诸家之说以浚其流，以见王道之无不贯，而其归宿固仍在道家也。②

这里指出了所谓“杂家”和“道家”的密切关系。

从上所述，我认为，不应该把《吕氏春秋》和《淮南子》当作“杂家”，而应该把它们看作“新道家”。这样，可以补充和修正司马谈《论六家之要指》的说法。因为《汉书·艺文志》说“杂家”的主要特点：

> 兼儒墨、合名法，知国体之有此，见王治之无不贯。

正是司马谈所说的“道家”主要的特点：

> 因阴阳之大顺，采儒墨之善，撮名法之要，与时迁移，应物变化，立俗施事，无所不宜，指约而易操，事少而功多。③

① 《校雠通义·汉志诸子第十四》。

② 《读子卮言·论道家为百家所从出章》。

③ 司马迁：《史记》卷一百三十，《太史公自序》，中华书局1982年版，第3289页。

所不同者，《汉书·艺文志》是客观的叙述、介绍，司马谈则完全是站在肯定、赞扬“道家”的立场而说的，显然他是以“道家”自居。司马谈偏于己见，没有看到“道家”的发展变化，班固（也许本于刘向）在整理旧籍时发现了比较重大的不同，才列出一个“杂家”来，把司马谈所说的“道家”放在“杂家”类，以区别于老、庄那样的“道家”，但是他没有想到这个“杂家”更是不伦不类了。

关于《汉书·艺文志》的“杂家”类这里要多说几句，它应该是根据刘向、刘歆的分类而来的，刘氏父子分类图书有一定的指导思想，其指导思想即根据图书内容的中心思想而分类，关于诸子的归类尤其如此，这从现存的一些《书录》看得很清楚，例如《晏子书录》说：

> 其书六篇……皆合六经之义。

另外两篇“似非晏子言”，故《汉书·艺文志》儒家类有《晏子八篇》；又如《邓析书录》明说“与公孙龙同类”，故两书同列于名家类；再如《关尹子书录》① 说：

> 列御寇、庄周皆称道家书……辞与老列庄异，其归同。

所以列于道家类。那么“杂家”类分出的指导思想是什么呢？看来刘氏父子及班固思想上是矛盾的，一方面一些不好确定思想主旨的书籍乃至某些书的个别篇章放在杂家，如《大夻》三十七篇注云：“其文似后世语。”《子晚子》三十五篇注云：“与《司马法》相似。”还有汉代的《东方朔》《荆轲论》之类，都是思想主旨不好确定的，而《吴子》一篇、《公孙尼子》一篇等，则可能是从儒家《公孙尼子》、兵书《吴起》中抽出来的杂论。有些书原放在此类，后又有调整，如《蹴�》之“入兵法”即是。另一方面即把明显有“兼儒墨，合名法”特点的《吕氏春秋》《淮南子》等列于此类。但并非完全否定这些书有明确的思想，“知国体之有此，见王治之无不贯”就是讲它们的指导思想，师古注曰：

① 此《书录》疑为宋人所作，但与刘向作录旨趣相同。

治国之体，亦当有此杂家之说。

王者之治，于百家之道无不贯综。

后一句话是就“兼儒墨、合名法”而言的，利用百家学说来治国，《吕览》《淮南》都有自觉的、明确的认识，《吕氏春秋·不二》在列举了各家学说之后说：

夫能齐万不同，愚智工拙，皆尽力竭能，如出乎一穴者，其唯圣人矣乎！

《淮南子·氾论训》从理论上总结说：

百川异源，而皆归于海；百家殊业，而皆务于治。

这与司马谈所作的概括完全一样，司马谈《论六家之要指》云：

夫阴阳、儒、墨、名、法、道德，此务为治者也，直所从言之异路，有省不省耳。

因此，能“兼”“合”各家用以治国，“此其所长也”。《艺文志》中虽未明言如何“兼”“合”才有益于“王治”，但下面接着说的一句话，事实上对如何“兼”“合”是有看法的：

及荡者为之，则漫羡而无所归心。

《隋书·经籍志》展开来说：

放者为之，不求其本。材少而多学，言非而博，是以杂错漫羡而无所指归。

《吕览》《淮南》绝非“放者为之”，它们有明确的“指归”，并且力求其本。它们有“兼”“合”各家讨论和制定治国方案的特点，班固（或者就是刘向）从图书分类的角度注意到这一特点，但对其指导思想未有更深入的分析，而又见其与《老子》《庄子》有明显的不同，一下子放在“杂家”一类，留下了这一历史问题。这问题在《隋书·经籍志》中就表现出来了，因为此类书的指导思想不好表述，《经籍志》说：

杂者兼儒墨之道，通众家之意，以见王者之化，无所不贯者也。古者司史历记前言往行、祸福存亡之道，然则杂者盖出史官之职也。放者为之……

把《艺文志》关于道家概说的一些话搬来说明杂家。回过头去我们再看《艺文志》对这两家的概说，就可发现其思想上的矛盾及其不合理之处。到底谁出于“史官”？谁出于“议官”？“议官”该如何理解？“南面之术”与“治国之体”是一还是二？“秉要知本”与“王治之无不贯”，与“归心”、“指归”是不是相通的？……把论这两家的主要思想结合在一起，那就可以归为一类了。至于是否还有一些主旨不明、杂拼杂凑的图书可以列一个杂家，那是另一回事。

总之，《吕氏春秋》《淮南子》可说是司马谈所说道家的代表作是没有问题的。实际上，司马谈所说的“道家”或者叫“道德家”，也就是盛行于汉初的“黄老之学”。《史记·魏其武安侯列传》说：

（窦）太后好黄老之言，而魏其、武安、赵绾、王臧等务隆推儒术，贬道家言。

从上下文看，黄老之言就是道家言。《史记·孟子荀卿列传》更直截了当地说是“黄老道德之术”。这种“道家”和老、庄那样的“道家”，既有密切的联系，又有很大的区别，所以我们称之曰“新道家”。

二、新道家的主要特点

我们认为秦汉之际的道家，应该被称为“新道家”，《吕氏春秋》和

《淮南子》这两部书是新道家的代表作。

首先，还是要说明它们应该属于道家。之所以属于道家，就因为它们具有道家的基本特色，即它们的指导思想和中心思想，是那个“自然无为而无不为”的道。

《汉书·艺文志》说道家的特点是：

> 历记成败、存亡、祸福、古今之道，然后知秉要执本，清虚以自守，卑弱以自持。

这是讲以老子和庄子为代表的道家。道家之道，被认为是宇宙的本体。这个最高的哲学范畴，是老子第一个提出来的。同时，因为“道法自然”①，“道常无为而无不为”②，形成了以自然无为为特色的思想体系。西汉初的黄老道德之学，从《吕氏春秋》到《淮南子》，都具有这样的基本特色，所以都应该属于道家这个范围（《汉书·艺文志》本来就把《黄帝四经》《黄帝君臣》十篇等算作道家）。

《吕氏春秋》对于道虽然没有怎样集中的论述，但在各个地方分散地说了不少：有道理之道，有道德之道，也有作为万物本体之道，君有君道，臣有臣道，有“全性之道”，有“谨养之道”，为学有为学之道，用兵有用兵之道，甚至吃东西也有“凡食之道”。但是作为宇宙万物本体的道，是什么东西呢？

> 道也者至精也，不可为形，不可为名，强为之（名），谓之太一。③

又说：

> 太一出两仪，两仪出阴阳。阴阳变化，一上一下，合而成章。浑浑沌沌，离则复合，合则复离，是谓天常。天地车轮，终则复始，极

---

① 《老子》第25章。
② 《老子》第37章。
③ 《吕氏春秋·大乐》，诸子集成本，中华书局1954年版。

则复反，莫不咸当。日月星辰，或疾或徐，日月不同，以尽其行。四时代兴，或暑或寒，或短或长，或柔或刚。万物所出，造于太一，化于阴阳。①

《淮南子》的道论更明显，它一再说明：

道论至深，故多为之辞……博为之说。②

从大大小小各个方面反复论说，总的也是从道是宇宙之本体、万物之本原出发的，即《原道训》开头所说的：

夫道者，覆天载地，廓四方，柝八极，高不可际，深不可测，包裹天地，禀授无形；原流泉浡，冲而徐盈；混混滑滑，浊而徐清。故植之而塞于天地，横之而弥于四海，施之无穷而无所朝夕，舒之幎于六合，卷之不盈于一握。约而能张，幽而能明，弱而能强，柔而能刚。横四维而含阴阳，纮宇宙而章三光。甚淖而滒，甚纤而微。山以之高，渊以之深，兽以之走，鸟以之飞，日月以之明，星历以之行，鳞以之游，凤以之翔。

真是“无不在焉”，它“甚纤而微”，几乎是无形了，“甚淖而滒”，柔弱到极点了，但是它“能张”、“能明”、“能强”、“能刚”，是万物所成的原因。

可见，从本体论来说，尽管表述不同，根本意思和老子所说的没有什么两样，老子说：

有物混成，先天地生，寂兮寥兮，独立而不改，周行而不殆，可以为天下母。吾不知其名，字之曰道，强为之名曰大。③

过去，学术界曾有这样一种看法，即认为：先秦学术思想是创造性

① 《吕氏春秋·大乐》，诸子集成本，中华书局1954年版。
② 《淮南子·要略》，诸子集成本，中华书局1954年版。
③ 《老子》第25章。

的，各家各派有特创的学说，不仅不拾人余唾，而且极力排斥异己之说；秦汉以后则每每引用陈说，如果说有创造的话，则表现在，或者融合各家之说，取长补短，渐趋完善，或者推陈出新，给予新的诠释，面貌一新。这种看法是有一定道理的。单从形式上看，《吕氏春秋》引用《庄子》的就很多，有人曾作过“《吕氏春秋》袭用《庄子》考”，并且说：“庄书先秦之旧，赖此以存者，正不少也。”[①]《淮南子》本于老、庄的也不少，甚至本于《吕氏春秋》的也不少[②]。但是，它们都有所推陈出新，如《淮南子》的道论就是如此，它可以说是集道家之大成，有许多精辟的议论，是很值得进一步探讨的一个题目。

其次，谈一谈新道家之新在哪里？它与老、庄道家之不同点是什么？其显而易见的是：

第一，由批判儒墨变成了“采儒墨之善，撮名法之要”。当然，从战国后期开始，各家各派都在互相吸收、互相融合，只不过各自站在不同的基点上吸收，各自所标榜和强调的不同罢了。新道家是站在道家立场上来“采儒墨之善，撮名法之要”的。《吕氏春秋》就是如此，所以它就表现为高诱所说的“以道德为标的，以无为为纲纪，以忠义为品式，以公方为检格”[③]。《淮南子》则更为明显，是以“道”来通论一切的，“道”既是宇宙万物的本体，处世为人、治国平天下，皆莫不得之于造成宇宙万物的“道”，所以它说：“今专言道，则无不在焉。”[④]

从全书内容看，很明显是吸收了儒墨名法各家思想的，是“非循一迹之路，守一隅之指”[⑤] 的。高诱说：

> 天下方术之士多往归焉。于是（刘安）遂与苏飞、李尚、左吴、田由、雷被、毛被、伍被、晋昌等八人，及诸儒大山、小山之徒，共讲论道德，总统仁义，而著此书。[⑥]

---

① 王叔岷：《〈吕氏春秋〉与〈庄子〉》，《大公报》，1947 年 3 月 19 日。

② 参见杨树达：《淮南子证闻》。

③ 《吕氏春秋》序，诸子集成本，中华书局 1954 年版。

④ 《淮南子·要略》，诸子集成本，中华书局 1954 年版。

⑤ 《淮南子·要略》，诸子集成本，中华书局 1954 年版。

⑥ 《淮南子》序，诸子集成本，中华书局 1954 年版。

从参加著《淮南子》的成员看，各家各派的人都有。既明确的有“诸儒大山、小山之徒”，又特别列举了苏飞等八人的名字，生在东汉的高诱是有重要根据的，此八人在当时很有名，《史记·淮南衡山列传》《索隐》引：

《淮南要略》云：安养士数千，高才者八人，苏飞、李尚、左吴、陈由、伍被、毛周、雷被、晋昌，号曰“八公”也。

魏晋以后此八人更附会为神仙。也有八公山这样的遗址为后人所传颂。只是八人的具体情况我们现在难以查考罢了。因为“淮南王谋反”事件，这些人都受株连而死，《汉书》中只留下了左吴、雷被、伍被等几个人的名字。幸而有一个伍被，因为在淮南王事件中有较大的影响，而且是主动“诣吏自告”的，所以留下了一点记载。他是一个很重要的人物。《汉书·蒯伍江息夫传》写道：

伍被，楚人也。或言其先伍子胥后也。被以材能称，为淮南中郎。是时淮南王安好术学，折节下士，招致英隽以百数，被为冠首。

“淮南王阴有邪谋，被数微谏”。淮南王再三强迫他发表意见、出谋划策，他基本上持反对态度，用历史和现实苦口婆心地劝谏，可算是“士为知己者死”。在他为“大王画计”之中，从他的言行看，他的主要思想是黄老道家思想。例如，记他“画计”的第一句话说：

臣闻聪者听于无声，明者见于未形，故圣人万举而万全。

这思想显然是道家的，《老子》“大音希声”、“大象无形”① 的思想，为黄老道家所阐发，就变成了：

目视于无形，耳听于无声。②

---

① 《老子》第41章。

② 《吕氏春秋·精谕》，诸子集成本，中华书局1954年版。

> 故圣人听于无声，视于无形，詹何、田子方、老耽是也。[①]

又例如，淮南王欲“据三川之险，招天下之兵”，伍被说：“臣见其祸，未见其福也。”与左吴等许多人“以为有福，什事九成”的看法相反。也是对《老子》祸福观[②]的具体运用，《吕氏春秋·制乐》云：

> 故祸兮福之所倚，福兮祸之所伏，圣人所独见，众人焉知其极。

伍被无疑是向圣人学习，能够在众人以为有福的事象中看到“有祸无福”。同时，伍被也是兼采儒墨之善的，例如他表示对当时“汉廷”的看法说：

> 被窃观朝廷，君臣父子夫妇长幼之序皆得其理，上之举措遵古之道，风俗纪纲未有所缺。……虽未及古太平时，然犹为治。[③]

这儒家的“君臣父子夫妇长幼之序”，恰恰是百家不可改易的。伍被在思想上也十分明确，由此可见，伍被应该是黄老新道家的代表人物。他在数以百计的“英隽”中为“冠首”，他的思想自然会写入《淮南子》（当然不会仅只他一人）。上面所引他很重视的两个道家思想，在《淮南子》中有许多的表现，例如关于听、见、知均有一些论述：

> 独见者，见人所不见也；独知者，知人所不知也。见人所不见，谓之明；知人所不知，谓之神。[④]
>
> 视于无形，则得其所见矣；听于无声，则得其所闻矣。
>
> 听无音之音者聪。[⑤]

又例如关于祸与福的论述更多，《氾论训》《人间训》等集中讨论祸福

① 《吕氏春秋·重言》，诸子集成本，中华书局 1954 年版。
② 《老子》第 58 章。
③ 班固：《汉书》卷四十五，《蒯伍江息夫传》，中华书局 1975 年版，第 2168 页。
④ 《淮南子·兵略训》，诸子集成本，中华书局 1954 年版。
⑤ 《淮南子·说林训》，诸子集成本，中华书局 1954 年版。

问题：

> 福与祸同门，利与害为邻，非神圣人，莫之能分。
> 夫祸福之转而相生，其变难见也。①

如何识别祸福等有许多具体的论述。我们从伍被个人思想的分析中，不难看出《淮南子》整个思想的缩影。

第二，由逃世变成了入世。新道家不回避现实矛盾，也不轻率地对待矛盾，他们的代表作都认真地讨论现实政治问题，因此，这些代表作可以说都是政论书。虽然，司马谈曾说：

> 《易大传》："天下一致而百虑，同归而殊涂。"夫阴阳、儒、墨、名、法、道德，此务为治者也，直所从言之异路，有省不省耳。②

没有哪一家不是在那里探讨如何统治的经验、原则和方法，但是"省与不省"却有不小的区别。相对来说，以老、庄为代表的道家，直接讨论政治问题就要少得多，而新道家的作品则明显是政论书。《汉书・艺文志》把《吕氏春秋》《淮南子》这样的新道家代表作列入杂家，但又说杂家之学"盖出于议官"，议官就是议政，也可见此类书的政论性质。对于这一点，《淮南子・要略》讲得明白：

> 夫作为书论者，所以纪纲道德，经纬人事，上考之天，下揆之地，中通诸理……总要举凡……惧为人之惛惛然弗能知也，故多为之辞，博为之说。又恐人之离本就末也，故言道而不言事，则无以与世浮沉，言事而不言道，则无以与化游息。

可见，《淮南子》是一部政论书。

《吕氏春秋》作为政论书的特点更为明显。从编书的目的看，吕不韦

---

① 《淮南子・人间训》，诸子集成本，中华书局 1954 年版。
② 司马迁：《史记》卷一百三十，《太史公自序》，中华书局 1982 年版，第 3288 页。

和刘安一样，是直接为当时政治服务的，《序意》篇中记“良人请问《十二纪》”时：

> 文信侯曰：尝得学黄帝之所以诲颛顼矣……汝能法之，为民父母。盖闻古之清世，是法天地。凡《十二纪》者，所以纪治乱存亡也，所以知寿夭吉凶也。上揆之天，下验之地，中审之人，若此则是非可不可无所遁矣。

吕不韦要以“仲父”的身份教诲秦王，要他学“法”“为民父母”之道。他在秦“欲并天下”且将要统一天下的前夕①，设计了一个天下统一后的政治蓝图，《吕氏春秋》的主要思想，就是主张大统一，并且关于如何统一以及统一后如何治理等许多政治问题都有较为具体的论述（详本书第九章）。从全书的结构和论述看，和《淮南子》相比，它的理论色彩不强，而政治性特别突出，它大多数的篇名都是讲政治方面的问题，大多数文章起头都是开门见山要回答现实中的问题，也是政治方面的问题，纯理论性的阐述不多，理论思想都夹杂在政治问题的论述当中。

第三，与上述一点有关，也是最主要的一个不同之点，那就是发展老子天道自然无为的思想，把它创造性地运用到人生和政治上去了。在《吕氏春秋》中，我们可以大量地看到这种运用，譬如：

> 得道者必静，静者无知。知乃无知，可以言君道也。②
>
> 有道之主，因而不为，责而不诏。去想去意，静虚以待，不伐之言，不夺之事，督名审实，官使自司。以不知为道，以奈何为实。③

等等，这里不一一列举。《淮南子》的运用则进一步把它理论化了，《原道训》中说：

---

① “维秦八年……良人请问《十二纪》”，考证认为“秦八年”当是公元前239年，当时已开始了兼并统一战争。

② 《吕氏春秋·君守》，诸子集成本，中华书局1954年版。

③ 《吕氏春秋·知度》，诸子集成本，中华书局1954年版。

万物固以自然，圣人又何事焉？

是故圣人内修其本而不外饰其末，保其精神，偃其智故；漠然无为而无不为也，澹然无治也而无不治也。所谓无为者，不先物为也。所谓无不为者，因物之所为。所谓无治者，不易自然也。所谓无不治者，因物之相然也。

无为，在老子的思想中是消极的，至少有很明显的消极倾向，虽然他说过“无为而无不为”的话，但他主张：“虽有舟舆，无所乘之。虽有甲兵，无所陈之。使民复结绳而用之。”① 它的无为客观上可以是一切听其自然，反对任何的有为。然而《吕氏春秋》和《淮南子》就不是如此，“无为而无不为”的思想在它们那里发展了，它们所主张的“无为”有了新的内容。

《吕氏春秋·分职》篇说：

君也者，处虚素服而无智，故能使众智也。智反无能，故能使众能也。能执无为，故能使众为也。无智、无能、无为，此君之所执也。

这种无为是大有作为的。《淮南子》更是如此，《修务训》一篇就专门讲无为和有为，强调了有为的必要，它说：

或曰：“无为者，寂然无声，漠然不动，引之不来，推之不往，如此者，乃得道之像。”吾以为不然。尝试问之矣：“若夫神农、尧、舜、禹、汤，可谓圣人乎？”……以五圣观之，则莫得无为，明矣。

在列举了“五圣”的功业之后，接着又说：

此五圣者，天下之盛主，劳形尽虑，为民兴利除害而不懈。……不耻身之贱，而愧道之不行。不忧命之短，而忧百姓之穷。……圣人忧民如此其明也，而称以无为，岂不悖哉！且古之立帝王者，非以奉

① 《老子》第80章。

养其欲也；圣人践位者，非以逸乐其身也。为天下强掩弱，众暴寡，诈欺愚，勇侵怯，怀知而不以相教，积财而不以相分，故立天子以齐一之。为一人聪明而不足以遍照海内，故立三公九卿以辅翼之。……盖闻传书曰：神农憔悴，尧瘦臞，舜霉黑，禹胼胝。由此观之，则圣人之忧劳百姓甚矣。故自天子以下至于庶人，四肢不动，思虑不用，事治求澹者，未之闻也。

就是说，生在人世之间，所谓"与俗交"，那就非有为不可！既然打着"无为"的旗号，而事实上又非有为不可，这就不得不在解释"无为"和"有为"上面下功夫了：

夫地势水东流，人必事焉，然后水潦得谷行。禾稼春生，人必加功焉，故五谷得遂长。听其自流，待其自生，则鲧禹之功不立，而后稷之智不用。若吾所谓无为者，私志不得入公道，嗜欲不得枉正术，循理而举事，因资而立权（功），［推］自然之势，而曲故不得容者。事成而身弗伐，功立而名弗有。非谓其感而不应，攻而不动者。若夫以火熯井，以淮灌山，此用己而背自然，故谓之有为。若夫水之用舟，沙之用鸠，泥之用輴，山之用蔂，夏渎而冬陂，因高为田，因下为池，此非吾所谓为之。①

凡属顺乎自然，因势利导，"循理而举事，因资而立功"，都是"无为"。只有完全违背自然规律，像"以火熯井"那样才叫"有为"，因自然而"用"、而"为"都不叫"为之"。这仅仅是口头上承认"无为"而已，事实上，人生在世是大有可为的。

总的来说，《淮南子》关于"无为"和"有为"的论述是有点辩证法的，它似乎看到了客观规律性和主观能动性之间的关系：

第一，承认自然现象有其客观法则，所谓"万物固以自然"，"究于物者，终于无为"②；

---

① 《淮南子·修务训》，诸子集成本，中华书局 1954 年版。
② 《淮南子·原道训》，诸子集成本，中华书局 1954 年版。

第二，强调客观法则的决定作用，“所谓无为者，不先物为也”，“所谓无治者，不易自然也”，“故达于道者，不以人易天”①；

第三，但是要区别两种“无为”，即所谓“通而无为”与“塞而无为”，“其无为则同，其所以无为则异”②。所谓通而无为，就是上述“循理举事”，“推自然之势”；

第四，运用于政治上的“主术”，那就是“君道圜，臣道方”，所谓“乘众人之智”，“用众人之力”③。

由以上所述可见，即使新道家和老、庄道家的主要不同之点，也没有脱离道家的思想体系，正如高诱序《淮南子》所说：“其旨近《老子》，淡泊无为，蹈虚守静，出入经道。”这部书，虽然“物事之类无所不载。然其大较归之于道”。

三、新道家的成败得失

如上所述，给自然无为思想以新的解释，并且把它用之于人生，特别是用于政治，这是新道家区别于老、庄道家的主要之点。我们认为，新道家的创造、成就及其所以一度成为汉初的统治思想的主要原因就在这里。同时，他们存在的问题，以及后来在政治上失败的原因，也主要在自然无为的运用上面。

从春秋到战国，长时间的“强者胜弱，众者暴寡，以兵相残，不得休息”④，到战国后期，十分明显地看出，社会需要安定，人民需要“休养生息”。在时代的强烈要求下，吕不韦集思广益，组织各学派的人，为统一后施政搞的一个政治蓝图——《吕氏春秋》，具有清静无为的政治主张的特色，可惜没有被秦始皇所接受。秦始皇也正因为没有接受这比较符合时代潮流的施政纲领，在思想上蔽于法家的偏见，在行动上急、暴、专、滥，因而破坏了社会经济的平衡发展，使迫切需要“休息”的人民大失所望，促使更多的人信仰以清静无为为特色的政治主张，有更多的人学黄老

① 《淮南子·原道训》，诸子集成本，中华书局1954年版。
② 《淮南子·要略》，诸子集成本，中华书局1954年版。
③ 《淮南子·主术训》，诸子集成本，中华书局1954年版。
④ 《吕氏春秋·谨听》，诸子集成本，中华书局1954年版。

之学，因此，一部从理论上、体系上集新道家大成的巨著——《淮南子》的出现不是偶然的，它是时代的产物。

汉朝初年，“承秦之蔽”，在一些有政治头脑的政治家主持之下，新道家的政治主张得以实施。曹参是一个突出的例子，“其治要用黄老术”。他任相国之后，“择郡国吏木诎于文辞，重厚长者，即召除为丞相史。吏之言文刻深，欲务声名者，辄斥去之”①。对那些“务声名”、“言文刻深”之吏一概排斥，就是反对那种偏激的法家，起用“木诎于文辞”的“重厚长者”，与“欲务声名”相对而言，显然他是提倡无名主义。还有他回答惠帝怪他“不治事”的一段答话：“且高帝与萧何定天下，法令既明，今陛下垂拱，参等守职，遵而勿失，不亦可乎!”② 十分清楚地表达了他“无为而治”的思想。所以当时有一首民歌唱道：

> 萧何为法，颟若画一。曹参代之，守而勿失。载其清静，民以宁一。③

这就是所谓“萧规曹随”，而司马迁写道：

> 参为汉相国，清静极言合道，然百姓离秦之酷后，参与休息无为，故天下俱称其美矣。

无名、无为，贵的就是清静，曹参所作所为是符合当时实际的，因而受到称道。

新道家的政治主张，在西汉初年得到了比较充分的实践。《淮南子》在理论方面某些地方比较成熟，成为集黄老道家理论大成之著作，与这种实践应该是分不开的。当时君臣上下都信仰黄老之学，积极推行新道家的政治主张，所以淮南王刘安入朝时，“献所作《内篇》，新出，上爱秘之”④，武帝还能接受。

---

① 司马迁：《史记》卷五十四，《曹相国世家》，中华书局 1982 年版，第 2029 页。
② 司马迁：《史记》卷五十四，《曹相国世家》，中华书局 1982 年版，第 2030 页。
③ 司马迁：《史记》卷五十四，《曹相国世家》，中华书局 1982 年版，第 2031 页。
④ 班固：《汉书》卷四十四，《淮南衡山济北王传》，中华书局 1982 年版，第 2145 页。

但是，汉兴七十余年后，社会经济逐渐有所恢复，许多新的社会政治问题不断发生，如匈奴的骚扰问题、诸侯王对中央的离心力问题等，一味再强调和宣扬“君主无为”，事实上是不合时宜了。所以文景之后，逐渐有人出来“贬道家言”了，但被“好黄老之言”的窦太后压着。及至出了一个好大喜功的汉武帝，情况才逐渐改变。开始，汉武帝虽然对淮南王刘安还很优礼，“时武帝方好艺文，以安属为诸父，辩博善为文辞，甚尊重之，每为报书及赐，常召司马相如等视草乃遣”①。但是，武帝对“爱秘”过的《淮南子》，并不感兴趣，“清静”、“无为”乃至“无为而无不为”之类的说教，实在和他好大喜功的思想格格不入，当时的政治形势也使他无法“清静”，不得不另找“高明”来出谋献策，董仲舒的献策就是这样应运而生的。从此，汉初以来政治上一度活跃的新道家失势了，《淮南子》当然只得因此而束之高阁。

据上所述，我们可以这样说，《淮南子》的出现，既是秦汉之际新道家发展的高峰，也是新道家在政治上失败的转折点。其所以失败，在政治上的地位由盛而衰，也就是因为那个“清静无为”的理论本身是有局限性的，并且因为它贯穿在一切方面，从而掩盖了其他一些对统治阶级也是有利的主张和办法，所以不能被汉武帝——也就是当时的统治阶级所采纳。从政治思想上说，新道家的最大特点就是强调无为而治，这“无为而治”的思想，经过许多学黄老之术者的努力，他们“采儒墨之善，撮名法之要”，努力从理论阐述上丰富它，到《淮南子》中可说是相当完善了（参见本书第十二、十三章）。尽管它是说“道灭而德用，德衰而仁义生”②，但并不排斥仁、义、礼、法，它认为“国之所以存者，仁义是也”③，“立政者不能废法而治民”④。不过把这些都纳入“无为而治”的轨道，所以强调“循理而举事，因资而立权”⑤。无为而无不为的“无为之治”，是“因其自然而推之的”，如前引《淮南子·原道训》所解释的：“因物之所为”，“因物之自然也”。总之，经黄老学者反复阐发，由《吕氏春秋》和《淮南

① 班固：《汉书》卷四十四，《淮南衡山济北王传》，中华书局1982年版，第2145页。
② 《淮南子·缪称训》，诸子集成本，中华书局1954年版。
③ 《淮南子·主术训》，诸子集成本，中华书局1954年版。
④ 《淮南子·氾论训》，诸子集成本，中华书局1954年版。
⑤ 《淮南子·修务训》，诸子集成本，中华书局1954年版。

子》一再集结的“无为而治”的理论，有较丰富的——有些是很精彩的内容，曾在西汉初年作为“王治”、“治国”的指导思想行之有效，成绩显然。在以后的政治实践中，人们也往往会想到它，在本书所讨论的时间范围内就是如此，以下各章将进行论述。

但是，无为的理论，在一定程度上的约束君主，“因”“循”的消极方面（“因”当有“因其所宜”、“因势利导”的积极一面，也有“因循守旧”的消极面）所形成某些“习惯势力”，以及缺少具体的“治国”政策措施等，在“时移世易”的汉武帝时期，在需要“更法”的年代里，加上又遇上一个“雄才大略”（这是班固的评价）的汉武帝，其遭废黜又是很自然的。所以我们说，新道家的成败得失皆在于“无为而治”的理论。

这里还要指出的是，新道家的理论成就并不只限于“无为而治”，仔细深入研究《吕氏春秋》和《淮南子》，大有文章可作。它们提出或者强调解释和论述了许多新的思想，如天、人、性、命、精、神、心、气等，在中国哲学史上都是有深远影响的。每一个问题都值得展开专题研究。

其理论创造性，可以举一个例子来具体说明，那就是《淮南子·泰族训》中关于“参五”的解释：

> 昔者，五帝三王之莅政施教，必用参五。何谓参五？仰取象于天，俯取度于地，中取法于人，乃立明堂之朝，行明堂之令，以调阴阳之气，以和四时之节，以辟疾病之菑。俯视地理，以制度量，察陵陆、水泽、肥墽、高下之宜，立事生财，以除饥寒之患。中考乎人德，以制礼乐，行仁义之道，以治人伦而除暴乱之祸。乃澄列金木水火土之性，故立父子之亲而成家，别清浊五音六律相生之数，以立君臣之义而成国，察四时季孟之序，以立长幼之礼而成官。此之谓参。制君臣之义，父子之亲，夫妇之辨，长幼之序，朋友之际，此之谓五。乃裂地而州之，分职而治之，筑城而居之，割宅而异之，分财而衣食之，立大学而教诲之，夙兴夜寐而劳力之。此治之纲纪也。

这一段“治之纲纪”之说，显然是关于治国纲领的一个概括和总结。同时也可以这样认为，这是“因阴阳之大顺，采儒墨之善，撮名法之要”所进行的一个理论创造。“参五”之说，最早见于《易·系辞》，“参伍以变，错综其数”。宋代的儒学大师朱熹说：“参伍错综皆古语，而参伍尤难晓。”但战国秦汉时，人们似乎作为一个常识性的词在使用，在《荀子》《韩非子》《史记》《汉书》中都不止一次地使用，不过大多数写作“参伍”，如《荀子·成相》说：“参伍明，谨施赏刑。”杨倞注：“犹错杂也。”“必参而伍之”、“参伍不失”之类的用法，都是说错综比验、交互参考的意思。《淮南子》本身也有这种用法，如《主术训》中说：“事不在法律中，而可以便国佐治，必参伍而行之。”然而，《泰族训》的解释则远远不止于交互参考，而赋予了具体内容，是阴阳、儒、墨、名、法、道德的交互参考、比验，并且具体指明“参”就是天、地、人的参验。当时是否有其他文献或学派作如此的解释？虽尚不敢断言没有（有待详考），这在《淮南子》中比较突出是可以肯定的。作为治国的纲纪，和董仲舒的天人三策、三纲五常等相比，可以说毫无逊色。有的认为《泰族训》出于儒家之手①，这个问题似可以进一步讨论，不排斥儒者执笔的可能，因为淮南宾客中就有儒者。但是，一方面《泰族训》的主导思想很难说是儒家思想，另一方面——在这里也是主要方面，取法天、地、人的思想，从战国中后期以来就是很流行的，大家都在“究天人之际”（司马迁语），但所得结论不尽相同。新道家讲“是法天地”，《吕氏春秋·序意》说是“上揆之天，下验之地，中审之人”。《淮南子·要略》则说“上考之天，下揆之地，中通诸理”，略有不同，但上引文又说是“中取法于人”和“中考乎人德”。这考、揆、通、法，与董仲舒的“受命于天”、“天人合一”、“天人感应”的宗教思想显然不同，而是参考、学习、效法，然而“大圜在上，大矩在下”，天地是有自己的自然规律的：

天曰顺，顺维生；地曰固，固维宁；人曰信，信维听。②

考法天地、人情，就是要按自然规律“莅政施教”。其中始终贯穿着顺和因的思想，所以《泰族训》中也一再说，制定礼法要“因其性，则天下听从”，“故先王之制法也，因民之所好，而为之节文者”。参验天道、地理、

① 徐复观：《刘安的时代与淮南子》，《大陆杂志》第47卷，1973年。
② 《吕氏春秋·序意》，诸子集成本，中华书局1954年版。

考察人情，是为政者必须始终把握住的，所以《泰族训》中又再强调：

> 明于天道，察于地理，通于人情，大足以容众，德足以怀远，信足以一异，知足以知变者，人之英也。

由此可见，《泰族训》中关于“参伍”的解释，与新道家的一贯思想是一致的，是其创造发明。

总之，在新道家的思想和主张中，在它们的两部代表作——《吕氏春秋》和《淮南子》中，有许多东西是值得我们注意探讨的。

四、新道家的历史作用

如前所述，道家的名称起源并不早，司马谈所说的道家或道德家已经是新道家（也就是黄老学派），可见新道家的历史不是很长的。其思想渊源是老子，老子的《道德经》就是道家之名产生的主要根据。但是，其思想虽渊源于老子以及后来的庄子，然而作为一个新道家学派的酝酿和形成，当是“稷下之学”那一批“发明黄老道德学”的人物的功绩，如田骈、慎到、环渊、接子、宋钘、尹文等人，《史记·孟子荀卿列传》说：

> 慎到，赵人。田骈、接子，齐人。环渊，楚人。皆学黄老道德之术，因发明序其指意。故慎到著《十二论》，环渊著《上下篇》，而田骈、接子皆有所论焉。

这些人虽然有共同的思想倾向，但并不是一个学派，而且大多没有可靠的著作留下来，但黄老道德之学，是经过他们“发明”、传播的，到吕不韦修《吕氏春秋》时，这种黄老道德之学就被大量吸收进去，集中了正在形成的一个新学派的思想和主张。所以我认为，《吕氏春秋》不是所谓“杂家”之始，而是“新道家”（黄老学派）的最早代表作。

马王堆三号墓出土的《经法》等四篇佚著，人们认为就是《黄帝四经》，在《汉书·艺文志》里，《黄帝君臣》十篇是被列为道家的，原注说：“起六国时，与《老子》相似也。”对此，虽然许多问题有待进一步研究和考定，但是汉朝初年，轪侯家的人把它和《老子》抄在一起的事实，也能够说明汉初黄老之学——也就是新道家这个学派曾盛行于一时。

那么，汉初一些属于新道家的人为什么对《吕氏春秋》却讳莫如深，并不称道这部有价值的代表作呢？我认为这是可以理解的，因为：一则当时是秦亡之后，在新政权下再提起亡秦相国主编的这么一部与自己观点相同的书，诸多不便，当时又不可能把吕不韦和秦始皇区别开来；二则吕不韦本身也是问题，他出身商人，又是在一定程度上靠投机而成功的人物，和他联系在一起并不怎么光彩，所以干脆就不提。

司马迁生在大一统的汉朝盛世，又受过父亲司马谈声泪俱下的临终遗言："无忘吾所欲论著矣！"当然是能理解上述道理的，所以，他在《史记·乐毅列传》中含糊其词地叙述了新道家的发展史，他写道：

> 乐臣公学黄帝、老子，其本师号曰河上丈人，不知其所出。河上丈人教安期生，安期生教毛翕公，毛翕公教乐瑕公，乐瑕公教乐臣公，乐臣公教盖公。盖公教于齐高密、胶西，为曹相国师。

河上丈人以前就说不清了，河上丈人所传盖公以前几个人，也无行事、学说可考，只有盖公的言行，《史记·曹相国世家》还记了那么几句：

> （曹参）闻胶西有盖公，善治黄老言，使人厚币请之。既见盖公，盖公为言治道贵清静而民自定，推此类具言之。参于是避正堂，舍盖公焉。其治要用黄老术，故相齐九年，齐国安集，大称贤相。

司马谈是属于新道家的，他那篇《论六家之要指》就是明证，他论阴阳、儒、墨、名、法都是有褒有贬的，唯独对道家是有褒无贬。他通过对各家的比较而信奉道家之言，因为"道家无为，又曰无不为。其实易行，其辞难知。其术以虚无为本，以因循为用"，所以才能够"与时迁移，应物变化，立俗施事，无所不宜，指约而易操，事少而功多"①。司马谈临终时说的"所欲论著"，也许包括一部真正能代表他理想中的新道家的著作，

① 司马迁：《史记》卷一百三十，《太史公自序》，中华书局1982年版，第3289页。

因为《吕氏春秋》毕竟是新道家早期的代表作，理论的各方面都很不成熟。而《淮南子》这部书呢？即使他本人知道，也因为淮南王“谋反”，在政治上是犯忌的，所以他才临死时念念不忘那么一部著作。

西汉初年，新道家的人物可以说是不少，著名的有汲黯、杨王孙等人。《史记·汲郑列传》说，“黯学黄老之言”，他的行为是，“治官理民，好清静，择丞史而任之。其治，责大指而已，不苛小。黯多病，卧闺阁内不出。岁余，东海大治，称之。上闻，召以为主爵都尉，列于九卿，治务在无为而已，弘大体，不拘文法”。杨王孙也是“学黄老之术”，他的一生行事无从查考，他的裸葬说倒可看出一点道家的色彩，他说：“吾欲裸葬，以反吾真。”“且夫死者终生之化，而物之归者也。归者得至，化者得变，是物各反其真也。反真冥冥，亡形亡声，乃合道情。”① 不过，最突出的还是文帝的皇后窦氏，《史记·外戚世家》说：“窦太后好黄帝、老子言，帝（景帝）及太子（武帝）、诸窦不得不读《黄帝》《老子》，尊其术。”这位窦太后先是做了二十三年皇后，接着又做了十六年皇太后，六年太皇太后，先后共四十五年，大力提倡黄老之学，当时可以说是新道家的全盛时代。由此也可见，那样成熟、完善的一部集大成的代表作——《淮南子》的出现，并不是偶然的。

从《吕氏春秋》到《淮南子》，新道家的发展有一个过程，而这两部书则是从形成到完善一头一尾的代表作。人们往往把这两部书相提并论，不是没有道理的。因为从总的方面看，它们都属于新道家，它们都把自然无为的哲学思想用到人生和政治方面，特别是用在政治方面，有很明显的政论性质（所谓“议官”、“议政”）；在内容上都大量引用老庄之言，也都“采儒墨之善，撮名法之要”，而且《淮南子》中许多地方（甚至整节的）还直接引用《吕氏春秋》的文字。

当然，这两部书也有许多不同之处。《吕氏春秋》试图统领各家而未果，其“执一”、“不二”、“天圆地方”等，多半还是讲“君人南面之术”，主要是从政治上着眼的。《淮南子》则颇有从世界观或思想上来统领各家的意图。《要略》作为总纲是以道儒结合而以道家思想为主的。其《原道训》《天文训》《俶真训》等对于道的描述，倾向于实写，对于宇宙形成、

---

① 班固：《汉书》卷六十七，《杨胡朱梅云传》，中华书局1975年版，第2908页。

人类万物起源、生命和心理的起源等的议论，都似乎比《吕氏春秋》前进了一步。从一个新的学派发展来看，《吕氏春秋》还在形成阶段，所以它表现得杂，组织得不够严密，条理也不很清楚，思想体系不很完整。郭沫若曾经说，“文字结构上也每每饤饾泄沓”，“编制上实在也相当拙劣”[①]。《淮南子》则是成熟阶段的作品，结构比较严密，层次分明，思想体系比较完整。

《淮南子》比《吕氏春秋》是更理论化一些，不过，这个理论也实在不容易讲清楚，所以司马谈早就说过，它虽然“其实易行”，但是“其辞难知”。《淮南子》则说：

> 夫道论至深，故多为之辞。
>
> 道至高无上，至深无下，……包裹宇宙而无表里，洞同覆载而无所碍。[②]

但是“道”究竟是个什么东西，始终只能用比喻来形容它。

此外，《淮南子》中神仙出世的思想和阴阳感应之说这类消极的东西也很突出（《吕氏春秋》相对少一些），这里就不详论了。

从汉武帝以后，新道家在政治上似乎被除名了，所谓“绌黄老、刑名百家之言”[③]，“罢黜百家”它似乎还列在首位（从反面我们又可看到它的流行）。但是，它所阐明的驾驭臣民的法术，所谓“君人南面之术”，能够使统治者加强权力。因此，可以说它作为一条暗流存在，并没有为封建统治者所抛弃，它和儒家（实际上也是新儒家）一明一暗、一显一隐始终贯穿在我国封建社会政治、文化的各个方面。

---

① 郭沫若：《郭沫若全集》历史编第二卷，《十批判书·吕不韦与秦王政的批判》，人民出版社1982年版。

② 《淮南子·缪称训》，诸子集成本，中华书局1954年版。

③ 司马迁：《史记》卷一百二十一，《儒林列传》，中华书局1982年版，第3118页。

第六章　从吕不韦到诸葛亮
——新道家的发展

文化思想的传承，一是靠人，二是靠书，书也是人写的，归根到底还是人。以黄老为名号的新道家，主要在秦汉时期形成和发展，有一系列的代表人物，其中有的还活跃在政治舞台上，从其思想理论和政治实践看是属于新道家的，或者是以新道家思想为主导的。有的则从事新道家理论的创造和发挥。另一方面，整个秦汉时期，各类各派人物都或多或少受到新道家思想理论的影响。这里，且按历史阶段，以不同人群为对象进行一些论述。

一、吕不韦及其门客思想管窥

吕不韦其人历来褒贬不一，最早为他立传的司马迁，思想上就比较矛盾，在《史记·吕不韦列传》的最后写道：

> 孔子之所谓“闻”者，其吕子乎？

一方面尊其为“吕子”，一方面又怀疑其“色取仁而行违”①。不过从总的情况看，司马迁是肯定和同情他的，主要是两方面：一是“为其奉先王功大”②，二是“不韦迁蜀，世传《吕览》”③，组织编写《吕氏春秋》的贡献。而后世批评吕不韦的人，主要根据不过因为他是“阳翟大贾”，而且从事政治的开始有“赢利”的动机，被认为是政治投机，加上与太后有

---

① 《论语·颜渊》：“子曰：……夫闻也者，色取仁而行违，居之不疑。在邦必闻，在家必闻。”

② 司马迁：《史记》卷八十五，《吕不韦列传》，中华书局1982年版，第2512页。

③ 司马迁：《史记》卷一百三十，《太史公自序》，中华书局1982年版，第3300页。

私情，且进嫪毐以遂太后淫欲，行为不端，被认为是“佞人”。这些是道德评价，事情主要是在早年所为。弄清楚基本事实，全面评价这个历史人物，也不是太难的。

我们这里只谈一方面的问题：吕不韦有没有思想理论？在《吕氏春秋》成书时有无他自己的看法？虽然历来也有不同的看法，但我们的答案是肯定的。这理由也并不复杂，史籍中虽未明记他“尚学”的情况，但决不能断言他“不学”，相反可以“意吕博雅之辈”。且不说他发迹之始是颇有头脑的，他于公元前250年至公元前237年十多年为相，可以说是“手握政权，临视六国，以成秦人之强大”（明许宗鲁之语），何止是“奉先王功大”，十四年为相期间有八年是秦王政时期，还号称“仲父”，能在七国争雄中使秦国日益强大起来，“日理万机”，不学何以能应付！吕不韦之有思想理论，最有力的证据就是《吕氏春秋·序意》中有那一段“文信侯曰”的文字，从来没有人怀疑过。“文信侯曰”的一段文字不长，但可以说是高度的理论概括：

> 尝得学黄帝之所以诲颛顼矣，爰有大圜在上，大矩在下，汝能法之，为民父母。盖闻古之清世，是法天地。凡十二纪者，所以纪治乱存亡也，所以知寿夭吉凶也。上揆之天，下验之地，中审之人，若此则是非可不可无所遁矣。天曰顺，顺维生；地曰固，固维宁；人曰信，信维听。三者咸当，无为而行。行也者，行其理也。行数，循其理，平其私。夫私视使目盲，私听使耳聋，私虑使心狂。三者皆私设精则智无由公。智不公，则福日衰，灾日隆，以日倪而西望知之。

第一句话有点像是拉虎皮作大旗，但是打黄帝的旗号，就可见其推崇黄帝。第二句话说历史就是如此，古代清平之世都是“法天地”的。第三句开始进入正题，《十二纪》就是要回答人事的“是非可不可”的问题，一方面要“上揆之天，下验之地”，另一方面同时也要将人事进行对照审查①。再以下几句，是编书的具体指导思想和基本原则：天的特点是因顺，

① 《淮南子·要略》：“夫作为书论者，所以纪纲道德，经纬人事，上考之天，下揆之地，中通诸理。”

因顺乃能生生不息；地的特点是坚固，坚固乃能安宁；人的特点是守信，守信乃能让人听从。强调天的因顺特点，当来自《老子》第25章的“人法地，地法天，天法道，道法自然”。《吕氏春秋》中“因”、“顺”、“自然”等思想的广泛阐述，是与这指导思想分不开的。“固”和“宁”都是社会、政治统治的需要。“信赏必罚”之类的原则，当与“人曰信”这一指导思想的提出有关，以此而采用儒、墨、名、法各家的某些学说，顺理成章。进一步又明确地提出“无为而行”的主张，强调了“去私”、“贵公”的思想。这些，可说是相当完整的一套思想理论。正是在这样的指导思想之下，成于众人之手的《吕氏春秋》，形成了一家之言。如果吕不韦不学，如果非“博雅”之辈，如果不是相当熟悉当时日趋成熟的黄老之学，焉能作出上述言简意赅的理论概括？谁能否认吕不韦的黄老思想理论？

有人认为，《吕氏春秋》成书后，悬金市门，无能增损者，畏吕不韦之权威耳。这也不无道理，《吕氏春秋》绝不是不能增损一字。但这里我们要说，吕不韦权威的树立，恐怕不仅仅是相国的地位问题，当有其个人的某些因素。我们看，秦“王欲诛相国”时，“宾客辩士为游说者众”，而且“免相国”、“出文信侯就国河南”之后，“岁余，诸侯宾客使者相望于道，请文信侯”①。甚至死后仍是如此：

> 文信侯不韦死，窃葬（《索隐》按：不韦饮鸩死，其宾客数千人窃共葬于洛阳北芒山）。其舍人临者，晋人也，逐出之（《正义》：临……临哭也。若是三晋之人，逐出令归也。）；秦人六百石以上夺爵，迁（《正义》：若是秦人哭临者，夺其官爵，迁移于房陵。）；五百石以下不临，迁，勿夺爵（《正义》：若是秦人不哭临不韦者，不夺官爵，亦迁移于房陵）。②

《索隐》《正义》作注必有所据，由此可见吕不韦影响之大。一般来说，树倒猢狲散。例如，齐国孟尝君养客三千余人，曾一度被废，失位时，诸客见孟尝君废，皆去。仅冯驩一人为之卖力③。而吕不韦失去相位，

---

① 司马迁：《史记》卷八十五，《吕不韦列传》，中华书局1982年版，第2513页。
② 司马迁：《史记》卷六，《秦始皇本纪》，中华书局1982年版，第231页。
③ 司马迁：《史记》卷七十五，《孟尝君列传》，中华书局1982年版，第2361页。

甚至“恐诛”自杀之后，宾客们仍依依不舍。两相对比，可能有两方面的原因：一个是宾客的质量，孟尝君之食客有不少是鸡鸣狗盗之徒，而吕不韦所招多“智略之士”；另一个原因，恐怕是吕不韦的个人魅力，为宾客所服。

吕不韦于庄襄王元年（前249年）为相，封文信侯，秦王政元年（前246年）号“仲父”'，在秦国执政十多年，“国事皆决于文信侯”①，专权十多年。要想从十多年为政看他的思想，这有一定的困难，一是记载简略，有些事不得其详；二是其为相期间主要是战事多，吕不韦无疑是起决策作用的，但缺乏具体的记载。《资治通鉴》记载，庄襄王元年他初为相，“东周君与诸侯谋伐秦，王使相国率师讨灭之，迁东周君于阳人聚……以河南洛阳十万户封相国吕不韦为文信侯”。至少是以“战功”之名而封侯的。后来秦始皇责问他：“君何功于秦？秦封君河南，食十万户。”应该说是义愤之辞，下一句“君何亲于秦？号称仲父”② 也是如此，称“仲父”不一定是直系亲属，这是很明显的，管仲即其例，吕不韦正是以管仲为榜样的（下面再说）。秦王政亲政之前，大小战事，包括对付合纵国的联合进攻，吕不韦不可能不闻不问，甚至可以说，调兵遣将、战略方针等都是他决策的。

尽管记载不多，有两点我们可以根据事实作毋庸置疑的分析。

第一，秦国在昭襄王之后，孝文王短命、庄襄王无能、秦王政年少的十多年中，秦国能够“续六世之余烈”，在进一步巩固的基础上有所发展，文治武功都算不错，是谁的功劳？吕不韦个人有多大的能耐？我们应该特别指出的一条是，他能够礼贤下士，能够“用众”，我们知道，儒家、墨家都主张贤人为政，但《吕氏春秋》中体现出吕不韦更有一套“识贤”、“用贤”的思想和方法，例如它总结了一套“八观六验”的论人方法③，而尤为突出的一点就是不求全责备而用其所长，《吕氏春秋·用众》中明确地说：

---

① 《资治通鉴》卷六“庄襄王三年”，《史记·秦始皇本纪》作：“王年少，初即位，委国事大臣。”

② 司马迁：《史记》卷八十五，《吕不韦列传》，中华书局1982年版，第2513页。

③ 《吕氏春秋·论人》，诸子集成本，中华书局1954年版。

物固莫不有长，莫不有短。人亦然。故善学者，假人之长以补其短。故假人者遂有天下。

吕不韦之“有天下”，正是因为能“假人”，能“用众”。当时秦国统兵作战名将蒙骜、麃公、王龁等将军，都是自昭王时代就屡建战功的几朝元老，吕不韦尊重他们，使他们继续立新功，昭王时连应侯范雎都不放在眼里的蒙骜，居然在吕不韦主政时期以年迈之躯继续率兵争城夺地，直至死而后已，这是很突出的事例。至于谋士，在数千宾客之中当不乏人，除了《吕氏春秋》依靠许多士人成书可以证明之外，还有著名的李斯、年仅十二岁的小甘罗，吕不韦都能重用。这些多少能反映吕不韦的政治思想，成熟的黄老思想的一个重要方面。

第二，吕不韦号为“仲父”，也能反映其思想。《史记·吕不韦列传》写道：

太子政立为王，尊吕不韦为相国，号称“仲父”。

不论是“尊”或者是“号”，不会是十二岁的秦王政想出来的，而是吕不韦自封的。为何要加“仲父”这一称号，显然的一个原因是学习春秋时代齐国管仲之称“仲父”，不仅要秦王政“事之如父”①，而且要和管仲一样有极大的权力处理朝政②。这里我们要指出一个历史现象，儒家树立人臣（丞相之类）为政的样板是伊尹、周公，黄老道家则往往以管仲为榜样，吕不韦是如此，后来诸葛亮曾“自比于管仲、乐毅”③，东晋王导“号为仲父”，也是以管仲、乐毅自喻，主张“为政务在清静”④。黄老道家从《管子》中是吸取了不少东西的。司马迁写《管晏列传》时，曾概括地说：

其为政也，善因祸而为福，转败而为功。贵轻重，慎权衡。……故曰：知与之为取，政之宝也。

---

① 杨倞注《荀子·仲尼》篇“仲父”曰：“仲者夷吾之字，父者事之如父，故号为仲父。”

② 《说苑》记“孔子曰：管仲之贤而不得此三权者，亦不能使其君南面而称伯。”

③ 陈寿：《三国志》卷三十五，《蜀书·诸葛亮传》，中华书局1973年版，第911页。

④ 房玄龄等：《晋书》卷六十五，《王导传》，中华书局1982年版，第1746页。

《索隐》：“《老子》曰：‘将欲取之，必固与之’，是知此为政之所宝也。”管仲在很大程度上创造性地运用了《老子》南面之术的思想，从而丰富了黄老之学的理论。这些都是顺理成章的。吕不韦既然想学管仲，因而《吕氏春秋》中关于管仲的一些事有较详细的记述，例如在《贵公》与《知接》两篇中，以一半以上的篇幅详述管仲有病时对问桓公以谁为相的问题，并加以发挥。吕不韦自比管仲，也希望秦王政像齐桓公对管仲一样对待他，这在《吕氏春秋》中是有明显迹象的，《勿躬》篇讲人主勿躬亲为人臣之事，举管仲的例子说：

> 十年，九合诸侯，一匡天下，皆夷吾与五子之能也。
>
> 管子，人臣也，不任己之不能而以尽五子之能，况于人主乎？

吕不韦自己也恰恰是尽文臣武将之能。为了说明“因者，君术也；为者，臣道也”，在《任数》中又举例说：

> 有司请事于齐桓公。桓公曰：“以告仲父。”有司又请。公曰“告仲父”，若是三。习者曰：“一则仲父，二则仲父，易哉为君！”桓公曰：“吾未得仲父则难，已得仲父之后，曷为其不易也？”桓公得管子，事犹大易，又况于得道术乎？

这极像吕不韦这个“仲父”当时的情况，有过之而无不及。有人描述秦王政亲政之前，样样都只说“按丞相说的办”①，并非夸张的描写。吕不韦已经专权了，不过是要给自己找历史根据，更重要的是借以阐述其君主无为的理论。同时，也给自己的行为找历史根据，努力向管仲学习，《贵信》篇又详细叙述管仲主张齐鲁之盟以见信于天下的历史，由于管仲的主张和谋略的实现，“夫九合之而合，壹匡之而听，从此生矣。管仲可谓能因物矣”。还有一些记管仲之谋与识的例子，无疑是他学习的榜样。这些谋与识主要是黄老道家的思想内容。

据上所述，我们认为，吕不韦之号称仲父，是有一定内容的，是与他

---

① 林剑鸣：《吕不韦传》，人民出版社 1995 年版，第 176 页。

的为政有密切关系的，是与他的成熟的黄老道家思想分不开的。

由于吕不韦死后，其宾客迁的迁，逐的逐，姓名大都没有留下来。宾客们的情况及其思想几乎完全无法说明。人们只能从《吕氏春秋》有“杂”的现象推断宾客中有各家各派的人士，这在原则上是不错的。不过我们可以换一个角度来进行一点分析。战国末年，诸子百家有一个发展的大趋势，那就是由互相水火到彼此吸收，而后“求同存异”，以致《吕氏春秋》提出“齐万不同”。因此，很难说某一具体的士人是属于哪一派的，即便荀子，思想上也有其他学派的影响。大多数人是可儒、可道或者可以成为法家的。我们可以从思想上分析一下曾投靠吕不韦门下的李斯（这是仅有两个留下名字的门客之一，另一个叫司空马）。胡适曾臆测，李斯曾参与《吕氏春秋》的写作（从时间上看也不是完全不可能），主要是拿《吕氏春秋》的文字与后来李斯的言论和主张相比，都属于法家的思想理论。但是，开始的时候，李斯是否即为法家呢？那就不尽然。我们看他早年，“从荀卿学帝王之术”，荀卿不能算法家，在辞别老师时，他又说了一段话：

……久处卑贱之位，困苦之地，非世而恶利，自托于无为，此非士之情也。故斯将西说秦王矣。①

这是哪一家的思想指导他？他西说秦王，采用的是纵横之术；“自托于无为”，他是反对的。但从反意看，当时有不少人是以“去世”思想来理解“无为”的，李斯不赞成罢了，至少他对“无为”思想有所了解。可以说，李斯和当时许多士人一样，开始接触的思想应该是“多元”的。吕不韦的宾客们当然也是如此。

但众多的宾客，水平肯定不齐，各人师承也必然不同，各家各派的弟子都会有。如何协调、统一？除了吕不韦本人之外，必还有几个得力助手（主持《淮南子》的就有诸如大山、小山之徒和李尚、苏飞等八人），只可惜无法稽考了。《序意》中留下了一个“良人请问《十二纪》”，这“良人”或者是一个，或者是几个，当即协助吕不韦的人。高诱注“良人”为“君

① 司马迁：《史记》卷八十七，《李斯列传》，中华书局 1982 年版，第 2539～2540 页。

子”，清人根据古训作过一些解释，不尽如意。我们这里根据《庄子·田子方》的“良人”作一臆测，不知与原本意义相符否?《庄子》记载一个文王的故事：文王想任用一位贤人而又怕众人不服，于是假托做梦说：“昔者寡人梦见良人……号曰：‘寓而政于臧丈人，庶几乎民有瘳乎!’”众人说这是“先君之命”：

> 遂迎臧丈人而授之政。典法无更，偏令无出。三年，文王观于国，则列士坏植散群，长官者不成德，斔斛不敢入于四竟。列士坏植散群，则尚同也；长官者不成德，则同务也；斔斛不敢入于四竟，则诸侯无二心也。
>
> 文王于是焉以为大师，北面而问曰：“政可以及天下乎?”臧丈人昧然而不应，泛然而辞，朝令而夜遁，终身无闻。

臧丈人就是姜子牙，在庄子心目中，其为政显然是“无为而治”，文王和良人也都是主张和实行道家“无为”理论的。这样当然就与儒家对文王和良人的看法不同，所以颜渊很不理解。既然道家对良人有自己的理解，《吕氏春秋》的具体主持人——良人，或者就是道家心目中的良人。

没有直接而明显师承的士人，又接受有各家各派的思想，在比较明确的指导思想指导之下，写出比较统一的著作来，是很有可能的，而且在当时也是一个创举。当然，由于执笔人对于某一派思想的熟悉程度不同，写出来的东西自然也会有差异，甚至矛盾之处也会有，这又是不可避免的。因此对《吕氏春秋》的思想，要求我们从整体上看，从主导方面看。要说“杂家”是简单而容易的，《艺文志》的“杂家”类本来就是一个简单处理方法，从后来汉代情况看，许多人都可称之为“杂”家。

二、汉初君臣的黄老思想

这个问题可能会有不同看法，而且不易达成共识，但基本史实是比较清楚的。

先从刘邦说起。

汉高祖刘邦是一个重要的历史人物，他没有多少文化是可以肯定的，

“乃公居马上而得之，安事《诗》《书》”一语足以证明①。当然没有多少文化，并不等于没有才能，没有一定的思想，《汉书·高帝纪》说：“初，高祖不修文学，而性明达，好谋能听。”当陆贾顶撞他：“居马上得之，宁可以马上治之乎?”他虽“不怿而有惭色”，但立即要陆贾著古今成败之理，他是有思想的。但刘邦自己没有“理论”，又是可以绝对肯定的。

然而，作为一个新建立的王朝——一个国家，要实行其统治，不可能也不会没有理论，特别是政治理论。从汉初开始，统治思想就已经确立，理论已经形成，标志就是陆贾的《新语》。

《新语》是汉初黄老新道家的代表作，其思想内容我们在后面将专题论述。这是一部理论性很强的著作，它不仅是就事论事言得失成败，而且是以“道术”的理论为出发点（《道基》）来“术事”，参验古今以总结出“辅政”的原则，诸如“无为”、“辨惑”、“慎微”、“资质”（实言“求贤”）以及“执一”、“公方”……《吕氏春秋》中专题论述过的许多东西，陆贾用高度概括的语言作了陈述，即使涉及历史事实也要言不烦，观点明确，例如在《无为》中总结“秦所以失天下”：

> 秦始皇帝设为车裂之诛以敛奸邪，筑长城于戎境以备胡越，征大吞小，威震天下，将帅横行以服外国，蒙恬讨乱于外，李斯治法于内，事逾烦天下逾乱，法逾滋而奸逾炽，兵马益设而敌人逾多，秦非不欲为治，然失之者乃举措暴众而用刑太极故也。

多么言简意赅！用事实来证明“无为”而治是多么有力。同篇还有几句概括：

> 秦始皇骄奢靡丽，好作高台榭、广宫室，则天下豪富制屋宅者莫不仿之，设房闼，备厩库，缮雕琢刻画之好，博玄黄琦玮之色，以乱制度。

---

① 《全汉文》所载刘邦的《敕太子书》说：“吾遭乱世，当秦禁学，自喜，谓读书无益。自践祚以来，时方省书，乃使人知作者之意。追思昔所行，多不是。”

结论说：

> 故君之御下，民奢侈者则应之以俭……

后来汉文帝之崇尚节俭，不就是这种理论的实践吗！

那么，陆贾所代表的这种理论，是否成为了统治思想呢？回答是可以肯定的。因为“每奏一篇，高帝未尝不称善”，这是刘邦首肯了的。但刘邦不久就逝世了，没有能亲自付诸实施，也还未发现记载能证明有人重提《新语》。不过，司马迁记载的另一句话是值得重视的，他每奏一篇，“左右呼万岁”，这种记述，这样描写当时情景，分量是很重的。高帝称“善”的记载不少，臣下说个“皇上圣明”之类的话附和也是常情。当时“左右”之“呼万岁”，不是向刘邦欢呼，刘邦自己并没有说什么具体内容，对一个官职并不高的太中大夫（秩比千石）也不会致敬，唯一的解释当是：陆贾所言，在大家思想上引起了共鸣，情不自禁地欢呼。这是君臣们信奉黄老道家理论的表现，是黄老道家理论得以流行的基础，也是黄老道家理论成为统治思想的原因。

刘邦去世后，惠帝年幼，实际上是吕后前后掌权十几年。吕后执政时期，除了培植吕氏外戚集团是一大失误之外，可以说基本上执行了刘邦制定的路线、方针和政策。这一点司马迁作了精彩的概括：

> 孝惠皇帝、高后之时，黎民得离战国之苦，君臣俱欲休息乎无为，故惠帝垂拱，高后女主称制，政不出房户，天下晏然。刑法罕用，罪人是希。民务稼穑，衣食滋殖。①

当时是认真实行了轻徭薄赋、节俭、省刑等政策的，按时征发徭役、“令戍卒岁更”②，以及奖励“力田”的记载多有，惠帝四年（前191年）三月诏令“省法令妨吏民者，除挟书律”③，高后元年（前187年）又诏令“除三族罪、妖言令”④ 等“与民休息”的政策，用“无为”、“垂拱”来形

---

① 司马迁：《史记》卷九，《吕太后本纪》，中华书局1982年版，第412页。
② 司马迁：《史记》卷二十二，《汉兴以来将相名臣年表》，中华书局1982年版，第1124页。
③ 班固：《汉书》卷二，《惠帝纪》，中华书局1975年版，第90页。
④ 班固：《汉书》卷三，《高后纪》，中华书局1975年版，第96页。

容是非常适当的。

然后是文帝，文帝好黄老，史有明文。他是身体力行地相信和实行黄老思想，这一方面当以西汉后期刘向的评述最为全面，他对答成帝问文帝事时说：

> 文帝遭汉家基业初定，重承军旅之后，百姓新免于干戈之难。故文帝宜因修秦余政教，轻刑事少，与之休息，以俭约节欲自持，初开籍田，躬劝农桑，务民之本。即位十余年，……蓄积有余。然文帝本修黄老之言，不甚好儒术，其治尚清静无为。以故礼乐庠序未修，民俗未能大化，苟温饱完给，所谓治安之国也。①

刘向认为“文帝时政颇遗失”，主要是就未修礼乐庠序而言的，他也不得不承认“皆所谓悔吝小疵”。这是时代条件不同的说法，然而对于文帝之好黄老是说得很清楚的。

汉初君臣好黄老的另一个典型例子，就是人们比较熟悉的《史记·外戚世家》那条记载：

> 窦太后好黄帝、老子言，帝及太子、诸窦不得不读《黄帝》《老子》，尊其术。

这位文帝的皇后，曾侍候过吕太后，看来也非平庸之辈，她好黄老当然是受文帝的影响，重要的是在文帝死后，仍能坚持文帝所实行的黄老政治。“帝及太子、诸窦不得不读黄老”，太子及诸窦中的某些人是被迫的，景帝看来则是自觉信奉黄老的，他的思想和政策基本上是文帝时期的延续，《汉书·景帝纪》赞曰：

> 汉兴，扫除烦苛，与民休息。至于孝文，加之以恭俭，孝景遵业，五六十载之间，至于移风易俗，黎民醇厚。周云成康，汉言文景，美矣！

---

① 应劭著，王利器校注：《风俗通义·正失》，中华书局1981年版，第96页。

景帝遵文帝之业是基本的事实。《索隐·述赞》说："景帝即位，因修静默"，言其指导思想也是符合事实的。

以上言汉初君主之信黄老，以下再讲汉初大臣们信黄老的情况。汉朝"霸王道杂之"传统的形成是汉初开始的，在思想上一开始就有各家各派，特别是儒、法、道等学派的思想传播，但黄老思想的影响比较大，信奉的人比较多，则是可以肯定的。除了君主之外——君主也是受时代和臣下影响的，一些重要大臣之信奉黄老，对汉初政治影响至关重要。

刘邦等人和秦末其他农民起义军一样，是打着"伐无道，诛暴秦"的旗号，在推翻秦王朝时，又与民"约法三章"，宣布废除秦朝的苛法。刘邦做皇帝后的大部分时间仍在平定天下的战事之中，但同时能注意除秦苛法、与民休息。例如他统治期间先后下过八次赦免"罪人"的诏令，《汉书·食货志》记载说：

> 上于是约法省禁，轻田租，什五而税一，量吏禄，度官用，以赋于民。

又多次在不同程度上对某些地区和人群（特别是军吏卒）减免租赋徭役。还有汉二年（前205年）曾下令"故秦苑囿园池，皆令人得田之"①，以及五年"兵皆罢归家"，下诏"复故爵田宅"，"吏以文法教训辨告，勿笞辱"，"民以饥饿自卖为人奴婢者，皆免为庶人"②。再有如制定《汉律》九章，要求各级官吏奉法循理，七年（前200年）下诏说：

> 狱之疑者，吏或不敢决，有罪者久而不论，无罪者久系不决。自今以来，县道官狱疑者，各谳所属二千石官，二千石官以其罪名当报之。所不能决者皆移廷尉，廷尉亦当报之。廷尉所不能决，谨具为奏，傅所当比律令以闻。③

这样认真对待法律及司法程序，实可说难能可贵，与滥施刑法形成鲜明

---

① 司马迁：《史记》卷八，《高祖本纪》，中华书局1982年版，第369页。
② 班固：《汉书》卷一下，《高帝纪》，中华书局1975年版，第54页。
③ 班固：《汉书》卷二十三，《刑法志》，中华书局1975年版，第1106页。

对比。

对汉高祖时期这些“与民休息”的政策措施，我们要指出两点：

第一，它们是时代的要求，人民的愿望，同时与黄老学派“清静无为”的政治主张有天然的联系。再联系陆贾上《新语》时“左右呼万岁”的情况，那些政策、措施的指导思想是比较清楚的，陆贾的理论为汉初君臣所共识，在政策措施上自然是有意识的实行。

第二，高祖时期各种政策制定和实行的关键人物是萧何，萧何是当时唯一“掌丞天子助理万机”的丞相，他为百官之首，也总领众事。所谓“天下既定，命萧何次律令，韩信申军法，张苍定章程，叔孙通制礼仪”①，除了韩信申军法的情况不太清楚之外②，整个法律章程礼仪等的制定，都是在萧何统领下进行的，以张苍为“计相”之事为例：

> 是时萧何为相国，而张苍乃自秦时为柱下史，明习天下图书计籍。苍又善用算律历，故令苍以列侯居相府，领主郡国上计者。③

张苍虽已封侯，仍居丞相府办事。此外，叔孙通制礼仪，不过是“太常”的具体事物，通因制定朝仪才得拜为太常，太常是受丞相管的，我们说萧何是汉高祖时施政的关键人物是毋庸置疑的。司马迁评价说：

> 萧相国何于秦时为刀笔吏，录录未有奇节。及汉兴，依日月之末光，何仅守管籥，因民之疾秦法，顺流与之更始。④

这“守管籥”之文《汉书》作了改写，因而唐人师古作注说是“高祖出征，何每居守，故言守管籥”。这个解释似可商榷，“管籥”是“锁匙”，引申为“关键”，《史记》原文决非指他在高祖出征时居守，而其所守之关键，就是下文“因民之疾秦法，顺流与之更始”。是因顺时代之潮流、人

---

① 班固：《汉书》卷一下，《高帝纪》，中华书局1975年版，第81页。

② 《汉书·艺文志》又说：“汉兴，张良、韩信序次兵法，凡百八十二家，删取要用，定著三十五家。”是一次整理兵法图书的活动。

③ 司马迁：《史记》卷九十六，《张丞相列传》，中华书局1982年版，第2676页。

④ 司马迁：《史记》卷五十三，《萧相国世家》，中华书局1982年版，第2020页。

民之心愿，而“与之更始”，这就是实行“与民休息”、清静无为的政治。

接着就是“萧规曹随”。继任萧何的丞相曹参，是著名的黄老思想的信奉者和实行者，“参代何为汉相国，举事无所变更，一遵萧何约束”①。其所作所为，《史记·曹相国世家》既有综合性的概述，也有典型事例的列举，这里不详述。其中著录一首百姓歌谣说：

萧何为法，颟若画一，曹参代之，守而勿失。载其清静，民以宁一。

可以说明黄老之治的连续性。曹参野战之功“最多”，论功行赏时曾被群臣议为第一。为相国之后，表面上是“日夜饮醇酒”、“不治事”，实际上他是继为齐相之后，继续“其治要用黄老术”，他严格的“守职”、遵法（“休息无为”之法），慎重的选吏，不责人“细过”，重抓大事，也可说是“谨守管籥”的。如司马迁的评论所说：

参为汉相国，清静极言合道。然百姓离秦之酷后，参与休息无为，故天下俱称其美矣。

而曹参代萧何为相国的戏剧性情节，也能说明汉初政治的连续性，先是刘邦对后事的安排：

吕后问：“陛下百岁后，萧相国即死，令谁代之？”上曰：“曹参可。”问其次，上曰：“王陵可，然陵少戆，陈平可以助之。陈平智有余，然难以独任。周勃重厚少文，然安刘氏者必勃也，可令为太尉。”吕后复问其次，上曰：“此后亦非而所知也。”②

这里，我们不得不佩服刘邦的见识、知人用人的才能。以后的人事也就是按他的安排进行的，保证了汉初政治的稳定及其连续性。后来萧何病危

① 司马迁：《史记》卷五十四，《曹相国世家》，中华书局1982年版，第2029页。
② 司马迁：《史记》卷八，《高祖本纪》，中华书局1982年版，第392页。

时，“孝惠自临视相国病，因问曰：‘君即百岁后，谁可代君者?’对曰：‘知臣莫如主。’孝惠曰：‘曹参何如?’何顿首曰：‘帝得之矣！臣死不恨矣！’”① 不管萧何是否说的是真心话（因为“何素不与曹参相能”），但他能顾全大局，维护刘邦的临终安排②，这是值得肯定的。戏剧性的情节是：“惠帝二年，萧何卒。参闻之，告舍人趣治行，‘吾将入相’。居无何，使者果召参。”③

曹参何以能这样有把握地认为他将入朝为相？应该是他知道“既定方针”，也了解当时的大势所趋。他为相之后能够不负刘邦及众人所望，公开承认自己不如萧何贤能，而“一遵萧何约束”，所谓“二人同心，遂安海内”，两人同“为一代之宗臣，庆流苗裔，盛矣哉”④。其实这个继任之事，还可深究。曹参封侯的时间比萧何还早，萧何为丞相时，他也被“拜为假左丞相”，在汉五年（前 202 年）“汉王为皇帝”时，“参归汉相印”，什么原因不太清楚，但与此同时，“高帝以长子肥为齐王，而以参为齐国相”。此后，“相齐九年，齐国安集，大称贤相”，原因就是“其治要用黄老术”。刘邦、萧何之选推曹参继任丞相，当与其在齐之政绩有关。或者说一开始刘邦是让他“下基层”做出成绩来，树立一个黄老之治的样板，曹参原来归还相印，刘邦是不会轻易忽视的，以他为长子齐王之相国，这是相当重任，当时“韩信徙为楚王，齐为郡”，但是一个有“七十城”的大郡，有一定战略意义，所以《史记》中有这么两句相连。事实上曹参不仅“安集”齐国，还“以齐相国击陈豨将张春军，破之。黥布反，参以齐相国从悼惠王将兵车骑十二万人，与高祖会击黥布军，大破之。南至蕲，还定竹邑、相、萧、留”⑤。这是高祖晚年的事，曹参虽只是一个齐相，仍不遗余力地为巩固汉王朝的地位而将兵作战，他文治武功均堪继任丞相。

曹参在惠帝六年（前 189 年）去世之后，相继为相的有王陵、陈平、审食其、周勃等人，王陵、审食其为相时间不长，周勃是员武将，朝廷之

① 司马迁：《史记》卷五十三，《萧相国世家》，中华书局 1982 年版，第 2019 页。

② 《史记·曹相国世家》还记载说：“参始微时，与萧何善，及为将相，有郤。至何且死，所推贤唯参。”

③ 司马迁：《史记》卷五十四，《曹相国世家》，中华书局 1982 年版，第 2029 页。

④ 《汉书·萧何曹参传》赞：师古曰：“言为后世之所尊仰，故曰宗臣也。”

⑤ 司马迁：《史记》卷五十四，《曹相国世家》，中华书局 1982 年版，第 2026～2029 页。

事一问三不知，主要是陈平，一直到汉文帝二年卒。司马迁说："陈丞相平少时，本好黄帝、老子之术。"他如何当丞相的？和王陵硬顶当权的吕后不同，能够伪装，造成一个"陈平为相非治事，日饮醇酒，戏妇女"的假象，不仅保住了相位，而且保住了日后能够"全社稷，定刘氏后"的有利条件。至于治事，他和曹参一样，实行黄老新道家的主张"千官尽能"①。《史记·陈丞相世家》的一段记载很能说明这一点：

孝文皇帝既益明习国家事，朝而问右丞相勃曰："天下一岁决狱几何？"勃谢曰："不知。"问："天下一岁钱谷出入几何？"勃又谢不知，汗出沾背，愧不能对。于是上亦问左丞相平。平曰："有主者。"上曰："主者谓谁？"平曰："陛下即问决狱，责廷尉；问钱谷，责治粟内史。"上曰："苟各有主者，而君所主者何事也？"平谢曰："主臣！陛下不知其驽下，使待罪宰相。宰相者，上佐天子理阴阳，顺四时，下育万物之宜，外镇抚四夷诸侯，内亲附百姓，使卿大夫各得任其职焉。"孝文帝乃称善。

这岂非典型的"其治要用黄老术"。刘邦说："陈平智有余，然难以独任。"是就其地位威信不及曹参而言，还是讲这位"多阴谋"的臣子责任心不强？不得而知，陈平也谨记这一点，他先让王陵，后让周勃。

孝文帝二年陈平去世，任丞相者有张苍、申屠嘉等人，张苍任相时间较长，他是在萧何手下办过事的，以后景帝及武帝初年的丞相就大不如前了，一方面是这些丞相无什么特殊之处，如司马迁在《史记·张丞相列传》中所说：

自申屠嘉死之后，景帝时开封侯陶青、桃侯刘舍为丞相。及今上时，柏至侯许昌、平棘侯薛泽、武疆侯庄青翟、高陵侯赵周等为丞相，皆以列侯继嗣，娖娖廉谨，为丞相备员而已，无所能发明功名有著于当世者。

---

① 《吕氏春秋·君守》，诸子集成本，中华书局1954年版。

一批功臣之后，碌碌无为，备员而已。所以司马迁随后评论说：

（除“张苍文学律历，为汉名相”之外）周昌，木强人也。任敖以旧德用。申屠嘉可谓刚毅守节矣，然无术学，殆与萧、曹、陈平异矣。

另方面是文帝、景帝本人之有主见，躬行清静无为之治，如司马迁在《史记·孝景本纪》之末所说：“孝文施大德，天下怀安。”《索隐述赞》又云：“景帝即位，因修静默。”他们都是黄老的信奉者和实行者。

在君主和当权丞相们的影响下，朝臣和地方官中，必有一批善学、好学黄老之人，有一些虽不打黄老旗号，恐怕也熟悉黄老之术。我们知道，以“马上得天下”的刘邦，跟从左右武将居多，所以“自汉兴至孝文二十余年，会天下初定，将相公卿皆军吏”①，像周勃、申屠嘉那样“无术学”、“不好文学”者居多，如曹参文武双全者少，大谋士中如张良、陈平等人大多可说是信奉黄老的，其他文学之士一方面本身学得很杂，本身学习中就包含有黄老之学，另方面并不——也不敢反对黄老（后来窦太后之对公开好儒术的辕固生惩罚，罢免赵绾、王臧等人即可见一斑）。叔孙通这样重要的文臣，表面上看来是儒者，实际上是思想较杂的政客，司马迁评价他说：

叔孙通希世度务制礼，进退与时变化，卒为汉家儒宗。“大直若诎，道固委蛇”，盖谓是乎？

一方面他最后是作为“汉家儒宗”，成为一个儒家的代表人物，而他成功的取得，却是运用“进退与时”、“大直若诎”之类的道家之术。陆贾上《新语》时，他自然也在“呼万岁”之列。

除朝廷众臣之外，地方官对于实行黄老之治是有很重要作用的。前已指出，曹参相齐九年，用黄老术使齐国安集，可说是全国的一个样板，他在离任之时还交待了后任：

① 司马迁：《史记》卷九十六，《张丞相列传》，中华书局 1982 年版，第 2681 页。

属其后相曰："以齐狱市为寄，慎勿扰也。"后相曰："治无大于此者乎?"参曰："不然，夫狱市者，所以并容也，今君扰之，奸人安所容也，吾是以先之。"①

仍然继其黄老术，如《集解》所引《汉书音义》曰：

夫狱市兼受善恶，若穷极，奸人无所容窜；奸人无所容窜，久且为乱。秦人极刑而天下畔，孝武峻法而狱繁，此其效也。老子曰："我无为而民自化，我好静而民自正。"参欲以道化其本，不欲扰其末。

曹参是调任丞相，继任之"后相"决不会不听他的安排。这里也可看到汉初政治的连续性。

除曹参相齐之外，其他地方官一方面要服从丞相的管辖，另方面也确有一些地方官是信黄老的。例如"为汉中守十余年"的田叔，就曾"学黄老术于乐巨公"②，"叔为人刻廉自喜，喜游诸公"。他交接的人必是志同道合。汉高祖七年（前200年），刘邦召见田叔及孟舒等一伙人（他们自"称赵王家奴"以救赵王张敖，当为志同道合者，如司马迁引"语曰：不知其人，视其友"③。），"与语，汉廷臣毋能出其右者，上说，尽拜为郡守、诸侯相"。其中孟舒为云中守，田叔称其为"长者"，其主要事迹之一即能体恤"士卒罢敝"④。这些地方官是比较明显的例子。马王堆轪侯墓葬中黄老帛书的出土，更是一个信黄老的有力物证。

地方官在汉初政治中的作用，《汉书·循吏传》开头有一段很好的概述：

汉兴之初，反秦之蔽，与民休息，凡事简易，禁罔疏阔，而相国萧、曹以宽厚清静为天下帅，民作"画一"之歌。孝惠垂拱，高后女

① 司马迁：《史记》卷五十四，《曹相国世家》，中华书局1982年版，第2029页。
② 如果此乐巨公即《乐毅传》之乐臣公的话，那么田叔和曹相国师盖公当为同一师门。
③ 司马迁：《史记》卷一百零二，《张释之冯唐列传》，中华书局1982年版，第2761页。
④ 司马迁：《史记》卷一百零四，《田叔列传》，中华书局1982年版，第2776页。

主，不出房闼，而天下晏然，民务稼穑，衣食滋殖。至于文、景，遂移风易俗。是时循吏如河南守吴公、蜀守文翁之属，皆谨身帅先，居以廉平，不至于严，而民从化。

这里说明汉初黄老政治的实行，与地方官是分不开的。但可惜他们的事迹留下来的不多。“治平为天下第一”的河南守吴公，只是因为他发现和重视贾谊这个人才，才在《贾谊传》中提到他，《循吏传》本身未记其任何事迹。

汉初君臣信奉黄老，蔚成风气，以后即使统治思想转变为崇尊儒术，黄老思想的影响也还长时间不同程度的存在。

三、汉武帝崇儒以后的黄老代表人物

西汉武帝时期，开始了统治思想的转变，这是毋庸置疑的，以后儒学日益受到尊崇，乃至于在文化学术史上形成一个经学时代，儒家经典被提到崇高的地位，经学大师的社会和学术地位很高，于是武帝以后的一百多年的发展如《汉书·儒林传》赞所描述的：

传业者寖盛，支叶蕃滋，一经说至百余万言，大师众至千余人……

但是人们概括的汉武帝“罢黜百家，独尊儒术”，这是不够确切的。汉武帝时并未“罢黜百家”，在当时仅以通过“立五经博士，开弟子员，设科射策，劝以官禄”的措施提倡了儒学，儒学的尊崇地位是以后很长一个时期逐渐形成的。所谓“罢黜百家”，不过是董仲舒对策中的主张：“臣愚以为诸不在六艺之科孔子之术者，皆绝其道，勿使并进。”《汉书》又写成“推明孔氏，抑黜百家”。值得注意的是汉武帝当时并未明确表态，而且“对既毕，天子以仲舒为江都相，事易王”①，并没有十分重用。窦太后去世后，田蚡为丞相，“黜黄老、刑名百家之言，延文学儒者以百数，而公

① 班固：《汉书》卷五十六，《董仲舒传》，中华书局 1975 年版，第 2523 页。

孙弘以治《春秋》为丞相封侯，天下学士靡然向风矣”①。这记载需要说明的是：第一，田蚡“好儒术”的思想是有的，因而曾遭到好黄老的窦太后免职处分，但为丞相之后并没有多大作为，虽延引了一些“文学儒者”，但并没有多少重用。第二，“公孙弘以治《春秋》为丞相封侯”，事实上不能证明是对儒家的重用，这从《汉书·董仲舒传》的记载中可以看出：“公孙弘治《春秋》不如仲舒，而弘希世用事，位至公卿。”公孙弘主要不是因为儒术而得到重用，这在前面也已涉及，故其不能成为重用儒家的例子。第三，田蚡“黜黄老、刑名百家之言”，没有多少明显的事例，黄老之书照样流传，黄老及其他学者照样做官、活动。

首先，我们看一看汉武帝用人的情况。班固有一个概述：

> 是时，汉兴六十余载，海内艾安，府库充实，而四夷未宾，制度多阙。上方欲用文武，求之如弗及，始以蒲轮迎枚生，见主父而叹息。群士慕向，异人并出。……汉之得人，于滋为盛，儒雅则公孙弘、董仲舒、兒宽，笃行则石建、石庆，质直则汲黯、卜式，推贤则韩安国、郑当时，定令则赵禹、张汤，文章则司马迁、相如，滑稽则东方朔、枚皋，应对则严助、朱买臣，历数则唐都、洛下闳，协律则李延年，运筹则桑弘羊，奉使则张骞、苏武，将率则卫青、霍去病，受遗则霍光、金日磾，其余不可胜纪。是以兴造功业，制度遗文，后世莫及。②

由此我们不难看出，既没有“独尊儒术”，更没有“罢黜百家”，武帝所用之人，各家各派都有，恰恰是兼容各种学派的人物，让他们各自发挥自己的特长，才取得文治武功的辉煌成就，有时甚至是让各派学者互相牵制，以达到兼听则明的目的（详下）。

从班固所列举的名单看，真正的纯儒学者不多，被称为“儒雅”的公孙弘并非主要因儒术（《春秋》）而为丞相封侯。而有黄老思想及百家言的人物不少，“见主父而叹息”，既说明其求“英俊”人才的迫切心情，又反

① 班固：《汉书》卷八十八，《儒林传》，中华书局1975年版，第3593页。

② 班固：《汉书》卷五十八，《公孙弘卜式兒宽传》，中华书局1975年版，第2633～2634页。

映其所招英俊并非都是儒者（甚至主要都不是）。武帝见到主父偃、徐乐、严安等三人所上书后，“召见三人，谓曰：公皆安在？何相见之晚也！”主父偃“学长短纵横术，晚乃学《易》、《春秋》、百家之言”①。严安上书称引“邹子曰”。可以说其所招用的人才中，大部分是学得比较杂的（这也是战国后期以来的一种发展趋势）。武帝既招之后，则“程其器能，用之如不及”。《汉书·东方朔传》写道：

> 时方外事胡越，内兴制度，国家多事，自公孙弘以下至司马迁皆奉使方外，或为郡国守相至公卿，而（东方）朔尝至太中大夫，后常为郎，与枚皋、郭舍人俱在左右，诙啁而已。

这是一段比较客观正确的论述，汉武帝时代文治武功之盛，主要原因之一，当是这种广招各种英俊之才，并且量才使用，各尽其能。有的是在武功、外交方面有才能的人，如卫青、霍去病、张骞、苏武等人；有的是某些方面有专门的贡献，如李延年、唐都、洛下闳等人；还有如财经桑弘羊、法律张汤、赵禹等。这些人物的思想，有的不明确，有的也有倾向性，如桑弘羊的思想与儒家是相抵触的，卫青也能敬重有黄老思想的汲黯。另一些在当时政治上影响较大或者对后世影响很大的人（如司马迁），许多都学得比较杂，且为人为政与“清静无为”的思想一致，其中可列为黄老信奉者不在少数。韩安国为御史大夫与田蚡为丞相同时，他就“尝受《韩子》、杂家说于驺田生所”。其所作为虽毁誉参半，但他能够做到“所推举皆廉士，贤于己者也。……士亦以此称慕之，唯天子以为国器”②。能够用贤，确实也可算宰相之才。另一位以推举贤能著名的郑当时，是“好黄老之言”③ 的。被誉为“笃行”的石建、石庆，是万石君的后代，这一家人虽“无文学”，但“躬谨无与比”，他们的行为，与黄老思想是一致的：

> 建元二年，郎中令王臧以文学获罪。皇太后以为儒者文多质少，今万石君家不言而躬行，乃以长子建为郎中令，少子庆为内史。

---

① 班固：《汉书》卷六十四上，《严朱吾丘徐严终王贾传》，中华书局 1975 年版，第 2798 页。
② 司马迁：《史记》卷一百八，《韩长孺列传》，中华书局 1982 年版，第 2863 页。
③ 司马迁：《史记》卷一百二十，《汲郑列传》，中华书局 1982 年版，第 3112 页。

(石庆曾为齐相)举齐国皆慕其家行，不言而齐国大治，为立石相祠。

(石庆后为丞相)醇谨而已。在位九岁，无能有所匡言。……庆文深审谨，然无他大略，为百姓言。

也许应该说，他是不符合潮流了，至少是不符合汉武帝的要求，只做了一个虚设的丞相，当时“桑弘羊等致利，王温舒之属峻法，兒宽等推文学至九卿，更进用事，事不关决于丞相”①。石庆“醇谨”的作用，和“萧规曹随”大不相同了，但反映了一点，黄老政治的传统在汉武时仍有人在坚持实践，武帝也没有明显的废黜措施，而是“兼容”了黄老的，甚至可以说是让儒道来互补，逐渐形成汉家“霸王道杂之”的特点。

另一个突出的人物就是汲黯。这位被班固称誉为“质直”的代表，是位典型的黄老学者和政治家，在武帝时发挥了一定的作用。《史记·汲郑列传》记载说：

黯学黄老之言，治官理民，好清静，择丞史而任之。其治责大指而已，不苛小。……治务在无为而已，弘大体，不拘文法。

黯为人性倨，少礼，面折，不能容人之过。合己者善待之，不合己者不能忍见，士亦以此不附焉。然好学，游侠，任气节，内行修洁，好直谏，数犯主之颜色……

这里前一段文字是黄老学者为政的共性，后一段文字是汲黯的个性。他发挥的作用是以其黄老思想和“质直”的个性结合而成的，例如他公开批评汉武帝“内多欲而外施仁义”，对当权的田蚡常揖不拜，当面责骂张汤，等等。汉武帝一方面很不高兴，另方面认为汲黯“近”乎“社稷之臣”，欣赏甚至是要利用他那种“守城深坚，招之不来，麾之不去”的精神，以约束群臣甚至包括他自己。大将军、丞相武帝都可随便接见，“至如黯见，上不冠不见也”，特别“敬礼”②。以“文章”著称的司马迁、相如，司马

① 司马迁：《史记》卷一百三，《万石张叔列传》，中华书局 1982 年版，第 2767～2768 页。
② 司马迁：《史记》卷一百二十，《汲郑列传》，中华书局 1982 年版，第 3107 页。

迁是继承了其父司马谈的黄老思想，本书后面将详述。司马相如以辞赋著名，他的思想人们很少研究，《史记·司马相如列传》只记他“少时好读书，学击剑”，也许学得较杂，《索隐》曰：

《吕氏春秋》剑伎云：“持短入长，倏忽纵横之术也。”魏文《典论》云：“余好击剑，善以短乘长。”是也。

“其学无方，其才足倚”。司马迁评价说：

相如虽多虚辞滥说，然其要归引之节俭，此与《诗》之风谏何异。

“节俭”的精神，当与汉初以来黄老政治的影响有关。此类讽谏（甚至包括东方朔等人在内），对当时政治的好坏也是有一定作用的。汉武帝好大喜功，内外兴作，奢侈浪费，激化了社会矛盾，到了晚年能下诏自责，重新认识到“与民休息”的重要，与“文景之治”的影响和不少人的讽谏提醒都是分不开的。

以上是就班固一次集中列举的人物所进行的分析，实际上汉武帝时期的人才济济，远不止这些。其特点是各学派的人都有，单就黄老学派的人物言，还有如：邓公之子邓章，“以修黄老言，显于诸公间”①。“学《老子》言”的直不疑②以及“学黄老术”而主张裸葬的杨王孙③等人，都是当时朝廷内外有一定影响的人物。

从武帝用人上是很难说“独尊儒术”“罢黜百家”的，然而其尊儒最重要的举措和影响是“立五经博士，开弟子员，设科射策，劝以官禄”④。人们想要入仕途，非学儒家法典不可，其结果如《汉书·匡张孔马传》赞曰：

① 司马迁：《史记》卷一百一，《袁盎晁错列传》，中华书局 1982 年版，第 2748 页。
② 司马迁：《史记》卷一百三，《万石张叔列传》，中华书局 1982 年版，第 2771 页。
③ 班固：《汉书》卷六十七，《杨胡朱梅云传》，中华书局 1975 年版，第 2907 页。
④ 班固：《汉书》卷八十八，《儒林传》，中华书局 1975 年版，第 3620 页。

自孝武兴学，公孙弘以儒相，其后蔡义、韦贤、玄成、匡衡、张禹、翟方进、孔光、平当、马宫及当子晏，咸以儒宗居宰相位，服儒衣冠，传先王语，其酝藉可也，然皆持禄保位，被阿谀之讥。彼以古人之迹见绳，乌能胜其任乎！

在政治舞台上活跃的人物，大多是“服儒衣冠，传先王语”的！黄老刑名等百家学者，失去了政治上的地位。

但并不是没有人再信奉黄老了，也不是黄老思想销声匿迹了，仍继续有人相信、传播，这在史书上也有比较明显的反映。

四、前后汉之际人们对黄老学术的态度

黄老思想的流行，大体上有三种形式：一是依据《老子》编造黄帝之书，这在战国时期较多；二是创造黄老学派自己体系的书，如《吕氏春秋》《淮南子》之类，当包括《文子》《鹖冠子》及田骈、慎到等人的著作；三是通过直接读《老子》的形式加以发挥，如《河上公章句》《道德指归论》之类，这是西汉中后期发展起来的形式。西汉经学的形成，传注《五经》成风，影响到人们为《老子》作传、说，《汉书·艺文志》所录的《老子邻氏经传》《老子傅氏经说》《老子徐氏经说》及刘向《说老子》即是证明。《艺文志》对前三种注明说是“邻氏传其说”、“述老子学”、“传《老子》”，只是这些书早已亡佚，无法知其内容和思想。

西汉后期人们对黄老思想并未忽视，有的人不但继续读《老子》，而且有更深入的研究和体会，这里我们可以引用《汉书·王贡两龚鲍传》的一段独特的记述：

其后谷口有郑子真，蜀有严君平，皆修身自保，非其服弗服，非其食弗食。成帝时，元舅大将军王凤以礼聘子真，子真遂不诎而终。君平卜筮于成都市，以为“卜筮者贱业，而可以惠众人。有邪恶非正之问，则依蓍龟为言利害。……”裁日阅数人，得百钱足自养，则闭肆下帘而授《老子》。博览亡不通，依老子、严周之指著书十余万言。

扬雄少时从游学……君平年九十余，遂以其业终，蜀人爱敬，至今称焉。及雄著书言当世士，称此二人。其论曰："……谷口郑子真不诎其志，耕于岩石之下，名震于京师，岂其卿？……蜀严湛冥，不作苟见，不治苟得，久幽而不改其操，虽随、和何以加诸？举兹以旃，不亦宝乎！

郑子真的具体情况无法了解，严君平的事迹是比较明显的，他留下的《道德指归论》，就是以解释《老子》而发挥黄老思想的（详下第十四章）。

极为尊崇严君平并亲自受过其教育的扬雄，在思想领域也是一个颇有代表性的人物。班固写《汉书·扬雄传》后赞曰：

……恬于势利乃如是。实好古而乐道，其意欲求文章成名于后世，以为经莫大于《易》，故作《太玄》；传莫大于《论语》，作《法言》；史篇莫善于《仓颉》，作《训纂》；箴莫善于《虞箴》，作《州箴》；赋莫深于《离骚》，反而广之；辞莫丽于相如，作四赋：皆斟酌其本，相与放依而驰骋云。用心于内，不求于外，于时人皆忽之；唯刘歆及范逡敬焉，而桓谭以为绝伦。

扬雄从一开始就是一个有争论的人物，唐宋以后，有人把他拉入儒家道统之中，长期埋没了他的黄老道家思想，忽略了他的贡献。本书将专章申辩。

严遵、扬雄等人的思想代表着黄老道家思想继续深入发展的一个方面，说明儒学大盛时期，黄老道家思想不但没有被人抛弃，由于有人继承和发展，其影响也就是客观存在的。

到了东汉初期，表面上是"爱好经术"或者"专事经学"，儒学的发展好像轰轰烈烈，立五经博士、修起太学……[①]再也没有什么儒道之争，然而稍微认真检查一下当时统治者为政的指导思想，似乎比西汉初的统治者更为自觉地采用黄老思想，刘秀曾经脱口而出："吾理天下，亦欲以此

① 范晔等：《后汉书》卷一，《光武帝纪》，中华书局1982年版，第40页。

柔道行之。”① 他的“柔道”即西汉初年的“清静无为”、“与民休息”。光武帝起于民间，“知天下疲耗，思乐息肩”②，“至天下已定，务用安静”③。这些记述，在一定程度上是符合东汉初年刘秀施政的实际的。他处处以行黄老政治的汉文帝为榜样，推行的是黄老政治毋庸置疑（详后）。而他的继任者，也能够继续他这种为政的指导思想，顺帝时张纲上书时说：

寻大汉初隆，及中兴之世，文、明二帝，德化尤盛。观其理为，易循易见，但恭俭守节，约身尚德而已。④

以东汉明帝与西汉文帝相提并论，并且主要是从“恭俭守节，约身尚德”等政治实践的方面肯定他们的。

西汉有“文景之治”，东汉的明帝时期大体可以相比，也是东汉的黄金时期。章帝对黄老的态度可举一例：他对“善说《老子》，清静不慕荣名”的淳于恭十分礼重，“引见极日，访以政事，迁侍中骑都尉，礼待甚优。其所荐名贤，无不征用。进对陈政，皆本道德，帝与之言，未尝不称善”⑤。

章帝或可比景帝。一直到和帝，不同程度都是执行“与民休息”的政策，如范晔在《后汉书·孝和孝殇帝纪》中写道：

自中兴以后，逮于永元，虽颇有弛张，而俱存不扰，是以齐民岁增，辟土世广。

再以后还有一位和熹邓太后曾执掌过政权，学的虽是儒家经书，行的却是“深自抑损”、“与民休息”的一套黄老之术⑥，又可与西汉窦太后相比。

除了最高统治者施政指导思想及其行事是重黄老的，还有一批有影响

① 范晔等：《后汉书》卷一，《光武帝纪》，中华书局 1982 年版，第 68～69 页。
② 范晔等：《后汉书》卷一，《光武帝纪》，中华书局 1982 年版，第 85 页。
③ 范晔等：《后汉书》卷七十六，《循吏传》，中华书局 1982 年版，第 2457 页。
④ 范晔等：《后汉书》卷五十六，《张王种陈列传》，中华书局 1982 年版，第 1817 页。
⑤ 范晔等：《后汉书》卷三十九，《刘赵淳于江刘周赵列传》，中华书局 1982 年版，第 1301 页。
⑥ 参阅《后汉书·皇后纪》。

的臣下也尊奉黄老之术，例如建武十四年（公元38年）有一次关于刑法的讨论：

> 群臣上言："古者肉刑严重，则人畏法令；今宪律轻薄，故奸轨不胜。宜增科禁，以防其源。"诏下公卿。（杜）林奏曰："夫人情挫辱，则义节之风损；法防繁多，则苟免之行兴。孔子曰：……导之以德，齐之以礼，有耻且格。……大汉初兴，详览失得……蠲除苛政，更立疏网，海内欢欣，人怀宽德。及至其后，渐以滋章，吹毛求疵，诋欺无限。……故国无廉士，家无完行。至于法不能禁，令不能止，上下相遁，为蔽弥深。臣愚以为宜如旧制，不合翻移。"帝从之。①

看来这是一次决策性的讨论，由杜林论证，光武帝定夺，从此确定了东汉初年减省刑法的方针。杜林的论证，虽引用了孔子之言，但其主导思想却是道家的，讲的是黄老之术，唐人李贤对这一段文字作注，两次引用《老子》：

> 《老子》曰：天网恢恢，疏而不漏。
>
> 《老子》曰：法令滋章，盗贼多有。

除烦去苛、宽律弛禁，无疑是黄老之术的主要内容之一。

如果要问杜林本人学什么？属于哪个学派？这又涉及另一个问题，而且很重要的一个问题。由于汉代"霸王道杂之"的政治实践，由于汉代学术的大整合，人们再不搞什么简单的儒道之争，虽然追逐利禄的人会去皓首穷经，以求得到五经博士，而后做官，其中确有死守"门户"的。通达一些的学者，不论专长哪门学问，都是注重广泛学习，融会贯通，所谓"好学深思"的，这种趋向从西汉后期开始，专攻儒家经典的人是如此，研读《老子》以及百家学说的学者也是这样。这样就出现了一些"通儒"，上述扬雄可以说是这样的人物，杜林也就是这样的人物，其本传说：

---

① 范晔等：《后汉书》卷二十七，《宣张二王杜郭吴承郑赵列传》，中华书局1982年版，第937～938页。

林少好学沈深，家既多书，又外氏张竦父子喜文采，林从竦受学，博洽多闻，时称通儒。

“通儒”是否首先在这里出现待考，李贤作注在此引《风俗通》曰：

儒者，区也，言其区别古今，居则玩圣哲之词，动则行典籍之道，稽先王之制，立当时之事，此通儒也。若能纳而不能出，能言而不能行，讲诵而已，无能往来，此俗儒也。

关键是“稽先王之制，立当时之事”，看如何为政，一个“时”，一个“事”，这不就是“与时迁移，应物变化，立俗施事”① 的黄老之术。

杜林的思想主张只是一个例子，实际上东汉初君臣言行中，黄老之名与实是比较多的。例如光武帝和太子讨论“黄老养性之福”，又如汉明帝时辅政大臣东平宪王刘苍“上疏归职”时说：

今方域晏然，要荒无儆，将遵上德无为之时也，文官犹可并省，武职尤不宜建。②

“清静”、“无为”是他的理想，也是他的实践，例如他曾谏止明帝“校猎河内”，就是为了不失“时令”、“不聚众兴功”；明帝时，楚王英更是“喜黄老”、“诵黄老之微言”；又例如章帝时淳于恭之“进对陈政，皆本道德”。许多事例都可说明，黄老之术是东汉初君臣们所乐道的。

地方官中也不乏行黄老之术者，《后汉书·循吏传》写道：

自临宰邦邑者，兢能其官。若杜诗守南阳，号为“杜母”，任延、锡光移变边俗，斯其绩用之最章章者也。又第五伦、宋均之徒，亦足有可称谈。

---

① 司马迁：《史记》卷一百三十，《太史公自序》，中华书局 1982 年版，第 3289 页。

② 范晔等：《后汉书》卷四十二，《光武十王列传》，中华书局 1982 年版，第 1435 页。

杜诗“少有才能”，学的什么不得而知，但其“性节俭而政治清平，以诛暴立威，善于计略，省爱民役”[①]。宋均虽然是“好经书”、“通《诗》《礼》”，但是他“性宽和，不喜文法，常以为吏能弘厚，虽贪污放纵，犹无所害；至于苛察之人，身或廉法，而巧黠刻削，毒加百姓，灾害流亡所由而作”[②]，极为反对“文法”、“苛察”，行的是黄老之术。总之，东汉初年乃至以后的章帝和帝时期[③]，有那么一批地方官，自觉和不自觉地行黄老之术，为政以“清静”、“无为”为主，与朝廷“务用安静”的指导思想一致，“故能内外匪懈，百姓宽息”[④]。以上，人们看到的是，东汉初年甚至前期，一些政治人物对黄老之术的运用，从而可见黄老思想在政治上的影响。这种影响的方面还很多，诸如从帝王到各级官吏的崇尚节俭，皇亲国戚以及官员们的“谦柔畏慎”、“欲远名势”、“欲避荣宠”，乃至“功成身退”等，事例相当多，这里就不一一列举了。总之，东汉初年学黄老、喜黄老的人是不少的，读儒家经书的人，也都比较熟悉乃至运用黄老之术。

五、东汉中后期人们对黄老的新运用

据上节所述，黄老在东汉王朝不但是合法的，而且影响不小。好学传习者一直不断，有的甚至规模颇大，例如顺帝时，杨厚“称病求退，帝许之，赐车马钱帛归家。修黄老，教授门生，上名录者三千余人”[⑤]，大可以与传儒学者相媲美。

东汉初年黄老思想在政治上得到实际的运用，从而明章时期略可以与“文景之治”相比。以后，政治上虽然仍有人讲黄老，但在整个统治日益腐败的情况下，就无济于事了。

不过，黄老学说的传述继续不断，黄老思想的影响仍然不小，《后汉书》中记载了不少“好黄老”之人，更有不少人的言行是崇尚黄老的，特

---

① 范晔等：《后汉书》卷三十一，《郭杜孔张廉王苏羊贾陆列传》，中华书局 1982 年版，第 1094 页。

② 范晔等：《后汉书》卷四十一，《第五钟离宋寒列传》，中华书局 1982 年版，第 1414 页。

③ 《后汉书·循吏传》云：“自章和以后，其有善绩者，往往不绝。”

④ 范晔等：《后汉书》卷七十六，《循吏传》，中华书局 1982 年版，第 2457 页。

⑤ 范晔等：《后汉书》卷三十，《苏竟杨厚列传》，中华书局 1982 年版，第 1050 页。

别值得说的是，儒家学者在注五经之外也注《老子》，如郑玄、马融都注过《老子》。不但注《老子》，而且注集黄老大成之《淮南子》，“五经无双”的许慎的《淮南鸿烈间诂》二十一卷著录于《隋书·经籍志》；马融注《淮南子》，记载于他的本传之中；汉末高诱注完《淮南子》，又钻研《吕氏春秋》，“依先师旧训，辄乃为之解焉”[①]（则其“先师”曾有“旧训”）。高诱在《淮南子注·叙目》中的一些记述，颇能见《淮南子》一书在东汉时的影响：

> 故夫学者不论《淮南》，则不知大道之深也。是以先贤通儒述作之士，莫不援采以验经传。

这几句话的分量是很重的，说明东汉学者对《淮南子》极为重视，而且是有人专门教授的，高诱年少时就曾“从故侍中、同县卢君受其句读，诵举大义”。

整个黄老思想在东汉学术界的影响，还有一条材料也比较典型。《后汉书·窦融列传》记载说：

> 是时学者称东观为老氏藏室，道家蓬莱山，（太仆邓）康遂荐章入东观为校书郎。

李贤注云：

> 老子为守藏史，复为柱下史，四方所记文书皆归柱下，事见《史记》。言东观经籍多也。蓬莱，海中神山，为仙府，幽经秘录并皆在焉。

虽然不能说东观尽藏道家图书（也不排斥藏书较多），但学者以道家之名看待东观，可说明道家、老子在人们思想上有极大的分量。

---

① 《吕氏春秋序》，诸子集成本，中华书局1954年版。

更值得指出的是，人们对黄老又有新的运用，突出的有两个方面。

首先是为社会批判思潮所运用。黄老思想学说成为反对“神学经学”、谶纬迷信以及政治腐败的理论武器。

东汉中期开始，作为统治思想的“神学经学”极盛而衰，谶纬迷信在社会上广泛流行，再加上政治的日益腐败，逐渐兴起一股社会批判思潮（这也是思想史发展的规律），黄老思想成为了其中的理论基础和武器。例如，我们说王充属于黄老新道家就是如此，他肯定黄老思想，认为：“黄老之家，论说天道，得其实矣。”他讨论问题多半“试依道家论之”，自称是“虽违儒家之说，合黄老之义也”。当然，在运用中也有自己的创造，那就是“引物事以验其言事”①。王充的思想，本书有专章论述。这里要着重指出的是，王充“疾虚妄”、“讥世俗”，可以被称之为唯物论，还有另一重要的基础，那就是自然科学，从他批判谶纬迷信的论述中，不难看出，他运用了天文、气象、生物、生理等多方面的学问和知识，他的认识论和方法注重观察和效验，也是符合自然科学精神的。这一方面，或者与道家思想也有些联系，科技史学者李约瑟说：“在中国文化技术中，哪里萌芽了科学，哪里就会寻觅到道家的足迹。”这是一个值得进一步讨论的视角。

当时的自然科学家，确有很明显的道家思想，东汉最杰出的科技家张衡（今日在世界文化名人中也有他的地位），就有明显的道家思想，或者可以说，他的世界观是以道家理论为基础的。张衡是位科学家，发明浑天仪、地动仪，并有《灵宪》《算罔论》等科学著作。同时他也是一位思想家、文学家，他的明志之作，如《应闲》《思玄赋》以及其他作品，处处都表明他崇信黄老道家思想。他任“史职”去而复还之后，“乃设客问，作《应闲》以见其志”：

> 仆进不能参名于二立，退又不能群彼数子。愍《三坟》之既颓，惜《八索》之不理。庶前训之可钻，聊朝隐乎柱史。②

---

① 王充之言见《论衡》的《自然》《谴告》等篇。

② 范晔等：《后汉书》卷五十九，《张衡列传》，中华书局1982年版，第1908页。

注云："言不能立德立功，唯欲立言而已。"而且像老子那样，"朝隐"以立言[1]。其所立言，尊崇的是道家思想，在当时最突出的道论就是"玄"论，他和桓谭、王充一样，极为赞赏扬雄之《太玄》：

常耽好《玄经》，谓崔瑗曰："吾观《太玄》，方知子云妙极道数，乃与《五经》相拟，非徒传记之属，……汉四百岁，《玄》其兴矣。"

他作《玄图》，阐述"玄"的意义说：

玄者，无形之类，自然之根，作于太始，莫之与先。
玄者包含道德，构掩乾坤，橐籥元气，禀受无原。[2]

还有，"衡常思图身之事，以为吉凶倚伏，幽微难明，乃作《思玄赋》，以宣寄情志"。在赋中首先就赞颂说："仰先哲之玄训兮，虽弥高其弗违。"仔细分析这篇赋，其充满道家思想，他最后总结说：

天长地久岁不留，俟河之清祗怀忧。愿得远度以自娱，上下无常穷六区。超逾腾跃绝世俗，飘摇神举逞所欲。天不可阶仙夫希，柏舟悄悄吝不飞。松、乔高跱孰能离？结精远游使心携。回志朅来从玄谋，获我所求夫何思！

他为宦者所谗，不遇其时，只得"从玄谋"，以求自我解脱。道家的——实际是《老子》的"玄之又玄，众妙之门"，是张衡的主要思想。作为世界观也必然反映在他的科学著作中，所以人们在其天文学著作《灵宪》一书中可以读到：

太素之前，幽清玄静，寂寞冥默，不可为象。厥中惟虚，厥外惟无，如是者永久焉，斯谓溟涬，盖乃道之根也。道根既建，自无生

① 注引"《前书》东方朔曰：'首阳为拙，柱下为工。'应劭曰：'老子为周柱下史，朝隐终身无患，是为上也。'"

② 李昉等：《太平御览》卷一引，中华书局1960年版，第1页。

> 有，太素始萌，萌而未兆，并气同色，浑沌不分，故《道志》之言云："有物混成，先天地生……"①

理论根据就是《老子》，在这科学著作中就不仅仅是一点"足迹"了。

《后汉书》的《方术列传》，记的都与科学有关，不过在当时蒙上了一层神秘的色彩，称之为"阴阳"、"咎征"。该传概述说："中世张衡为阴阳之宗，郎顗咎征最密，余以班班名家焉"（注：谓襄楷、蔡邕、杨厚）。这些人的思想，或多或少都与道家有联系。除张衡外，杨厚也已于上述，他教授《老子》，弟子三千人，他的学生任安、董扶也继续讲授。郎顗是"少传父业（'望气候吉凶'等），兼明经典"，襄楷"好学博古，善天文阴阳之术"②。他们都关心政事，郎顗上书言事，虽然《诗》《书》均引，但主要理论根据是《易》《老》，他荐黄琼、李固时，直接引用《老子》"大器晚成"之言。襄楷上书批评时政，直接肯定黄老说："此道清虚，贵尚无为，好生恶杀，省欲去奢。"《后汉书》论曰：

> 郎顗、襄楷能仰瞻俯察，参诸人事，祸福吉凶既应，引之教义亦明。此盖道术所以有补于时，后人所当取鉴者也。

这本身就有黄老之学的意味，如"参诸人事"、"有补于时"等，只不过他们着重在用阴阳应征来劝谏，所以"论曰"又说："然而其敝好巫，故君子不以专心焉。"其实这两人都是不"好鬼神之事"的，如襄楷说："臣前上琅邪宫崇受干吉神书，不合明听。"所以他们有道家思想，与道教似无多大关系。

我们再回到社会批判思潮来。面对东汉中后期的社会政治危机，思想界愤起批判，应该说各家各派的学者都有，但主要仍为儒道两家，这时候再没有像西汉初年那样的儒道之争了，但两家思想上的分歧始终还是存在的，如《后汉书·王充王符仲长统列传》的"论曰"所说："贵清静者以席上为腐议，束名实者以柱下为诞辞。"从当时思想界的情况看，有些学

---

① 严可均：《全后汉文》卷五五，《灵宪》，商务印书馆 1999 年版，第 565 页。
② 范晔等：《后汉书》卷三十，《郎顗襄楷列传》，中华书局 1982 年版，第 1075 页。

者很难定为哪一派，一方面经学是官方之学，读书人是都要学的，另方面即使是儒者也无不兼通百家之学。但是，人们也不难看到，高举批判旗帜的学者大多是受道家思想影响很深的，他们的理论武器也多半是道家思想。《后汉书》的王充、王符、仲长统三人合传，被称之为“后汉三贤”（唐代韩愈作《后汉三贤赞》），也是今人说的社会批判思潮的三个代表人物，王充主要是思想批判，王符、仲长统主要是政治批判。王充是东汉黄老道家的突出代表，本书后面要专门讨论，他所作《论衡》在当时影响虽然不大，但对后期思想家们影响是很大的。

仲长统“少好学，博涉书记”，是一个有明显道家思想倾向的人物，其本传记载说：

> 统性倜傥，敢直言，不矜小节，默语无常，时人或谓之狂生。每州郡命召，辄称疾不就。常以为凡游帝王者，欲以立身扬名耳，而名不常存，人生易灭，优游偃仰，可以自娱，欲卜居清旷，以乐其志，论之曰：“……安神闺房，思老氏之玄虚；呼吸精和，求至人之仿佛。与达者数子，论道讲书，俯仰二仪，错综人物。……不受当时之责，永保性命之期。如是，则可以陵霄汉，出宇宙之外矣。岂羡夫入帝王之门哉！”

另外他作诗明志，也是欣赏“至人能变，达士拔俗”、“敖翔太清，纵意容冶”。看起来是不愿意游帝王，实际是对现实不满，也是关注时政，所以，“每论说古今及时俗行事，恒发愤叹息。因著论名曰《昌言》”。《昌言》主要是论政务，这里不作具体分析。但政论中也反映出道家清静无为的思想，在《损益》篇中他写道：

> 或曰：善为政者，欲除烦去苛，并官省职，为之以无为，事之以无事，何子言之云云也？

这“或曰”的当然是道家思想，所以注曰：“《老子》云：‘为无为，事无事’也。”这《老子》的思想，看来是当时人论政的一个重要标准，“无为无事”成为一种流行语言，例如在荀悦《申鉴》论政时写道：

> 四患既蠲，五政又立，行之以诚，守之以固，简而不怠，疏而不失，无为为之，使自施之，无事事之，使自交之（注云：《老子》曰："为无为，事无事。"又曰"故德交归"也）。不肃而成，不严而化，垂拱揖让，而海内平矣。是谓为政之方。[①]

这就有力地表明，批判的理论武器是道家思想。

王符有一本《潜夫论》，由于该书主要是"讥当时失得"，古今一直把它当作政论书看待，"其指讦时短，讨谪物情，足以观见当时风政"[②]，所以分析其政论较多，而很少注意分析其儒道思想的成分。但我们全面仔细地分析，全书引用儒家经典不少，甚至打孔子、儒家的旗号，但其道家思想也是很突出的。《潜夫论》连《叙录》三十六篇，其第三十二《本训》、第三十三《德化》在全书是带有理论总结性质（有点像《淮南子》的《泰族》《修务》），因为第三十四《五德志》讲的是上古兴亡史，以史证其论。第三十五《志氏姓》，也是"君子多识，前言往行"（《叙录》之言）[③]。这最后两篇，可作为今日之"附录"看待。而总结性的《本训》《德化》两篇较能反映其根本思想和理论基础，虽然也引用了一些"诗云"、"子曰"，但根本思想是比较明显的，《叙录》叙《德化》说："明王统治，莫大身化，道德为本，仁义为佐。"所以《德化》篇开宗明义就说：

> 人君之治，莫大于道，莫盛于德，莫美于教，莫神于化。道者所以持之也，德者所以苞之也，教者所以知之也，化者所以致之也。

其关于道德、仁义的理解，绝对是属于道家思想范围的，或者直接来源于西汉初的黄老道家，清人汪继培作注时引了《淮南子·说山训》："仁义在道德之包。"

王符的根本思想深受道家的影响，其《本训》篇实际上是反映他的哲学思想，他在《叙录》中说：

---

① 范晔等：《后汉书》卷六十二，《荀韩钟陈列传》，中华书局 1982 年版，第 2061 页。
② 范晔等：《后汉书》卷四十九，《王充王符仲长统列传》，中华书局 1982 年版，第 1630 页。
③ 以下《潜夫论》引文，见汪继培笺注本。

人天情通，气感相和，善恶相征，异端变化。圣人运之，若御舟车，作民精神，莫能（不?）含嘉。

当代哲学史著作，大多据此篇阐述其哲学思想，并且明显指出：王符“企图建立一种与神学经学相对立的天人关系”①，他的“人天情通”、“相和”、“相征”，决不同于儒家的“天人感应”说，而来源于黄老道家学说。他的具体论述，是继续在黄老道家思想的轨道上发展的，例如他说：

上古之世，太素之时，元气窈冥，未有形兆，万精合并，混而为一，莫制莫御。若斯久之，翻然自化，清浊分别，变成阴阳。阴阳有体，实生两仪，天地壹郁，万物化淳，和气生人，以统理之。是故天本诸阳，地本诸阴，人本中和。三才异务，相待而成，各循其道，和气乃臻，机衡乃平。天道曰施，地道曰化，人道曰为。

是故道德之用，莫大于气。道者，气之根也。气者，道之使也。

这些，人们不难从《淮南子》《老子河上公章句》《道德指归论》以及王充等人的黄老著作中找到相同相似之点。

据上所述，我们认为，黄老道家思想在东汉时期有了更深层次的发展，无论理论本身的发展，或者其社会影响，包括新的运用，特别是作为批判神学经学和谶纬迷信的理论武器等，与西汉时期的“好黄老”、“读老子”相似，应该说是更为深刻。

当然，东汉中后期开始，黄老道家思想的发展，还有另一方面，那就是与道教的形成相结合。在性质上与本书研讨的黄老新道家有所不同，道家和道教毕竟不同，这里就不作论述了。

六、诸葛亮及襄阳逸民的思想

儒道的分野是客观存在的，但是，开始又有由儒道之争到儒道互补的发展。一方面是思想文化的大整合，儒道之间，互相学习、互相吸取，乃

① 任继愈：《中国哲学发展史》（秦汉），人民出版社 1985 年版，第 736 页。

至于一致的地方不少；另一方面政治上的“霸王道杂之”，又是儒道并用的具体表现，王霸之政是从政治实践说的，从理论上说，王道属于儒家的思想主张，是以“经术缘饰吏治”，霸道则是杂用刑名法术之学，而刑名法术与道家有天然的联系，近来有“道法家”的提法，关于道与法的关系，有的学者有很好的见解：“道之用在法，法之体为道，其意在此，道法相连，在政治上遂成阴谋权变，而为霸术之所宗，虽非老氏之本意，然其学之倾向，势必至于此也。”① 从《史记》老、庄、申、韩合传来看，这个论述是确当的。王霸之政，是儒道互补的运用。西汉是如此，东汉也是如此。从学者来看，东汉和西汉初那种“学老子者则绌儒家，儒学亦绌老子”② 的状况不同，许多人都是博通经学和百家之学的，儒学是官方提倡的，黄老道家之学流传广而且深（如上节所述），从汉末到魏晋出现越来越多的“儒道双修”的情况，史书中记载许多学者都是“好论儒道”的。所以要具体划分学者属儒属道，颇有困难，似乎也不必要。我们要说的诸葛亮及一批襄阳逸民，就是处在这种大背景之下的。

讨论诸葛亮及襄阳逸民的思想，首先要说一说荆州学派。近人注意到汉末刘表为荆州牧时，聚集了很多学者，形成一个影响很大的荆州学派，这个学派具体深入研究还不够，但它除了儒学本身的“革命”（有的称之为“简化”）之外，儒道双修应该也是有的。当时荆州聚集了一批人，所谓“关西、兖、豫学士归者盖有千数，（刘）表安慰赈赡，皆得资全。遂起立学校，博求儒术，綦毋闿、宋忠等撰立《五经章句》，谓之后定。”③ 这是就撰述儒学而言的，其影响究竟多大？很难说。当时襄阳（荆州治所）还有另一批人，是不受刘表“赈赡”，不与刘表合作，而暂为隐士的。与诸葛亮有关系的一批名士就是如此。

比诸葛亮年长的有庞德公、黄承彦、司马徽（德操）等人，和诸葛亮同辈的有崔州平、徐元直、石广元、孟公威等人。德高望重的庞德公，“刘表数延请，不能屈”④。黄承彦与刘表还是连襟关系，也没有在刘表府

① 《贺昌群史学论著选》，中国社会科学出版社 1985 年版，第 212 页。
② 司马迁：《史记》卷六十三，《老子韩非列传》，中华书局 1982 年版，第 2143 页。
③ 范晔等：《后汉书》卷七十四，《袁绍刘表列传》，中华书局 1982 年版，第 2421 页。
④ 范晔等：《后汉书》卷八十三，《逸民列传·庞公》，中华书局 1982 年版，第 2776 页。

里做官。司马德操“知刘表性暗，必害善人，乃括囊不谈议”①。这批不投靠刘表的人，包括诸葛亮等人，既是当时名士，也是隐士，所以《后汉书》把庞公列入《逸民传》中。关于隐士，我们要指出两点：第一，他们大多不受正统经学的约束，他们博学多思，黄老道家思想在他们的言行中相当突出。第二，隐士的情况是多种多样的，有的是为了单纯的存身求生，特讲修身养性；有的是弘道求志，在学术思想上有所追求，当然也有沽名钓誉者；有的是静观待时，是所谓“小隐”或者“暂隐”。诸葛亮等人属于这后一种，如清人程文炳在《抱膝亭跋》中所说，隐居隆中的诸葛亮，“虽在小隐，未尝须臾忘天下事焉”。

这一批人对当时的社会时事是有明确看法和主张的，《三国志·蜀书·诸葛亮传》注引《襄阳记》曰：

> 刘备访世事于司马德操，德操曰：“儒生俗士岂识时务？识时务者在乎俊杰。此间自有伏龙、凤雏。”备问为谁？曰：“诸葛孔明、庞士元也。”

所谓“伏龙”、“凤雏”虽为庞德公的品评，但在当时很有影响，《襄阳耆旧记》记载：

> 《先贤传》云：乡里旧语，目诸葛孔明为卧龙，庞士元为凤雏，司马德操为水镜，皆德公之题也。

卧龙、凤雏之名寓意着“龙蟠幽薮，待时凤翔”②，和其他一些避乱荆州的士人一样，是在等待登上政治舞台的时机。卧龙、凤雏都是识时务的俊杰，这是事实证明了的。那么，他们所学如何？指导思想是什么呢？他们学什么史无明文，司马徽看不起“儒生俗士”，是否针对宋忠等人的《五经章句》，未可断言。但他们博通经史诸子是可以想见的。我们不能也不该硬把他们往道家学派上来拉扯，但他们为政的指导思想上是有黄老道家

① 《世说新语·言语》注引《司马徽别传》，诸子集成本，中华书局1953年版。
② 陈寿：《三国志》卷二十三，《和常杨杜赵裴传》，中华书局1974年版，第665页。

因素的。虽然如此战乱频繁，军事上需要花很大精力，说不上什么“清静无为”之类，但是在一些政治家的言行中“崇尚简约”却是与此相通的，我们在以后诸葛亮乃至曹魏的政治措施中不难看到这种精神。另外可以反映诸葛亮、庞统等人道家精神的有两点：一是“讲通达权变”，一是“主霸王之治”。

“通达权变”是黄老道家的重要思想，司马谈《论六家之要指》说：

> ……其为术也……与时迁移，应物变化，立俗施事，无所不宜，指约而易操，事少而功多。

这与“不识时务”的“儒生俗士”固守经学是绝不相同的，诸葛亮等人之“识时务”，就是“知权变”，可以从他们对问题的分析和处理看得出来，对诸葛亮本书有专章论述，庞士元的事可略举一二，《三国志·蜀书·庞统传》注引《九州春秋》曰：

> 统说备曰：“荆州荒残，人物殚尽，东有吴孙，北有曹氏，鼎足之计，难以得志。今益州国富民强……今可权借以定大事。”备曰：“今指与吾为水火者，曹操也……每与操反，事乃可成耳。今以小故而失信义于天下者，吾所不取也。”统曰：“权变之时，固非一道所能定也。兼弱攻昧，五霸之事，逆取顺守，报之以义，事定之后，封以大国，何负于信？今日不取，终为人利耳。”备遂行。

此事比较充分地体现了庞统的权变之计。

关于“霸王道杂之”，已如上述，与黄老之术是有密切关系的。我们也可举庞统的例子，《世说新语·品藻》记载说：

> 顾劭尝与庞士元宿语，问曰：“闻子名知人，吾与足下孰愈?”曰：“陶冶世俗，与时浮沉，吾不如子。论霸王之余策，览倚仗之要害，吾似有一日之长。”劭亦安其言。

这是他自信能够识（览）时务，能够行霸王道之术。

实际上，当时“识时务”者也并不只是诸葛亮、庞统等人，曹操、孙权手下的谋士，不少人都有他们共同的特点，且举一例：《三国志·魏书·袁涣传》记载说，袁涣归曹操时曾有一段议论：

> 夫兵者凶器也，不得已而用之，鼓之以道德，征之以仁义，兼抚其民而除其害，夫然，故可与之死，而可与之生。自大乱以来，十数年矣，民之欲安，甚于倒悬，然而暴乱未息者何也？意者政失其道欤？涣闻明君善于救世，故世乱则齐之以义，时伪则镇之以朴，世异事变，治国不同，不可不察也。夫制度损益，此古今之不必同者也。若夫兼爱天下而反之于正，虽以武平乱而济之以德，诚百王不易之道也。

这段话是哪一家的思想？似乎儒墨道法（兵）都有，而黄老气息十分浓厚是很显然的。仔细分析当时士人（谋士、名士），我们不难发现，不少人对时事、社会是有一些共同看法的。能够用“权变”的观点观察问题，能够用“权变”的方法处理问题，主张乃至实行的是汉王朝长期实行的“霸王道杂之”。当然，各人的才气、禀赋、师承不同，各有各的长处，各有各的侧重，在三国之中，各为其主，有他自己的理由和原因，然而为政之术，多采黄老，其中诸葛亮是比较典型的，所以我们说诸葛亮是秦汉新道家的殿军。

第七章　黄老·老庄·道教·玄学

——道家名与实的演变

前一章讲道家思想的传承，列举了一些代表人物，这些人物的思想，都可说是道家或新道家的思想，但不同时间、不同人物的具体思想，是有许多不同的。本书下篇将进一步讨论一部分突出代表的思想。本章则从另一个角度看一看秦汉时期道家思想的发展和变化，从几个相关联的名称及其实际演变的情况，看秦汉时期新道家的历史地位。

一、黄老的名与实

“黄老”问题，以上各章均已涉及，这里再总括性地叙述。“黄老”连称，最早最明显的是见于《史记》，战国时出现了不少黄帝君臣的著作，是模仿、发挥《老子》的著作，是所谓“黄老之学”或“黄老道德之术”，要说“黄学”也可以，但黄帝君臣书是一批假托之书，虽然假也有它假的价值（特别是对后世来说）。对于黄帝，司马迁是存疑的，黄帝书当然不相信，但黄帝君臣书在汉初有人相信，也在当时流传，这是事实，马王堆帛书出土即是证明。不过总的来讲，学者们是不相信那些书的（并不等于不吸收其思想），一般说来班固编《汉书·艺文志》时，可以证明那些书大多亡佚。

《史记》中，司马迁关于“黄老”有几种表述方法，如“黄老言”、“黄帝老子言”：

> 盖公“善治黄老言”。（《曹相国世家》）
> 王生“善为黄老言”。（《张释之传》）
> 邓章“修黄老言”。（《晁错传》）
> 窦太后“好黄帝、老子言”。（《外戚世家》）

或“黄老之言”：

> 郑当时“好黄老之言”。
> 汲黯“学黄老之言”。(《汲黯郑当时列传》)

又如“黄老术”或“黄老之术”：

> 曹参“其治要用黄老术”。(《曹相国世家》)
> 陈平“少时本好黄帝老子之术”。(《陈丞相世家》)
> 田叔“学黄老术于乐巨公所”。(《田叔列传》)

这些“黄老言”、“黄老术”，实即“道家言”、“道家术”，所以在《史记》《汉书》等记载中，往往是通用的。司马迁的父亲《论六家之要指》所说的道家是指黄老而言的，司马迁就大讲黄老，而很少提道家。所以说“汉人言道家辄曰黄老”①，这话是一个确切的表述。由于汉人知道黄帝书是伪托，所以有时候是直接用“老子书”、“老子言”这种说法，司马迁就是这样做的。例如在《儒林列传》序中说“窦太后好黄老之术”，写辕固生传中又说窦太后“好老子言”、“好老子书”。但是“黄老”毕竟又不能和“老子”等同，它是《老子》的发展，是道家的派别之一，所以“黄老”之名始终保留着，到后来人们使用这个名称时就不加什么考虑了。

东汉时期“好（喜）黄老”、“修（学）黄老”的记载比西汉更多，有的是公开承认自己的“黄老思想”，如王充说他的天道论“虽违儒家之说，合黄老之义也”②，肯定“黄老之家，论说天道，得其实也”③。

“黄老”这个战国开始、秦汉之际形成的道家派别，脱胎《老子》，对《老子》是有所发展的，发展的主要方面是在政治哲学方面，着重在“治术”，所以称“黄老道德之术”，也是很确切的一种表述。

在政治实践中，不但西汉初年运用了“黄老之术”，以后的政治发展中，人们也常常会想起它、运用它。在政治腐败黑暗、社会动荡不安的时

① 蒋伯潜：《诸子通考·庄子及道家者流》，正中书局1948年印行，第176页。
② 《论衡·自然》，诸子集成本，中华书局1954年版。
③ 《论衡·谴告》，诸子集成本，中华书局1954年版。

候，人们需要它，它成为一种社会批判的思想武器。在新王朝建立之时，统治者也会自觉不自觉地、不同程度地运用它。汉代的历史是如此，汉以后整个封建社会的许多王朝都是如此。从汉代的情况看，西汉初、东汉初都用黄老，后来大乱时，社会批判思潮中许多代表人物也运用黄老的思想作为理论武器，我们说“诸葛亮是秦汉新道家的殿军”，其实曹操的政治行为中许多也是受黄老思想影响的，他重视刑名法术，他对黄帝、老子的敬重等，都能表明其对黄老的信仰和运用①。以后各朝的情况，这里就不一一叙述。

“汉人讲道家辄曰黄老”，黄老新道家思想也不是一成不变的，它随着时间、条件的推移，不断发展变化。道家，包括黄老新道家之主要特点即其“道论”，而“道论”又主要是两个方面，即《老子河上公章句》中所说的“经术政教之道”和“自然长生之道”，在黄老道家看来，两者是密切关联的，不过有的时候有的人侧重有所不同。西汉初年大多数学者，主要注重的是“经术政教之道”，自然、长生都是为了“政教”。《吕氏春秋》从“本生”、“重己”讲起，落实到治天下之道，《淮南子》也往往是“治身”、“治国”并提，虽然它们都讲一些养生之道，但主要是与自然无为的政治联系起来说的，例如《淮南子·原道训》中说：

> 是故圣人内修其本，而不外饰其末。保其精神，偃其智故，漠然无为而无不为也，澹然无治也而无不治也。

“保其精神”是养生之道的重点，故《泰族训》中说：

> 治身，太上养神；其次养形。治国，太上养化，其次正法。

西汉初年的黄老著作，虽讲养生之道，但一不是重点，二则主要与政教之道紧密相连。西汉中期以后讲养生之道越来越多，《河上公章句》中的养生论就非常突出，不过也仍然认为：“圣人治国与治身同也。”② 讲养

① 参阅王晓毅：《王弼评传》，南京大学出版社1996年版，第54页。

② 王卡点校：《老子道德经河上公章句》第二章注，中华书局1993年版，第11页。

生之道，逐渐成为黄老之学的重要部分，如《后汉书·光武帝纪》记载，太子见帝“勤劳不怠，承间谏曰”：

> 陛下有禹汤之明，而失黄老养性之福，愿颐爱精神，优游自宁。

“黄老养性”成了人们的共识，才会这样说的。

当然，黄老道家所主要讲的“经术政教之道”，也是继续发展的，前一章中所述各个时期的代表，就有许多不同的情况，本书下篇将讨论一些具体的发展变化。

二、老庄的名与实

本书第一章中引郭沫若说，庄子是道家的马鸣、龙树。客观事实是，有了《庄子》对《老子》的继承和发挥才可以说有了可以与儒、墨鼎足而三的道家。但是春秋末年以后，特别是战国中、后期，继承发挥《老子》思想的人不少，其中有人公开抬出黄帝，模仿《老子》作成黄帝君臣书逐渐形成一种黄老之学，这早于庄子，不过不能说形成了道家。这些在前面都论述过了。

黄老之学的发展，特别是秦汉之际，适应时代的需要，形成一个新的学派。这个学派被司马谈称之为道家，严格地说应该是黄老道家、秦汉新道家，与先秦的老庄道家是有区别的。司马谈疏忽了《庄子》，他的儿子司马迁给予纠正，不但立了一个《老子庄子申不害韩非列传》，不仅说“其要本归于老子之言”，而且说其所“著书”，“以诋訾孔子之徒，以明老子之术”。然而，司马谈之疏忽是有时代原因的，因为庄子的主要问题，如荀子所说，是“蔽于天而不知人”①，还有其“出世”思想，等等。当时所需要的，不仅是要知天道，而且要尽人事，不能逃避现实，而要面临现实，不是出世，而要入世，黄老新道家的思想正是这样应运而生的，庄子的思想自然不会受到重视，所以只读《老》，而罕言《庄》。

不过，《庄子》一书的客观存在，学者们也是不会完全忽视的，司马

---

① 《荀子·解蔽》，诸子集成本，中华书局 1954 年版。

迁注意到了，而且有较深刻的认识。《吕氏春秋》《淮南子》等黄老道家一派，也没有忽视《庄子》。据统计，《吕氏春秋》指名和不指名的引《庄子》之文达二十次左右①，比引《老子》要多。《淮南子》有“考验乎老庄之术”② 的自白，表明它对于《庄子》是很重视的，单从考证的角度看，它几乎把老、庄同等看待，杨树达在《淮南子证闻》中写道：

> 此篇全衍老子之旨，故以《原道》名篇。《汉志》列《淮南》于杂家，而其主旨实在道家，观此篇衍老，次篇《俶真》述庄，其明证也。……盖汉世道家思想最盛，风会所成，淮南不能异趣耳。
>
> 真字《说文》训“仙人变形而登天”，盖战国燕齐方士之说盛行以后始有此字，故六经无其字，而始见于庄生之书。庄生称老子为“博大真人”（见《天下》篇）。又谓“尔已反其真，而我犹为人”（见《大宗师》篇）。其他屡称不一称。《淮南》此篇全衍《庄子》之旨，故以《俶真》名篇，《俶真》犹首篇之名《原道》也。……

这种考证结论提出的问题，是值得深思的。《淮南子》中许多文字出自《庄子》是比较明显的，不必多说。

汉朝初年，虽然几乎是黄老“独占”了道家，但《庄子》并未绝响，所以“老庄”连称也是客观的存在，不过没有“黄老”那么响亮罢了。然而“老庄”的影响，往后是越来越大的。有的清代学者过分强调了汉末魏晋人之言“老庄”，从而造成一些错觉甚至误解，例如洪亮吉说：

> 自汉兴黄老之学盛行，文景因之以致治，至汉末祖尚玄虚，于是始变黄老而称老庄，陈寿《魏志·王粲传》末言：嵇康好言老庄，老庄并称，实始于此。即以注二家者而论，为《老氏》解义者，邻氏、傅氏……皆西汉以前人也，无有言及庄子者。注庄子者，实自晋议郎清河崔譔始，而向象、司马彪……等之。③

---

① 参阅王范之：《吕氏春秋研究》，内蒙古大学出版社 1993 年版。

② 《淮南子·要略》，诸子集成本，中华书局 1954 年版。

③ 《晓读书斋读书录》引自陈澧《东塾读书记》卷一二，上海古籍出版社 2012 年版，第 223 页。

“老庄”并称始于汉末，这是绝对错误的，在西汉时期，不但有《淮南子》中的“老庄之术”，另一个明显而重要的证据是关于严遵事迹的记述，他是西汉时期一个道家代表人物，有《老子注》和《道德指归论》[①]传世，《汉书·王贡两龚鲍传》记载说，他是“依老子、严周之指著书十余万言”。唐人师古作注时已指出：“严周即庄周。”这是毋庸置疑的。这里“老严（庄）”之名出现了，重要的是“实”，严遵是深入研究了《老子》和《庄子》之后，按照他们的旨意而著书的，充分注意了庄子。严遵在其著作中如何吸收反映《庄子》的思想，这一点尚有待进一步研究。

《汉书·叙传》关于班嗣的记载是特别引人注目的，其文曰：

> 嗣虽修儒学，然贵老严之术。桓生欲借其书，嗣报曰：“若夫严子者，绝圣弃智，修生保真，清虚澹泊，归之自然，独师友造化，而不为世俗所役者也。渔钓于一壑，则万物不奸其志；栖迟于一丘，则天下不易其乐。不絓圣人之罔，不鱮骄君之饵，荡然肆志，谈者不得而名焉，故可贵也。今吾子已贯仁谊之羁绊，系名声之缰锁，伏周、孔之轨躅，驰颜、闵之极挚，既系挛于世教矣，何用大道为自眩曜？昔有学步于邯郸者，曾未得其彷佛，又复失其故步，遂匍匐而归耳，恐似此类，故不进。”嗣之行己持论如此。

师古曰：“老，老子也。严，庄周也。”“老严”即“老庄”，这毫无疑问。“桓生”，师古曰：“桓谭。”这也没有问题，看样子，桓谭是想向班嗣借《庄子》一书，班嗣不但不借书给他[②]，而且着实把他奚落了一番。这当然未免过分，桓谭与一般俗儒是不同的。桓谭后来也还是读了《庄子》，这些另当别论。值得注意的是班嗣之“行己持论”，可说是汉代“老庄”学派的一个代表，其思想与“黄老”是明显不同的，继承和发挥的是“严（庄）子”的思想。

《后汉书·马融列传》记载马融早年“饥困”之时谓其友人曰：

---

① 关于其所作书及书名是要深入探讨的。

② 师古曰：“言不与其书。”

古人有言："左手据天下之图，右手刎其喉，愚夫不为。"（注引《庄子》曰，言不以名害其生者。）所以然者，生贵于天下也。今以曲俗咫尺之羞，灭无赀之躯，殆非老庄所谓也。

这位"才高博洽"的"通儒"，早年用"老庄"思想作了"安存之虑"，直到晚年，"达生任性，不拘儒者之节"①，当是受老庄思想的影响。他的作为，不但当时"为正直所羞"，《后汉书》的"传论"亦有微词，评论其作为的文字，李贤等作注引了三条《庄子》和《老子》的文字。不过马融所取的"老庄"思想，"原其大略，归于所安而已矣"。马融的思想及其对"老庄"的吸取，主要在"贵生"、"养生"这一方面，道家的养生思想在东汉时期是大大的发展起来，这是与西汉道家政治哲学大发展有所不同的。

在汉代，老庄之名不如黄老之名响亮，但老庄之实并不比黄老逊色多少（特别是在东汉时期）。两派都离不开《老子》，一派发挥《老子》着重在自然无为的政治哲学方面，一派则着重在自然任性的人生哲学。两派都讲养生，后者似乎更重。黄帝只是一个空名，越来越不被重视，黄帝书也自然淘汰，《庄子》书则不然，从桓谭向班嗣借书看，像是争相阅读。《庄子》思想的影响相当大，是一个值得进一步研究的问题。东汉许多人企慕的"玄远"、"玄虚"、"玄妙"，虽然口上常常是"老氏"或"黄老"，实际很多具体言论和思想是采用《庄子》的，李贤等人为《后汉书》作注时已注意到这一点，所以许多地方注出了《庄子》（当然还有《老子》）的原文。

例如被时人称为"狂生"的仲长统明志之论曰："安神闺房，思老氏之玄虚；呼吸精和，求至人之仿佛。"李贤注：

《老子》曰："玄之又玄，虚其心，实其腹。"呼吸谓咽气养生也。《庄子》曰："吹煦呼吸，吐故纳新。"又曰"至人无己"也。

表面是只提"老氏"，内容大多接受的是《庄子》思想，其明志之诗更为明显：

---

① 范晔等：《后汉书》卷六十，《马融列传》，中华书局 1982 年版，第 1972 页。

> 飞鸟遗迹，蝉蜕亡壳。腾蛇弃鳞，神龙丧角。至人能变，达士拔俗。乘云无辔，骋风无足。垂露成帏，张霄成幄。沆瀣当餐，九阳代烛。恒星艳珠，朝霞润玉。六合之内，恣心所欲。人事可遗，何为局促？
>
> 大道虽夷，见几者寡。任意无非，适物无可。古来绕绕，委曲如琐。百虑何为，至要在我。寄愁天上，埋忧地下。叛散《五经》，灭弃《风》《雅》，百家杂碎，请用从火。抗志山栖，游心海左。元气为舟，微风为柂。敖翔太清，纵意容冶。

这岂非全是《庄子》的思想和语言。当然，仲长统不能算是“老庄”一派，他的政论则是属于“黄老”。我们想说明，从东汉学者的情况看，《庄子》思想对很多人的人生哲学和行为是有很大影响的，而且时间越后，影响越大，影响的人越多。

有的学者认为，《庄子》与汉代经学也有一定的关系：

> 汉代经学在阐发儒家经典的义理内容时，不仅承袭、吸收了庄子自然观中的某些思想观念，而且还直接援用了《庄子》中的人物、故事等思想资料……
>
> 《庄子》对汉代经学的影响和作用，一方面表现在汉代今文经学在对儒家经典作义理的发挥时，吸取和利用了《庄子》中的思想观念、思想资料；另一方面也表现在《庄子》中的一些名物为古文经学家训诂儒家经典时所援依。[①]

这是可以成立的论述，以郑玄等人注经引《庄子》之文（同时也引《老子》之文），是唐人就已经指出的事实。总而言之，“老庄”之名与实两汉时期都是存在的[②]，可列为“老庄”学派的代表人物也有（如上述之班嗣），与老子并提的庄子，日益受人重视，《庄子》一书一直流传，有人读，也有人“解”，记载中有淮南王的《庄子要略》和《庄子后解》，当是

---

① 崔大华：《庄学研究》，人民出版社1992年版，第421、425～426页。

② 20世纪60年代江世荣《有关（庄子）的一些历史资料》（《文史》第一辑）已经论证了这个问题，可参阅。

最早注《庄子》的。从东汉的情况看，可以说有一个“老庄”的“复兴”，这比说“黄老复兴”更有意义，如果说“道家复兴”这两者均包括在内，但“黄老”的发展和“老庄”的发展是有所不同的，黄老的政治哲学曾经很“神气”过一段时间，影响很大很深，以后几乎没有中断过，不过是“涨落”而已，老庄的人生哲学相对是有一个消沉时期，东汉确有一个“复兴”之势，更重要的是，这种“复兴”直接与“玄学”的发展联系起来了。

三、老庄与玄学

冯友兰先生 1947 年在美国宾夕弗尼亚大学讲授中国哲学史，讲稿整理成《中国哲学小史》①，应该说是作者思想更为成熟之后的作品（后来的《新编》又当别论）。正如他在“自序”中所说：

> 小史者，非徒巨著之节略，姓名、学派之清单也。譬犹画图，小景之中，形神自足。非全史在胸，曷克臻此。惟其如是，读其书者，乃觉择焉虽精而语焉犹详也。

在该书中，冯先生用“新道家”概述魏晋南北朝时期的哲学，用“新儒家”概述唐宋以后的哲学。关于新道家的一段讲述很有意思：

> “新道家”是一个新名词，指的是公元三、四世纪的“玄学”。“玄”是黑色，又有微妙、神秘等意思。《老子》第一章说：“玄之又玄，众妙之门”，所以“玄学”这个名称表明它是道家的继续。

“玄学”是“道家之学”这个意思，在冯先生那里是一贯的，他早年的《中国哲学史》中就说：

> 自王充以后，至南北朝时，道家之学益盛。道家之学，当时谓为

① 1985 年北京大学出版社出版涂又光的中文译本名为《中国哲学简史》。

玄学。

到《中国哲学史新编》时，不再强调他所命名的这个“新道家”了，使用了“道家和玄学”如何如何的说法。以上这段叙说表明，现代早期研究中国哲学史的学者，对于玄学与道家关系的看法，认为玄学是道家，或者说是“新道家”。玄学与道家关系是密切的，强调“玄学”是儒道结合，乃至属于儒家的学者，也不可否认道家的极大影响，但是就“名实”的问题而言，仍可作深入探讨：“玄学”之名究竟怎么来的？与道家到底是什么关系？在道家思想发展中受哪一派影响最大？其历史地位如何？当然更不消说玄学之实的种种形态和演变等。这里主要就名的历史演变谈谈一些看法。“玄学”之名，应该说是当时（魏晋南北朝时期）已经有了的一个名词，最直接（也许最早）写到“玄学”一词的是《晋书·陆云传》：“……云本无玄学，自此谈老殊进。”《晋书》虽为唐初所撰，记载的都是前人的言行，是魏晋时期已有“玄学”之称无疑。而南朝宋文帝时更有“置玄学”的记载，这名称就官方化了，《宋书·何尚之传》说：

> 以尚之为（丹阳）尹，立宅南郭外，置玄学，聚生徒，东海徐秀……并慕道来游，谓之南学。

问题是作为一种学术思想的“玄学”究竟是怎么发展起来的？一般学者都只说“玄学”与老学有关，《老子》说：“玄之又玄，众妙之门。”《老子》中有玄与道等同的意义。从而如冯友兰先生所说：“所以‘玄学’这个名称表明它是道家的继续。”“玄学”是根源于《老子》，这应该是没有问题的。但仔细推敲一下，这个跨度似乎也太大了点。它的中间环节应该如何看法？弄清楚也是有意义的。

从《老子》到玄学，中间经过了战国秦汉，仅从道家的形成发展来看，有“老庄”、有“黄老”，有道家在不同时期的发展和影响，特别是有一些重要的思想家在学术思想上不断作出贡献。战国秦汉，西汉和东汉，都各自有自己的杰出代表，魏晋“玄学”的形成，当然最近的是东汉。有的学者抓住了一个王充，例如钱穆先生的《中国思想史》说：

> 西汉思想，董仲舒是正面，王充是反面，只此两人，已足代表。董仲舒上承邹衍，王充则下开魏晋。魏晋人在中国思想史上之贡献，正为其能继续王充，对邹董一派天人相应，五行生克，及神化圣人等迹近宗教的思想，再加以一番彻底的澄清。

同时又说："王充只是魏晋新思想的陈涉吴广，若论开国元勋，该轮到王弼。……"虽然钱先生已经声明："每一时期各只提及主要的几家，每一家只提及主要的几点。……并非中国思想史之全貌。"但把王充与"魏晋新思想"（当即玄学思想）直接联系起来，是不太确切的，王充之功主要在"破"，在"批判"，他的前后均有人致力于此，实际影响或者比他还大。"新思想"的形成则又自有其渊源。

我认为，"玄学"之玄，自有其自己的发展过程。《老子》的玄，老庄和黄老各自都有所传述，如《庄子》中就有"玄同"（《胠箧》）、"玄圣"（《天道》）、"玄德"、"玄古"（《天地》）、"玄冥"（《秋水》）等论述，而且与《老子》思想一致的；《淮南子》中则有"玄玄"（《本经》）、"玄妙"（《览冥》）、"玄默"（《主术》）等提法，或言神秘、微妙，或指无为。这些意义，从《老子》到"玄学"是一脉相承的。在整个发展过程中，我们要特别提出的是扬雄和他的《太玄》。扬雄是最早把《周易》和老庄联系起来的人，《太玄》形式上模仿《周易》，内容上讲的是老庄思想，他突出了《老子》中本来与"道"就等同的"玄"，著玄之经典，实际可说是企图建立"玄学"。其《太玄》难读、难懂，似乎不被人所重视，其实也还是有人学习和研究的，据记载，他的学生侯芭就作过注，东汉中期又有张衡和崔瑗的注本，东汉末年到魏晋时期，为《太玄》作注者突然多起来，有宋衷、李譔、陆绩、虞翻、王肃、陆凯、范宁、蔡文邵等近十种注本①。这些不能说与魏晋"玄学"的兴起没有关系，汤用彤先生曾指出："王弼之学与荆州盖有密切之关系。"② 有的学者发挥过这"荆州学派"对"玄学"的影响和作用，在"荆州学派"中宋衷就是一个极为重要的人物，他是州学的负责人（"五业从事"、"文学"），他一方面传授"五经"，另一方面同

① 参阅刘韶军：《太玄研究》，武汉出版社 1991 年版。

② 汤用彤：《汤用彤学术论文集》，中华书局 1983 年版，第 265 页。

时注释和传授《太玄》。由此可见，《太玄》对“玄学”的影响是有形，而不是无形的。

除了《太玄》的影响之外，东汉时期（特别是后期），道家思想，特别是老庄思想的复兴，与“玄学”的兴起是有密切关系的。东汉时期，越来越多的人讲“玄虚”、“玄妙”、“玄默”，讲“玄思”、“玄悟”、“玄味”，说“玄言”、谈“玄理”，“玄谈”、“玄风”是东汉已经开始了的。当时人甚至取名字也用玄、虚，汉末创《春秋》张氏学的张霸，实践老氏的“知足不辱”。其子张楷也以儒学为时人仰慕，但他“性好道术”，行则“窜迹幽薮”“独拔群俗”，给两个儿子取名，一个名“陵字处冲”，一个名“玄字处虚”[①]。虽不能断言此为“玄虚”之影响，但也不好轻易否定。至于大儒郑玄之名是否也有这种影响，更不好臆测了，录此以备一说。可以这样说，所有带“玄”的地方，无不是老庄思想。带上“玄”字，主要就是讲一种高深、微妙的境界，《河上公章句》云：

> 心居玄冥之处，览知万事，故谓之玄览也。[②]

《淮南子·修务训》云：

> 诚得清明之士，执玄鉴于心。照物明白，不为古今易意。

东汉“兼综百家学说”的人越来越多，而所谓“百家”又主要是儒道两家及其相关学说，采用道家思想，多少都要表现在这个“玄”字上。

我们说“玄学”与道家老庄派的关系至为密切，所以讲“玄学”的兴起，多半讲“老庄”，如《晋书·王衍传》云：

> 魏正始中，何晏、王弼等祖述老庄，立论“以为天地万物，皆以无为本”。

---

① 范晔等：《后汉书》卷三十六，《郑范陈贾张列传》，中华书局 1982 年版，第 1243～1244 页。

② 王卡点校：《老子道德经河上公章句》，《能为第十》，中华书局 1993 年版，第 35 页。

“老庄”成为“玄论”的代名词，如《文心雕龙·论说》云：

> 魏正始中，何晏之徒，始盛玄论。于是聃、周当路，与尼父争途。

这几乎是两晋南北朝时人的共识，“祖述老庄”，或曰“祖述玄宗”（《颜氏家训·勉学》），或曰“祖述虚玄”（《晋书·儒林传》），或者说是“以庄老为宗”，更为突出庄子，干宝在《晋纪》总论中概括说：

> 风俗淫僻，耻尚失所。学者以庄老为宗，而绌六经；读者以虚薄为辩，而贱名检；行身者以放浊为通，而狭节信；进仕者以苟得为贵，而鄙居正；当官者以望空为高，而笑勤恪。

似乎“风俗淫僻”全都是“庄老”的罪过，这不免偏颇。魏晋以后人们的思想言行中，越来越多的庄子影响，这是事实。人们为什么好《庄子》，宋人叶适有一个很有意思的分析：

> 世之悦而好之者有四焉：好文者资其辞；求道者意其妙；汩俗者遣其累；奸邪者济其欲。①

这个分析是中性的，比较客观。

汉以后老庄的影响日益扩大，以后的事这里就不多说了，只有一个问题要说一说，所谓“祖述老庄”的何晏、王弼，都没有注过《庄子》，“老庄”相连是否会适合呢？《庄子》对他们有无影响呢？回答是可以肯定的。因为他们和东汉以来的许多人一样，实际上吸取和发挥了《庄子》的思想，采用了其文辞术语，前已略述。过去说何晏解《论语》、王弼注《周易》，不用《庄子》，这是值得进一步研讨的问题。学界已有人作了这方面的研究，如崔大华的《庄学研究》② 中有“庄子与魏晋玄学”一节，论证

① 叶适：《叶适集·水心别集》卷之六《庄子》，中华书局1961年版，第712页。
② 人民出版社1992年出版。

“玄学理论主题中显现的庄子思想”、“玄学思维方法源出《庄子》”以及“庄子思想与魏晋士风”等，都引用有何晏、王弼的著作，并指出其与庄子的关系。又如有的学者举例说：何晏解《论语》“回也其庶乎屡空”句时的见解（引文从略），显系以《庄子》所谓“惟道者集虚，‘虚者，心斋也’的命题为基础”①。何王两人“祖述老庄”，这话是客观实际的准确概括。最后，我们想提到冯友兰在《新原道》中有未展开论述的提法：“玄学是老庄哲学的继续。”这个提法比前述“新道家”的提法要早。

四、黄老与道教

哲学史家很强调“道家”与“道教”的区别，如冯友兰先生说：“……要再一次强调‘道教’与‘道家’的区别，前者是宗教，后者是哲学。”② 但是道教形成以后，两者颇有难区别之处。从道教的形成看，两者关系也至为密切。一个“道”字，使两者难以割断联系。

道教是我国土生土长的宗教，关于它的形成渊源，一般都认为是“杂而多端”，学者们分析有三四个方面，包括巫术、神仙方术、阴阳五行、谶纬迷信以及道家思想等，佛教也有一定的影响。但应该说，道家思想是道教形成的主要渊源，这包括道家本身不断地吸收和融合阴阳五行、神仙方术等内容，这是带有“开放性”和“包融性”的黄老道家进一步的发展。

在道教形成的过程中，明显有上层和民间的两条发展途径，而共同的一点是，均从“奉事黄老”开始。

从上层来说，黄老养性以求长生的思想与方术神仙思想进一步结合，以至“奉事黄老”逐渐带上宗教气味。东汉初年，统治集团中就讲究“黄老养性之福”③，而楚王英“晚节更喜黄老，学为浮屠斋戒祭祀”，明帝下诏肯定说：“楚王诵黄老之微言，尚浮屠之仁祠，洁斋三月，与神为誓，何嫌何疑……”④ 把黄老与浮屠并称，显然是神化了黄老。我们说过黄帝

---

① 赵纪彬：《赵纪彬文集》，河南人民出版社 1985 年版，第 185 页。
② 冯友兰：《中国哲学简史》，北京大学出版社 1985 年版，第 245 页。
③ 范晔等：《后汉书》卷一下，《光武帝纪》，中华书局 1982 年版，第 85 页。
④ 范晔等：《后汉书》卷四十二，《光武十王列传》，中华书局 1982 年版，第 1428 页。

是虚的，老子有《老子》一书为实。但黄帝很容易神化，老子也随着日益被神化起来。到东汉末年“好神仙事”的桓帝几次派人“祠老子”①，自己想成仙，同时极力把老子神仙化。当时奉命作《老子铭》的边韶写道：

皇上上德弘道，含闳光大，存神养性，意在凌云。是以潜心黄轩，同符高宗，梦见老子，尊而祀之。②

边韶是不以为然的，他认为神化老子，是“世之好道者触类而长之”的后果。桓帝之祠老子就是“奉事黄老”，上文中“潜心黄轩”可证。又《后汉书·祭祀志》记载：桓帝“九年，亲祠老子于濯龙〔宫〕”。同书《孝桓帝纪》作“祠黄、老于濯龙宫”亦可为证。《后汉书·王涣传》更明确写道：“延熹中，桓帝事黄老道，悉毁诸房祀。”“黄老道”不一定是宗教名，但祠拜黄老已经具有了宗教崇拜的性质，是祈求保佑赐福，《后汉书·襄楷传》记其上书之言曰：

又闻宫中立黄老、浮屠之祠，此道清虚，贵尚无为，好生恶杀，省欲去奢。今陛下嗜欲不去，杀罚过理，既乖其道，岂获其祚哉！或言老子入夷狄为浮屠。浮屠不三宿桑下，不欲久生恩爱，精之至也……其守一如此，乃能成道。今陛下淫女艳妇，极天下之丽。甘肥饮美，单天下之味，奈何欲如黄老乎？

这里且不说当时黄老、浮屠混同之事，只说桓帝祠黄老、浮屠的目的，显然是想“获其祚福”，求长生之福，乃至修仙“成道”。东汉末年的统治阶级中，“祭黄老君，求长生福”③ 已成为一种风气，与“祭天神”、“祠浮屠”等宗教活动完全是混同的。

宫中所尚会影响整个统治阶层，也会影响社会各阶层，或者上下相互影响。东汉民间也有“奉事黄老道”的风气，所以道教两个最早的民间派别之一太平道也有这种记载：

---

① 范晔等：《后汉书》卷七，《孝桓帝纪》，中华书局 1982 年版，第 313 页。

② 严可均：《全后汉文》卷六二，商务印书馆 1999 年版，第 634 页。

③ 范晔等：《后汉书》卷五十，《孝明八王传》，中华书局 1982 年版，第 1669 页。

初，巨鹿张角自称大贤良师，奉事黄老道，畜养弟子……百姓信向之。①

张角等人信奉黄老是可以肯定的，所以其事尚黄，“张角自称‘黄天’，其部〔帅〕有三十六〔方〕，皆着黄巾”②。另一个五斗米道，虽未有奉事黄老的记载，但明确的以《老子》五千文为其理论纲领，这也是时人信奉黄老的一种反映。

据上所述，道教的思想渊源以及具体的形成发展，都与黄老或者黄老道有关系。而东汉末所流行的黄老，与西汉黄老不同，侧重的是养生修仙和神化、仙化黄帝、老子这两个方面，这两方面又是互相关联的，如《抱朴子·金丹》所说：

抱朴子曰：余考览养性（《太平御览》九八五引作生）之书，鸠集久视之方，曾所披涉篇卷，以千计矣，莫不皆以还丹金液为大要者焉。然则此二事，盖仙道之极也。

据葛洪说，这类书很多，传播这类书的“道士”（不是后来道教的“道士”，而是早已出现的“方士”）也很多：

往者上国丧乱，莫不奔播四出。余周旋徐、豫、荆、襄、江、广数州之间，阅见流移俗道士数百人矣。

这些人与黄老有什么关系呢？正是这些打着“道”字旗号的人神化黄帝、老子，首先是神化和仙化黄帝，《抱朴子·极言》又说：

言黄帝仙者，见于道书及百家之说者甚多，而儒家不肯长奇怪，开异途，务于礼教，而神仙之事，不可以训俗，故云其死，以杜民心耳。

---

① 范晔等：《后汉书》卷六一，《皇甫嵩朱俊列传》，中华书局1982年版，第2299页。
② 范晔等：《后汉书》卷八，《孝灵帝纪》，中华书局1982年版，第348页。

葛洪本人是相信神仙的，他承认仙化黄帝主要与“道书”有关，这“道书”是否可算道家之书，那是另一个问题，葛洪以及汉末以来的人，都是把养生修仙与道家联系起来的，葛洪认为：

> 道家之所至秘而重者，莫过乎长生之方也。①

葛洪虽为晋人，他所记述的那么多“道士”、“道书”却是汉末魏晋以来的事实。

总之，道教的形成，早期道教中的无论哪一派，都是与道家的发展有密切关系的，特别是与黄老道有关系。道教虽不同于道家，但确实是道家发展变化而来的，其具体演变值得进一步探讨。关于以后的道家和道教这里就不赘述了。

① 王明：《抱朴子内篇校释》卷十四，《勤求》，中华书局1986年版，第252页。

思想篇

第八章　秦汉新道家与先秦道家思想之比较

前面已经指出，庄子的出现，实际就形成了一个与儒、墨鼎足而三的道家，这就是先秦的道家，后来发展成为道家的老庄派。秦汉以“黄老”为特色的道家，我们称之为新道家，或者说道家的黄老一派。作这样的辨名，是为了更好地反映道家形成和发展的实际，也是本章的前提。

自汉以来，无论是黄老派或老庄派，往往只提《老子》，所以西汉初黄老学派的人开口闭口都讲“老子言”、“老子术”，东汉大谈“玄虚”、“玄远”的人，虽实际学的是庄子言行，口头上也只提老子。道家是从老子开始的，但老庄和黄老又都与老子“相因而实不同”。本章将主要就新道家与《老子》的思想作比较，庄子的思想附带涉及，新道家因为晚出，有“考验乎老庄之术”的提法，对《庄子》的东西也采用一些，但不是主要的，例如《淮南子·道应训》所引“老子曰”不下五十处，而“庄子曰”仅一见，由此可见一斑。

在前面阐述新道家特点时，曾粗略地提出了几点，这里再就几个主要内容作些具体的比较。

一、关于“道”的解释

打着黄老旗号的新道家，之所以是道家，就是因为他们承认《老子》所崇敬的“道”是宇宙的本体，是万物之源，并且新道家有比较完整的道论作为自己学说的指导思想。在“道”的解释方面有继承和发展。五千来字的《老子》，“道”字出现了73次，字数虽不算太多，但它是《老子》的中心思想，加上与道相等意义的“有”、“无”、“一”、“大”、“玄”等字一起来理解，道包含着很丰富的内容，具有许多特点。从总的方面来理解，

《老子》认为“道”是“万物之宗”①，所谓：

道生一，一生二，二生三，三生万物。②

甚至是宇宙本体，表述这种思想的如：

无，名天地之始；有，名万物之母。③
天下万物生于有，有生于无。④

这里的“有”、“无”都是“道”的代名词。另一方面，《老子》还认为“反者道之动”⑤，“道”也是一种客观规律，其第25章说：

有物混成，先天地生。寂兮寥兮，独立而不改，周行而不殆，可以为天地母。吾不知其名，强字之曰道，强为之名曰大。大曰逝，逝曰远，远曰反。

这里似乎更着重讲“道”的客观规律性，或者说着重在“道”的运行原则。所以下面接着又说：

人法地，地法天，天法道，道法自然。⑥

这四“法”，特别是“道法自然”，是总的规律。在运行原则中，又强调了“逝”、“远”、“反”。逝者，行也，往也，行远之后则反，落脚是个“反”字，所以说“反者道之动”。《老子》第40章既讲生成，又讲规律，同时还引申出“道”的性质，即“弱者道之用”。由此而产生出守柔、居下、不争、虚静乃至自然、无为等一系列思想。在先秦思想中，理性地明

① 《老子》第4章。
② 《老子》第42章。
③ 《老子》第1章。
④ 《老子》第40章。
⑤ 《老子》第40章。
⑥ 《老子》第25章。

确而又比较全面地论述本体和规律的,《老子》显得特别突出,这也是道家足以和儒家抗衡的关键所在。

但是,关于“道”的本身究竟如何解释,《老子》只说是“恍兮惚兮”、“窈兮冥兮”;道产生万物之后,和万物的关系怎样?虽有“道生之,德畜之”① 的说法,似乎并不明确。关于道德,《庄子》在《老子》思想基础上,有进一步的发展。《庄子》的篇幅比《老子》大,关于“道”的论述也就多,据统计,“道”字在《庄子》中出现320多次,虽然有各种含义的“道”字,其中和《老子》一样认为“道”是宇宙根本的含义很明确,如《大宗师》说:

> 夫道,有情有信,无为无形;可传而不可受,可得而不可见;自本自根,未有天地,自古以固存;神鬼神帝,生天生地;在太极之上而不为高,在六极之下而不为深,先天地生而不为久,长于上古而不为老。

“道”自为根本,产生天地、鬼神,并且是无所不在,无时不在。“无所不在”,《知北游》中说得更具体更形象:

> 东郭子问于庄子曰:“所谓道,恶乎在?”庄子曰:“无所不在。”东郭子曰:“期而后可?”庄子曰:“在蝼蚁。”曰:“何其下邪?”曰:“在稊稗。”曰:“何其愈下邪?”曰:“在瓦甓。”曰:“何其愈甚邪?”曰:“在屎溺。”东郭子不应。庄子曰:“夫子之问也,固不及质。正获之问于监市履狶也,每下愈况。汝唯莫必,无乎逃物。至道若是,大言亦然……”

最高的道是不离物的,充满万物之中。

由上述可见,老、庄关于道的理解和描述以及各自的着重点是有所不同的。新道家则把老、庄各所着重的东西都加以吸收,并在新的基础上产生了更丰富的道论。“道”究竟是什么,他们谁也不能说清楚,但“多为

---

① 《老子》第51章。

之辞，博为之说”，反复多方面地予以说明。请看《淮南子·原道训》关于“道”的描述：

> 夫道者，覆天载地，廓四方，柝八极。高不可际，深不可测。包裹天地，禀授无形。原流泉浡，冲而徐盈。混混滑滑，浊而徐清。故植之而塞于天地，横之而弥于四海。施之无穷，而无所朝夕。舒之幎于六合，卷之不盈于一握。约而能张，幽而能明，弱而能强，柔而能刚。横四维而含阴阳，纮宇宙而章三光。甚淖而滒，甚纤而微。山以之高，渊以之深。兽以之走，鸟以之飞。日月以之明，星历以之行。麟以之游，凤以之翔。泰古二皇，得道之柄，立于中央。神与化游，以抚四方。

这种道论继承了老、庄宇宙本原、无所不在的思想，描述得更充分、更理论化，上引文字的最后，更直接把道与政治联系起来。

因为“道”既是本体又是规律，宇宙世界既有自然规律，也有社会人事规律，天有“天之道”，人有“人之道”，新道家更有大量的具体论述，并且是把“天道”、“人道”结合起来的，例如《吕氏春秋·圜道》说：

> 天道圜，地道方，圣王法之，所以立上下。……主执圜，臣处方，方圜不易，其国乃昌。

又如《新语·术事》说：

> 道近不必出于久远，取其致要而有成，……古人之所行者，亦与今世同，立事者不离道德，调弦者不失宫商，天道调四时，人道治五常……

关于“天道”、“人道”的更具体的议论，充满在新道家的作品当中，这里就不一一引述了。总的说来，是在“不离道德”的原则下，谈天说地，论政治、议人事，道的根本性、道的无所不在和道法自然的规律性，在新道家的论述中结合在一起了。新道家更多的是注意政治和人事，或者说道论的落脚点是在政治人事。这是新道家与《老子》《庄子》的不同，也就是对他们思想的进一步发展。

二、关于出世与入世

一般认为，老庄思想是“出世”的思想，有的学者又认为说老子思想是出世的，是一种误解①。这是一个可以进一步讨论的问题，《老子》的有些思想如清静、无为、柔弱、不争该如何理解是可以讨论的，但由于文字简略，很少展开。后人作了各种不同的解释，很难说哪一种解释合其本意，但有些文字可以引出某些消极的思想是毫无疑问的，例如关于“不争”的思想，如果说“利万物而不争”②、“为而不争”③ 等，可以解释为“不伸展一己的侵占意欲”、“不与人争夺功名”之类的话，“功成而弗居”④、“功成而不有”⑤，特别是“功遂身退，天之道也”等说法，是有点消极的。有的把《老子》的思想看作隐者的思想也是有道理的，尤其对后世的消极影响是很突出的。庄子讲自然、人生，重养生、长生，讲究避患全生，因此《庄子》中写道：

> 道之真以治身，其绪余以为国家，其土苴以治天下。由此观之，帝王之功，圣人之余事也，非所以完身养生也。⑥
>
> 圣人……天下有道，则与物皆昌；天下无道，则修德就闲，……身常无殃，则何辱之有。⑦

如此超然的处世态度，自然是属于“出世”的，庄子的人生哲学，主要是追求精神超脱，对老子“恬淡无欲”、“去智与故”等思想有更多的发挥，由齐物而逍遥，表现更加消极（庄子后学也有把道用于治世的，但非

---

① 陈鼓应《老子注译及评介》持此说。
② 《老子》第 8 章。
③ 《老子》第 81 章。
④ 《老子》第 2 章。
⑤ 《老子》第 34 章。
⑥ 《庄子·让王》。
⑦ 《庄子·天地》。

主流)。

由此看来，说老庄思想是出世的，可以成立。后世的失意者、消沉者、隐者多半读老庄，特别是读《庄子》就是这个原因。

老、庄对社会、人生的许多方面有冷静细致的观察，有精到深刻的思考，但在矛盾面前往往采取回避退让的消极态度。新道家则与之相反，正视各种矛盾，并且尽量想用道的理论来分析和解决矛盾，如《淮南子·要略》就说：

> 故言道而不言事，则无以与世浮沉；言事而不言道，则无以与化游息。

如上所说，落脚点是在政治、人事，注重运用，不作空谈，这方面新道家的代表作都说得很清楚，《淮南子·要略》开头、结尾反复地说：

> 夫作为书论者，所以纪纲道德，经纬人事。上考之天，下揆之地，中通诸理。虽未能抽引玄妙之中才，繁然足以观始终矣。……若刘氏之书，观天地之象，通古今之事，权事而立制，度形而施宜，原道之心，合三王之风，以储与扈冶，玄眇之中，精摇靡览，弃其畛挈，斟其淑静，以统天下，理万物，应变化，通殊类。非循一迹之路，守一隅之指，拘系牵连之物，而不与世推移也。故置之寻常而不塞，布之天下而不窕。

《吕氏春秋》的作者也是这样表述自己的指导思想的：

> 文信侯曰："尝得学黄帝之所以诲颛顼矣，爰有大圜在上，大矩在下，汝能法之，为民父母。盖闻古之清世，是法天地。凡《十二纪》者，所以纪治乱存亡也，所以知寿夭吉凶也。上揆之天，下验之地，中审之人，若此则是非可不可无所遁矣。"

他们不仅这样表白，实际也是这样做的，对于人生、政治等各方面的问题，有一系列正面积极的看法和主张。下面，将在《〈淮南子〉的政治思想及其与〈吕氏春秋〉的比较》一章中作较详细的述论。由此可见，新道家是公开明确讲“治”的，讲治理天下，讲政治，是“入世”的。假如说《老子》《庄子》中也有关注社会的思想，也有某些“入世”的因素的话，新道家无疑是大大发扬了的。

三、关于人生哲学

前面已提到人生哲学问题。在先秦诸子中，儒墨等家的人生追求，着重在某种社会政治理想的实现，而如上所述，庄子则着重在人的自然本性的实现，可说是“贵生派”。《老子》中有“存身”、“长生”的思想。《老子》第7章说：

天地长久，天地所以能长且久者，以其不自生，故能长生。是以圣人后其身而身先，外其身而身存。

为了“存身”，《老子》反对声、色等物质享受，他认为：

五色令人目盲，五音令人耳聋，五味令人口爽，驰骋畋猎令人心发狂，难得之货令人行妨。是以圣人为腹不为目，故去彼取此。①

在“存身”的基础上，《老子》又提出了“长生久视之道”，其第59章说：

治人事天，莫若啬。夫唯啬，是谓早服，早服谓之重积德，重积德则无不克，无不克则莫知其极，莫知其极，可以有国，有国之母，可以长久，是谓深根固柢，长生久视之道。

看来“长生久视”与“入世”并不绝对矛盾，只是在庄子那里，片面地强调“避患全生”，走向逃世、出世的思想。

新道家则在“长生久视”治理国家这方面发挥《老子》的思想。这方

---

① 《老子》第12章。

面，《吕氏春秋》特别突出，有大量的篇幅论述这方面的问题，有《本生》《贵生》等这样明确的篇名，在论“情欲”、论音乐等许多篇中，都讲贵生、养生的道理。《吕氏春秋》的“全性之道”，即《老子》“存身”的意思，《本生》篇说：

> 圣人之于声色滋味也，利于性则取之，害于性则舍之，此全性之道也。

这里的“性”就是“生”，《贵生》篇说：

> 耳虽欲声，目虽欲色，鼻虽欲芬香，口虽欲滋味，害于生则止。

对于物质享受，《本生》篇也有类似《老子》的说法：

> 贵富而不知道，适足以为患，不如贫贱。贫贱之致物也难，虽欲过之，奚由？出则以车，入则以辇，务以自佚，命之曰招蹷之机；肥肉厚酒，务以自强，命之曰烂肠之食；靡曼皓齿，郑、卫之音，务以自乐，命之曰伐性之斧。

都是养生的一些基本道理，实际是回答如何能“长生久视”的问题。新道家就不停留在“养生”之上，对于“贵生”的目的十分明确，《贵生》说：“圣人深虑天下，莫贵于生。”《先己》说：“昔者先圣王，成其身而天下成，治其身而天下治。”《执一》说：“为国之本在于为身，身为而家为。家为而国为，国为而天下为。故曰：以身为家，以家为国，以国为天下。”这很有点像儒家所提倡的“修身、齐家、治国、平天下”，但新道家是从《老子》的“长生久视之道”发展起来的。所以《执一》篇在结论时写道：“故凡能全国完身者，其唯知长短赢绌之化邪。”能够“全国完身”的人，是懂得道家道理的。

凡是新道家的作品，都会有以上类似的言论，《新语·明诫》有：

> 汤以七十里之封而升帝王之位，周公以自立三公之官，比德于五

帝，斯乃口出善言，身行善道之所致也。安危之效（要），吉凶之符，一出于身；存亡之道，成败之事，一起于善行……□□不可以失法，动作不可以离度。

《淮南子·道应训》和《吕氏春秋·执一》一样，引用了楚王问詹何的例子，不过上面所引"为国之本在于为身"云云，是《吕氏春秋》作者对詹何对话的解释，《淮南子》则引了詹何自己的解释：

楚庄王问詹何曰："治国奈何?"对曰："何明于治身，而不明于治国。"楚王曰："寡人得立宗庙社稷，愿学所以守之。"詹何对曰："臣未尝闻身治而国乱者也，未尝闻身乱而国治者也。故本任于身，不敢对以末。"楚王曰："善。"故《老子》曰："修之身，其德乃真也。"

由此可见，新道家这方面的思想主要来自《老子》，不论引不引"《老子》曰"都是如此，或者是参考儒家修治齐平的思想而对《老子》思想作进一步的发挥，是"采儒墨之善"的一个具体表现。

这里也要指出，汉初有些新道家讲治身治国，侧重在"善言"、"善行"，主要是政治、伦理性的，具体的养生、养性也处处与治国与政治联系起来。《吕氏春秋》《淮南子》这样比较大的著作，关于养生论也是有许多具体论述的，诸如养神重于养形、反对享乐主义的养生等等。如《淮南子·泰族训》中说的：

治身，太上养神，其次养形。治国，太上养化，其次正法。神清志平，百节皆宁，养性之本也。

这里虽然也是治身、治国同时提，但讲了一些具体的养生之道。议论不少，不烦详举。新道家的养生论，到东汉时期受到突出的重视，以至人们开口就讲"黄老养生之福"。

四、关于无为

无为，在《老子》中是作为政治思想提出的，可以概括出“无为而治”，其主要论述有：

为无为，则无不治。[①]

将欲取天下而为之，吾见其不得已。天下神器，不可为也，不可执也。为者败之，执者失之。是以圣人无为，故无败；无执，故无失。[②]

道常无为而无不为。侯王若能守之，万物将自化。化而欲作，吾将镇之以无名之朴。镇之以无名之朴，夫将不欲。不欲以静，天下将自正。[③]

上德无为而无以为，下德无为而有以为；上仁为之而无以为，上义为之而有以为；上礼为之而莫之应，则攘臂而扔之。[④]

天下之至柔，驰骋天下之至坚。无有入无间，吾是以知无为之有益。不言之教，无为之益，天下希及之。[⑤]

为学日益，为道日损，损之又损，以至于无为。无为而无不为。取天下常以无事，及其有事，不足以取天下。[⑥]

故圣人云：我无为而民自化，我好静而民自正，我无事而民自富，我无欲而民自朴。[⑦]

当然还有一些议论虽未出现“无为”字样，但有相同的意思。从所有的论述看，《老子》的“无为”是一种为政之术，后人所谓“君人南面之术”，以“我”为主体，“我”即“侯王”、“君主”、统治者。

---

① 《老子》第 3 章。
② 《老子》第 29 章。
③ 《老子》第 37 章。
④ 《老子》第 38 章。
⑤ 《老子》第 43 章。
⑥ 《老子》第 48 章。
⑦ 《老子》第 57 章。

从《老子》引“故圣人云”来看，“无为”之术还不是老子的发明，但显然又是他强调了、发挥了。不过，和整个《老子》文字简略一样，“无为”仍然讲得比较抽象，两个主要问题说得不具体，不很明确，一是如何理解无为；二是如何做到无为。这就留给后人大加发挥的余地。《庄子》中也有“无为论”，主要用在社会批判上，但过分强调顺任自然而无有作为，结果是如荀子所批评的“蔽于天而不知人”①，对于“无为”的理论没有多大发展，而大大发展“无为”理论的是新道家。

首先是《吕氏春秋》提出并阐发了“君主无为”的思想。例如在《分职》篇中说：

> 夫君也者，处虚素服而无智，故能使众智也；智反无能，故能使众能也；能执无为，故能使众为也。无智、无能、无为，此君之所执也。

这里，一是明确提出了君主无为的思想，二是同时说明了君主无智、无能、无为能使众智、众能、众为，这或可说是对“无为而无不为”的一种具体发挥。《任数》篇又说：

> 古之王者，其所为少，其所因多。因者，君术也；为者，臣道也。为则扰矣，因则静矣。因冬为寒，因夏为暑，君奚事哉？故曰君道无知无为，而贤于有知有为，则得之矣。

《知度》篇：

> 故有道之主，因而不为，责而不诏，去想去意，静虚以待，不伐之言，不夺之事，督名审实，官使自司，以不知为道，以奈何为宝。

以上论述有几点值得注意：第一，提出了“因”的思想，这一思想在《吕氏春秋》中有较多的发挥，《贵因》篇说：“三代所宝莫如因，因则无敌。”

① 《荀子·解蔽》，诸子集成本，中华书局1954年版。

因的思想，是“无为”思想的进一步发展。第二，“督名审实”，当是形名之学，也纳入了“无为”的体系。第三，君因臣为，指出了君臣“异道”，这也是《吕氏春秋》中强调并且论述得较多的问题，《分职》中说：

> 以其智强智，以其能强能，以其为强为，此处人臣之职也。处人臣之职而欲无壅塞，虽舜不能为。

并且，“人主好以己为，则守职者舍职而阿主之为矣”（《君守》）。因此要求“贤主劳于求人，而佚于治事”（《士节》），以便做到“大圣无事而千官尽能”（《君守》）。以上这些“君主无为”的思想，都是《老子》中没有或者很不明显的。这里，我们也要指出，“君主无为”儒家也提到而且不反对，“（孔）子曰：无为而治者其舜也与？夫何为哉？恭己正南面而已矣”[①]。是“无为”、“无为而治”等早于老子、孔子就有“圣人”提出了的。不过，老子及道家各派，特别是新道家，把这种思想充分发挥罢了。

其次，道家的“无为而治”，既讲因顺自然，又强调清静无事，这是《老子》中存在的思想，前引57章“好静”、“无事”、“无欲”与“无为”一口气说出来，表明了《老子》“无为”思想所强调的方面。这些，对于经过战国长期战乱、秦统一不久又大乱的社会政治，大有文章可做。所以西汉初年，人们在讨论政治时，对“无为而治”给予了充分的关注，最早的著作，如陆贾的《新语》，十二篇中就专门有一篇《无为》，并且说“夫道莫大于无为”，对“无为”的思想予以很大的重视，通过列举历史上治与不治的例子，通过对为政举措的分析，阐述“无为”的重要。同时它又特别注意不要对“无为”作片面理解，不能够因为讲“无为”而对政事漠不关心，如其《慎微》篇就说：

> 夫播布革，乱毛发，登高山，食木实。视之无优游之容，听之无仁义之辞，忽忽若狂痴，推之不往，引之不来。当世不蒙其功，后代不见其才；君倾而不扶，国危而不持；寂寞而无邻，寥廓而独寐。可谓避世，非谓怀道者也。

---

① 《论语·卫灵公》，十三经注疏本，中华书局1980年版。

"无为"与"避世"不是一回事。《新语》虽主张"无为而治"，但是带着强烈参政意识讲的，一切是为了"治"。此外，其《至德》篇也有关于无为而治理想境界的描述，将在下面一个问题中引述，这里不重复。

汉初的统治者实行了"无为而治"、"与民休息"的治术，人民在一定程度上"安居乐业"，收到了社会相对安定、经济恢复发展的效果，这是不可否认的事实。"无为而治"经过汉初的实践，到了《淮南子》这部新道家总结性的著作中，就成为其主体思想了，我们后面将用一个专章来讲这一点。

汉初对于"无为而治"的实践和理论总结，在中国古代历史上影响是很大的，社会混乱时期或者新王朝建立初期，人们都会想起它，这是新道家的一个最重要的贡献。

五、关于理想政治

《老子》讲"无为而治"，希望达到的理想境界是：

> 小国寡民。使有什伯之器而不用；使民重死而不远徙。虽有舟舆，无所乘之；虽有甲兵，无所陈之。使民复结绳而用之。甘其食，美其服，安其居，乐其俗。邻国相望，鸡犬之声相闻，民至老死，不相往来。①

说这是复古倒退也可以，说是"乌托邦"也可以，无论从当时的条件和现在眼光来看，都不是一个美好的理想，是根本不可能的，可以说代表的是一种逃避现实的思想，这又与"出世"思想有关。

《老子》的理想为《庄子》所继承，更有浪漫性的发挥，其《胠箧》篇写道：

> 子独不知至德之世乎？……当是时也，民结绳而用之，甘其食，美其服，乐其俗，安其居，邻国相望，鸡狗之音相闻，民至老死而不

① 《老子》第80章。

相往来。若此之时，则至治已。

这完全是照搬《老子》原文，而《马蹄》篇则有浪漫性的描述：

> 故至德之世，其行填填，其视颠颠。当是时也，山无蹊隧，泽无舟梁；万物群生，连属其乡；禽兽成群，草木遂长。是故禽兽可系羁而游，乌鹊之巢可攀援而窥。夫至德之世，同与禽兽居，族与万物并，恶乎知君子小人哉！

其所理想的“至德之世”，是远离实际的幻想，但上引最后一句，表明他是对现实不满，有一定的社会批判精神，这在《天地》篇中表现得更为明显：

> 至德之世，不尚贤，不使能。上如标枝，民如野鹿。端正而不知以为义，相爱而不知以为仁，实而不知以为忠，当而不知以为信，蠢动而相使，不以为赐。

这当然可以说是对仁义忠信等的批判。

但是，《老子》《庄子》的政治理想是不可行的，也无可取。新道家讲政治理想虽然同样是从“道”那里引申出来的，但与老庄截然不同。例如《吕氏春秋》，它有一个很突出的观点，就是主张大一统，讲统一政治，这当然是其主要的政治理想，在“八览”中从《有始》开始到《恃君》结束，除了从各方面论君道、臣道之外，反复指出：

> 乱莫大于无天子。无天子则强者胜弱，众者暴寡，以兵相残，不得休息（《谨听》）。
>
> 天下大乱，无有安国；一国尽乱，无有安家；一家尽乱，无有安身，此之谓也。故小之定也必恃大，大之安也必恃小。小大贵贱，交相为恃，然后皆得其乐，定贱小在于贵大。（《谕大》）

这就是说，无论小大贵贱都需要一个统一的国家，或者说需要天下的统一。其“十二纪”更是按一个统一天下来论述其政治纲领，讲应该如何“治天下”。这与“小国寡民”的思想是截然不同的。

如何实现统一呢？《吕氏春秋》有一系列主张和办法。例如选举贤能以为君主的辅佐，绝非如《庄子》所说“不尚贤，不使能”，而是“察贤”、“期贤”、“赞能”，“功莫大于进贤”，除标名的专篇之外，还有许多篇论述这些，绝不是“君子”、“小人”没有区别，而是用种种方法区分君子与小人，识别贤与不肖，如以“八观六验”、“六戚四隐”、“论人”等(《论人》)。

又例如主张武力统一，不是什么舟车、甲兵弃而不用，在《荡兵》篇中说：

> 有以乘舟死者，欲禁天下之船，悖！有以用兵丧其国者，欲偃天下之兵，悖！

这虽不一定是针对《老子》的批判，但和《老子》的主张显然是不同的。其主张是：

> 怒笞不可偃于家，刑罚不可偃于国，诛伐不可偃于天下，有巧有拙而已矣。

这后一句话是很重要的，高诱注云：“巧则以治，拙则以乱。”在于掌握和运用，“善用之则为福，不能用之则为祸”。从原则上来讲，就是：“圣王有义兵，而无有偃兵。”《荡兵》篇中反复说这句话，并且还说：“义兵之为天下良药也。”主要针对当时的“偃兵疾说者”。这“义兵”思想是比较正确的，《淮南子》与此相同。

为了实现天下统一的理想政治，还有“顺民”、“用民”、“选士”、“爱士”等许多的主张论述，就不一一列举了。

汉初的《新语》，阐述清静无为主张的同时也有政治理想的描述，在《至德》篇中说：

> 君子之为治也：块然若无事，寂然若无声，官府若无吏，亭落若

无民；闾里不讼于巷，老幼不愁于庭；近者无所议，远者无所听；邮驿无夜行之吏，乡闾无夜召之征；犬不夜吠，乌不夜鸣；老者息于堂，丁壮者耕耘于田；在朝者忠于君，在家者孝于亲，于是赏善罚恶而润色之，兴辟雍庠序而教诲之。

这里值得注意的是一个“若”字，“若”是一个假设之词，为“如”、“似”的意思。就是说，并非真的“无事”、“无声”、“无吏”、“无民”，只不过好像是“无事”、“无声”、“无吏”、“无民”，也并不是完全听其自然，而是“赏善罚恶而润色之，兴辟雍庠序而教诲之”。不是不要甲兵、刑法，只是反对“深刑刻法”。和老庄的幻想相比，是有一定可能的、比较接近真实的理想。

《淮南子》关于无为政治的理想局面，与《新语》大体相同，论之更详，下面将再具体介绍，这里从略。

六、关于尚贤使能

任用贤能，是新道家政治思想中重要的内容之一。这是《老子》中所没有的，甚至是《老子》所反对的，《老子》第3章说：

不尚贤，使民不争。

“不尚贤”，《河上公老子章句》说：

不贵之以禄，不贵之以官。

至于什么是“贤”？有不同的解释，河上公注云：

贤，谓世俗之贤，去质尚文也。

这“贤”本身就不怎么好，清人魏源的《老子本义》解释说：

所谓贤者，专指瑰材畸形而言。盖君子好名，小人好利，贤与货皆可欲之具。是故人以相贤为尚，则民耻不若，而至于争。

照此说来，贤者本来并不一定坏，不过是与众不同罢了，只是好名而争贤，那就和小人争利一样，是不好的。这是否是《老子》之“本义”不得而知，《老子》反对“尚贤”是可以肯定的。这个思想，无论如何也是不足取的。新道家摒弃了《老子》的这种思想，而认为贤者是治国之必需，所以《吕氏春秋》反复地说：

立功名亦然，要在得贤。①

凡国不徒安，名不徒显，必得贤士。②

身定，国安，天下治，必贤人。……得贤人，国无不安，名无不荣；失贤人，国无不危，名无不辱。……贤者所聚，天地不坏，鬼神不害，人事不谋，此五常之本事也。③

贤者如此之重要，所以极力主张求索贤人：

先王之索贤人无不以也，极卑极贱，极远极劳。④

要想方设法“以求贤人”，如上所提到的，它还有一套具体地考察、识别、礼贤、下士的办法。

同样，所有新道家在对待“贤能”这个问题也是一致的。《新语·辅政》篇中说君主要“以贤圣为杖”，十二篇中有一篇《资质》可以说是专讲求贤的，认为不用忠贤是非常危险的：

人君莫不知求贤以自助，近贤以自辅，然贤圣或隐于田里而不预国家之事者，乃观听之臣不明于下，则闭塞之讥归于君。闭塞之讥归

① 《吕氏春秋·察贤》，诸子集成本，中华书局1954年版。
② 《吕氏春秋·期贤》，诸子集成本，中华书局1954年版。
③ 《吕氏春秋·求人》，诸子集成本，中华书局1954年版。
④ 《吕氏春秋·求人》，诸子集成本，中华书局1954年版。

于君，则忠贤之士弃于野。忠贤之士弃于野，则佞臣之党存于朝。佞臣之党存于朝，则下不忠于君，下不忠于君，则上不明于下。上不明于下，是故天下所以倾覆也。

《吕氏春秋》中分散讨论的一些观点，在这里作了一个集中表述。

《淮南子》的有关论述详后，兹不赘。

选贤与能、尚贤使能是儒、墨两家都有的思想，《论语》中“尊贤”、“举贤”的话都有，《墨子》以《尚贤》名篇，这都是无需多说的。这里，新道家显然是采取了“儒墨之善”。但是，新道家把这个思想是纳入了道家思想体系之中的，即所谓“君臣异道”，君主无为而臣下有为。

再说，《老子》的“不尚贤，使民不争”，对那些退隐不仕的人当然无所谓，但对于吕不韦门下的食客和往归淮南王刘安的宾客们则很不对味，那些人，许多都是以贤能自居，在那里待价而沽的，他们当然要积极鼓吹尚贤使能。陆贾、叔孙通各类人物都是如此，陆贾说要“以圣贤为杖”，就是说当权者应该要依靠他们这样的人。而事实上，时代也需要贤能之士，只有贤能之士才能定天下、安天下。主观愿望和客观需要是一致的，因而这方面的主张和理论就得以成立了，就得到大力发挥了。

七、关于仁义礼法

大家都会承认，《老子》在仁义礼法这些问题上是持否定态度的。他不仅认为：

大道废，有仁义；智慧出，有大伪；六亲不和，有孝慈；国家昏乱，有忠臣。①

夫礼者，忠信之薄，而乱之首。②

法令滋章，盗贼多有。③

---

① 《老子》第18章。

② 《老子》第38章。

③ 《老子》第57章。

而且主张：

> 绝圣弃智，民利百倍；绝仁弃义，民复孝慈；绝巧弃利，盗贼无有。此三者以为文，不足。故令有所属，见素抱朴，少私寡欲，绝学无忧。①

不论这些是否愤世之言，其主张抛弃仁义礼法是不可否认的。这方面，《庄子》也与《老子》完全一样，批判“仁义圣知”，文词更多、更激烈，如《胠箧》中说：

> 故绝圣弃知，大盗乃止；擿玉毁珠，小盗不起；焚符破玺，而民朴鄙；掊斗折衡，而民不争；殚残天下之圣法，而民始可与论议。擢乱六律，铄绝竽瑟，塞瞽旷之耳，而天下始人含其聪矣；灭文章，散五采，胶离朱之目，而天下始人含其明矣；毁绝钩绳而弃规矩，攦工倕之指，而天下始人有其巧矣。……削曾史之行，钳杨墨之口，攘弃仁义，而天下之德始玄同矣。……彼曾、史、杨、墨、师旷、工倕、离朱，皆外立其德而以爚乱天下者也，法之所无用也。

简单地说抛弃仁义圣知礼法，才会天下太平，这种极端之言，当然无补于事。

新道家不否认甚至引用《老子》的说法：

> 失道而后德，失德而后仁，失仁而后义，失义而后礼。②

因为道是根本，德乃道之用，仁义礼法等产生于道，而且总归之于道。但并不主张“绝仁弃义”。从“清静无为”的思想出发，也反对严刑苛法，反对繁文缛礼，但并不主张取消礼法，而是努力把仁义与道德结合起来，如《新语·道基》篇中所说：

> 仁者道之纪，义者圣之学。

---

① 《老子》第19章。
② 《老子》第38章。

在实践中统一起来，所以又说：

> 是以君子握道而治，据德而行，席仁而立，杖义而强，虚无寂寞，通动无量……

让仁义礼法符合自然无为的原则，这些我们还将在后面一些专章中论述。

八、关于知识论

老子是中国古代智者，他曾说："知不知，上；不知知，病。"[①] 要人们不要以不知为知，这是很可取的思想，如孔子所说："知之为知之，不知为不知，是知也。"[②] 也许正因为有这种态度，他又当守藏史，学问渊博，成为大智大慧的人。但是因为他愤世嫉俗，片面强调"智慧出，有大伪"[③]。从而主张"绝圣弃智"、"绝学无忧"[④]，甚至说："为学日益，为道日损。"[⑤] 把知识和道对立起来。这些极端的思想言论是不可取的。可是庄子出于同样的原因，接收了老子这方面的思想，已如上述。

新道家不赞成"弃智"、"绝学"，而主张重知重学。这方面《吕氏春秋》有很多论述，且有《劝学》《尊师》这样的专篇。它不像《老子》把学和知当作天下大乱的原因之一，相反认为不学才是致乱之原因，如《劝学》篇说：

> 忠孝，人君人亲之所甚欲也；显荣，人子人臣之所甚愿也。然而人君人亲不得其所欲，人子人臣不得其所愿，此生于不知理义，不知理义，生于不学。

关于道和学的关系，与《老子》的看法也相反，不是"为学日益，为道益损"，而是学和道一致，《劝学》中说：

---

① 《老子》第71章。
② 《论语·为政》，十三经注疏本，中华书局1980年版。
③ 《老子》第18章。
④ 《老子》第19章。
⑤ 《老子》第48章。

圣人生于疾学，不疾学而能为魁士名人者，未之尝有也。疾学在于尊师，师尊则言信矣，道论矣。

疾学尊师，“道”才为人所议论而彰明之，学与道不是对立的。《尊师》中又说：

故凡学，非能益也，达天性也，能全天之所生而勿败之，是谓善学。

这里“天性”应当可以理解为“道”，至少可以说是道的一种性格，因此，它认为学不但有交往，而且是达到道的一种途径，善学的人就能达到道。为什么？是因为：

凡学，必务进业，心则无营，疾讽诵，谨司闻，观欢愉，问书意，顺耳目，不逆志，退思虑，求所谓，时辨说，以论道，不苟辨，必中法，得之无矜，失之无惭，必反其本。

学就等于是修道。此外，还举一些“名士显人”皆“得之于学”，又说一个人“不学”就等于是聋子、瞎子、哑巴，愚蠢。

其他新道家以政论为主，很少专门论学，但对于知与学同样是持肯定态度的，《新语》就是如此，其《资质》中说：

夫扁鹊，天下之良医，而不能与灵巫争用者，知与不知也。……凡人……莫不知学问之有益于己，怠戏之无益于事也。

前一句是对知的肯定，后一句则认为学之有益乃“凡人”共识，不必多言，所以《慎微》中也脱口而出：

力学而诵诗书，凡人所能为也。

它是深知学的重要性的，“学之者明失之者”（《道基》）。

《淮南子》作为新道家思想总结的著作，当然会总结这方面的思想，其《修务训》就以丰富的内容，说明了学的重要性。它针对“世俗废衰，而非学者多”的情况，反复强调：“学不可以已”、“知（智）人无务，不若愚而好学”，且引两段论述：

> 欲弃学而循性，是谓犹释船而欲蹇水也。夫纯钧鱼肠之始下型，击则不能断，刺则不能入，及加之以砥砺，摩其锋剽，则水断龙舟，陆钊犀甲。明镜之始下型，朦然未见形容，及其粉以玄锡，摩以白旃，鬓眉微豪，可得而察。夫学亦人之砥锡也，而谓学无益者，所以论之过。
>
> 昔者苍颉作书，容成造历，胡曹为衣，后稷耕稼，仪狄作酒，奚仲作车。此六人者，皆有神明之道，圣智之迹，故人作一事而遗后世，非能一人而独兼有之，各悉其知，贵其所欲达，遂为天下备。……周室以后，无六子之贤，而皆修其业，当世之人，无一人之才，而知其六贤之道者何？教顺施续，而知能流通。由此观之，学不可已，明矣。

通过物和人两类事例说明学与教的重要性，事实上也说明只有通过教与学，文化才可能传承。

这里还要指出，它不仅说苍颉等人有“圣智之迹”，五伯也有“圣智之实”，显然是肯定“圣智”的，不同意“绝圣弃智”。

新道家重学重知，与老庄不同，当然也是兼采他家之善，在他们之前的荀子是有明显“劝学”理论的。通过以上一些主要方面思想的比较，我们不难看出：

新道家和先秦道家一样，始终注意一个“道”字，以“道”为原，以“道”为基，承认道是宇宙的本体，万物之根源，同时又拿它来沟通天与人，新道家用多种意义道的观念来说明宇宙、万物、社会、人生之各种问题，形成了比先秦道家更系统、更理论化的道论体系，此其一。其二，新道家继承先秦道家的思想，一方面充分发挥其积极的内容，诸如执本秉要，宽大包容，清静自然，无为而无不为，柔弱胜刚强等，并制造一些新的思想；另一方面又克服其消极因素，诸如消极隐退、绝仁弃义、绝圣弃知等，乃至摒弃、批判。其三，之所以能够做到上述这一点，是因为新道家适应时代的需要，更自觉地实行兼容并包，如司马谈总结其特点所说：

> 因阴阳之大顺，采儒墨之善，撮名法之要，与时迁移，应物变化。①

例如在道德和仁义的关系上，就是采用了儒家之所长，对《老子》的道德论进行了改造，唐代韩愈在《原道》中说：

> 凡吾所谓道德云者，合仁与义之言也，天下之公言也；《老子》之所谓道德云者，去仁与义言之也，一人之私言也。

这道德“合仁与义”的天下公言，实始自新道家。他们在当时就肯定儒家的长处：

> 若夫列君臣父子之礼，序夫妇长幼之别，虽百家弗能易也。②

“百家弗能易”当即“天下之公言”。这种“公言”还有：

> 要曰：强本节用，则人给家足之道也，此墨子之所长，虽百家弗能废也。
>
> （法家）若尊主卑臣，明分职不得相逾越，虽百家弗能改也。
>
> （名家）控名责实，参伍不失，此不可不察也。

儒、墨、名、法各家的“善”和“长”都为新道家所“采”、“撮”、“兼”、“合”了。因此，新道家之言，可以说是当时“天下之公言”，“其实易行”，因为它“立俗施事，无所不宜，指约而易操，事少而功多”。在西汉初年，新道家的思想和主张得到了实践，并在实践中丰富和完善了自己。

---

① 司马迁：《史记》卷一百三十，《太史公自序》，中华书局 1982 年版，第 3289 页。

② 司马迁：《史记》卷一百三十，《太史公自序》，中华书局 1982 年版，第 3290～3291 页。

第九章 《吕氏春秋》两论

一、论《吕氏春秋》的中心思想

《吕氏春秋》把“各序其旨意”的黄老学说“集论”起来，是黄老新道家形成的标志。《吕氏春秋》绝非“杂家”，而是新道家的代表作。全书的中心思想，高诱的概括最为恰当，即：

> 此书所尚，以道德为标的，以无为为纲纪，以忠义为品式，以公方为检格。

道德、无为、忠义、公方等就是该书的中心思想。道德、无为是道家的根本思想。“公方”，方就是正，公方亦公正，它与“无为”是有关系的，与《老子》思想是有关系的，《老子》有“圣人方而不割”、“直而不肆”① 等要求。《韩非子·解老》篇说：

> 所谓方者，内外相应也，言行相称也……所谓直者，义必公正，心不偏党也。

《吕氏春秋》中所言忠义，与儒、墨的思想有明显的不同，强调的是“义”，但又没有像《墨子》那样引向“兼爱”。“义”是一种节操，也有正义、义勇等意义。

《吕氏春秋》虽以道家思想为本，但战国以来诸子百家相互影响、相互吸收，因而有与其他各家相似、相近甚至相同的思想是不足为奇的。司

---

① 《老子》第58章。

马谈对道家概括说：

其为术也，因阴阳之大顺，采儒、墨之善，撮名、法之要……

这种对儒、墨、名、法“采善”、“撮要”的说法，比班固后来的“兼儒、墨，合名、法”的说法要确切得多，司马谈指出这是道家（实为新道家）之术的特点，而班固却得出了杂家的错误结论。

下面就来具体论述其中心思想。

（一）水到渠成的“集论”

从历史背景看《吕氏春秋》的产生，可以说是水到渠成。司马迁说：

当是时，魏有信陵君，楚有春申君，赵有平原君，齐有孟尝君，皆下士喜宾客以相倾。吕不韦以秦之强，羞不如，亦招致士，厚遇之，至食客三千人。是时诸侯多辩士，如荀卿之徒，著书布天下。吕不韦乃使其客人人著所闻，集论以为《八览》、《六论》、《十二纪》二十余万言，以为备天地万物古今之事，号曰：《吕氏春秋》……①

这里涉及的时代背景是战国时期士的活跃，武士文士都有，鸡鸣狗盗之徒亦为食客，其中有不少“辩士”是“著书布天下”的。吕不韦就是集合其门客中的文士而作书的，所谓“集知略之士而造《春秋》”②。

关于士的活跃以及与之相关的百家争鸣等具体情况，似不必在此多说，但有必要指出其发展趋势：战国时期的诸子百家，看起来水火不相容，实际上又是相辅相成的，《汉书·艺文志》早已指出：“其言虽殊，辟犹水火，相灭亦相生也。”到了战国后期，彼此间的吸收、融合越来越明显，从而有的主张求同存异，如《尸子·广泽》篇所说：“无相非也”，有的主张“齐万不同”，这后者正是《吕氏春秋》的主张和实践。因此，从百家争鸣发展的规律看，《吕氏春秋》的产生是水到渠成。

---

① 司马迁：《史记》卷八十五，《吕不韦列传》，中华书局 1982 年版，第 2510 页。

② 班固：《汉书》卷三十六，《楚元王传》，中华书局 1975 年版，第 1953 页。

其次，从道家本身的发展看，可说是瓜熟蒂落。我们认为《吕氏春秋》是新道家，是以黄老为名号的新道家，这是本文论述的主要点。但是，黄老这个名号的产生和发展有一个过程，这一点学界也讨论得比较多了，这里仅就其主要发展线索略述管见。

众所周知，齐国的稷下是“黄老”的中心，几度盛衰，前后持续了一个世纪，直至《吕氏春秋》编纂的前夕。如何看待稷下黄老呢？我认为最重要的是司马迁的一段论述：

> 慎到，赵人，田骈、接子，齐人，环渊，楚人，皆学黄老道德之术，因发明序其指意。故慎到著《十二论》，环渊著《上下篇》，而田骈、接子皆有所论焉。①

谁都不否认，黄帝是假造出来的，黄帝之学——我相信并且认为——是依托老子之学而“发明”的。“因发明序其指意”，透露出黄老之学产生的消息，无论是假托黄帝之名的书，或者如慎到的《十二论》、环渊的《上下篇》等论著，都是一批“文学游说之士”或者“稷下学士”“发明序其指意”的成果，这些成果丰富了黄老之学的内容。它们的根据是“道德之术”，所谓“黄老道德之术”，实即老子的思想。“发明”黄老之学的人不只田骈、慎到、环渊、接子几个人，这几个人也不能称为黄老道家，此时黄老道家尚未形成。

一批学“黄老道德之术”的人，曾经在齐稷下集中过，后来分散了，如《盐铁论·论儒》篇所说：

> （齐湣王）矜功不休，百姓不堪，诸儒谏不从，各分散。慎到、接子亡去，田骈如薛，而孙卿适楚。

这批人虽然分散了，但人还在，思想还在，并且会不断发展变化，也会往下传授。只是社会动荡不安，人们流离奔波，师承关系也就不那么严密了。荀卿那样的大学者，李斯那样曾显赫一时的大人物，虽有李斯“从荀

---

① 司马迁：《史记》卷七十四，《孟子荀卿列传》，中华书局1982年版，第2347页。

卿学帝王之术”的几句记载，几乎看不出什么师承关系，而且李斯的思想主要可归类于法家。当时（战国末年）单个人的思想是可能有多种来源，而且是不断变化的，但原有的各学派的思想继续存在，不为这个人就会为那个人所承传，这些无需多加说明了。

吕不韦招致宾客（李斯亦在其中），必有各学派思想的人士，吕不韦“集知略之士而造《春秋》”，把“各序其旨意”的黄老学说“集论”起来，成为一部完整的黄老道家的代表作，也是水到渠成。因此，可以认为《吕氏春秋》是新道家形成的标志。其以前的发展是很清楚的，其以后的发展则因为政治的原因，使之成为一个当时大家都不敢明言的问题。

(二)“以道德为标的，以无为为纲纪”

难能可贵的是，《吕氏春秋》既有明显的中心思想，又有明确的指导思想。作为“一家言”的著作，都会有自己的中心思想，而作为集众人之论的《吕氏春秋》，其中心思想的形成，是因为在“集论”时有十分明确的指导思想。这一点在其《序意》中写得明明白白：

> 维秦八年，岁在涒滩，秋，甲子朔，朔之日，良人请问《十二纪》，文信侯曰：“尝得学黄帝之所以诲颛顼矣，爰有大圜在上，大矩在下，汝能法之，为民父母。盖闻古之清世，是法天地。凡《十二纪》者，所以纪治乱存亡也，所以知寿夭吉凶也。上揆之天，下验之地，中审之人，若此则是非可不可无所遁矣。天曰顺，顺维生；地曰固，固维宁；人曰信，信维听。三者咸当，无为而行。行也者，行其理也。行数，循其理，平其私。夫私视使目盲，私听使耳聋，私虑使心狂。三者皆私设精则智无由公。智不公，则福日衰，灾日隆，以日倪而西望知之。”

这一段文字，以下几点值得注意：

第一，“文信侯曰”显然是实录吕不韦的话，不会有假，不会有人代拟言辞由他宣读。那么，从其所说内容看，吕不韦是一个颇有思想的人，这一点人们有意无意地忽略了。

第二，所谓“黄帝之诲颛顼”云云，只不过是借题发挥，或者当时确已流行此一说法，要紧的是他以“大圜在上，大矩在下，汝能法之，为民父母”的黄帝思想为自己的指导思想。

第三，吕不韦自己表述的指导思想，简而言之就是“法天地”三字，进一步地说明又提出了“上揆之天，下验之地，中审之人”。这“中审之人”的补充是很有意义的。因为“法天地”即“法”天地自然，但如果仅止于此，那就会如荀子所批评的那样：“庄子蔽于天而不知人。”[①]（杨倞注云：“天，谓无为自然之道，庄子但推治乱于天，而不知在人也。”）可以这样认为，《吕氏春秋》“法天地”的指导思想，是在原有道家自然思想基础上的进一步发展，这正是新道家最重要的特点——出世与入世之分。

第四，吕不韦要求编写者们以天地人统一的思想来“纪治乱存亡”，以便使“是非可不可无所遁矣”。

第五，“法天地”指导思想的更具体阐述，那就是：“三者（天、地、人）咸当，无为而行”；“行数，循其理，平其私”；“三者（目、耳、心）皆私设精则智无由公”等。《序意》的文义未完，当有脱文，甚为可惜！仅此数句，已涉及全书的中心思想。

关于全书的中心思想，如前所说，即高诱概括的道德、无为、忠义、公方几个方面。在具体说明这些思想之前，有必要再提一下高诱作出这种概括的时代背景和条件。高诱是东汉末年的人，是在注解《孟子》《淮南子》《孝经》之后才注解《吕氏春秋》的。他最后完成《淮南子》注解的时间是建安十七年，十足的东汉末年。当时道家思潮冲破儒家思想的“一统”天下，开始了一次大规模的“复兴”，如其《淮南子叙目》所说：

> 夫学者不论《淮南》，则不知大道之深也。是以先贤通儒述作之士，莫不援采以验经传。

人们重读老、庄，同时也参考《淮南》，当然不会不参考《吕氏春秋》。高诱是在这种背景下研究（注解）《吕氏春秋》的。他已经广泛而且深入地研究了儒家经典，如作《孟子章句》，作《孝经》解，等等。他对《淮南子》作了长期的深入的研究——他不仅少年时“变其句读”，从建安十年

① 《荀子·解蔽》，诸子集成本，中华书局1954年版。

到十七年前后八年时间又“为之注解”，深思精研的结果认为：

> 其旨近《老子》，淡泊无为，蹈虚守静，出入经道。……然其大较归之于道。

是在这种研究的基础上，再来注解《吕氏春秋》，认识《吕氏春秋》的。其“寻绎案省”的结果认为：《吕氏春秋》“大出诸子之右”。因此，高诱对其中心思想的概括是极为可信的，比其他任何见解都正确，我们可以一一加以论证。

首先，“道德”、“无为”是道家的根本思想，这一点不会有任何分歧。上述《序意》“法天地”的指导思想中虽未见“道德”两字，但《老子》的“人法地，地法天，天法道，道法自然”① 的思想是众所周知的。因而所谓“法天地”，就是顺应道之自然性的意思。我们知道，道家的形而上的“道德”两字，道是根本，德是道的体现或作用，大多数时间只讲一个“道”字，《吕氏春秋》把它当作最高的目标，关于它的描述和《老子》是一样的，例如其《大乐》篇云：

> 道也者，视之不见，听之不闻，不可为状。有知不见之见，不闻之闻，无状之状者，则几于知之矣。道也者，至精也，不可为形，不可为名，强为之谓之太一。

在《老子》那里，把道说成“大”或者“一”的话和意思都有，仅“太一”一词是《庄子·天下》篇中有的，它说老子“主之以太一”，名称不同而已。《吕氏春秋》中关于道的种种议论，包括《圜道》篇中的“天道”、“地道”等，都是合于老子思想的，此其一。

其二，“道德”、“无为”的思想，在指导思想中阐述得很清楚，即《序意》中所说：“三者咸当，无为而行。”三者，天、地、人，归根结底是天，是天道。咸当，就是顺应自然的天道，无为而行。我们还要进一步指出，这种指导思想是贯穿了全书的。无论是讲自然、论社会，无论是政

---

① 《老子》第25章。

治上“纪治乱存亡”，或者知人事的“寿夭吉凶”，处处体现出顺其自然之性的基本思想，确实是以“道德”和“无为”为最高目标和纲领的。这方面，《吕氏春秋》还有自己的创造，创造了“贵因”论，在《贵因》《慎势》《顺说》等篇作了理论阐述，它认为：“顺风而呼，声不加疾也；际高而望，目不加明也；所因便也。”① 在《贵因》篇更集中地作了论述，它说：“三代所宝莫如因，因则无敌。”其所谓因，讲的就是一个顺任的道理，顺天、顺时、顺力、顺俗、顺人心、顺民欲乃至顺人之所欲，它举例作了一些具体说明，因是有目的的，“因则功”，“因则贫贱可以胜富贵矣，小弱可以胜强大矣”②。所以，它的因顺不是消极的、被动的，而是“因性任物”，即：因物之性而使用的，此言乃《执一》篇记田骈说“道术”之言，其全文是：

> 变化应来而皆有章，因性任物而莫不宜当，彭祖以寿，三代以昌，五帝以昭，神农以鸿。

长寿是“因性”的结果，治世昌盛也是“因性”的结果，高诱注解更明确说是“以治性而昌盛”，是“皆治世以体道”。这就完全落实到了政治上，新道家就是把自然之道运用和落实到政治上，而说“因性任物”这话的人，恰恰又是发明黄老道德之意的田骈，颇能说明《吕氏春秋》标志着新道家的形成。

其次，“无为”与因顺“道德”——或者说顺天之道，是相互为说的，因顺天道（或者自然之道）就应该无为，无为则能很好地体现因顺自然之道。“贵因”思想最后落实到政治上，无为思想更是主要就政治而言的，所以高诱说的“以无为为纲纪”，我们可以用现代话说，无为是政治纲领。《吕氏春秋》关于无为理论也有建树，那就是把“无为”和“平其私”联系起来，从而又创造了一个“贵公说”。《序意》中说：

> ……无为而行，行也者，行其理也。行数，循其理，平其

① 《吕氏春秋·顺说》，诸子集成本，中华书局1954年版。

② 《吕氏春秋》，《贵因》《顺说》，诸子集成本，中华书局1954年版。

> 私。……三者（目、耳、心）皆私设精则智无由公。智不公，则福日衰，灾日隆……

《吕氏春秋》有一套关于“贵公”的论述。首先，其“贵公”论同样是从自然的天道中得出来的，《贵公》篇中写道：

> ……故老聃则至公矣。天地大矣，生而弗子，成而弗有，万物皆被其泽，得其利，而莫知其所由始，此三皇、五帝之德也。

天地广大无私，所以“生而弗子，成而弗有”，“公”是从这里引申出来的。其次，提倡一个“公”字，也主要从政治上着眼，所以说，“圣王之治天下也，必先公，公则天下平矣”，“凡主之立也，生于公”，甚至说出了“天下非一人之天下也，天下之天下也”这样惊人之语。既然“贵公”是全书的中心思想，因而它也处处贯彻，多篇加以论述。不但《去私》篇与《贵公》篇文义相承，同样从天地日月四时的“无私”讲起，列举了一些去私而公的事例，而且《务本》篇讲为道者必先公而后私，“本”就是“公”。还有《谕大》《务大》等篇的“大”在性质上和“公”也没有什么区别，大而能容，如地大、山大、水大之能容纳，所以说：“凡谋物之成也，必由广大众多长久。”而这“广大众多长久”是符合“道”的意义，如《老子》所说：

> 知常容，容乃公，公乃全，全乃天，天乃道，道乃久，没身不殆。①

《吕氏春秋》关于“公”与“大”等论述不就是直接从《老子》的思想中发挥出来的吗？上说天地广大无私时说：“生而弗子，成而弗有”，几乎也是《老子》原文的照搬，《老子》第二章讲“圣人处无为之事”时就说过：“生而弗有，为而弗恃，功成而弗居。”

由此可见，“无为”是《老子》的、道家的，“贵公”也是《老子》的、道家的。儒家不是没有“天下为公”的思想，《吕氏春秋》在具体论

---

① 《老子》第16章。

述中也免不了会采纳甚至引用儒家的东西，如《贵公》篇直接引《鸿范》，这是所谓“采儒墨之善”（详下），但《吕氏春秋》的“贵公”论主要是从道家思想中引申和发挥出来的。

第三，这里就涉及高诱所说的另一句话：“以公方为检格。”“贵公”思想与“无为”思想有关，而且十分重要，在《吕氏春秋》全书中十分突出，所以高诱补充说了这一句。“检格”就是检验标准，以“公方”为检验一切人与事的标准。《吕氏春秋》原文中似未见“公方”的提法，看来是高诱的概括，这个概括是正确的，就是说：《吕氏春秋》的“公”，不仅有背私为公、大公无私的意思，也有公平正直的含义。所谓“方”就是正，如《韩非子·解老》所言：

> 所谓方者，内外相应也，言行相称也。……所谓直者，义必公正，公心不偏党也。

这是对《老子》一段文字的解释，《老子》第58章原文是：

> 是以圣人方而不割，廉而不刿，直而不肆，光而不耀。（按：对“圣人”的要求！）

可见在道家思想系统内，原来有“公正”或者“方正”的思想，《吕氏春秋》的《贵公》《去私》等篇中所举的许多具体事例，多半是讲政事的，既有大公无私之意，也有公平正直的思想，如《去私》中说：

> 尧有子十人，不与其子而授舜，舜有子九人，不与其子而授禹，至公也。

篇中还引用了孔子“外举不避仇，内举不避子”的话，又直接称赞墨者的大公无私，我认为这都属于“采儒墨之善”。

陈奇猷先生因为主张“吕不韦之指导思想为阴阳家，其书之重点亦是阴阳家说”①，不以道家思想指导为然，他认为《贵公》为“伊尹学派之

① 陈奇猷：《吕氏春秋校释》，学林出版社1984年版，第1980页。下引此书，只注页码。

学”，《去私》“出于墨家者流之手”，自然就很“杂”了。说高诱训“公”为“正”“不洽”，认为是《说文》“背公为私”之公，是亦有所偏，所以会有自相矛盾之处，如在注同篇“立公”之时说：“即建立公正之意。”

据上所述，我认为一般把“公方为检格”说成是儒家思想或墨家思想都是不恰当的，这句话仍在道家思想的体系之内。

第四，还有一句就是“以忠义为品式”。“品式”也是标准，和“检格”一词的意义和程度相当，意思是说，“忠义”是另一个重要标准，也是全书的中心思想和主要内容之一。“忠义”两字，人们很容易联想这是儒家的或者墨家的。仔细研思，其实不然。在儒家经典中，主要是“仁义”相连，几乎可说是俯拾即是（特别在战国中期的《孟子》一书中），而“忠义”相连却很难找到。在儒家伦理道德思想中“义”是隶属于“仁”的，讲“忠”字，则“忠信”、“忠恕”、“忠顺”相连得比较多。墨者的行动可以说讲“忠”、讲“义”，但在《墨经》中，也和儒家一样讲“仁义”，“仁，爱也；义，利也”，不论是合讲“仁义”，或单讲“仁”与“义”，它都引向了“兼爱”。看来，这“忠义”两字虽与儒、墨有关，是从他们那里借用来的，《吕氏春秋》仍有自己的发挥和创造。书中也有“仁义”的词句，但不是主要思想。

当然，“忠义”两字是高诱的概括，但这个概括是符合《吕氏春秋》原意的。首先，忠、义思想同样是《吕氏春秋》的主要内容，它有《至忠》《高义》等篇，“至”与“高”和《贵公》的“贵”字是同义的，是表示其着重。关于“忠义”的内容很多，除开篇名上有“忠”、“义”两字外，还有许多篇都涉及“忠义”的内容。“忠”的意义很明确，“忠臣”之“忠”，为人臣者要“忠”，所以《达郁》篇说：“圣王之贵豪士与忠臣也，为其敢直言而决郁塞也。”在《吕氏春秋》中“忠”与“义”又是紧密相连的，例如《不苟》篇说：

> 贤者之事也……必中理然后动，必当义然后举，此忠臣之行也。

《至忠》篇说：

> 夫忠于治世易，忠于浊世难。文挚非不知活王之疾而身获死也，

为太子行难以成其义也。

由此可见，“忠”或“忠臣”的表现集中就是一个“义”字。《上德》篇说：

为天下及国，莫如以德，莫如行义。以德以义，不赏而民劝，不罚而邪止，此神农、黄帝之政也。（按：“义”“德”相提并论值得注意。）

《用民》篇也说：

凡用民，太上以义，其次以赏罚。

统治者对所有臣民都提倡一个“义”字。因此，《吕氏春秋》中从许多方面论述了“义”，凡是论《知士》《士节》《士容》等的时候，凡是讲“贤人”、“君子”言行的时候，都会涉及到“义”字。有些文字虽未明言“义”，高诱也认为是讲“义”，例如他注《不侵》篇之“天下轻于身，而士以身为人”时说：“轻于身，重于义也。以身为人者，为人杀身。”注《士节》“士之为人，当理不避其难”云：“理，义也。杀身成义，何难之避也?”

更重要的是，《吕氏春秋》把“义”字看得极重，《无义》篇说：

义者百事之始也，万利之本也。

《论威》篇提得更高：

义也者，万事之纪也，君臣上下亲疏之所由起也，治乱安危过胜之所在也。

因此书中特别强调“义”是一种节操，是士人、君子为人的根本。《士节》篇说：

士之为人，当理不避其难，临患忘利，遗生行义，视死如归。

《高义》篇说：

君子之自行也，动必缘义，行必诚义。

提倡“义”，反对“不义”和“无义”，所以《高义》篇赞扬孔子、墨子、子囊、石渚之高义，《无义》篇批评公孙鞅、郑平、续经、公孙竭之无义。

《吕氏春秋》讲“义”字，既有重点的意义，即士人的节操，为人臣忠心的表现，也有正义、义勇、义气等意义（只是仁义的意义不大）。这后者也有突出的内容，那就是“义兵”思想的阐述，如上述《论威》篇中所说，义是“治乱安危过胜之所在”，就在这一篇中提出了“敌慑民生，此义兵之所隆也”，一再论述“圣王有义兵而无偃兵”①。

《吕氏春秋》的“忠义”思想，看来与道家思想的联系不大，但据上所述，虽不能武断地说与儒、墨的思想没有关系，但与他们有很大不同也是明显的。我认为也是“采儒墨之善”而加以改造和发挥的结果。

在分别阐述了高诱的四句话之后，总起来看，我们还可以得到这样的认识：“无为”主要是对君主而言的，“忠义”主要是对臣下而言的，“道德”是君主和臣下需要遵循的最高准则，“公方”也是君主和臣下所要共同遵守的一个检验言行的标准。由此可见，《吕氏春秋》是一部有完整体系的政论书。

（三）“采儒、墨之善，撮名、法之要”

诸子百家之不同，是因为学术思想不同，古代的说法是“旨趣”不同，刘向就曾明确地说：

诸子各著篇章，欲崇广道艺，成一家之说，旨趣不同，故分为九家。②

---

① 《吕氏春秋》，《荡兵》《召类》等，诸子集成本，中华书局1954年版。
② 荀悦：《前汉纪》二五《孝成纪》二，明嘉靖影印本。

所谓“旨趣不同”，就是宗旨、主义、意义的不同，了解和区别各家，就是要了解和区别各家的“旨趣”。班固（或者是根据刘向）把《吕氏春秋》和《淮南子》都列入杂家，看来是未把握好两书的“旨趣”。东汉末年的高诱从两书的内容出发，对其“旨趣”重新认识，认识《吕氏春秋》的旨趣，即以上阐述的那四句话，高诱是说其“书所尚”。他在概括《淮南子》的“旨趣”时，就更为明确：

> 其旨近老子，淡泊无为，蹈虚守静，出入经道。言其大也，则焘天载地，说其细也，则沦于无垠，及古今治乱存亡祸福，世间诡异瑰奇之事。其义也著，其文也富，物事之类，无所不载，然其大较归之于道。

高诱是真正了解两书的“旨趣”，而从刘向到班固至少是忽略了它们的“旨趣”，仅仅是表面注意到了“兼儒墨，合名法”，似乎一兼一合就杂了，那么到底还有没有“旨趣”呢？刘、班这个说法，也许是从司马谈那里借来的，然而却是远离了司马谈的正确论述，司马谈论道家之“要指”有一段话：

> 道家无为，又曰无不为，其实易行，其辞难知，其术以虚无为本，以因循为用。无成势无常形，故能究万物之情；不为物先，不为物后，故能为万物主。有法无法，因时为业，有度无度，因物与合。故曰：圣人不朽，时变是守。虚者道之常也，因者君之纲也。群臣并至，使各自明也。其实中其声者谓之端，实不中其声者谓之窾。窾言不听，奸乃不生，贤不肖自分，白黑乃形。在所欲用耳，何事不成？乃合大道，混混冥冥。光耀天下，复反无名。凡人所生者神也，所托者形也。神大用则竭，形大劳则敝，形神离则死。死者不可复生，离者不可复反，故圣人重之。由是观之，神者生之本也，形者生之具也。不先定其神，而曰“我有以治天下”，何由哉？①

① 司马迁：《史记》卷一百三十，《太史公自序》，中华书局 1982 年版，第 3292 页。

这是司马谈对道家旨趣的概述，然而我们完全有理由可以说，这是司马谈对《吕氏春秋》“旨趣”的概述，是从《吕氏春秋》的主要思想、内容中作出的概述，还不可能根据《淮南子》，因为武帝“爱秘”其书①，司马谈没有看到。

司马谈在论道家“要指”时的另一段话说：

> 其为术也，因阴阳之大顺，采儒墨之善，撮名法之要，与时迁移，应物变化，立俗施事，无所不宜，指约而易操，事少而功多。

术就是学问——同于我们所说的思想，所以有“阴阳之术”、“儒术”、“道术”之类的说法。前引“其术”两字，即指道家之术，而这里引用的一段文字是说“其为术也”，“为”字如何理解？是作“创作”解？还是作“成为”解？或者是兼而有之？“其为术也”，意即说“道家学术（思想）之形成”。道家思想是如何形成的？如何“为”的？那就是：“因阴阳之大顺，采儒墨之善，撮名法之要”，这后两句，与“兼儒墨，合名法”不同，虽然也可以含有儒、墨、名、法思想兼而有之的意思，但不是简单地兼与合，而是采其善，撮其要，对于儒、墨、名、法各家是有选择的采取，从而成为道家之术。这样自然呈现出的问题是：选择采取的原则立场是什么？标准是什么？这些在司马谈“论六家之要指”时，已有了非常明确的回答。

他认为儒、墨、名、法、阴阳各家各有长短，道家所采取的“善”和“要”就是各家之长，要去掉的就是各家之短，所以他与“儒者”对比之后说：

> 至于大道之要，去健羡，绌聪明，释此而任术。

道家之“任术”，就是要除去各家之短。这里《史记》的《集解》和《索引》分别引了两条如淳的解释很有意思，在“去健羡”之下，“如淳曰”：“知雄守雌，是去健也。不见可欲，使心不乱，是去羡也。”在“绌聪明”

---

① 班固：《汉书》卷四十四，《淮南衡山济北王传》，中华书局1975年版，第2145页。

之下，“如淳云”：“不尚贤，绝圣弃智也。”显然是以针对儒、墨之短的道家思想来加以解释的。

再说各家之长（或者说“善”、“要”）：

（1）阴阳家之长，就是“其序四时之大顺”，具体一些说：“夫春生夏长，秋收冬藏，此天道之在经也，弗顺则无以为天下纲纪，故曰‘四时之大顺，不可失也’。”司马谈说“因阴阳之大顺”，对儒、墨、名、法之采、撮有些不同，因者依也、顺也，似乎阴阳家思想更为突出，是其依据。不过，所因者也只是其“善”、“要”，也就是春夏秋冬的四时“大顺”，关键是这个“大顺”’是“天道之大经”，符合“大道”的原则立场。《吕氏春秋》的内容的确是按春夏秋冬四季来安排十二纪的，也确实是顺应“春生夏长，秋收冬藏”的规律而立论的，这一点当代学者已看得很清楚了，如陈奇猷《吕氏春秋校释》一开首就解释说：

> 春夏秋冬四纪，显系春言生，夏言长，秋言收，冬言藏。每纪所系之文，亦皆配合春生、夏长、秋收、冬藏之义。①

具体的说明这里就不再征引了。这个意图就是“因阴阳之大顺”而不失四时之序，但是，也就仅此而已，很难成为指导思想，尤其很难说“其书之重点亦是阴阳家说”②。陈奇猷先生重点之说似欠精审，例如，《十二纪》之首篇和《礼记·月令》一样，从季节之所宜讲该做什么，“不可以”做什么，是严格顺四时之序的。就是这，陈先生也没有认为是阴阳家之言，而说：“余疑《十二纪》之首篇，系吕氏本之古农书并杂以阴阳家说增删而成。”③ 阴阳家说在《吕氏春秋》中本来没有多少具体内容可言，有的学者在对该书逐篇分析其所属学派时，根本就没有阴阳家之说④。陈奇猷先生说阴阳家是该书重点，但在《十二纪》中除上述十二首篇之外，明确指为阴阳家之言的只有《本生》《重己》《圜道》《至忠》几篇，另外有杂阴阳之说的《大乐》等八篇。说《本生》《重己》“系阴阳家养生之要”，“言

① 陈奇猷：《吕氏春秋校释》，学林出版社 1984 年版，第 3 页。
② 陈奇猷：《吕氏春秋校释》，学林出版社 1984 年版，第 1890 页。
③ 陈奇猷：《吕氏春秋校释》，学林出版社 1984 年版，第 3 页。
④ 参阅王范之：《吕氏春秋研究》，内蒙古大学出版社 1993 年版，第 2 页。

安时处顺”亦“养生之道”，实在有点牵强，讲“养生”是否阴阳家之言且不说它，两篇中提倡“道”，讲“全性之道”，讲“有道者”，实属道家之言，“安时处顺”也是道家思想，所以高诱作注，多次引《老子》之言，用《老子》之意，不知为何硬指为阴阳家之言。《至忠》篇仅据“绝阴阳之气”四字而指为阴阳家之言，更为武断。至于《圜道》，陈先生列了“十证”，似确定无疑，单说此篇为阴阳家未尝不可，但涉及《吕氏春秋》全书的指导思想，倒是一个值得注意的问题，不过当另行讨论，几句话说不清楚。《八览》六十三篇中有十二篇被指为阴阳家之言，其所据亦以偏概全，且以《首时》相连六篇为例来说，陈先生认为：

> 《首时》言举事首要在遇时，《义赏》言善赏罚以合于春生秋杀，《长攻》言时未至必耐心待时之至，《慎人》言遇时又必遇其人，继之以《遇合》言遇人未必合，所遇而合乃偶然而非必然，结之以此《必己》言遇而合者在自己之处理得宜，而不是责之于人。一言以蔽之，此六篇所言为尽人事而待时。是此六篇之意义节节相承，一贯而下，故此篇亦阴阳家之言也。或曰：“此篇多引《庄》《列》，似出于道家。”案：阴阳家之学，以顺时顺天为要义，至其内容则杂采儒墨名法道德等流派之言以成其说，故本篇既引道亦引儒。……①

这几篇中顺时、待时的思想确实比较突出，但远远超过了因顺的意义，它在“知时”、知物的基础上，进一步发挥了道德无为的思想，例如《必己》篇引用庄子之言曰：

> 若夫道德则不然：无讶无訾，一龙一蛇，与时俱化，而无肯专为；一上一下，以禾为量，而浮游乎万物之祖，物物而不物于物，则胡可得而累，此神农、黄帝之所法。

陈先生认为“引《庄子》仍否定《庄子》‘处于材不材之间’之说”，不知是如何理解的？又如《首时》开章明义：

---

① 陈奇猷：《吕氏春秋校释》，学林出版社1984年版，第830页。

> 圣人之于事，似缓而急，似迟而速以待时。

高诱注云："似缓，谓无为也，急，谓成功也。""奇猷案：此谓圣人为事，外似无为而内心实急，成事似迟而实速。高注迂。"高注是否迂，我们不辩，圣人之于事讲"无为"，陈先生未否认。再者，陈先生也正确指出："首时，谓以时机为首要"，时乃时机之时，非简单的春夏秋冬四时之时。《长攻》《遇合》篇之讲遇、讲合以及《慎人》篇之讲遇人，都超出了顺四时的范围，而是"无为"思想体系的一些具体论述。可以说这几篇是阴阳四时之顺中引申出来的，如《义赏》篇从春生秋杀讲起，但转到"古之人审其所以使，故物莫不为用"之后，就远离了顺四时的思想，对这句话高诱作注时还照应了因四时之顺的思想："使之者以其时生则生，时落则落，故曰莫不为用。"陈先生认为"高诱非"，说："所以使，即下文所言'赏罚之柄'，审其所以使，谓审其所以使人之柄。"这不更远离春生秋杀之意了吗？我认为陈奇猷先生所指这几篇为阴阳家之言，不过是道家的"因阴阳之大顺"。

六论中也有十几篇被指为阴阳家之言，与以上所述的道理基本相同，有时就因为开篇提到了"四时寒暑"，例如《当赏》中说：

> 四时寒暑日月星辰之行当，则诸生有血气之类皆为得其处而安其产。……主之赏罚爵禄之所加者宜，则亲疏远近贤不肖皆尽其力而以为用矣。

主要是"当"与"宜"两个字联系起来的，与"阴阳家甚重赏罚，春行赏，秋行刑"的联系几乎没有！其他一些篇，"因"、"顺"、"当"等思想是有的，"因阴阳之大顺"的思想在有些篇中也有反映，但很多篇被指为阴阳家之言实有些勉强。

（2）什么是"儒、墨之善"和"名、法之要"呢？这方面司马谈《论六家之要指》讲得十分明确：

> 儒者……序君臣父子之礼，列夫妇长幼之别。
>
> 墨者……强本节用。

> 法家……正君臣上下之分（或者说：尊主卑臣，明分职不得逾越）。
>
> 名家……正名实（或者说：控名责实，参伍不失）。

都是讲的为政之要，这正是《吕氏春秋》这部政论书的主要目的，因而无论哪一方面的具体思想，都是从“务为治”出发，而最后也落脚到“治”字上的，无论哲学、人生、军事、音乐、农事哪一方面都是如此。且举例说明，如《孟春纪》的《本生》《重己》两篇，讲了一些养生的道理，但是否“阴阳家言养生之要”① 值得考虑，这里且不讨论。但它的讲养生，是与为政联系起来的，《本生》篇开头的一段文字是讲养生与为政的关系：

> 能养天之所生而勿撄之谓天子，天子之动也，以全天为故者也。此官之所自立也。立官者以全生也，今世之惑主，多官而反以害生，则失所为立之矣。譬之若修兵者，以备寇也，今修兵而反以自攻，则亦失所为修之矣。

养生是圣人“全性之道”，是为了做“全德之人”。《重己》篇也是如此，“治身”、“治国”相提并论，主张“不处大室，不为高台，味不众珍”等等，说：

> 圣王之所以养性也，非好俭而恶费也，节乎性也。

“宫室台榭”、“舆马衣裘”、“声色音乐”明明都是浪费，应该反对，也符合墨家“强本节用”的要旨，为了说服当权者（或者如《本生》篇所说之“贵富者”），从“顺生”、“顺阴阳”、“适欲”的角度来劝诫：对你自己有利呀！身体是本钱呀！你要“重己”呀！这岂不更有说服力。其政治主张就这样巧妙地利用各家之说，由此可见一斑。

在前一部分中，我们已经指出，“以忠义为品式”和“以公方为检格”，不能说单是哪一家的思想，而在《吕氏春秋》的各篇之中，又大多

---

① 此为陈奇猷《吕氏春秋校释》的解释，学林出版社 1984 年版，第 22 页。

体现出对各家思想“采善”、“撮要”的特点，或者杂引各家，或者形成自己独立的见解。例如，《孟夏纪》的《劝学》等四篇主要论学、论师、论教，一般都认为是儒家的学说，但这前后相连的四篇，从开头到结尾并没有突出儒家的地位，其内容虽“可与《学记》《荀子》相互发明”①，但不知为什么，作者似乎并不知道《荀子》之存在一样，只字未提。而在《尊师》篇中就已经“孔子”、“子夏”、“子墨子”（用了尊称）、禽滑釐等相提并论，《诬众》篇引了“子华子”（也是尊称），《用众》篇更引田骈之言结尾，丝毫看不出门户之见。再者，由“善学”而引申出的“用众”、“取长补短”、“众视”、“众知”等思想，是很有意义的，是《吕氏春秋》所独创的。

正因为是采、撮各家之说而阐述自己的思想和主张，所以要把某篇指为某家之学是很困难的，例如王范之《吕氏春秋研究》说：

> 《顺民》《长见》《不侵》《长攻》《重言》《离谓》《淫辞》《不屈》《应言》《举难》《达郁》《行论》《骄恣》《疑似》《察传》《贵直》《直谏》《知化》《过理》《壅塞》《原乱》《不苟》《赞能》《自知》《当赏》《别类》《慎小》《尊师》《诬徒》《用众》《功名》《察微》等三十二篇，没有辨明是何家之学。（在陈奇猷的《吕氏春秋校释》中又是都有所属学派的。）

并且作了一些具体说明：或者揭举其主要结论而不能分辨是哪家之学；或者指出与某派学说相似而又有不同。我认为这是比较客观的，反映了《吕氏春秋》的实际。这里还应该指出，所谓“未明辨为何家之学”者，远不止三十二篇，可以说绝大多数的篇章都是如此。例如，《适威》篇，陈奇猷列了五条理由，根据其文义与被他指为兵家言的《用兵》《上德》《怀宠》等篇相近，而认为“亦兵家言也”②。但是我们不难看到该篇中有一段理论性的概括叙述：

> 古之君民者，仁义以治之，爱利以安之，忠信以导之，务除其

---

① 此为陈奇猷《吕氏春秋校释》的解释。

② 陈奇猷：《吕氏春秋校释》，学林出版社 1984 年版，第 1281 页。

灾，思致其福。……此五帝三王之所以无敌也。身已终矣，而后世化之如神，其人事审也。

这话与荀子的话有相近之处，《荀子·强国》篇云：

礼乐则修，分义则明，举错则时，爱利则形。如是百姓贵之如帝，高之如天，亲之如父母，畏之如神明。

似乎可算是儒家荀卿之言，但是该篇下文中有结论性的语言说："故礼烦则不庄"云云，是否定重礼的，这又与重礼的荀卿之学不同，所以有人说："本篇以言爱为主，重在爱利，荀卿固然也讲爱利，但不是他的主要思想，所以应是墨翟学。"① 短短一篇中，往往有许多事例，涉及到许多思想理论，很难断言为哪一家之学，而学者根据所谓杂家"兼儒墨，合名法"的特点，努力分辨某一篇为某家之学，往往结论不同，这不能不说是意义不大的一种努力。人们可以统计书中称引经籍及诸子的文语，也可以划分各篇所属学派，然后统计所属各派有多少。那么如何看待和分析这些统计呢？又会生出不同解释，我们且介绍两种分析的统计情况，看看分歧的意见：

陈奇猷的《吕氏春秋校释》，逐篇指明了其所属学派。其所指为阴阳家之言者约三十六篇（含兵阴阳家之言），还有"十二纪"首篇及大乐以下八篇被说成"杂阴阳家之说"或者"阴阳家治乐者"。被指为儒家之言者约十九篇（大多是所谓"北宫、孟舍、漆雕学派"）。被指为兵家（司马法）之言者十八篇（几篇兵阴阳未计在内）。墨家只有四篇，法家十二篇（还包括形法、尹文学派等）。其所言尹文、料子等派含混不清。明确指为道家者仅《异宝》一篇，另有道家伊尹学派三篇，子华子三篇或也可以列入道家类。其他还有方技、小说、农家、季子、料子等。从归类来看，阴阳家之言最多，所以陈先生说："吕不韦之指导思想为阴阳家，其书之重点亦是阴阳家说。"② 但是我们认为绝大多数的篇章被指为阴阳家之言理由

---

① 王范之：《吕氏春秋研究》，内蒙古大学出版社 1993 年版，第 179 页。

② 陈奇猷：《吕氏春秋校释》，学林出版社 1984 年版，第 1890 页。

是不充分的，有一些陈先生说了只不过杂有阴阳家之言，有一些我们在前面有所分析，讲顺因四时的比较多，但并不就是阴阳家之言，讲五行相生之类的阴阳家言极少。另外，如说养生论是阴阳家言，亦很勉强。很少有纯阴阳家之言。同样，儒、墨、名、法各家之言也是如此，在各篇中有相近的或直接引用的，但往往不是单纯的，所以儒家、墨家等也都是后学之言。

王范之的《吕氏春秋研究》作了另一种分析。具体罗列了“引书”的情况，也具体分析了各篇所属的学派。在他的统计中阴阳家之言没有，引儒、墨、名、法等家之言也不多，例如引孔子之语加起来不过五处，引《孟子》《荀子》之文二、三条且未指名，引儒家经典（《易》《诗》《书》——在先秦还很难说是专属儒家的）也不多。而引《老子》《庄子》之文三四十条，如果加上子华子（凡五见）、詹何乃至《黄帝》书等，属于道家的显然很多。再看他分析所属学派，除阴阳家之外，各家都有，儒、道两家最多。儒家列有“曾参学”、“孟轲学”、“孟轲门第学”、“荀卿学”、“荀卿门第学”、“孔丘门第后学”六项，道家列了“老聃学”、“老聃后学”、“关尹学”、“杨朱学”、“杨朱后学”、“黄帝学”、“子华子学”、“庄周学”、“庄周门第学”、“田骈学”、“詹何学”十一项。涉及的篇目，儒家仅二十来篇，道家约五十余篇。这样，结论自然就会是：

> 道家，在《吕氏春秋》里保存他的学说是最多的。从书中称引关于老庄书的文字特别多这点来看，也就可以想见了。①

我个人无疑是认为王范之先生之说比较符合《吕氏春秋》的实际，但其说亦有不尽完善之处，且不说各篇所属学派是否恰当，仅就吕氏怎样来集合百家九流的学说来谈一谈。王先生在综述了各家在《吕氏春秋》中保存的学说之后说：

> 根据上面说的这一切，我们更加可以明白，吕氏在辑合百家九流的学说时，并未曾就拆散了百家九流，割裂了百家九流，打乱了百家

① 王范之：《吕氏春秋研究》，内蒙古大学出版社1993年版，第12页。

九流的学说系统，任凭着自己来折衷齐合一番。因此各家学说的独立性依然是很强的。①

我认为不是这样，恰恰是打乱了百家九流的系统——包括了老庄的道家系统，但也不是“折衷齐合一番”。它不是简单的兼合儒墨名法，而是：“因阴阳之大顺，采儒、墨之善，撮名、法之要。”因此其所“集论”的结果是：与时迁移，应物变化，立俗施事，无所不宜，指约而易操，事少而功多。其目的是“我有以治天下”——用班固的话说则是：“知国体之有此，见王治之无不贯。”

这样来看，就不应该说《吕氏春秋》是杂家了（班固列为杂家有其历史原因，此不详论）。

司马谈《论六家之要指》所说的道家就是指《吕氏春秋》为代表的学派而言，其所说道家的“要指”就是以《吕氏春秋》为代表而概括起来的，不可能是从《老子》或者《庄子》中得出的结论。但后来（至少从刘向开始）又有老庄为代表的道家之说，所以我们认为司马谈所说的以《吕氏春秋》为代表的道家是新道家，这是现在应该作出的科学的区分。

二、论《吕氏春秋》的结构与思想体系

《吕氏春秋》一书在结构上有点独特，分为“八览”、“六论”、“十二纪”三大部分，而这三大部分是自成体系的，三大部分之间的内容有明显的重叠现象。这一问题人们似未多加分析，但却是值得研究的，研究其结构也有助于进一步理解其思想。

分析它的结构为什么是这三个部分，现在还没有其他的旁证材料，司马迁见到的就是如此（只不过顺序可能不一样），因此结合思想体系来进行分析，是一个可行的办法。

先说大的结构：

“八览”从“有始览”开始，“恃君览”结束，自成一完整的结构。“有始”者“天地有始”，天地间的万事万物包括人生、为政等均各自有

① 王范之：《吕氏春秋研究》，内蒙古大学出版社1993年版，第14页。

始。从“八览”的思想体系来看，中心思想主要是讲为君之道（详下），在从各个不同角度讨论如何为君之后，最后来一个“恃君览”点题，恃者矜持也，对为君之道作一总括。

“六论”以“开春论”为第一，春为四季之始，与“有始”的意义相当，所以第一句话说：

> 开春始雷则蛰虫动矣，时雨降则草木育矣。

从天地根本之自然现象发端，然后“言人物之相应”，从自然讲到人事，而且以讨论人事为主。从“六论”论述的内容看，中心思想主要是讲为人臣之理（详下）。在从慎行、贵直、不苟等多方面讨论如何做臣下之后，以“士容论”结束，点明“六论”是讲“国士之容”。所谓“容”，从字义上解释，有容貌、威仪、仪态、节操等意思，高诱注“容，犹法也”，总的来说，是讲作为“国士”在仪态、节操诸方面应有的规范（法），可见是对如何为臣的一个概括。

“十二纪”自成体系，更是毫无疑问的，而且编写这一部分时，有明确的指导思想，那就是《序意》篇中写得很清楚的一段话：

> 凡十二纪者，所以纪治乱存亡也，所以知寿夭吉凶也。上揆之天，下验之地，中审之人，若此则是非可不可无所遁矣。

因此，与“八览”、“六论”那样从天地自然开始，有始有终论人事、政治相比，更前进一步。“十二纪”天、地、人贯通，因阴阳四时之大顺，兼采儒、墨、名、法各家好的重要的主张和议论，多方面反复地讨论政事，是具有纲领性的政论书。并且，它把“八览”中强调的为君之道和“六论”中的“为臣之理”结合在一起论述，既是综合，又有所提高。下面在分别具体论述之后，进一步证实这一结论。“十二纪”应该是《吕氏春秋》的主体部分，书名当以此而定。

（一）“十二纪”思想的综合分析

“十二纪”作为纲领性的政论书，当然有它的政治纲领，不少学者已注意到了这个问题。但其纲领是什么？该如何来表达它？仍然值得探讨。《吕氏春秋》写作之时，正面临着即将统一的局面①，因此它是主张统一的，认为“乱莫大于无天子”②。对于如何统一也有一系列的主张和看法，但是在“十二纪”中却很少在“如何”方面展开论述。它完全是按照一个统一的天下来设计的政治蓝图，因阴阳四时之大顺，按照天地自然规律，一年四季十二个月，每个月整个国家该如何运转，天子、公卿、诸侯、大夫各人该干什么，安排得井井有条，这主要体现在十二月纪中。

作为政论书，“十二纪”各篇，无论如何名篇，无论论述什么具体问题，始终都是紧密结合为政、治国、治天下而言的。例如，开头（《孟春纪》除外）的《本生》篇被认为是“阴阳家言养生之道”的，内容中也确实讲了养生，但是文章一开始就切入为政的思想，请看原文：

> 始生之者，天也；养成之者，人也。能养天之所生而勿撄之谓天子，天子之动也，以全天为故者也，此官之所自立也。

此“官”，高诱训为“正”，后人考证为官吏之官，意即天子顺天而立官，才能“养天之所生”，不是单纯的养生问题。我们可以指出，没有哪一篇的论述不是落脚到政论或者与为政紧密相连的。

人们很容易看到：春夏秋冬四纪，显系春言生，夏言长，秋言收，冬言藏。每纪所系之文，亦配合春生、夏长、秋收、冬藏之义。例如言学与乐方面的问题，是与生长（包括长智）有关的，故放在夏纪之中；“兵者肃杀，而秋季之天气亦肃杀，万物收敛，故秋纪十二篇系配合秋收之义”③ 等。但这在某种意义上只是形式上的配合。作为政治纲领，它还应有一些根本性的思想和主张。从“十二纪”的内容中，可以归纳出以下几点：

---

① 《吕氏春秋》成书时间，与书中“维秦八年”一句有关，旧注以为秦始皇八年，后人考证为指秦代周有天下八年，即秦始皇六年。两说均在秦统一之前。

② 《吕氏春秋·谨听》，诸子集成本，中华书局 1954 年版。

③ 陈奇猷：《吕氏春秋校释》，学林出版社 1984 年版，第 3 页。

第一，“凡事之本，必先治身”[①]，因而有“本生”、“重己”、“贵生”、“情欲”、“尽数”乃至“安死”等议论，“论人”中也要“太上反诸己，其次求诸人”。一是有了生才可言其他，二是有“从我作起”之义，所以说：

> 圣人深虑天下，莫贵于生。……惟不以天下害其生者也，可以托天下。[②]

而且历来如此：

> 昔者先圣王，成其身而天下成，治其身而天下治。[③]

第二，“昔先圣王之治天下也，必先公”（《贵公》），因而有“贵公”、“去私”等多方面的论述，力主“至公”（见《贵公》《去私》等篇）不仅是“公”“平”无私，甚至有相当“民主”的思想，如：

> 天下非一人之天下也，天下之天下也。[④]
> 故凡举事，必先审民心然后可举。[⑤]
> 民之所走不可不察。[⑥]

“顺民心”才能“得民心”，这是很突出的、值得注意的政治思想。在具体论述中，甚而至于认为“圣人”与民精气相通，如《精通》所说：

> 圣人南面而立，以爱利民为心，号令未出而天下皆延颈举踵矣，则精通乎民也。

---

① 《吕氏春秋·先己》，诸子集成本，中华书局 1954 年版。
② 《吕氏春秋·贵生》，诸子集成本，中华书局 1954 年版。
③ 《吕氏春秋·先己》，诸子集成本，中华书局 1954 年版。
④ 《吕氏春秋·贵公》，诸子集成本，中华书局 1954 年版。
⑤ 《吕氏春秋·顺民》，诸子集成本，中华书局 1954 年版。
⑥ 《吕氏春秋·功名》，诸子集成本，中华书局 1954 年版。

这比人们熟知的“载舟覆舟”更富有哲学意义，君民是息息相通的。

第三，“主执圜，臣处方，方圜不易，其国乃昌”（《圜道》），因而论“圣人”、“贤主”之所作所为，中心思想是“主道约，君守近”（《论人》），实即一个君主无为，所谓：

贤主劳于求人，而佚于治事。①

君主重要的是知人、“用众”。臣下则“皆有分职”，所谓：

百官各处其职，治其事以待主。②

还有，臣下应该忠于君，贤士应“高节死义”（《知士》），所以反复论“忠廉”，认为作为臣下应该做到“当理不避其难，临患忘利，遗生行义，视死如归”③ 等（详下）。君臣各处其位，是一条根本原则。

第四，由于主要是政论，所以没有很多的关于哲学思想的论述，但有些根本观点，在《吕氏春秋》作者看来是确定无疑的。除了在《序意》篇中讲得很清楚之外，其他很多地方也都是在十分肯定的情况下加以论述的，例如说：“故古之治身与天下者，必法天地也。”④《序意》中“是法天地”的思想无处不在。其对于道家的基本观念“道”是作了明确交代的：

道也者，视之不见，听之不闻，不可为状。有知不见之见，不闻之闻，无状之状者，则几于知之矣。道也者，至精也，不可为形，不可为名，强为之谓之太一。⑤

这虽然只不过重述关于《老子》“道”的定义，但表明了作者的道家立场。

---

① 《吕氏春秋·士节》，另《当染》：“古之善为君者，劳于论人，而佚于官事，得其经也。”说得更明确。

② 《吕氏春秋·圜道》，诸子集成本，中华书局 1954 年版。

③ 《吕氏春秋·士节》，另《当染》：“古之善为君者，劳于论人，而佚于官事，得其经也。”说得更明确。

④ 《吕氏春秋·情欲》，诸子集成本，中华书局 1954 年版。

⑤ 《吕氏春秋·大乐》，诸子集成本，中华书局 1954 年版。

同时，在具体论述中，也有关于道的运用和发挥，具体说明天道、地道、某某之道等，也有一些概括性的叙述，如：

> 由其道，功名之不可得逃。①
>
> 贵富而不知道，适足以为患。②
>
> （富贵安危）有道者之所慎也。③
>
> 道之真，以持身；其绪余，以为国家；其土苴，以治天下。④
>
> 古人得道者，生以寿长……论早定也。论早定则知早啬，知早啬则精不竭。⑤

还有“论道”之道（《遵师》）、“道术”之道（《诬徒》）等，皆为本体性的“至精”之道。可见，道论是其论政、论人的哲学思想基础。

第五，“忠廉”、“义勇”、“诚信”等思想有突出的地位，故高诱有“以忠义为品式”的概括。忠义等思想，和“德”一样，是道的体现，或者“道之用”的“品式”，在“十二纪”中是有许多论述的，特别在秋、冬纪的一些篇中有比较集中的论述，例如：

> 凡为天下之民长也，虑莫如长有道而息无道，赏有义而罚不义。⑥
>
> 辨而不当论，信而不当理，勇而不当义，法而不当务，惑而乘骥也，狂而操吴干将也，大乱天下者，必此四者也。⑦
>
> 忠臣亦然。苟便于主利于国，无敢辞违杀身出生以徇之。
>
> 故临大利而不易其义，可谓廉矣。⑧
>
> 义也者，万事之纪也，君臣上下亲疏之所由起也。治乱安危过胜

---

① 《吕氏春秋·功名》，诸子集成本，中华书局1954年版。

② 《吕氏春秋·本生》，诸子集成本，中华书局1954年版。

③ 《吕氏春秋·重己》，诸子集成本，中华书局1954年版。

④ 《吕氏春秋·贵生》，诸子集成本，中华书局1954年版。

⑤ 《吕氏春秋·情欲》，另《老子》第59章：“治人事天，莫如啬。夫唯啬，是谓早服，……是谓深根固柢，长生久视之道。”

⑥ 《吕氏春秋·振乱》，诸子集成本，中华书局1954年版。

⑦ 《吕氏春秋·当务》，诸子集成本，中华书局1954年版。

⑧ 《吕氏春秋·忠廉》，诸子集成本，中华书局1954年版。

之所在也。①

夫兵有本干，必义，必智，必勇。②

等等。这些主要是对臣下的要求，也是品评臣下的法式，无疑是治天下之要。

第六，高诱还说此书“以无为为纲纪”。在“十二纪”中关于“无为”的论述不多，但是“无为”的思想也是显而易见的，按照十二月纪的安排、规定运行，就是“无为而行”。顺天地之意而行，顺人民之心而行，就是“无为而行”。所谓：

天曰顺，顺维生，地曰固，固为宁，人曰信，信维听。三者咸当，无为而行。③

至于从为政而言，那就是“圜道”，就是君臣分职，如上面所说的那样。

以上这几个主要方面，既说明了《吕氏春秋》的主要政治主张，又反映了其政治思想的特点。几个方面虽然是分别叙述的，彼此间的联系又十分紧密，构成一个较为完整的体系：以人生为根本，以道论为基础，以无为为纪纲，讲君臣各处其位的“圜道”。对君主强调“贵公”，强调“因而不为”；对臣下强调“忠义”，强调尽职尽能。

此外也应该指出，“十二纪”的思想内容不只以上这些，即便是政治思想，也还有不少重要内容，如通常所说的道德、仁义之类，在《吕氏春秋》看来，“德”是“道”的体现和运用，这一点毫不含糊。例如说：

善为君者，蛮夷反舌殊俗异习皆服之，德厚也。④

德也者，万民之宰也。

圣人形德乎己，而四方咸饬乎仁。⑤

---

① 《吕氏春秋·论威》，诸子集成本，中华书局1954年版。
② 《吕氏春秋·决胜》，诸子集成本，中华书局1954年版。
③ 《吕氏春秋·序意》，诸子集成本，中华书局1954年版。
④ 《吕氏春秋·功名》，诸子集成本，中华书局1954年版。
⑤ 《吕氏春秋·精通》，诸子集成本，中华书局1954年版。

德与不可名状的道，是可以表现得出来的。又例如，对于“劝学”的论述，对于音乐的论述，对于“义兵”的论述，关于安死、节丧的论述等都有相当的篇幅，有许多具体的深刻的论述，这里就不一一列举了，但可以归纳一句话，它们都是从属于道与无为的。即便是有与百家相近、相同、相合的思想，也是“采儒、墨之善，撮名、法之要”①。

（二）“八览”思想的具体分析

《吕氏春秋》一书又被称为《吕览》，足见这“八览”之重要。览者，观览也，阅读也，也有采纳、接受之意②。战国时人们认为：“五官之计，不可不日听也，而数览。”③ 作为一个君王，每天“不可不”阅览大量的文书。那么吕不韦组织智略之士写这“八览”，供何人阅览，希望什么人采纳、接受呢？这对象主要是君主，具体来说就是他辅佐的刚刚登上王位的秦王政。前已指出，“八览”是一个独立的体系，下面就逐一具体分析一下它的结构和思想体系。

“有始览”虽主要讲“天地有始”，所谓：

> 天微以成，地塞以形。天地和合，生之大经也。

这是道论，是概述。通篇虽言天地之事，但“天地万物，一人之身也，此之谓大同”。落脚是：“天斟万物，圣人览焉，以观其类。”意思是说，君主应该顺应天地自然以知人事。人世间治乱兴亡皆有因果关系，要认识其关系，就要《去尤》《听言》《谨听》。本览最后两篇是《务本》《谕大》，什么是本？何者为大？治国安天下是大，治国安天下之本又在“顺民”、“任贤”，《谕大》引季子之言曰：

> 天下大乱，无有安国；一国尽乱，无有安家；一家皆乱，无有安身。

① 司马迁：《史记》卷一百三十，《太史公自序》，中华书局 1982 年版，第 3289 页。
② 高诱注《战国策·齐策一》，一处作“览视”，一处作“览受”。
③ 何建章注释：《战国策注释》，《齐策一》，中华书局 1990 年版，第 300 页。

天下国家之治乱安危是大事，“故务在事（事在）大”。大又有本，所以《务本》说：

安危荣辱之本在于主，主之本在于宗庙，宗庙之本在于民，民之治乱在于有司。

有司就是百官，百官必须是贤者，必须是有道之士，所谓：

主贤世治则贤者在上。

若夫有道之士，必礼必知，然后其智能可尽。①

由此可见，在《吕氏春秋》看来，治天下国家的根本所在，是顺民、任贤。顺民是重要的，“凡帝王之将兴也，天必先见祥乎下民”②，并且“听言”、“去尤”，“其要必因人所喜，与因人所恶”③。在顺民这一点上，贤主与秀士是一致的：

乱世之民，其去圣王亦久矣。其愿见之，日夜无间，故贤王秀士之欲忧黔首者，不可不务也。④

至于贤主与秀士的关系，是“主贤世治则贤者在上”⑤，贤主任秀士、贤者，首先又在知贤、求贤，希望要做到“求有道之士，则于四海之内，山谷之中，僻远幽闲之所，若此则幸于得之矣”⑥。不仅要像文王访太公那样知与求，而且要像“齐桓公之见小臣稷、魏文侯之见田子方”那样礼贤下士，还要像周公那样能听于胜书。

以上这些，就是“有始览”各篇所论述的主要问题，它们彼此之间紧密联系。

---

① 《吕氏春秋·谨听》，诸子集成本，中华书局 1954 年版。
② 《吕氏春秋·应同》，诸子集成本，中华书局 1954 年版。
③ 《吕氏春秋·去尤》，诸子集成本，中华书局 1954 年版。
④ 《吕氏春秋·听言》，诸子集成本，中华书局 1954 年版。
⑤ 《吕氏春秋·谨听》，诸子集成本，中华书局 1954 年版。
⑥ 《吕氏春秋·谨听》，诸子集成本，中华书局 1954 年版。

“孝行览”提倡孝道，是讲治理天下国家的另一个基本问题，这是本览开宗明义讲得很清楚的：

> 凡为天下，治国家，必务本而后末。所谓本者，非耕耘种殖之谓，务其人也。务其人，非贫而富之，寡而众之，务其本也。务本莫贵于孝。人主孝，则名章荣，下服听，天下誉。人臣孝，则事君忠，处官廉，临难死。士民孝，则耕耘疾，守战固，不罢北。
>
> 夫孝，三皇五帝之本务，而万事之纪也。

这一段话已经涉及到为政的主要方面了，在下面的文字中又引证了一些具体论说，从不同角度反复论述孝这一根本，例如说：

> 仁者仁此者也，礼者履此者也，义者宜此者也，信者信此者也，强者强此者也，乐自顺此生也，刑自逆此作也。

人主、人臣、士民都讲孝，对治国家平天下大有好处，故又明确指出：

> 夫执一术而百善至，百邪去，天下从者，其惟孝也。

本览其他各篇，不是“惟孝”的继续发挥，没有逻辑的联系，显得有点分散，或以为“讲做人务本的道”①，或以为“皆述君子休己待时，无论显达或穷困应不失为人之本”②，或者说自《首时》以下六篇所言为“尽人事而待时”③。虽各有一定道理，但无法从整个思想体系来理解。我们认为这七篇仍然是“有始览”言治国之本的继续发挥。“孝行”是提出和强调的一个问题，但是讲“孝行”是落在人身上的，篇中用“务其人”、“论人”等等点明，士民也好，人主、人臣也好，都是人，当然贤士也是人。前一览中讲顺民就是顺人，任贤也是任人。以人为中心把这些联系起来

---

① 王范之：《吕氏春秋研究》，内蒙古大学出版社 1993 年版，第 7 页。
② 牟钟鉴：《〈吕氏春秋〉与〈淮南子〉思想研究》，齐鲁书社 1987 年版，第 21 页。
③ 陈奇猷：《吕氏春秋校释》，学林出版社 1984 年版，第 830 页。

了，而这七篇的主要内容，仍然是继续阐述了顺民、任贤的思想。我们可以看到“贤主秀士之欲忧黔首者”① 这样的语句重复出现；而《义赏》中执“赏罚之柄”也是落脚到“民之安之若性”的；《慎人》讲大禹之“事利黔首”、汤武之“忧苦于民”，均以民为重。同样，任贤思想在这几篇中得到进一步的强调。例如《本味》一篇，虽有一半的篇幅是讲伊尹“说汤以至味”（篇名或因此而定），但开章明义所说是：

> 求之其本，经旬必得；求之其末，劳而无功。功名之立，由事之本也，得贤之化也。非贤其孰知乎事化？故曰其本在得贤。

至于《慎人》这样的篇幅，顺民、任贤的主题思想是更为明确的：

> 功名大立，天也；为是故，因不慎其人不可。夫舜遇尧，天也；舜耕于历山，陶于河滨，钓于雷泽，天下说之，秀士从之，人也。夫禹遇舜，天也；禹周于天下，以求贤者，事利黔首，水潦川泽之湛滞壅塞可通者，禹尽为之，人也。夫汤遇桀，武遇纣，天也；汤武修身积善为义，以忧苦于民，人也。

此处“人也”之人，乃人为主观努力的意思，人为努力“以求贤者，事利黔首”，不仅可以“登为天子”，而且做到天下太平：“贤士归之，万民誉之，丈夫女子，振振殷殷，无不戴说。”

此外，《首时》以下几篇，也还提出了治国之本的问题，即提出了“首时”（或“待时”）与“遇合”的问题。时者，时机也，遇者，机遇也。就是说，治乱存亡，功名成立，不仅是一个遇人问题（如上之“舜遇尧”、“禹遇舜”以及“汤遇桀”、“武遇纣”等），还有一个遇时遇机的问题，所谓“有汤武之贤而无桀纣之时不成”②。故遇时问题在这几篇中反复加以论述，《首时》之论曰：

---

① 《吕氏春秋·首时》，诸子集成本，中华书局 1954 年版。

② 还有一句：“有桀纣之时而无汤武之贤亦不成”，关系是辩证的，也不单是一个遇时问题。

> 圣人之于事，似缓而急，似迟而速以待时。
> 故人虽智而不遇时无功。……事之难易，不在小大，务在知时。

还要善于“见时”、“勤以待时”，适当地抓住时机：

> 天不再与，时不久留，能不两工，事在当之。

《遇合》篇论曰：

> 凡遇，合也。时不合，必待合而后行。

至于《义赏》《长攻》等篇，虽未具体讲遇时问题，但言赏罚以合于春生秋杀，也含有时机之意，《长攻》说：

> 凡治乱存亡，安危强弱，必有其遇，然后可成，各一则不设。

这里的遇不仅仅是遇时了，扩展到遭遇、机遇等。不过由此可见，时、遇问题乃治国之又一“本”。总而言之，《孝行览》继续言治国之本。

“慎大览”再论治国之道，讲大国强国要极为谨慎从事，第一段话就说：

> 贤主愈大愈惧，愈强愈恐。凡大者，小邻国也；强者，胜其敌也。胜其敌则多怨，小邻国则多患，多患多怨，国虽强大，恶得不惧？恶得不恐？故贤主于安思危，于达思穷，于得思丧。

接下来《权勋》篇以下三篇，主要讲如何谨慎，凡事要权衡轻重，有所去取，《权勋》篇概括地说：

> 利不可两，忠不可兼。不去小利则大利不得，不去小忠则大忠不至。故小利，大利之残也；小忠，大忠之贼也。圣人去小取大。

此其一。其二，应该“贵为天子而不骄倨”、“去其帝王之色”，这是谨慎的表现之一，只有这样才是贤主，才能礼贤下士，甚至要做到：

士虽骄之，而己愈礼之，士安得不归之？士所归，天下从之，帝。①

得到士人归心，即可以为帝王，岂非治国之道。《报更》中进一步说，即便是小国也应“与天下之贤者为徒”。这道理非常浅显明白：

国虽小，其食足以食天下之贤者，其车足以乘天下之贤者，其财足以礼天下之贤者。

接着列举一系列历史事实证明礼贤养士而“大立功名与安国免身”，因此说人主不可以“不务哀（注：爱也）士”。虽然“士其难知，唯博之为可，博则无所遁矣”，这样反复阐述，强调求贤、礼贤之道（“其道无他，其必此之由也”），不仍然是讲前述任贤这一治国之本的问题吗！

本览《顺说》以下几篇，着重阐述了治国为政的另一重要原则：贵因。《贵因》篇说：

三代所宝莫如因，因则无敌。

《顺说》篇云：

因则贫贱可以胜富贵矣，小弱可以制强大矣。

这是总的概括。这里我们要指出几点：

第一，因什么？是包括着因时、因势、因人之力等多方面的，例如：

夫审天者，察列星而知四时，因也。推历者，视月行而知晦朔，

① 《吕氏春秋·下贤》，诸子集成本，中华书局1954年版。

因也。禹之裸国，裸入衣出，因也。墨子见荆王，锦衣吹笙，因也。孔子道弥子瑕见釐夫人，因也。汤武遭乱世，临苦民，扬其义，成其功，因也。①

这里除了因天、因时、因机遇等之外，还有因习俗、因人际关系，其他地方又有“因人之心”、“因人之力”、“因便”（顺势），乃至“因水之力”（禹通三江五湖）、“因其械”等说法。“贵因”思想颇为丰富。

第二，《吕氏春秋》的贵因思想，决不是因循苟且，而是同时力主尽人事之努力，故有《不广》一篇，其论曰：

智者之举事必因时，时不可必成，其人事则不广，成亦可，不成亦可。以其所能讬其所不能，若舟之与车（按：人乘舟车以致远，是以舟车之所能讬人之所不能）。

“广”字与“旷”通，旷废之意，“不广”即不废人事之意，篇内有尽人事的主张，在叙述管仲谋主齐国君之后写道：“若是而犹不全也，其天邪，人事则尽之矣。”显然是一种“成事在天，谋事在人”的积极态度。

最后，其“贵因”思想是为政治服务的。本览最后的《察今》篇十分明确地指出，“贤主”应该“因时变法”：

治国无法则乱，守法而弗变则悖，悖乱不可以持国。世易时移，变法宜矣。……故凡举事必循法以动，变法者因时而化。

“先识览”主题比较集中也比较明确，那就是讲先见之明的重要，讲如何“先始”、“察微”，同时也紧密联系着“治乱存亡”这政论的根本问题，所以本览第一句话就是：“凡国之亡，有道者必先去，古今一也。”这是从大量历史和现实的事例中得出来的结论。《察微》篇又进一步阐述说：

故治乱存亡，其始若秋毫，察其秋毫，则大物不过矣。

① 《吕氏春秋·贵因》，诸子集成本，中华书局1954年版。

足见“先识”、“察微”之重要。《观世》篇中说子列子之“先见其化”，《知接》篇中所言“智者其所能接远也”，《察微》篇讲“孔子见之以细，观化远也”，无论举例或论述，都反复讲这问题，同时，在如何能“先识”问题上也有些具体论述，例如：“重”“有道之言”、“善听”①；对于有道之士“必礼必知，然后其智能可尽也”②；不要“自以为智”③；以及“细人之言，不可不察”、“去宥”（按：当与囿同，有所囿则识不广）④ 等。

最后一篇涉及识别“士”的问题，讲识别士之言论，为了治乱存亡，要识别“淫说”与“君子之说”的不同。由辩士之名实，提出了“正名”问题：

> 名正则治，名丧则乱。使名丧者，淫说也。⑤

正名，循名责实，是先秦名家之要旨，吕览在自己的思想体系中“撮”取了这名家之要，在“先识览”中是一个新问题的提出，却为下一览的论述提供了一个基础。这种逻辑的发展，亦可见吕览结构体系完整之一斑。

“审分览”即在提出“正名”的基础上，讲君主应如何正名审分、循名责实。这一点在《审分》篇反复加以强调：

> 凡人主必审分，然后治可以至，奸伪邪辟之途可以息，恶气苛疾无自至。夫治身与治国，一理之术也。
>
> 正名审分，是治之辔已。故按其实而审其名，以求其情；听其言而察其类，无使放悖。夫名多不当其实，而事多不当其用者，故人主不可以不审名分也。

不仅讲其重要，原因、好处、方法都一一涉及到了。实在是一个重要的治国之术。

---

① 《吕氏春秋·先识》，诸子集成本，中华书局 1954 年版。
② 《吕氏春秋·观世》，诸子集成本，中华书局 1954 年版。
③ 《吕氏春秋·知接》，诸子集成本，中华书局 1954 年版。
④ 《吕氏春秋·去宥》，诸子集成本，中华书局 1954 年版。
⑤ 《吕氏春秋·正名》，诸子集成本，中华书局 1954 年版。

以下各篇，就这君主南面之术，从不同角度展开阐发。其“一理之术”是什么？从“君道”而言，主要的是循名责实要执虚静：

> 故名不正，则人主忧劳勤苦，而官职烦乱悖逆矣。国之亡也，名之伤也，从此生矣。……故至治之务，在于正名。名正则人主不忧劳矣。不忧劳则不伤其耳目之主。

这表明的就是无为而治的政治主张，所以接下来就是一段读起来非常熟悉而又比较典型的表述：

> 问而不诏，知而不为，和而不矜，成而不处。止者不行，行者不止，因刑而任之，不制于物，无肎为使，清静以公，神通乎六合，德耀乎海外，意观乎无穷，誉流乎无止，此之谓定性于大湫，命之曰无有。

这样关于君道（或主道）的表述，我们在此前的《韩非子》乃至《老子》本文中可以看到，故高诱注“成而不处”说：“《老子》曰：‘功成而弗居’，此之谓也。”在以后的《淮南子》等新道家作品中可以看到。以下各篇的论述，如《君守》篇云：

> 得道者必静。静者无知，知乃无知，可以言君道也。……大圣无事而千官尽能。此乃谓不教之教，无言之诏。……故善为君者无识，其次无事。

《任数》篇，数者术也，任数即言任术为治，术之要贵因：

> 古之王者，其所为少，其所因多。因者，君术也；为者，臣道也。为则扰矣，因则静矣。因冬为寒，因夏为暑，君奚事哉？故曰君道无知无为，而贤于有知有为，则得之矣。

《勿躬》亦讲人主不要躬亲为人臣之事：

凡君也者，处平静，任德化以听其要，若此则形性弥赢，而耳目愈精；百官慎职，而莫敢愉綖；人事其事，以充其名。名实相保，之谓知道。

《知度》中一段话几乎为《淮南子·主术》照抄（顺序文字小异）：

故有道之主，因而不为，责而不诏，去想去意，静虚以待，不伐之言，不夺之事，督名审实，官使自司，以不知为道，以柰何为实（《淮南子》作宝）。

顺便说一下，吕览中关于君道、主术的所有论述，在《淮南子》中都可以见到。

《慎势》以下三篇论君道，主要强调了两个问题：

一讲势位与术之重要：

失之乎数（按：术也），求之乎信，疑。失之乎势，求之乎国，危。

汤、武之贤，而犹籍知乎势，又况不及汤、武者乎？

这道理也很简单，因为“位尊者其教受”，尧舜如果不为君——没有势位——也将一事无成，所谓“因势者其令行”。这样又有一个确定势位的问题，不确定就会“疑生争，争生乱”，篇中引用了慎到的一段话，“今一兔走，百人逐之”，就因为未定为谁所有，而“积兔满市，行者不顾”，就因为“分已定矣”，结论说：“故治天下及国，在乎定分而已矣。”

二是讲“执一”、“不二”：

王者执一，而为万物正。……天下必有天子，所以一之也；天子必执一，所以抟之也。一则治，两则乱。①

① 《吕氏春秋·执一》，诸子集成本，中华书局1954年版。

《不二》篇也说是“一则治，异则乱”。但是客观上各种各样的不同和差异又是存在的，例如：

> 老耽贵柔，孔子贵仁，墨子贵廉，关尹贵清，子列子贵虚，陈骈贵齐，阳生贵己，孙膑贵势，王廖贵先，倪良贵后。

等等，怎么办？君主就要“齐万不同”，使“愚智工拙，皆尽力竭能，如出乎一穴”。本览是把无为与势、术的思想结合起来论述的。

《审应览》的主题是讲君主该如何对待言词。审者，周密、慎重也，审应即言应答之类要慎重，故首句就说：

> 人主出声应容，不可不审。

《重言》篇开头也说：

> 人主之言，不可不慎。

如何慎重？各篇既举了一些例子，也有一些概括的言论，例如：

> 凡主有识，言不欲先。
> 凡听必反诸己，审则令无不听矣。①
> 高宗，天子也，即位谅暗，三年不言。②
> 圣人相谕不待言，有先言言（谕?）者也。
> 至言去言，至为无为。③

主要是讲音声之言，“应容”也连带着，《精谕》中讲桓公不言，“管子乃以容貌音声”，是包括着容貌举止在内的，察言色是相连的。“审应”、“重言”用在对臣下的考察上，是人主“执其要”的另一方面。主要的办法，

① 《吕氏春秋·审应》，诸子集成本，中华书局1954年版。
② 《吕氏春秋·重言》，诸子集成本，中华书局1954年版。
③ 《吕氏春秋·精谕》，诸子集成本，中华书局1954年版。

就是前面据说的“循名责实”,《审应》在讲人主“审应”的同时就说:

以其出为之入,以其言为之名,取其实以责其名,则说者不敢妄言,而人主之所执其要矣。

从言语声音讲名与实的关系,重要的又是言与意,或者言与心的关系。《离谓》篇说:

言者,以谕意也。言意相离,凶也。

夫辞者,意之表也。鉴其表而弃其意,悖。故古之人,得其意则舍其言矣。听言者以言观意也。听言而意不可知,其与桥言无择(高注:桥,戾也。择犹异)。

《淫辞》篇又说:

凡言者,以谕心也。言心相离,而上无以参之,则下多所言非所行也,所行非所言也。言行相诡,不祥莫大焉。

言、心(或者意)、行三者是有关系的。本览重在言,明确反对淫佚欺诈之言辞,也包括着反对“流言”:

乱国之俗,甚多流言,而不顾其实,务以相毁,务以相誉,毁誉成党,众口熏天,贤不肖不分,以此治国,贤主犹惑之也,又况乎不肖者乎?①

此外,在如何识别言意方面,强调了一个“理”字:

故辩而不当理则伪,知而不当理则诈,诈伪之民,先王之所诛

① 《吕氏春秋·离谓》,诸子集成本,中华书局1954年版。

也。理也者，是非之宗也。[1]

察而以达理明义，则察为福矣；察而以饰非惑愚，则察为祸矣。[2]

还有一个“诚”字，最后的《具备》篇说：

故诚有诚乃合于情，精有精乃通于天。……故凡说与治之务莫若诚。听言哀者，不若见其哭也；听言怒者，不若见其斗也。说与治不诚，其动人心不神。

以“理”、“诚”等来察言观色，来分析其言、其心、其意、其行。围绕着以上这些思想原则，列举了大量“应言”的事例，本览思想是一以贯之的。

“离俗览”仍讲人主如何审士、用民以治国，特别提出“离俗”问题，从一个与众不同的角度来审士、用民。离者违背也，要与俗（习俗、大众、通行）相违，不要一般的俗见，因为“君子之穷通，有异乎俗者也”[3]。本览各篇中反复说到要“熟论”、“深见”、“不可不审”。如何审？如何论？从政治和能力道德的角度提出和论述了一些标准，有《高义》《上德》《适威》《为欲》《贵信》等，具体涉及到：德、义、忠、廉、信、勇、智以及爱利等，但在这许多标准之中，突出的又是一个“义”字：

世之所不足者，理义也；所有余者，妄苟也。……然而以理义斫削，神农、黄帝犹有可非，微独舜、汤。[4]

君子之自行也，动必缘义，行必诚义，俗虽谓之穷，通也。[5]

为天下及国，莫如以德，莫如行义，以德以义，不赏而民劝，不罚而邪止，此神农、黄帝之政也。……义之为利博矣。[6]

① 《吕氏春秋·离谓》，诸子集成本，中华书局 1954 年版。
② 《吕氏春秋·不屈》，诸子集成本，中华书局 1954 年版。
③ 《吕氏春秋·高义》，诸子集成本，中华书局 1954 年版。
④ 《吕氏春秋·离俗》，诸子集成本，中华书局 1954 年版。
⑤ 《吕氏春秋·高义》，诸子集成本，中华书局 1954 年版。
⑥ 《吕氏春秋·上德》，诸子集成本，中华书局 1954 年版。

凡用民，太上以义，其次以赏罚。①

古之君民者，仁义②以治之，爱利以安之，忠信以导之。③

凡治国令其民争行义也，乱国令其民争为不义也；强国令其民争乐用也，弱国令其民争竞不用也。夫争行义乐用与争为不义竞不用，此其为祸福也，天不能覆，地不能载。④

故君子责人则以人，自责则以义。……自责以义则难为非，难为非则行饰。（高注：饰读曰敕。敕，正也。）⑤

八篇之中，仅《贵信》一篇未直接提出“义”字，然而信是要求符合“义”的，《论语·学而》载有子曰：“信近于义，言可复也。”后世也常常“信义”两字相连，信或为义的表现之一。《左传·成公八年》又有“信以行义，义以成命”的话，说明信、义两者的关系密切。虽然关于“义”的本身没有多少具体的说明，但大部分篇幅所讲的一个问题是：治民、用民的最好办法是令其民争相行义。这里我们要再一次提出，高诱所言此书所崇尚的“以忠义为品式”。

“恃君览”在最后，似是总结性的论为君之道。本览主要内容有如下一些：首先是肯定君主的地位，天下、国家不可无君，所以《恃君》篇说：

为天下长虑，莫如置天子也；为一国长虑，莫如置君也。

为了确定君主在人类社会中的地位，吸取先秦诸子的议论作了一番理论阐述：

凡人之性，爪牙不足以自守卫，肌肤不足以扞寒暑，筋骨不足以从利辟害，勇敢不足以却猛禁悍，然且犹裁万物，制禽兽，服狡虫，

① 《吕氏春秋·用民》，诸子集成本，中华书局1954年版。

② “仁义”连用在该书中不多见，与儒家之讲仁义不尽相同。

③ 《吕氏春秋·适威》，诸子集成本，中华书局1954年版。

④ 《吕氏春秋·为欲》，诸子集成本，中华书局1954年版。

⑤ 《吕氏春秋·举难》，诸子集成本，中华书局1954年版。

寒暑燥湿弗能害，不唯先有其备，而以群聚邪。群之可聚也，相与利之也。利之出于群也，君道立也。

置立君主，是为了利群、利国、利天下，所以同时又明确提出“置君非以阿君也，置天子非以阿天子也”。君主的功过好坏，影响决定着天下国家的安危兴废。因而“君道何如”就是一个重要问题，本览以下各篇即从各方面论述君主应具备之德（或者说君道）。《长利》篇所言“天下之长利”，虽然具体例子是就士人而言，原理却是“天下非一人之天下”的引申和说明，其言曰：

利虽倍于今，而不便于后，弗为也；安虽长久，而以私其子孙，弗行也。

《召类》是“有始览”中《应同》思想之重新强调，要注意“类同相召”，不能“召寇”：“故国乱非独乱，有必召寇。独乱未必亡也，召寇则无以存矣。”而应该召贤，本篇最后一句结语是：“故三代之所贵，无若贤也。”贤主、贤士就能知祸福之由，“治乱之化”。贤主与贤士“相召”，则可以“达郁”：

主德不通，民欲不达，此国之郁也。国郁处久，则百恶并起，而万灾丛至矣。上下之相忍也，由此出矣。故圣王之贵豪士与忠臣也，为其敢直言而决郁塞也。①

作为君主要力戒“骄恣”，“不得以快志为故”②，《骄恣》篇强调指出：

亡国之主，必自骄，必自智，必轻物。自骄则简士，自智则专独，轻物则无备。无备召祸，专独位危，简士壅塞。欲无壅塞必礼士，欲位无危必得众，欲无召祸必完备。三者，人君之大经也。

① 《吕氏春秋·达郁》，诸子集成本，中华书局1954年版。
② 《吕氏春秋·行论》，诸子集成本，中华书局1954年版。

这可说是“君道”的一个小结。另一方面，君主对于人与事又要能“知分”、“观表”,《知分》云：

凡使贤不肖异：使不肖以赏罚，使贤以义。故贤主之使其下也必义，审赏罚，然后贤不肖尽为用矣。

《观表》云：

凡论人心，观事传，不可不熟，不可不深。……人之心隐匿难见，渊深难测，故圣人于事志焉。圣人之所以过人以先知，先知必审征表，无征表而欲先知，尧舜与众人同等。……不观其事而观其志，可谓能观人矣。……人亦有征，事与国皆有征。圣人上知千岁，下知千岁，非意之也，盖有自云也。

这又可以说是“君术”的一个小结。

综观以上“八览”之内容，主要是讲君主应该注意什么，应该做些什么，应该怎样做。所以我们说“八览”是君主阅览的，是从君道的角度供君主治国治天下以参考。当然也就是吕不韦及其“智略之士”政论的主要一部分内容，有它自己一个比较完整的思想体系。

（三）“六论”思想的分论说明

“六论”的结构，从形式上可以看出编写者所作的整齐划一工作。它以“开春论第一”，就和“孟春纪第一”与“有始览第一”一样，是一个单独的开始，虽然不是从“天地有始”讲起，却也和“十二纪”一样，从春季万物新生意思开头，故第一句话就说：

开春始雷则蛰虫动矣，时雨降则草木育矣……

以后的几论，是几类专题，它们是“慎行”、“贵直”、“不苟”、“似顺”等，内容中比较多的篇幅是士君子之言行节操，或者说是对人臣的要求。最后一论“士容”讲“国士之容”，正是点出了“六论”的总主题。

不过，“六论”虽有归类，类与类的关系也可与“八览”的关系大体相同，但每论中的六篇文字联系不如每一览中各篇的联系密切，有些甚至是明显杂凑在一起的。有的“论”所论述的内容或多或少与主题中心思想有关，有的“论”有两个以上的主题，而且彼此不相连属。具体说明如下：

“开春论”中《开春》一篇讲厚德积善，救死缓刑，这思想与“十二纪”的思想是一致的，春言生，不能“行秋令”，故救死缓刑，“说文王之义以示天下”。但是此一篇中有一句值得注意的话：

善说者亦然，言尽理而得失利害定矣，岂为一人言哉？

不为一人说，似乎还要更多的人懂得言说与得失利害的关系，亦即“示天下”。《察贤》、《期贤》两篇是“尚贤”之论十分明显：前者把贤者比作良臣，君主应该疾求，“立功名亦然，要在得贤”；后者说：“凡国不徒安，名不徒显，必得贤士。”这两篇放在前面，当是因为六论主要是讲贤士问题。《审为》篇讲重生轻物，讲“尊生”、“重生”，这是十二纪《贵生》、《先己》的理论，有了生才能言其他，所以本篇开头就说：

身者所为也，天下者所以为也，审所以为而轻重得矣。

这一篇放在“开春论”中与《本生》《贵生》放在春纪之中同一道理。《爱类》讲爱民、利民，明显地采纳并发挥了儒家“仁者爱人”的思想：

仁于他物，不仁于人，不得为仁；不仁于他物，独仁于人，犹若为仁。仁也者，仁乎其类者也。故仁人之于民也，可以便之，无不行也。……人主有能以民为务者，则天下归之矣。

“开春论”中讲这个问题是重要的，因为为政之道离不开民，人主想要“天下归之”，必须爱民、利民。同样，贤士也必须利民，所以说：“圣王、通士不出于利民者无有。”《贵卒》一篇言“力贵突，智贵卒”，讲究神速，与前几篇均无什么联系，或认为与春天生机有关，可备一说。

“慎行论”首篇《慎行》讲“行不可不孰（按：精审之意）”，并且明确提出“君主计行虑义”，本篇结论写道：

> 凡乱人之动也，其始相助，后必相恶。为义者则不然，始而相与，久而相信，卒而相亲，后世以为法程。

接下来，《无义》篇紧承前篇说：

> 先王之于论也极之矣，故义者百事之始也，万利之本也，……以义动则无旷事矣。……人主与其臣谋为义，其孰不与者？非独其臣也，天下皆且与之。

本篇大部分内容是斥责公孙鞅、郑平、续经、公孙竭等人之无义。《疑似》篇讲对人之言行要注意观察：“疑似之迹，不可不察。”因为“使人大迷惑者，必物之相似也”。虽然事物中有石与玉之类的相似要区别，这里仍主要言政事，所以述说：

> 贤主之所患，患人之博闻辩言而似通者。亡国之主似智，亡国之臣似忠，相似之物，此愚者之所大惑，而圣人之所加虑也。故墨子见歧道而哭之。

《壹行》篇说：

> 先王所恶，无恶于不可知，不可知则君臣、父子、兄弟、朋友、夫妻之际败矣。十际皆败，乱莫大焉。

注家解释“不可知”，或谓“无信”，或言“无法”，“无法”或“无信”则不能“壹行”，此篇与“慎行”有关。那么“壹行”之“法”又是什么呢？文中两处论述：“士义可知（故也），则期为必矣。”“世之所以贤君子者，为其能行义而不能行邪辟也。”行的标准、法度就是“义”。此论中也很强调“义”字，与前述“离俗览”相似，也是整个《吕氏春秋》的中心思想之一。《察传》篇讲对于传言和人之行事都要认真考察：“凡闻言必熟论，其于人必验之以理。”

为什么必须如此，其理论解释说：

> 夫得言不可以不察，数传而白为黑，黑为白。……闻而审则为福矣，闻而不审，不若无闻矣。

注重观察，分辨黑白、是非，也是全书中比较注重的问题之一。上面的《疑似》，以及前面《观表》《知分》等，都是从不同角度讲此问题。本论中只有《求人》一篇讲求贤问题，与“慎行”其他几篇联系不大。

“贵直论”首篇“贵直”开章明义讲了本论主题：“贤主所贵莫如士。所以贵士，为其直言也。”接着《直谏》篇论述“贵直”的道理，贤者才能“极言”、“直谏”：

> 言极则怒，怒则说者危，非贤者孰肯犯危？而非贤者也，将以要利矣。要利之人，犯危何益？故不肖主无贤者。无贤则不闻极言，不闻极言则奸人比周、百邪悉起，若此则无以存矣。

极言、直谏是关系国存、主安的大问题，故须“贵直”。《知化》篇讲“贵知化”、贵“先知化”。化者，日后必至之势也。预见的意思。此篇与前篇的联系是有“先之化”之人“谏而不听”，就会“身死国亡”，全篇就讲吴王夫差不听有先知的伍子胥之谏。《壅塞》篇亦“贵直”，不过是从反面来说的：“亡国之主，不可以直言。不可以直言，则过无道闻，而善无自至矣，无自至则壅。”

本论另外两篇：《过理》言“适乐”，“乐不适则不可以存”；《原乱》讲因果关系。两篇所述，与本论主题无甚关连，意义也不很明确。

“不苟论”首篇《不苟》也是开章明义：“贤者之事也，虽贵不苟为，虽听不自阿，必中理然后动，必当义然后举，此忠臣之行也。”后面《当赏》《博志》《贵当》等篇，均有“不苟”之意。《当赏》篇说：

> 主之赏罚爵禄之所加者宜，则亲疏远近贤不肖皆尽其力而以为用矣。

高注云："宜犹当也。""宜"与"当"都要求"不苟"。《博志》之博，注者认为当为"抟"，与专同，谓专一其志也。篇中有"故择务，当而处之"的论述，均与"不苟"有关。《贵当》也是如此，如：

名号大显，不可强求，必繇其道。

君子审在己者而已矣。

另外《赞能》《自知》两篇，与"不苟"联系不大，而是论贤人、直士，但是全书重要问题之一。《赞能》，赞者进也，知人之能举而进知，故篇末结之曰："功无大乎进贤"，讲得能人、贤者之重要：

得地千里，不若得一圣人。……汤得伊尹而有夏民，文王得吕望而服殷商。夫得圣人，岂有里数哉？

《自知》篇一方面强调"自知"的重要："存亡安危，勿求于外，务在自知。"另一方面认为："人主欲自知，则必直士。故天子立辅弼，设师保，所以举过也。夫人故不能自知，人主犹其。"既是对人主的提醒，也是对人臣的要求，为人臣者应该极言直谏。

"似顺论"的《似顺》篇云：

事多似倒而顺，多似顺而倒。有知顺之为倒、倒之为顺者，则可与言化矣。

《吕氏春秋》很注重认识分辨事物的方法，前面的《疑似》《知化》以及"八览"中的《先识》《观世》《察微》等篇，均从不同角度论述过，这里又集中为一论。其下《别类》讲事物应分别类居而寻求其所以然，也是认识方面的问题，因为"物多类然而不然"，有的可以类推，有的不可以类推，要具体问题具体分析。例如：

小方，大方之类也；小马，大马之类也；小智非大智之类也。

物固有可以为小，不可以为大；可以为半，不可以为全者也。

文中开头就提醒人们："过者之患，不知而自以为知。"

《有度》篇也是讲认识论方面的，主张"有度而听"，反对"知之不审"：

> 贤主有度（高注：度：法也）而听，故不过。有度而以听，则不可欺矣，不可惶矣，不可恐矣，不可喜矣。以凡人之知，不昏乎其所已知，而昏乎其所未知，则人之易欺矣，可惶矣，可恐矣，可喜矣，知之不审也。

本篇最后一段，则在"知"的问题上有进一步的引申：

> 先王不能尽知，执一而万物治。使人不能执一者，物感之也。故曰通意之悖，解心之缪，去德之累，通道之塞。贵富显严名利六者，悖意者也；容动色理气意六者，缪心者也；恶欲喜怒哀乐六者，累德者也；智能去就取舍六者，塞道者也。此四六者不荡乎胸中则正。正则静，静则清明，清明则虚，虚则无为而无不为也。

文字虽然不长，涉及的问题却较多，而且涉及到道家的一些根本主张：静、虚、无为，等等。

本论最后三篇正是以上这段内容的进一步展开，《分职》篇一方面是讲君主无为，另方面也是强调君臣分职：

> 夫君也者，处虚素服而无智，故能使众智也；智反无能，故能使众能也；能执无为，故能使众为也。无智、无能、无为，此君之所执也。人主之所惑者则不然，以其智强智，以其能强能，以其为强为，此处人臣之职也。

"人臣"就应该用"智"用"能"而为。《处方》即前《圜道》"臣处方"之"处方"，臣要守臣之本分："其本也者，定分之谓也"，故曰：

> 凡为治必先定分。君臣父子夫妇六者当位，则下不逾节而上不苟

为矣，少不悍辟而长不简慢矣。金木异任，水火殊事，阴阳不同，其为民利一也。故异所以安同也，同所以危异也。同异之分，贵贱之别，长少之义，此先王之所慎，而治乱之纪也。

沿着“先王之所慎”，进一步讲“慎小”，《慎小》篇既言“贤主谨小物以论好恶”，也讲“上尊下卑”的相知关系：

上下不相知，则上非下，下怨上矣。人臣之情，不能为所怨；人主之情，不能爱所非；此上下大相失道也。

“士容论”有明显不同的两部分，前两篇可说是试图对前此论士君子言行节操作一小结。《士容论》有一段较为完整的论述：

士不偏不党，柔而坚，虚而实。其状朖然不儇，若失其一（高注：一谓道也。能柔坚虚实之士，其状貌朖然舒大，不儇给巧伪为之，畏失其道也）。傲小物而志属于大，似无勇而未可恐狼，执固横敢而不可辱害，临患涉难而处义不越，南面称寡而不以侈大，今日君民而欲服海外，节物甚高而细利弗赖，耳目遗俗而可与定世，富贵弗就而贫贱弗朅，德行尊理而羞用巧卫，宽裕不訾而中心甚厉，难动以物而必不妄折（高注：不为物动，唯义所在，不妄屈折也。）此国士之容也。

《务大》首段文字与“有始览”之《务本》首段近百字相同，其末段文字与《谕大》首段有近百字相同，主要意思相同，删去了“诗云”、“书曰”等引文。内容虽然相同，但各自要说明的问题却不一样，“有始览”的那两篇都主要是讲治国之本，本篇则着重讲为人臣者应先公后私，以为公安则私安，国强则家富，主尊则臣荣，先国后家，即从事于大义，故云“务大”。篇中所举几个臣下应答君主的事例也是论为臣的道理。

最后《上农》《任地》《审时》《辩士》四篇，讲有关农业的几个根本问题非常具体，学界一致认为《吕氏春秋》中保留的农家著作极为珍贵。但是为什么会放在这本书中？应该有一个合理的解释。我们说《吕氏春秋》是一部政论书，而且是比较全面的纲领性的政论书，讲的是治国之道，农业无疑也是治国之本，实际上在“十二纪”已有“王布农事”、“无作大事，以妨农功”、“劳劝民，无或失时”，乃至“论时令，以待来岁之宜”等。对农事的安排和注重是比较周密和细致的。这种重农的政治目的和意义，《上农》篇一开头就作了说明：

> 古先圣王之所以导其民者，先务于农。民农非徒为地利也，贵其志也。……民农则重，重则少私义，少私义则公法立，力专一。……民舍本而事末则好智，好智则多诈，多诈则巧法令，以是为非，以非为是。

看来，它认为“上农”的政治意义大于经济意义。导民务农是具体的职事，在属于为臣之道的“六论”中，放这么几篇是合适的。再者，《吕氏春秋》有兼采各家之要的特点，有这么几篇农家之言也是合理的。

以上从“十二纪”、“八览”、“六论”的内部结构分析其思想体系，是紧密结合书论的内容分析的。书的结构安排是有指导思想的，《序意》中记载“良人请问十二纪”及“文信侯曰”即可以证明。“十二纪”、“八览”、“六论”分别有定数，形式上十分整齐，如本章所述，思想体系也比较清晰。但也应该看到，在具体安排上，特别是在具体论述中，理论、观点乃至引用事实都有许多重复和交叉。比较起来，“十二纪”的结构最为严密，各纪各篇主题明确，很少有重要问题的重复。“八览”稍次，各览之间以及每览内八篇的结构逻辑就不是十分严密，但是有些重要主题反复、充分论述是其特点。“六论”就更差一些，大部分的主题内容在纪、览各篇中都提到了，甚至反复论述，当然角度有所不同，侧重论士君子的言行节操，主要讲为臣之理。当然，臣与君是分不开的，所以君臣往往相连立论。此外，“六论”又似乎像余论，或者纪、览所编之余。

至于全书观点、论述之交叉与重复情况的形成，主要原因是它成于众人之手，各“著其所闻”。本书是有文信侯统一的指导思想的（前章已有论述），如何理解和贯彻？执笔人的思想主张、学识水平虽不同，论述同一主题，自然难免交叉重复出现。也有某些精彩论述，不在某篇的主题思想中，这就与执笔者的主张、水平有关。把不同思想、不同水平的人所著述的东西，统一编成这么一部完整的书，实属难能可贵。汉人高诱说它“大出诸子之右”，是一个确当的评价。作为秦汉黄老新道家最早最完整的一部代表作，其在文化史上的意义是重大的。

附：由于《吕氏春秋》的特殊结构，过去我写《重评〈吕氏春秋〉》一文时设想：先成“六论”，次成“八览”，最后编定“十二纪”。也有人说：先成“十二纪”，吕不韦迁蜀以后才完成“八览”、“六论”。这些都是没有证据的。现在我认为：成书时间会有一“各著所闻”到“集论”的过程。但也不可能是陆陆续续多少年，应该是一次完成的。三大部分的形成，则如本章的分析，各有各的作用。

第十章　陆贾是汉初新道家的突出代表

汉朝建立，刘邦之所以能成功，汉朝之所以能建立并且巩固，是得力于众多的文武人才，班固在《汉书·郦陆朱刘叔孙传》的最后“赞曰”：

> 高祖以征伐定天下，而缙绅之徒骋其知辩，并成大业，语曰“廊庙之材非一木之枝，帝王之功非一士之略”，信哉！

但是班固不提武将只言“缙绅之徒”（今之所谓知识分子）当是偏见。在当时的“缙绅”之中，很多人信奉正在形成的黄老新道家，有的学者甚至说：“我们以为不特刘邦的谋臣张良、陈平是用《老子》之术者，刘邦自己也是操《老子》之术者……无论张良、刘邦是不是老子之徒，秦楚之际，老学已经盛行确是事实。”① 并且说老学即道家。这话似有极端之处。汉初信奉和实行黄老新道家的思想和主张，的确是事实。而在当时的“缙绅”中，陆贾是一个突出的代表，他和张良、陈平、萧何不同，他除了在“定天下”中的多方面的贡献之外，还有著作传世，这对于思想史的研究特有意义。

一、陆贾其人及其《新语》

在汉初众多的文武人才中，陆贾既未封侯，也未为将相，连九卿的地位都没有，只做到一个“秩比千石”② 的太中大夫。《汉书·百官公卿表》把大夫这一类官从属于光禄勋（郎中令）之下，而且“无常事”，“掌议

---

① 唐钺：《老子这部书对于道家的关系》，《张菊生先生七十生日纪念论文集》，商务印书馆1937年版。

② 《汉官》说是“秩比二千石”。

论”。大夫从属于郎中令，是在皇帝身边。不过，“太中大夫在中最高大也”[①]。有的记载说，大夫中最低等的谏大夫，也是“皆名儒宿德为之”[②]，太中大夫作为“最高大”的大夫当然更会是一个众望所归的人。关于其职掌，虽说是“无常事”、“掌议论”，但如荀绰《晋百官表注》所说：

> 光禄大夫（按：即中大夫）古官也，职掌言议，毗亮论道[③]，献可替否，赞扬德化。[④]

毗、亮皆为辅佐、辅助之意，赞当然是帮助。然则也可以发挥很大的作用。陆贾的所作所为十分称职，这是少有的。班固写陆贾的传基本上是抄《史记》的，但其“赞曰”给了较高的评价：

> 陆贾位止大夫，致仕诸吕，不受忧责，从容平、勃之间，附会将相以强社稷，身名俱荣，其最优乎！

这话是在上述“缙绅之徒骋其知辩，并成大业”之后说的，在众多的谋士中，“其最优乎！”是一个十分肯定的评价。陆贾可以说是当之无愧的。例如，他“以客从高祖”“居左右”[⑤]，能够及时提醒刘邦。天下可以“马上得之”，但不可以“马上治”，为“长久”之计必须“文武并用”。又“常使诸侯”，他出使南越，制止尉佗闹独立，“和集百越，毋为南边患害”[⑥]。在吕后专权时“贾自度不能争之，乃病免”。这也是实行“道固委蛇”之术，“进退与时变化”[⑦]，以使自己“不受忧责”。不过他并非真正隐退，而是“从容平、勃之间”，成功地导演了“将相和”，参与了铲除诸吕的计事，所以说：“及诛吕氏，立孝文，贾颇有力。”这是班固在《史记》记述基础上加的几句话，是很恰当的。文帝时再次“往使尉佗，去黄屋称制，

---

① 韦昭：《辨释名》。

② 《后汉书集解》引惠栋所据《齐职仪》。

③ 《汉官仪》又有“毗亮九卿”的说法。

④ 《后汉书集解》引。

⑤ 以下引文不注者均见《汉书・郦陆朱刘叔孙传》。

⑥ 司马迁：《史记》卷一百一十三，《南越列传》，中华书局 1982 年版，第 2967 页。

⑦ 司马迁：《史记》卷九十九，《叔孙通列传》，中华书局 1982 年版，第 2726 页。

令比诸侯，皆如意指”。最后“陆生竟以寿终”。这些简要的记述，可见作为主要“掌言议”的太中大夫陆贾，在“赞扬德化”方面是有实际贡献的。

但是《史记》《汉书》对于陆贾的“毗亮论道，献可替否”虽有记述，却没有什么评价。司马迁只说：“余读陆生《新语》书十二篇，固当世之辩士。”① 始终只注意他“名为有口辩士”，从他用“固”字看也许是受当时人看法的影响，颜师古注“名有口辩”说：“时人皆谓其口辩。”可惜的是对他的“辩”没有分析，不过这也难怪，司马迁、班固都是写史，而且主要是写政治史，所以对陆贾的思想没有分析和评价。

我们说陆贾是汉初新道家的突出代表，主要是从思想史的角度而言的。新道家是入世的，讲究“长久之术”，并努力使之实现，这与“其务为治”的百家没有什么区别，问题是其“术”如何？其“论”如何？从上述陆贾的行事看，直接的看不出多少道家特色。但稍加分析，也可见一些道家思想的信息。

陆贾出使南越，策划铲除诸吕出了大力，功劳不小，但他似乎不居功、不争功，在太中大夫的位置上“竟以寿终”，可见其能够居柔、处下、不争。在吕后专政时，又能够“进退与时变化”，实行“道固委蛇”之术，司马迁评叔孙通“进退与时变化”时引用了一句“大直若诎，道固委蛇”的话，可以表明当时人对道家思想的普遍接受，“大直若诎（音屈）”，是《老子》第 45 章的话，“委蛇”两字，《庄子·应帝王》中有运用，曰“吾与之虚而委蛇”，这两句当时人较熟悉的话，是道家思想无疑，从这样的分析看，陆贾是有道家思想的。还有，《史记》《汉书》中记陆贾“病免”住好畤的那一段：

> 有五男，乃出所使越橐中装，卖千金，分其子，子二百金，令为生产。贾常乘安车驷马，从歌鼓瑟侍者十人，宝剑直百金，谓其子曰：“与女约：过女，女给人马酒食极欲，十日而更。所死家，得宝剑、车骑、侍从者。一岁中以往来过他客，率不过再过，数击鲜，毋久溷女为也。”

---

① 司马迁：《史记》卷九十七，《郦生陆贾列传》，中华书局 1982 年版，第 2705 页。

表现出的是开明豁达：既能安车、从歌贵其生，又不讳言其死。要儿子分担奉养，又不久住一处，乱累（溷）一人。至于令其子“为生产”，或者与当时政治不稳有关。这些，也都与其道家思想有关系。当然，讨论陆贾的思想，主要还是依据其留下的著作，特别是他的《新语》，我曾说它是“汉初新道家的代表作”，应该是不错的。

关于陆贾的著作，《汉书·艺文志》《六艺略》中著录《楚汉春秋》九篇（注：陆贾所记），《诸子略》儒家类著录《陆贾》二十三篇，据考证即今之《新语》。

《楚汉春秋》一书，《后汉书·班彪列传》写道：

> 汉兴定天下，太中大夫陆贾记录时功，作《楚汉春秋》九篇。

这本书后来亡佚了（考证认为亡于南宋），其原因之一，当因为它的内容已为《史记》所采用，唐代刘知幾论“诸汉史”时说：

> 自汉已降，作者多门，虽新书已行，而旧录仍在。……案刘氏初兴，书唯陆贾而已。子长述楚、汉之事，专据此书。

刘知幾当然是看到过《楚汉春秋》的，其言可靠。从班彪“记录时功”及刘知幾“旧录”的提法看，《楚汉春秋》有后世创业记、实录之类的性质。

由于《汉书》中《新语》有“十二论”和“二十三篇”之不同记载，又有“《新语》二卷”之类的记载，在长期流传中难免散乱，或者“佚而复出，出而不全”，所以后人有疑今之《新语》“非贾原本”。这主要是《四库全书总目提要》提出的问题。清人、现代人对此作了一些考证。主要结论，肯定《新语》不是伪作。《古史辨》第四册所收胡适的《陆贾〈新语〉考》、罗根泽的《陆贾〈新语〉考证》、余嘉锡的《〈四库提要〉辨证——〈新语〉》，以及张西堂的《陆贾〈新语〉辨伪》都有力地反驳了“伪作”之说。但《古史辨》第六册又刊载了一篇孙次舟的《论陆贾〈新语〉的真伪》，一方面承认胡、罗等人的考证是对的，另一方面又说：“胡适《中国哲学史大纲导言》，谓审定史料之真伪，当就五方面观察：一史事，二文子，三文体，四思想，五旁证。余辨现行《新语》之属伪托，已有其四。言文字，陆贾之时，无五经之称，一也；言文体，西汉之初，无此等对偶文，二也；言思想，《新语》本儒家书，而今本多道家说，三也；言旁证，刘向《七录》、班固《汉志》著录陆贾书，其篇数与隋唐志有异，四也。故余明目张胆，敢斥今本《新语》之为赝鼎也。”理由似乎很多，其实都是靠不住的。首先，“五经”一词，显然是理解错了，如果是指《诗》《书》等五经，那也许是晚于陆贾之时，然《礼记·祭统》说“凡治人之道，莫急于礼。礼有五经，莫重于祭”，这五经指的是吉、凶、宾、军、嘉之五礼也。从《新语》“后圣乃定五经、明六艺”的内容看，五经是指的治人之道的礼。五经、六艺是对偶式的。孙次舟的文章说汉初无此文体，那么《荀子》，特别是它的《成相篇》之类的文体又当作何解释呢？可见，其第二条理由也是站不住脚的。至于说思想，孙次舟首先肯定应是儒家的书，而其中又“多道家说”，就认为这是伪书，那么本文则把他这条理由从根本上否定了。至于所谓旁证，其实胡适等人早已在考证中论及，这里不必再多说。因为孙次舟的文章发表在胡、罗等人之后，虽胡适等后来都没有理会他的说法，但我们有必要再说上几句，即重申《新语》并非伪作，而是汉初陆贾的作品。我们正是在这一前提条件下，探讨它究竟是哪一家的代表作的。

《新语》历来被认为是儒家作品，首先是《汉书·艺文志》把陆贾之书（当包括《新语》）列入《诸子略》儒家类。班固很是推重陆贾，他曾说：

> 近者陆子优游，《新语》以兴；董生下帷，发藻儒林；刘向司籍，辩章旧闻；扬雄覃思，《法言》《太玄》：皆及时君之门闱，究先圣之壶奥，婆娑虖术艺之场，休息虖篇籍之囿，以全其质而发其文……①

这里可看出班固所推重的前汉的几位学者，称陆贾为“陆子”，称董仲舒为“董生”，刘向、扬雄直称其名，虽是行文的不同，亦可见其对陆贾之推重。另外用“优游”两字概括陆贾，《汉书》注引郑氏（玄）曰：“优游，不仕也。”陆贾虽有一次病免，但并未“不仕”，则当作“安闲自得”

① 班固：《汉书》卷一百上，《叙传》，中华书局1962年版，第4231页。

解，这正与上述陆贾有道家思想相合。这些话说开了些，然而对评价陆贾是有意义的。东汉王充也把陆贾和董仲舒相提并论，其相提并论以及班固的陆董刘扬相提并论，主要不过是称道他们心目中有影响的知识分子，所谓“处身行道，辅世成名”[①] 之士（王充佩服的还有扬雄、桓谭等人[②]），并未明言也未注意这些人属儒属道的问题。

但是，根据《汉书·艺文志》的分类，后世目录一直把《新语》放在“子部·儒家类”，《四库全书总目提要》虽怀疑其为伪书，但说：

> 今但据其书论之，则大旨皆崇王道，黜霸术，归本于修身用人。其称引《老子》者，惟《思务篇》引“上德不德”一语，馀皆以孔氏为宗，所援据多《春秋》《论语》之文。汉儒自董仲舒外，未有如是之醇正也。流传既久，其真其赝，存而不论可矣。

在他们心目中，汉儒最“醇正”的是董仲舒，其次是陆贾，这当然是一家之言。严可均为《新语》作序，不同意伪书之说，但他写道：

> 汉代子书，《新语》最纯最早，贵仁义，贱刑威，述《诗》《书》《春秋》《论语》，绍孟、荀而开贾、董，卓然儒者之言。

《新语》到底是“儒者之言”，还是道家之论？至今仍是一个讨论的问题。不过“纯儒”的说法已经不多了，人们很容易发现其“兼糅”各家的特点。早年胡适《述陆贾的思想》时就曾说：

> 其思想近于荀卿、韩非，而鉴于秦帝国的急进政策的恶影响，故改向和缓的一路，遂兼采无为的治道论。此书仍是一种“杂家”之言……故最应该放在《吕氏春秋》和《淮南王书》之间……

---

① 班固：《汉书》卷一百上，《叙传》，中华书局1962年版，第4230页。

② 《论衡·书解》篇又有“汉世文章之徒，陆贾、司马迁、刘子政、杨子云其材能若奇……”、“长卿子云，二子之论也”的说法。

直到前两年，台湾师范大学陈丽桂先生撰写《融合道法、兼采阴阳的汉儒——陆贾》①，虽继续说“在汉代诸儒中陆贾被列于开宗地位”，“以儒为本，崇尚仁义”，同时也以更大的篇幅论述了其“融道合法，兼采阴阳”的内容。前些年我在研究秦汉新道家的过程中，撰写了《〈新语〉是汉初新道家代表作》一篇，收集在《秦汉新道家略论稿》② 一书中流传于世，引起了学术界一定的注意，但言而未尽，今特再作一番重申。

在具体讨论《新语》思想内容之前，我还提出一点请注意，那就是司马迁在其本传中所说的：

> （刘邦）谓陆生曰：“试为我著秦所以失天下，吾所以得之者何？及古成败之国。”陆生乃粗述存亡之征。凡著十二篇，每奏一篇，高帝未尝不称善，左右呼万岁，号其书曰《新语》。

“粗述存亡之征”，有人说是司马迁“不足以知陆生如此”③，其实司马迁只不过言实，粗者，粗略也，如司马相如《难蜀父老》中所说：“请为大夫粗陈其略。”从当时的环境和条件看，陆贾也只可能粗略地论述一下，同时高祖也只能“粗纳采”，如王充所说：

> 高祖既得天下，马上之计未败，陆贾造《新语》，高祖粗纳采。

这两个“粗”字同义，反映的是事实。现在我们无法知道陆贾上《新语》的准确时间，即便是高祖的最后一年，一方面仍需“马上治之”，另一方面也是一个百废待举时期，当然只能“粗述”、“粗采”，哪里可能完全从容论道。不过，从中我们又可以看出陆贾的了不起，当时他绝不可能有大量的时间去引经据典，只能凭他已有的知识，而有那样的“粗述”，也是难能可贵了。其所谓“援据《春秋》《论语》之文”当是他熟悉许多历史上的“存亡之征”，许多历史是先秦诸子都曾引用过的。《新语》中有几处“孔子曰”、“《老子》曰”、“《易》曰”乃至“《穀梁传》曰”，当是他记得

---

① 《中国学术年刊》第十七期，台湾师范大学国文研究所编。

② 熊铁基：《秦汉新道家略论稿》，上海人民出版社 1984 年版。

③ 余嘉锡：《四库提要辨证——新语》，并且说班固“不以《史记》为然，有意删去”。

较确切的文字。大部分文字是用自己的语言叙述的，甚至可以怀疑，很多思想和语言是从《吕氏春秋》那里出来的，以其文字与《吕氏春秋》对照，也将是讨论《新语》思想的一个方法。例如第一篇《道基》，开头所称“传曰”，究竟是引哪一种“书传”之辞，我们一时还不容易弄清楚，也许即泛指的传记，如齐宣王问孟子“汤放桀，武王伐纣，有诸?”孟子对曰：“于传有之。”① 泛指传记，汉人也是如此用法的，晁错《贤良对策》中“臣窃观上世之传”的说法。至于“传曰”的内容“圣人成之”、“道术生焉”，“圣人”、“道术”明显地在《庄子》中较为突出，而“天生万物，以地养之，圣人成之”云云，《吕氏春秋》中有类似的语言，如《本生》中说：“始生之者，天也；养成之者，人也。能养天之所生勿撄之谓天子。”《道基》中接下去“故曰”的内容，如：

> 于是先圣乃仰观天文，俯察地理，图画乾坤以定人道。

这样的论述，也是能在其稍前的《吕氏春秋》中可以看到的。《新语》采纳和引述了不少《吕氏春秋》的内容，这也是陆贾反映当时人道家思想最方便参考的一本书，当然他绝不能明言参考了亡秦相国所主持编撰的这部书。以上这些，应该是合情合理的推测。

那么，研究讨论陆贾及其《新语》的思想，究竟怎样为好呢？宋人黄震曾逐篇言其作意：

> 一曰《道基》，言天地既位而列圣制作之功。次曰《术事》，言帝王之功，当思之于身，舜弃黄金，禹捐珠玉，道取其至要。三曰《辅政》，言用贤。四曰《无为》，言舜周。五曰《辨惑》，言不苟合。六曰《慎微》，言谨内行。七曰《资质》，言质美者在遇合。八曰《至德》，言善治者不尚刑。九曰《怀虑》，言立功当专一。十曰《本行》，言立行本仁义。十一曰《明诚》，言君臣当谨言行。十二曰《思务》，言闻见当务执守。此其大略也。②

① 《孟子·梁惠王下》，十三经注疏本，中华书局1980年版。
② 《黄氏日抄》卷五六。

好在《新语》部头不大，文字不多，我们不妨采用黄震这个办法，逐篇加以分析。

二、《新语》各篇内容的分析

第一篇《道基》。

本篇主要讲道术的起源及其运用，篇名直解当为“道是基础”或“以道为基础”，和《文子》的《道原》同义，就是《老子》“天地之始”、“万物之母”的意思。《老子》说：

道生一，一生二，二生三，三生万物……（42章）

又说：

大道氾兮，其可左右，万物恃之以生而不辞……衣养万物而不为主……（34章）

生，养万物者皆为道。

《道基》篇一开头引“传曰”：

天生万物，以地养之，圣人成之，功德参合而道术生焉。

这里生、养万物为天地，没有提出“道”，但与《老子》的思想是不矛盾的，在《老子》那里，道是最高的抽象（还有无、一等），天地又相对具体一点，天地是先于万物，故言天地生养万物与道之生养万物不矛盾，从天地生养万物讲起，如上所述，是《吕氏春秋》就已经开始了的。《道基》篇不注重对道的本身解释（也无法解释清楚，后来《淮南子·原道训》也没有能把恍兮惚兮的道讲得很清楚），着重讲的是“道术”的产生和运用。包括讲人类社会历史如何发展？“人道”如何定？“王道”如何生？以及“礼义”怎样兴起？“教化”怎样产生？等等，然后总结说：

> 故曰：圣人成之，所以能统物通变，治情性，显仁义也。

圣人所成之“道术”，是能够“统物通变”的，能够“治情性”，能够“显仁义”，“显仁义”的说法值得注意，是显现“仁义”，仁义不是根本的，所以又说“仁者道之纪，义者圣之学”，“仁义”是从属于“道”的。正是在此种思想的指导下，它写道：

> 是以君子握道而治，据德而行，席仁而坐，杖义而强，虚无寂寞，通动无量。

由此我们可以看出：第一，道德仁义显然有层次的不同，道和德有根本性，仁和义是辅助性，因而在行文上有“握”、“据”与“席”、“杖”以及“治”、“行”与“坐”、“强”之不同；第二，“虚无寂寞”当是应采取的一种根本精神，以求达到“通动无量”的结果；第三，这里是说“君子”应该如何作？而这个“君子”是与“圣人”同时提出的，“圣人”是“成立”者，“君子”是实行者，“圣人”高于“君子”，这是《庄子》的区分法，《庄子·天下》说：

> 不离于宗，谓之天人。不离于精，谓之神人。不离于真，谓之至人。以天为宗，以德为本，以道为门，兆于变化，谓之圣人。以仁为恩，以义为理，以礼为行，以乐为和，薰然慈仁，谓之君子。

以上这几点都可说明其道家思想。

下面再看一下关于“圣人成之”的具体论述，陆贾又分了“先圣”、“中圣”、“后圣”。前引胡适的《述陆贾的思想》认为，这和“韩非分古史为上古之世，中古之世，近古之世”一样，反映了陆贾的历史进化论思想。我认为，陆贾主要不是划分古史，而是论述文化的起源，更像是发挥《老子》的思想。《老子》说：

> 大道废，有仁义；智慧出，有大伪；六亲不和，有孝慈；国家昏乱，有忠臣。(18 章)

> 故失道而后德，失德而后仁，失仁而后义，失义而后礼。(38章)

而陆贾“言天地既位而列圣制作之功”是这样说的：首先，在概述“张日月，列星辰，序四时，调阴阳”等一系列天地之自然规律之后写道：

> 于是先圣乃仰观天文，俯察地理，图画乾坤以定人道。民始开悟，知有父子之亲，君臣之义，夫妇之别，长幼之序。于是百官立，王道乃生。

这是由《老子》“道法自然”(25章)的思想发展而来的，《吕氏春秋》已经以“是法天地”作为其指导思想，所谓：

> 上揆之天，下验之地，中审之人……。天曰顺，顺维生；地曰固，固维宁；人曰信，信维听。三者咸当，无为而行。①
>
> 天道圜，地道方，圣王法之，所以立上下。②

陆贾所述难道不是与这样的指导思想一致吗？

其次，在文化进步之后（经神农、黄帝等圣人制作）。“民知轻重。好利恶难，避劳就逸，于是皋陶乃立狱制罪……”，在“民知畏法而无礼义”的情况下：

> 于是中圣乃设辟雍庠序之教，以正上下之仪，明父子之礼，君臣之义，使强不凌弱，众不暴寡，弃贪鄙之心，兴清洁之行。

再以后，所谓“礼义不行，纲纪不立，后世衰废”：

> 于是后圣乃定五经，明六艺，承天统地，穷事察微，原情立本，以绪人伦。宗诸天地，纂修篇章，垂诸来世，被诸鸟兽，以匡衰乱。

① 《吕氏春秋·序意》，诸子集成本，中华书局1954年版。
② 《吕氏春秋·圜道》，诸子集成本，中华书局1954年版。

天人合策，原道悉备。

以上所述表明陆贾一方面对刑法、礼义乃至五经、六艺等的产生、演进作了客观描述，并且认为是“圣人成之”，先圣、中圣、后圣都是圣，只是先后之分，似无高下之别。从文化起源的角度看，他是同意“大道废，有仁义”的。另一方面，又把一切圣人之制作归本到“道”字上来，“天人合策，原道悉备”。道是根本性的，其所谓“道术”，包括人道、王道乃至天道，也包括“治道”，但决非仅仅指“治道”而言。《道基》是说道是基础，或者以道为基础。（解释《道基》说是“归结于仁义为治道之基”①，似可商榷。）

第二篇《术事》。

这一篇可说是前一篇的补充。前篇说明道是基础，是本原，一切事物由道而产生，而又都应归本到“道”。这一篇继续这样认为：

立事者不离道德……天道调四时，人道治五常。

圣贤与道合，愚者与祸同，怀德者应以福，挟恶者报以凶，德薄者位危，去道者身亡。

不讲道和德，位危而且身亡。这一篇已经进到了讲道的运用。术事，术要与事结合起来，开章明义就说：

善言古者合之于今，能述远者考之于近。

又说：

道近，不必出于久远，取其至要而有成。

“至要”是什么？没有说明。但从其具体论述看，“事”是强调道的运用和实行，特别是从本身作起：

---

① 参阅前引陈丽桂先生之著述。

> 故说事者，上陈五帝之功而思之于身，下列桀纣之败而戒之于己。

从本身作起，就可以上行下效：

> 道昌而德和，仁立而义兴，王者行之于朝廷，胥夫行之于田。治末者求其本，端其影者正其形……上明而下清，君圣而臣忠……

还举例说，舜弃黄金，禹捐珠玉，就是为了“杜淫邪之欲，绝琦玮之情”。这样作的最终目的是达到“国治”。

在陆贾看来，道虽然是根本的，但不是把它当作一个虚无缥缈、高不可及的东西，要“合之于今”、“考之于近”，“怀道者须世”，要用到现实政治、生活当中，所以写道：

> 怀道者须世，抱璞者待工。道为智者设，马为御者良，贤为圣者用，辩为智者通，书为晓者传，事为见者明。故制事者因其则，服药者因其良，书不必起仲尼之门，药不必出扁鹊之方，合之者善，可以为法，因世而权行。

这样，他自然能做到司马谈后来所总结的：

> 其为术也，因阴阳之大顺，采儒、墨之善，撮名、法之要，与时迁移，应物变化，立俗施事，无所不宜，指约而易操，事少而功多。①

以上引文还可反映一些问题：比如一连用了几个“因”字，可以说是“贵因”，我们知道因和顺是《吕氏春秋》中的一个重要思想，不仅有《贵因》篇，而且在《慎势》《顺说》等篇中反复论述。陆贾即便不是取《吕氏春秋》之意，也是思想上相通。又比如“书不必起仲尼之门”一句，当然不能说这就是反对孔子、反对儒家的话，但和汉初另一些读者如申公、

① 司马迁：《史记》卷一百三十，《太史公自序》，中华书局1982年版，第3289页。

辕固生等人相比，他绝不是“纯”儒。这不是随便说的一句话，而能够反映他的思想。“合之者善”，所以“采儒、墨之善，撮名、法之要”。

第三篇《辅政》。

主要讲用贤问题。要用贤者辅政，把贤者比作人君（“居高者”或尧舜那样的“圣人”）的拐杖，它说：“乘危履倾则以贤圣为杖。”尧舜用贤，“舜以稷、契为杖，故高而益安，动而益固”，以至于“德配天地，光被四表，功垂于无穷，名传于不朽”，尧舜之所以成了不朽的圣人，是“任杖得其材也”，而秦“以赵高、李斯为杖，故有倾仆缺覆之祸！何哉？所任非也”。

用贤兴贤的问题，春秋以来已存在，儒、墨等家“尚贤”思想都很突出，老庄的思想中没有什么可说的。但新道家《吕氏春秋》中是主张“下贤”“礼士”的，并且有不少篇幅谈“期贤”、“察贤”等问题。它在《求人》篇所说：“身定国安天下治，必贤人。”与陆贾“乘危履倾”是一个意思。陆贾在《辅政》这篇中，除了主要论述用贤的重要之外，也略略谈到了如何识别贤与佞以及贤者的标准等问题，如：

> 邪臣好为诈伪，自媚饰非而不能为公方，藏其端巧，逃其事功。
>
> 谗夫似贤，美言似信，听之者惑，观之者冥。
>
> 朴质者近忠，便巧者近亡。
>
> 君子远荧荧之色，放铮铮之声，绝恬美之味，疏嗌呕之情。

此外还有“怀刚者”、“持柔者”、“躁疾者”、“迟重者”、“尚勇者”、“温厚者”、“柔懦者”、“小慧者”、“小辩者”等等区分。《吕氏春秋》分散在许多地方讲的东西，《辅政》中有一些小小集中论述，而上述“公方”两字，我们不难想到，高诱叙《吕氏春秋》特点时有一句“以公方为检格”。

第四篇《无为》。

本篇专讲无为而治，它开章明义就说：“夫道莫大于无为，行莫大于谨敬。”把《老子》的“道常无为而无不为”（37章）改造成“道莫大于无为”，并且具体到阐述无为而治，这可以说是陆贾的理论创造。汉初的无为而治，无疑是以此为理论基础的。

为什么说“道莫大于无为”（“何以言之”）？他用正反两方面的事例来

作说明，正面的是：

> 昔虞舜治天下，弹五弦之琴，歌《南风》之诗，寂若无治国之意，漠若无忧民之心，然天下治。周公制作礼乐，郊天地，望山川，师旅不设，刑格法悬，而四海之内奉供来臻，越裳之君重译来朝。故无为者乃有为也。

这样具体的用事例详细说明“无为乃无不为”，恐怕陆贾也是第一。虽然孔子曾说：

> 无为而治者，其舜也与？夫何为哉？恭己正南面已矣。①

一般儒者解释是“任得其人”，所以能“无为而治”，《新序·杂事三》云：

> 故王者劳于求人，佚于得贤，舜举众贤在位，垂衣裳恭己无为而天下治。

且不说这些思想，究竟来自哪家——或许也是时人共识，但陆贾“寂若”、“漠若”的形容，以及把周公之治也纳入“无为而治”的范围，这是他极力主张“无为而治”的理论创造。

再看其反面例子的证明：

> 秦始皇帝设为车裂之诛以敛奸邪，筑长城于戎境以备胡越，征大吞小，威震天下，将帅横行以服外国，蒙恬讨乱于外，李斯治法于内，事逾烦天下逾乱，法逾滋而奸逾炽，兵马益设而敌人逾多。秦非不欲为治，然失之者，乃举措暴众而用刑太极故也。

这说明，无为而治的主张，是针对秦的骄奢急暴、“用刑太极”等弊病提出来的，是回答刘邦所问“秦所以失”。从这里的用法看，与“无为”相

① 《论语·卫灵公》，十三经注疏本，中华书局1980年版。

对的“为”，不是一般的讲做不做事的问题，而是讲“为治”，而上面的“无不为”也是“为治”。从秦的所作所为来看，“与民休息”的“无为而治”是呼之欲出了。他认为要吸取秦亡的教训，要改变秦的所作所为：

是以君子尚宽舒以苞身，行中和以统远。

以“中和”行治，就可以做到社会安定：

民畏其威而从其化，怀其德而归其境，美其治而不敢违其政，民不罚而畏其罪，不赏而欢悦，渐渍于道德，被服于中和之所致也。

“道德”、“中和”都是相对刑法、急躁而言的。

当然，能实行“无为而治”的“君子”，“居高者”、“在上者”，是君主，要求从君主本身做起：

尧舜之民可比屋而封，桀纣之民可比屋而诛。
上之化下，犹风之靡草也。
未有上仁而下残，上义而下争者也。

最后引了一句孔子曰：“移风易俗，岂家至之哉，先之于身而已矣。”孔子此话出自何处？可以不管它，无非使自己的话更有说服力罢了。

第五篇《辨惑》。

为什么要“辨惑”？这个问题很重要，不然明显的是非、善恶都分不清楚，更不消说“暗昧之事”了，本篇开头说：

夫举事者，或为善而不称善，或不善而称善者，何？视之者谬，而论之者误也。

战国以来，“纵横之术”流行，或者是“阿上之意，从上之旨”，或者是“群邪所抑”，弄得黑白混淆、是非颠倒，以至于赵高指鹿为马那样的事也会发生，本篇特别举出了这个例子，并且写道：

> 秦王不能自信其目，而从邪臣之说。夫马鹿之异形，众人所知也，然不能分别是非也，况于暗昧之事乎！

混淆是非的有邪臣之说，有谗言，也有流言（曾母“投杼逾垣”即为“流言”所惑）。因此，君主应有“独见之明”，辨别是非、善恶，道德才能得以实行，“忠良方直之人则得容于世而施于政”。

《吕氏春秋》对“辨惑”这个问题极为重视，有很多篇讲这一问题，如其《听言》篇说：

> 听言不可不察，不察则善不善不分。善不善不分，乱莫大焉。

又如《察传》篇说：

> 夫得言不可以不察，数传而白为黑，黑为白……闻而审则为福矣，闻而不审，不若无闻矣。

陆贾之文中“视而不察，以白为黑”等语言和议论，难道不可以说与《吕氏春秋》有些关系吗？

此外，本篇中另外有两点论述值得一提。

其一，篇中用较大的篇幅讲了孔子为政的问题，“伤无权力于世”，引出了一段议论：

> 夫言道因权而立，德因势而行。不在其位者，则无以齐其政；不操其柄者，则无以制其刚。

这与“辨惑”没有关系，是从孔子经历中引出来的议论，但与行道、为政有关，讲的是权势的重要。而且说“不在其位者，则无以齐其政”，不同于孔子的“不在其位不谋其政”的消极思想，而更积极，极重视权柄，这是法家之“要”。

其二，主张“君子直道而行”，所谓“直道”是指“行不敢苟合，言不为苟容”。这样，“虽无功于世，而名足称也；虽言不用于国家，而举措之言可法也”。这也许是《吕氏春秋》的“士节”之类。“辨惑”主要是对君主而言的，这是从臣子应有的表现说的。也无直接关系，但反映陆贾为人处事的态度。陆贾为人如何？司马迁称他“名为有口辩士”，不知是褒还是贬，如果这“辩才”是指他出使南越说服赵佗，在刘邦面前犯颜直谏，使之不“悦而有惭色”，那是褒扬之意。如果贬他，那是不公允的。陆贾为人是有一定原则的，他跟从高祖、参与去吕安刘的活动，至少客观上为了社会的安定，在《辨惑》中已经对“纵横之术”表示不以为然，对于苏秦那样的辩士他是看不起的，在《辅政》篇中就说过“苏秦尊于诸侯”，是“世无贤智之君，孰能别其形”。

第六篇《慎微》。

这篇讲“行道”问题。“道”并不神秘，“隐之则为道，布之则为文”，主要在于实行，所以说：

> 故设道者易见晓，所以通凡人之心，而达不能之行。道者，人之所行也。夫大道履之而行，则无不能，故谓之道。故孔子曰：道之不行也。言人不能行之。

如何行道呢？黄震说这篇“言谨内行”，此话也不错，因为行道主要从本身做起，从细微做起，本篇开头就说：

> 夫建大功于天下者，必先修于闺门之内，垂大名于万世者，必先行之于纤微之事。

他用伊尹、曾子等人的例子，说明“修之于内，著之于外，行之于小，显之于大”。又进一步强调，能不能行道？行道难不难？主要在自己之决心：

> 如调心在己，背恶向善，不贪于财，不苟于利，分财取寡，服事取劳，此天下易知之道，易行之事也，岂有难哉！

这几句话似乎行道只不过劝人为善而已，实际上，他主要是为了“建大功”，要“通世防非”，所以他特别批评那些追求神仙之道的人，批评“怀道而避世的人”，认为他们不是真正的怀道者：

> 夫播布革，乱毛发，登高山，食木实，视之无优游之容，听之无仁义之辞，忽忽若狂痴，推之不往，引之不来，当世不蒙其功，后代不见其才，君倾而不扶，国危而不持，寂寞而无邻，寥廓而独寐，可谓避世，而非怀道者也。

这表现出陆贾的积极人生观，他的一生行为也正如他所写的：“俯仰进退，与道为俱，藏之于身，优游待时。”（其积极人生观下面还要谈到）“乱世”更要从细微处去履行它。

第七篇《资质》。

黄震说此篇“言质美者在遇合”，实际上是讲贤才如何起作用的问题。《吕氏春秋》有一篇《遇合》，讲遇“必待合而行”，以孔子为例，当时因为不大用孔子，所以“大乱”。陆贾是否发挥“遇合”的思想不敢断言，但他确实是讲贤才问题，其第一句话是：

> 质美者以通为贵，才良者以显为能。

他称才质好者为“质美者”或美德者。贤才只有“通”和“显”才能起作用。以生于深山的楠木为例，因山水、江河流达京师，因“斧斤之功”等，乃至成为“帝王之御物”，和道旁边之枯杨相比，“彼则槁枯而远弃，此则为宗庙之器者，通与不通亦如是也”。

这里有两个问题：一个是楠与枯杨，“德美非不相绝也，才力非不相悬也”。质地不同，如同人的贤愚之分。另一个问题是，也不能仅仅讲“通”，还要注意这“质”。特别人事是如此，固然尧舜禹质之美，“用于世”显现其为圣贤。但也有另一种情况：

> 公卿之子弟，贵戚之党友，虽无过人之才，然在尊重之位者，辅助者强，饰之者巧，靡不达也。

“无过人之才”者也可以通达，所以要注意“资质”。因此进一步讲的问题就是，了解与识别贤才的问题，“通与不通”在于“知与不知”。他举出卫人有病将死者，不信扁鹊而信灵巫卒死：

> 夫扁鹊天下之良医，而不能与灵巫争用者，知与不知也。

“求远而失近，广藏而狭弃”的事例多得很。妨碍人“知”的因素也很多，个人“情欲”的影响最大：

> 凡人莫不知善之为善，恶之为恶；莫不知学问之有益于己，怠戏之无益于事也。然而为之者，情欲放溢，而人不能胜其志也。

这是向人君提出节制情欲的问题（举的例子是虞公“惑于珍怪之宝”而不听宫之奇计）。

他的结论就是要人君求贤自助：

> 人君莫不知求贤以自助，近贤以自辅。然贤圣或隐于田里而不预国家之事者，乃观听之臣不明于下，则闭塞之讥归于君。闭塞之讥归于君，则忠贤之士弃于野。忠贤之士弃于野，则佞臣之党存于朝。佞臣之党存于朝，则下不忠于君。下不忠于君，则上不明于下。上不明于下，是故天下所以倾覆也。

“察贤”、“期贤”、“下贤”等是《吕氏春秋》中反复再三论述的问题，陆贾在《新语》中也是这样反复地讲，有些事例和语言的意思都是一样的。如陆贾举良医扁鹊的例子说明知贤、求贤的问题，《吕氏春秋·察贤》说：

> 故贤者之致功名也，必乎良医，而君人者不知疾求，岂不过哉？

陆贾说忠佞不分就会“天下倾覆”，《吕氏春秋·听言》说：

> 善不善不分，乱莫大焉。

陆贾引用虞君不听宫之奇的例子，《吕氏春秋·求人》中就曾说：

> 虞用宫之奇、吴用伍子胥之言，此二国者，虽至于今存可也……今寿国有道，而君人者而不求，过矣。

事例相同、意思一样决非偶合，或是直接相袭，或是时人之公论。

第八篇《至德》。

黄震说这一篇“言善治者不尚刑”，“去事之戒，来事之师”，陆贾从历史的经验中说明，必须尚德不尚刑，所以称此篇为《至德》。

陆贾认为，要想“建国强威，辟地服远”，必须“得之于民”，要“得民”就必须去刑尚德，做到“至德”。他说：

> 天地之性，万物之类，穰道者众归之，恃刑者民畏之，归之则附其侧，畏之则去其域。

穰者，盛也。盛道就是至德。不“恃刑”而“穰道”，则民归之不去。

那么如何做到“至德”之治呢？他说：

> 君子之为治也，块然若无事，寂然若无声，官府若无吏，亭落若无民。闾里不讼于巷，老幼不愁于庭，近者无所议，远者无所听，邮驿无夜行之吏，乡闾无夜召之征，犬不夜吠，鸟不夜鸣。老者息于堂，丁壮者耕耘于田。在朝者忠于君，在家者孝于亲。于是，赏善罚恶而润色之，兴辟雍庠序而教诲之，然后贤愚异议，廉鄙异科，长幼异节，上下有差，强弱相扶，大小相怀，尊卑相承，雁行相随，不言而信，不怒而威。岂恃坚甲利兵，深刑刻法，朝夕切切而后行哉！

这是对于“至德”之治的一个集中描述，也是发展庄子“至德之世”的更实际的理想，这在前第八章中我们已经指出。这里可说是对“无为而治”所作的一个最全面、最理想的设计，“清静无为”的特色十分明显。后来的《淮南子》采用了它的一些描述语言，如“官府若无事，朝廷若无人”①之类，也没有陆贾这样写得精彩。

第九篇《怀虑》。

黄震说是“言立功当专”，这话也是不错的，因为开头就说：

> 怀异虑者不可以立计，持两端者不可以定威。

他用历史的事例以及各种比喻说明专一的必要和意义。例如以苏秦、张仪与管仲相比，苏、张二人“横说诸侯，国异辞，人异意”，结果“身死于凡人之手，为天下所笑者，乃由辞语不一，而情欲放佚故也”。接着就说：

> 故管仲相桓公，诎节事君，专心一意，身无境外之交，心无敧斜之虑。正其国而制天下，尊其君而屈诸侯，权行于海内，化流于诸夏，失道者诛，秉义者显，举一事而天下从，出一政而诸侯靡。

根据这正反两个例子，紧接着作了理论性的概括：

> 故圣人执一政以绳百姓，持一概以等万民，所以同一治而明一统也。故天一以大成数，人一以□成伦。

又如以比喻的方式引申“执一”的道理：

> 耳以主听，口以别味，鼻以闻芳，手以之持，足以之行，各受一性，不得两兼，兼则心惑。二路者行穷，正心一坚，久而不忘，在上不逸，为下不伤。执一统物，虽寡必众，心佚情散，虽高必崩……颠倒无端，大道不行。

总之，要言行专一，思想专一，为人君者要“执一政”，“持一概”，“执一统物”。这里我们要提到《吕氏春秋》之“执一”，其《不二》篇讲“一

① 《淮南子·泰族训》，诸子集成本，中华书局1954年版。

耳”、“一心”、“一众”、“一力”、“一思想”，说：“故一则治，异则乱；一则安，异则危。”其《执一》篇说的是“一则治，两则乱”，它说：

> 王者执一，而为万物正。军必有将，所以一之也……天下必有天子，所以一之也；天子必执一，所以抟之也。

陆贾不怀疑虑的论说，是否受《吕氏春秋》的影响呢？不宜多说。

此外，既讲专一、执一，一的标准是什么呢？看来是一个“道”字。因为往往是“物之所可非道之所宜，道之所宜非物之所可”，所以要特别注意的有两条：一是节制情欲，一是闭绝利门。关于情欲，上述苏秦、张仪就是因为“情欲放佚”而身败名裂，他又说：

> 心佚情散，虽高必崩，气泄生疾，寿命不长，颠倒无端，大道不行。

关于“利门”，他说：

> 据土子民，治国治众者，不可以图利，治产业则教化不行，而政令不从。
>
> 欲理之君闭利门，积德之家必无灾殃，利绝而道著，武让而德兴，斯乃持久之道，常行之法也。

第十篇《本行》。

本篇一句是：“□以道德为上，行以仁义为本。”所缺一字，当为“治”字（《道基》中有“据道而治，据德而立”）。黄震说这一篇“言立行本仁义”也是不错的。前已指出，陆贾在一定程度上是承认“大道废，有仁义”的，但他并不反对“仁义”，而是主张在“乱世”应该行仁义。另一方面又努力把仁义和道德结合起来，但这道德是带根本性的“天道”和“人道”，非一般伦理性的“道德”，道德与仁义有很明显的层次区别。本篇的基本态度仍然如此。这里我们再作两点分析：

首先，道、德、仁、义几个字都比较抽象，也许当时人都能理解指的是什么，例如当时的“行仁义”主要是针对亡秦的“尚刑法”而言的。准确具体地解释这几个字却不那么容易，其中“义”字比较好理解一些。义者，宜也，事之所宜，那就是讲行为的标准。我们从他当时相对抽象的用这几个字来看，不仅“仁义”相连，也有“礼义”相连，有时候道和义，或者德和义并提，比如：

尊于位而无德者黜，富于财而无义者刑。贱而好德者尊，贫而有义者荣。

德义相提并论，意义基本相同。

夫子陈蔡之厄，豆饭菜羹不足以接馁，二三子布弊褞袍不足以避寒，倥偬屈厄自处甚矣。然而夫子当于道，二三子近于义。

这里道和义没有什么根本的不同。然而，从基本思想看道德与仁义并提，是有层次不同的，道德是根本性的，仁义是具体表现（前面所谓“显仁义”），例如：

天道之所立，大义之所行也。

然功不能自存，威不能自守，非为贫弱，乃道德不存乎身，仁义不加于天下也。

和其他各篇的用法一样，处处都表现出内和外，根本和派生的关系。“礼义之不行”是“大道隐而不舒”，“礼义”与“仁义”相等，和“大道”的关系就不能同等了。“行以仁义为本”，只是讲具体的“行”，且“仁义”是相对刑法、利欲等而言的。

关于“仁义”与利欲相对，篇中有明确的论述：

君子笃于义而薄于利……

当时的现实中是“未见先道而后利，近德而远色者也”，所以他主张：

故圣人卑宫室而高道德，□□服而谨仁义。不损其行以增其容，不亏其德以饰其身。国不兴无事之功，家不藏无用之器，所以稀力役而省贡献也。璧玉珠玑不御于上，则玩好之物弃于下；雕刻绮画不纳于君，则淫伎曲巧绝于民。

这可以说把行仁义与清静无为联系起来了。

第十一篇《明诫》。

"明诫"，申明值得警诫之事。那就是，治理国家的君臣应当谨言慎行。这是因为：

安危之效，吉凶之征，一出于身，□□之道，成败之验，一起于行。

他举例子说："五帝"三王乃至周公之"德"，"乃口出善言，身行善道之所致也。"所以一再强调地说：

君□于政可以及远，臣笃于信可以致大。

夫持天地之政，操四海之纲，□□不可以失度，动作不可以离道，谬误出于口，则乱及万里之外……

这里也可指出，《吕氏春秋》中关于《重言》《慎行》也有较多的论述，"人主之言不可不慎"，"行不可不孰"等。

这一篇中另一个突出的思想是圣人之圣道与天道联系起来，如《老子》所说"人法地，地法天，天法道，道法自然"（25 章）的思想一样，他作了较多的论述：

圣人承天之明，正日月之行，录星辰之度，因天地之利，等高下之宜，设山川之便，平四海，分九州，同好恶，一风俗。《易》曰：天垂象见吉凶，圣人则之。天出善道，圣人得之。……则天之明，因地之利，观天之化，推演万事……

“则天”、“因地”等正是《吕氏春秋》立论的指导思想。

同时，陆贾也受当时已流行的“天人感应”的影响，如他说：

治道失于下，则天文度于上，恶政流于民，则虫灾生于地。

但他又说“天道不改而人道易也”：

世衰道亡，非天之所为也，乃国君者有所取之也。

可见，在陆贾思想上，并不是消极的“天人感应”，而是要人因、则天之善道。

第十二篇《思务》。

黄震说“言闻见当务执守”，意义不很明确。《说文》段注说：“务者言其促疾于事也。”如“当务之急”，“思务”的意思是：应该考虑的最紧迫的问题。这客观上像是一篇结论性的文字，有许多可贵的思想，可惜此篇残缺的字很多，并且有些还是很重要的字，不过主要意思还是可以看得出来的。其开头一段即有总结性：

夫长于变者不可穷以诈，通于道者不可惊以怪，审于辞者不可惑以言，达于义者不可动以利。是以君子广思而博听，进退循法，动作合度，闻见欲众，而采择欲详，学问□□□□欲敦，见邪乃知其直，观花乃知其实，目不淫炫耀之色，耳不乱阿谀之声……然后能一其道，而定其操……

言行的方方面面都说到了，而归之于一个“道”字，因而“当务之急”就是一个“行道”的问题，所以他说：

□□□□道而行之于世，虽非尧舜之君，则亦尧舜也。

只要行道，人皆可为尧舜。他对当时（应包括战国以来）不行道者提出尖锐的批评：

今之为君者则不然，治不法乎尧舜，而曰：“今之世不可以道德治也。”为臣者不师稷契、周公之政，则曰：“今之民不可以礼义化也。”为子者不执曾闵之贤，朝夕不休，尽节不倦，则曰：“家人不敦也。”学者□□□□，昼夜不懈，循礼而动，则曰：“世所不行也。”自人君至于庶人，未有法圣人□□□□□□，为善者寡，为恶者众。

在这批评中阐述了人君、臣子、庶人该如何做？实即行道。对于如何行道，他也提出了一些看法，如：“圣人不必同道。”“万端异路，千法异形，圣人因其势而调之。”篇中对于“因”的阐述有好几处，值得注意。只要能“因”无论在什么情况下，圣贤皆可以行道，他说：

昔舜禹因盛而治世，孔子承衰而作功。圣人不空出，贤者不虚生。

这后两句话反映了陆贾的积极人生观。全篇最后一句说：

善恶不空出，祸福不妄作，唯心之所向，志之所行而已。

这也是很积极的，只要一心向道，志在行道，自然就会为善得福。

三、简短的结论

如果以上对各篇内容的理解和叙述基本上是准确的话，那么《新语》究竟是哪一家的代表作是不难明确的。它是汉初新道家的代表作。

《新语》的指导思想显然是道家思想，在十二篇中，除《资质》专讲求贤，没有涉及道字之外（只有“功弃而德亡”一句不关紧要的话），其余十一篇都有道和德的叙述。当然不能简单地见到道、德两字就说是道家思想，因为事实上任何一家的著作中都是能找到这两个字的。道家著作的特点则是：一方面讲得比较多，另一方面（也是更主要的）是承认道是宇宙的本体，是万物之源。道是根本性的，比较抽象，又含义颇多，有时指本体，有时指事物的根本规律，有时指社会、政治、人生的准则等，德是其作用和显现，有时也即道，至于仁义礼法那是后生的，是道的表现，是从属于道的。我们认为，以道为指导思想，把“道法自然”的思想创造性地用之于人生和政治，是新道家的主要特点（这在前面各章中已一再指出），《新语》正是有这样的特点。第一篇《道基》，虽然关于“道”的本身说得不多，但以道为基础，就是承认道是事物的本源。因为主要回答社会政治问题，从天道、地道说到人道，极力阐述“圣人成之”的道理，黄震所谓“言天地既位而列圣制作之功”，天地生养万物是自然的，圣人顺应自然“行道”。如前所述，全篇，也是全书的第一句话说：

> 天生万物，以地养之，圣人成之，功德参合，而道术生焉。

这和《吕氏春秋》第一句话（《孟春纪》一篇除外）几乎是一样的表述，《吕氏春秋·本生》说：

> 始生之者，天也。养成之者，人也。能养天之所生而勿撄之，谓之天子。

都是讲人君（圣人、天子）应顺应自然。

其他各篇，一方面不违背“道法自然”的基本思想，另一方面又是强调人的作用，强调圣贤的作用，强调从自身作起（身体力行道）等，与《吕氏春秋》的《本生》《重己》《情欲》《异宝》《执一》《不二》《察贤》《求人》等许多议论的原则精神，乃至引用的事例、使用的语言，几乎都是一样的。陆贾临时应对刘邦，所谓“粗述存亡之征”，能够言简意赅，比较完整地概述新道家的主要思想和主张，是难能可贵的。应该说，陆贾是汉初新道家的一位杰出的代表，对新道家政治理论的形成作出了重要的贡献。

我们说新道家发展了《老子》的无为思想，陆贾的《新语》有《无为》这么一个专篇，这是很突出的一点贡献。《吕氏春秋》没有这样的专篇。《淮南子》虽有集中讲了无为和有为关系的《修务》篇，但没有这样醒目的标题。从主张的提法看，《老子》只是说“道常无为而无不为”（37章），《新语》则说“道莫大于无为”，似乎是提得更高，并且明确说明：

“故无为也，乃无［不］为也。”早于它的《吕氏春秋》没有这样明确的语言，晚于它的《淮南子》完全吸收了客观存在的语言和具体阐述。另外，如上所述，《新语》中有一段关于无为之治的极为精彩的描述，为《淮南子》所不及（当然也过于理想化）。

胡适《述陆贾的思想》（见前引）曾说：“无为而治本是先秦思想家公认的一个政治理想。”又说：“凡无为的治道论，大都是对于现时政治表示不满意的一种消极的抗议。陆贾生当秦帝国大有为之后，又眼见汉家一班无赖的皇帝、屠狗卖缯的功臣，都不配是有为的人，他的无为哲学似乎是不是无所为而发的罢？”

这是片面的主观臆测。无为而治的政治理想，是秦汉之际发展起来的，萌芽也许在春秋末和战国时期。它是新道家受到《老子》清静无为思想启发而形成的政治思想和主张。在汉初，可以说是“公认”的，司马迁记载说：“每奏一篇，高帝未尝不称善，左右呼万岁。”在朝的人无不点头称是，这就是公认。至于“号其书曰《新语》”，有人说：“‘新语’之意，即闻所未闻。”其实从内容看，大多数并不是什么闻所未闻的，只不过经过了长期的战乱，许多人都有这样一些想法：要求安定，要求休养生息，要求总结秦亡教训，要求改弦更张，而陆贾正是比较简明扼要地说出了人们的心里话（我们还应想到，亡秦相国的《吕氏春秋》此时是不能提及的）！从这个意义说是“新语”。曾有一篇张杰的《读陆贾〈新语〉》[①] 说：

> 汉初，惩于秦亡法治，察乎周之德化，为礼为法，皆有流弊，于是高祖左右（张良、萧何、曹参等）……皆推本黄老之术，而贵清静无为，独陆贾与时逆行，说《诗》《书》，明仁义，宛然为儒者之言。

这后面的话恰恰说反了，陆贾并非“与时逆行”，而是适乎时代之潮流，合乎人们之需要。陆贾的言论是有代表性的，刘邦的一批重要辅佐，张良、陈平、萧何以及曹参等人，都是和陆贾一样的主张，陆贾应对时，这些人多数当是在场的，在“呼万岁”之列。所以，我们可以指出重要的一点：新道家“道法自然”、“无为而治”的思想，是汉初一开始就明确的政

① 刊《光华大学半月刊》第五卷，第二期。

治指导思想，而不是到了文帝、景帝、窦太后时才成为指导思想的。《新语》作为汉初新道家的代表作，比《吕氏春秋》和《淮南子》更有实践意义。正如陆贾自己所说："道因权而立，德因势而行。"《新语》前后的那两部书，都是未被最高统治者所采纳，所以不得立，不得行。

《新语》也绝不像胡适所说，是什么消极抗议，而是积极的建议，这部书的内容和司马迁的记载完全能证明这一点。胡适那段"你们不配有为，不如歇歇罢……"的"活灵活现"的描述，不过是主观臆测罢了。如果陆贾当面奚落，刘邦及其臣下们还点头称赞，岂不真是一批大饭桶！当时不是"指鹿为马"之时，陆贾也没有"指鹿为马"的地位。正是因为他是积极的出谋献策，包括批评刘邦不能以马上治之，言辞过激一点，甚至个别用语不当（如批评"今之为君者"之类），也是可以的，何况，汉初的君臣关系还不是像后来那么神圣呢！

这里，另外有一点重要的说明是，关于"以仁义为本"。"仁义"在《新语》中是有较多的称述，"贵仁义"无疑是儒家的思想特点，但并不能因此就说《新语》是最纯的儒家之作。因为：

（1）"仁义"两字（有时又是"礼义"，也有"德义"），和"道德"两字一样，是各家著作中都有的，道家当然也有。《老子》说："大道废，有仁义。"（18 章）新道家在仁义的起源上可以说也是这样看的，不过他们面对"乱世"的现实，不像老子那样主张"绝仁弃义"（19 章），而是把它纳入"道"的范畴，行仁义。《新语》言及"仁义"时，始终没有离开过"道"，它的"仁者道之纪，义者圣之学"，就是试图说明道德与仁义的关系，仁义是具体讲行为的准则（行之本），道或者道德是最高最根本的准则。"行以仁义为本"，就是"修道行德"，这是《本行》篇中可以证明的。仁义和刑罚相对，所以《至德》篇说："穰道者众归之，恃刑者民畏之。"

（2）仁义之所以被强调，与当时的历史条件是分不开的，道衰世乱，举措暴众，用刑太极，太不讲仁义了。"道无，废而不兴"，正是因为没有仁义，才要大讲仁义。仁义是与刑法相对而提出和强调的。再退一步说，即使肯定仁义是儒家的思想，被吸收到《新语》中来，正表现新道家之"采儒、墨之善"。

（3）《四库全书总目提要》说："其称引老子，惟《思务篇》引'上德不德'一语，余皆以孔氏为宗，所援据多《春秋》《论语》之文。"——这不仅是皮相之论，而且是与事实不符的。单从数量上看，“援据”的内容也是道家的多。至于“陆生时时前说称《诗》《书》”，《诗》《书》是后来儒家的经典，但在当时是各家各派都可称引的，而尧舜禹汤文武周公的事迹，以及《春秋》所记的历史事实，任何一家都可以作为自己的论据，这更是合理的现象。更重要的是从事实中得出何种结论。

总之，不论从哪方面看，说《新语》是儒家作品都是不妥当的。胡适较早地看到了这一点，所以说是杂家之言。人们早已看到，战国后期开始，特别是秦汉以后，各派都有些杂了，最纯的儒家也和早先的儒家是不一样的，所以汉代新道家之说早就有了。我想，新道家说是可以成立的，陆贾是新道家的代表人物，也是可以成立的。

第十一章　司马迁父子的道家思想

不少人认为，司马迁的思想和其父司马谈截然不同，一个属于儒家，一个属于道家；有人又把他们父子的思想完全等同，把司马谈的《论六家之要指》就当作司马迁的思想。这两种看法都未免失于偏颇。也有人说，《论六家之要指》的前部分是司马谈的原文，后面部分是司马迁的解说和发挥，倒可备一说。他们父子两人所处的历史时代基本上是相同的，在当时条件下，父亲对儿子的教育和影响是很大的，但是两人的具体经历不同，历史条件的某些变化，社会环境影响也不一样。所有这些，都是影响他们父子思想形成的因素，只有尽可能全面地（因为资料不全）、具体深入地（而不是看表面）分析他们的思想，才可以看出其异同。

一、司马谈论道家之要指

研究司马谈的思想，依据就是他的《论六家之要指》。《论六家之要指》文字不多，但十分明确，它表明司马谈是崇尚道家的。首先，他明确指出“阴阳、儒、墨、名、法、道德”六家，或称儒者、墨者，或名名家、法家，道德一家又称道家。这里我们要指出的一点是，此道德乃道家的道德，与儒家伦理道德之道德是有明显区别的。汉代黄老道家所言之道德，均不应与儒家所言道德等同。司马谈所作的概括，是对当时实际的总结。其次，司马谈论阴阳、儒、墨、名、法都是有褒有贬，独于道家则有褒无贬，这是一目了然，而且众所周知的，因此不再赘述。这里，我们着重分析一下他所论道家之要指。司马谈对道家的论述见下面两段话：

> 道家使人精神专一，动合无形，赡足万物。其为术也，因阴阳之大顺，采儒、墨之善，撮名、法之要，与时迁移，应物变化，立俗施事，无所不宜，指约而易操，事少而功多。儒者则不然，以为人主天

下之仪表也，主倡而臣和，主先而臣随，如此，则主劳而臣逸。至于大道之要，去健羡，绌聪明，释此而任术。夫神大用则竭，形大劳则敝，形神骚动，欲与天地长久，非所闻也。

道家无为，又曰无不为。其实易行，其辞难知。其术以虚无为本，以因循为用。无成势，无常形，故能究万物之情。不为物先，不为物后，故能为万物主。有法无法，因时为业。有度无度，因物与合。故曰：圣人不朽，时变是守。虚者道之常也，因者君之纲也。群臣并至，使各自明也。其实中其声者谓之端，实不中其声者谓之窾，窾言不听，奸乃不生，贤不肖自分，白黑乃形，在所欲用耳，何事不成。乃合大道，混混冥冥，光耀天下，复反无名。凡人所生者神也，所托者形也，神大用则竭，形大劳则敝，形神离则死，死者不可复生，离者不可复反，故圣人重之。由是观之，神者生之本也，形者生之具也，不先定其神，而曰“我有以治天下”，何由哉！①

以上两段话包含的内容很多，主要是如下一些思想：

第一，司马谈的所谓道家：

其为术也，因阴阳之大顺，采儒、墨之善，撮名、法之要，与时迁移，应物变化，立俗施事，无所不宜，指约而易操，事少而功多。

这是和先秦道家（或者说以老庄为代表的道家）最大的不同之点。以老庄为代表的先秦道家的特点，如班固所概括的是：“秉要执本，清虚以自守，卑弱以自持，此君人南面之术。”同时又是“绝去礼学，兼弃仁义，曰独任清虚可以为治”的②。这后者还是最重要的特点，并不如班固所说，是什么“放者为之”则如此。司马谈所说的道家，不是“独任清虚”，而是既坚持“以虚无为本”，又引申出一个“以因循为用”；既坚持主张“无为”而治，又大大发挥了“无为而无不为”的思想。

再从其所兼采各家之善长来看，阴阳家的“序四时之大顺”，儒家的

---

① 司马迁：《史记》卷一百三十，《太史公自序》，中华书局 1982 年版，第 3292 页。
② 班固：《汉书》卷三十，《艺文志》，中华书局 1962 年版，第 1732 页。

“序君臣父子之礼，列夫妇长幼之别”，法家的“正君臣上下之分”，墨家的“强本节用”，名家的“正名实”，有的是老庄所反对的，如尊卑贵贱的名分，有的是老庄所没有的。

第二，司马谈认为：“天下一致而百虑，同归而殊途，夫阴阳、儒、墨、名、法、道德，此务为治者也。”其他各家如何“为治”，他并没有全面的介绍，道德家“为治”的基本原则、重要问题以及评价，他都有所论列：所谓“因时为业”、“因物与合”、“因者君之纲也”，所谓“与时迁移，应物变化”，这些是“为治”的基本原则；所谓“群臣并至，使各自明……窾言不听……贤不肖自分……在所欲用耳”，讲的是“为治”中一个最重要的问题——识别和任用贤能的问题；至于“神大用则竭，形大劳则敝……不先定其神，而曰‘我有以治天下’，何由哉!”这是《吕氏春秋》《淮南子》中所特别强调的《本生》《重己》的思想，“为治”的出发点；而所谓“使人精神专一……赡足万物”，“立俗施事，无所不宜，指约而易操，事少而功多”，则是对道德家“为治”的肯定评价。

由此可见，司马谈所崇尚的道家，并非以老庄为代表的先秦道家，而是战国以来逐渐形成，特别从《吕氏春秋》开始，而盛行于西汉初年的“黄老之学”，或者叫“黄老道德之术”①，简称道家，或道德家，我们称之曰新道家。以上关于新道家的概述，无疑间接反映了司马谈自己的思想和主张。

那么，司马谈为什么有以上的思想呢？这首先是历史条件的决定和影响。他大约死于武帝元封元年（前110年），生当在文帝时期，他出生的时代，就是一个黄老之学十分盛行的时代，文帝本人好道家言，皇后即后来著名的窦太后也笃信黄老，所谓“窦太后好黄帝老子言，帝（景帝）及太子（武帝）、诸窦，不得不读黄帝老子，尊其术”②。二十岁左右入仕，这以前正好是其受业学习以及思想形成的阶段，时代和社会的影响是不可避免的。

其次是学术渊源，这也与时代有关。司马谈的学术渊源与当时的社会风气是一致的。司马谈曾“学天官于唐都，受《易》于杨何”和“习道论

---

① 司马迁：《史记》卷七十四，《孟荀列传》，中华书局1982年版，第2347页。

② 司马迁：《史记》卷四十九，《外戚世家》，中华书局1982年版，第1975页。

于黄子”①。天官当是太史公的职责，这方面他就学于当时的星象学专家，所谓“自汉之为天数者，星则唐都”②。论其学术思想的渊源，则“受《易》于杨何”和“习道论于黄子”这两方面最为重要。杨何，《集解》引徐广曰：淄川人。看来杨何是当时的《易经》专家，因为淄川这个地方有研究《易经》的传统，《史记·儒林列传》说：“言《易》，自淄川田生。”在秦禁百家之学后，汉初，从各地搜罗懂《诗》《书》的人才，所以有：

> 言《诗》，于鲁则申培公，于齐则辕固生，于燕则韩太傅；言《尚书》，自济南伏生；言《礼》，自鲁高堂生；言《易》，自淄川田生；言《春秋》，于齐鲁自胡毋生，于赵自董仲舒。③

说明各有传统。《易经》虽被列为儒家的经典，但它的许多内容为学黄老之学的人所接受和利用。现在人们对易与道的密切关系，越来越重视了④。

至于“习道论于黄子”，那当是司马谈思想形成的主要因素了。《集解》引徐广曰：“《儒林传》曰黄生，好黄老之术。”黄子是否即黄生，在这里无关紧要，是一位研究黄老之术的专家这一点是可以肯定的。这里，还提出了“道论”一词，“道论”的含义包括相关联的两个方面，一是关于道的理论，一是道家的理论，因而集新道家理论大成的《淮南子》所讲各种理论，可以总名之曰“道论”。

汉朝初年，因为政治上的需要，对于黄老之学（即道论），陆贾已采用为指导思想，后来更有人公开提倡，如汉文帝及窦皇后（后来的太后）；有人研究，如黄子（或者黄生）一类的学者；有人总结，如刘安组织宾客著《淮南子》；而司马谈的《论六家之要指》则可以说是一种理论上的概括。他之所以要这样做，是因为“愍学者之不达其意而师悖”！师古注《汉书》说：“悖，惑也。各习师法，惑于所见。”师法，当即上述《诗》《书》《易》《礼》各家之说。司马谈的用意，显然和《淮南子》一样，企图用黄老道家思想统一人们的思想。然而，时代在变化，一度为统治者所

① 司马迁：《史记》卷一百三十，《太史公自序》，中华书局1982年版，第3288页。
② 司马迁：《史记》卷二十七，《天官书》，中华书局1982年版，第1349页。
③ 司马迁：《史记》卷一百二十一，《儒林列传》，中华书局1982年版，第3118页。
④ 陈鼓应：《易传与道家思想》，生活·读书·新知三联书店1996年版。

信奉和提倡的东西要被抛弃，要由另外的东西来代替它，因此司马谈也没有做到他自己所说的“与时迁移，应物变化”，所以免不了得到一个悲剧的结果。由于政治见解不同，汉武帝不喜欢他，乃至于封泰山那样的根本大事，作为职务上还有关系的太史公都不得参与其事，所以悲愤而死。由此也可见，他的思想和《老子》与世无争、隐忍、超脱之类的道家思想是不相同的。他是新的黄老道家思想，他所主张的“无为”等，主要是对君主的要求，而不是拿来律己的。

据上所说，将司马谈列入黄老道家一派，是无可置疑的。

二、司马迁思想的分析

首先，司马迁所处的时代虽然与其父基本相同，但也发生了很重大的变化。由于统治的稳定，经济的发展，统治者的各项政策，特别是文化思想方面的政策，有很大的变化。司马迁生于景帝中元五年（前 145 年），“年十岁（当是武帝建元五年），则诵古文”。开始读书的时候，就碰上了董仲舒上书：“诸不在六艺之科、孔子之术者，皆绝其道，勿使并进。”① 特别在窦太后死后，“武安侯田蚡为丞相，绌黄老刑名百家之言，延文学儒者数百人”②。这“罢黜百家，独尊儒术”的政策推行起来也曾一度雷厉风行，黄老刑名首当其冲，其中还包含着一种报复（田蚡等人直接吃过窦太后的苦头）。正因为这样，司马迁从小就不得不“诵古文”，《索隐》曰：

> 迁及事伏生，是学诵古文《尚书》。刘（伯庄）氏以为《左传》《国语》《系本》等书，是亦名古文也。

也许如王国维所考③，古文不限于以上这些书，不过包括以上这些书则是可以肯定的。但是，司马迁没有明确说明自己的师承所自，二十岁以前当是在其父司马谈的亲自教导下读书了。所以，他虽然“涉猎者广博，贯穿

---

① 班固：《汉书》卷五十六，《董仲舒传》，中华书局 1962 年版，第 2523 页。
② 司马迁：《史记》卷一百二十一，《儒林列传》，中华书局 1982 年版，第 3118 页。
③ 王国维：《汉代古文考》，《学术丛编》1916 年第 11 期。

经传，驰骋古今，上下数千载间"①，但司马谈的思想，不能不对司马迁有决定性的影响。而这一阶段，正是他思想形成的阶段，至于"南游"、"北涉"，乃至"讲业齐鲁之都"等，都是其后的事，那时，头脑中已经有先人为主的东西了。因此，司马迁"是非颇缪于圣人"叛逆性格的形成，并不是偶然的。正因为这种性格，因为他的异端思想，招来李陵之祸，身陷奇耻大辱的宫刑，这无疑又进一步加深其异端思想，以至于班固说他：

论大道，则先黄老而后六经。序游侠，则退处士而进奸雄。述货殖，则崇势利而羞贱贫。此其所蔽也。②

司马迁是我国古代一个伟大的史学家、文学家，也是一个伟大的思想家，但并不等于说没有偏蔽之处。下面，我们分析一下其主要思想，由此也可看看司马谈《论六家之要指》对他有什么影响。

探讨司马迁的思想，其根据是什么呢？当然是那部伟大的著作——《太史公书》，即通常所谓的《史记》。一部完整的著作，是能够反映一个人的思想的，尤其是，司马迁著《史记》的目的，就是要"究天人之际，通古今之变，成一家之言"，因此，这部书就更能反映他的思想。《史记》虽然是一部记载历史事实的史书，但并非单纯记史，而是寓论于史，顾炎武说："古人作史，有不待论断而于序事之中即见其指者，惟太史公能之。"③

不过，这样分析一个作家的思想，往往免不了会加上分析者的主观意识，因为分析者所作的分析，可能确实是被分析者的思想，也可能根本不是被分析者的思想。而且所叙事实，有的可能是有用意的，有的也不过就是叙事实而已。以顾炎武所举的例子来看，就是如此，如《史记·平准书》末引卜式语："亨（烹）弘羊，天乃雨。"可以说司马迁是反对桑弘羊的。《晁错列传》末载邓公语，可以说是同情晁错的。但《王翦列传》末载客语："为将三世者必败……以其杀伐多也，其后受其不祥。"这是什么意思呢？是反映他有"恶有恶报"的思想吗？但他并不相信这种思想（详

① 班固：《汉书》卷六十二，《司马迁传》，中华书局1962年版，第2737页。
② 班固：《汉书》卷六十二，《司马迁传》，中华书局1962年版，第2738页。
③ 《日知录》卷二六，《史记于序事中寓论断》。

见后述）。又《荆轲列传》末载鲁勾践语说明什么呢？这些例子，只能是论述其整个思想的一些不十分重要的旁证。另外有一些地方，确实可以说是寓论断于叙事的“春秋”笔法，这我们将在下面谈到。

再说，全书的结构、安排以及给各历史人物的地位，当然也是能反映他的思想的，但也不能简单地认为，有《孔子世家》，就说明他尊儒；有《陈涉世家》，就说明他思想的人民性。

我倒是认为，除了以上这些，根据每一篇的“太史公曰”来分析、研究司马迁的思想，可靠性和准确性要大得多，在此基础上，参考一些所谓“寓论于史”的内容，就会比较全面了。《史记》全书一百三十篇，篇篇都有“太史公曰”，或在一篇之后（多数如此），或在一篇之前，中间也还间或有之。唐代司马贞《索隐》说：

> 观太史公赞论之中，或国有数君，或士兼百行，不能备论终始，自可略申梗概。遂乃颇取一事，偏引一奇，即为一篇之赞，将为龟镜，诚所不取。斯亦明月之珠，不能无类矣。

他是不同意司马迁的赞论方法的，认为这种“赞论”不全面，没有做到“叙事美功，合有首末，惩恶劝善，是称褒贬”。“颇取一事，偏引一奇，即为一篇之赞”，这是事实。然而由此却可看出司马迁的真实思想。因为首末求全，面面俱到，那就难免有的地方是凑合，完全按照自己的意志来褒扬或者贬斥，事实上又是不可能的。有自己的想法和看法，可以发挥的地方就发挥一下，倒是真实思想的表露。下面，就主要从“太史公曰”来论述司马迁的思想。

（一）对天命鬼神的看法

司马迁的《伯夷列传》事实甚少，议论颇多，实际上并不是什么记载其人其事的列传，而完全是借题发挥，或者可以叫做《伯夷论》，议论的主要点之一，就是对天道观提出怀疑。他说：

> 或曰：天道无亲，常与善人。若伯夷、叔齐，可谓善人者非耶？积仁絜行如此而饿死……天之报施善人，其何如哉！……若至近世，

操行不轨，专犯忌讳，而终身逸乐，富厚累世不绝。或择地而蹈之，时然后出言，行不由径，非公正不发愤，而遇祸灾者不可胜数也。余甚惑焉！傥所谓天道，是邪？非邪？

司马迁不仅是怀疑，实际是反对天命的。在《项羽本纪》中，他就驳斥了所谓“天意”，项羽失败时说：“此天之亡我，非战之罪也。”对此司马迁驳斥道：

自矜功伐，奋其私智而不师古，谓霸王之业，欲以力征经营天下，五年卒亡其国，身死东城，尚不觉悟而不自责，过矣。乃引天亡我，非用兵之罪也，岂不谬哉！

又如《蒙恬列传》载，蒙恬被二世赐死时，一方面叹息自己“何罪于天”，一方面认为是修长城万余里“绝地脉”的报应。对此，司马迁斥之曰：

夫秦之初灭诸侯，天下之心未定，痍伤者未瘳，而恬为名将，不以此时强谏，振百姓之急，养老存孤，务修众庶之和，而阿意兴功，此其兄弟遇诛，不亦宜乎！何乃罪地脉哉？

在《封禅书》中，司马迁说过这样一段话：

余从巡祭天地诸神、名山川而封禅焉。入寿宫，侍祠神语，究观方士祠官之意，于是退而论次，自古以来用事于鬼神者，具见其表里。

这段话也见于《武帝本纪》，看来是他的一个很重要的思想。从“用事于鬼神者，具见其表里”中，可以看出他对于天命鬼神的怀疑态度，只是他没有明说罢了，因为天命、鬼神正是汉武帝所热衷于提倡的东西，也是一股占统治地位的思潮，司马迁怀疑、反对，但不能不有所顾忌。所以不但在这里不敢明说，在写《日者列传》《龟策列传》时也都是如此。他一方面说：

> 自古受命而王，王者之兴，何尝不以卜筮决于天命哉！
>
> 自古圣王，将建国受命，兴动事业，何尝不宝卜筮以助善（这本身就不是什么信仰和赞成的语气）！

另一方面，又把这两篇列传都写得比较简略，《日者列传》只写了一个司马季主，而且因为这个司马季主与那些“多言夸严以得人情，虚高人禄命以说人志，擅言祸灾以伤人心，矫言鬼神以尽人财，厚求拜谢以私于己”的卜者有所不同。同时借着司马季主和贾谊、宋忠的对话，宣扬了一通“老子云”、“庄子曰”。在《龟策列传》中，不少内容实际是揭露卜筮之虚妄的，比如：

> ……百谷之筮吉故周王。王者决定诸疑，参以卜筮，断以蓍龟，不易之道也。蛮夷氐羌虽无君臣之序，亦有决疑之卜。或以金石，或以草木，国不同俗。然皆可以战伐攻击，推兵求胜，各信其神，以知来事。
>
> 略闻夏殷欲卜者，乃取蓍龟，已则弃去之，以为龟藏则不灵，蓍久则不神。至周室之卜官，常宝藏蓍龟。又其大小先后，各有所尚……

这些论述，事实上已经说明：所谓“不易之道”，并不是天经地义的，而是以人的意志为转移的。再如，汉代的情况就更清楚了：

> 会上欲击匈奴，西攘大宛，南收百越，卜筮至预见表象，先图其利。及猛将推锋执节，获胜于彼，而蓍龟时日亦有力于此。上尤加意，……至以卜筮射蛊道，巫蛊时或颇中，素有眦睚不快，因公行诛，恣意所伤，以破族灭门者，不可胜数。百僚荡恐，皆曰龟策能言。后事觉奸穷，亦诛三族。

完全是揣摩上意，阿谀奉承，见风使舵，恣意而为，哪里有什么灵验可言。更有意思的是，最后记录了他的社会调查：

> 余至江南，观其行事，问其长老，云龟千岁乃游莲叶之上，蓍百茎共一根。又其所生，兽无虎狼，草无毒螫。江傍家人，常畜龟，饮食之，以为能导引致气，有益于助衰养老，岂不信哉！

如后来刘向所说“龟千岁而灵”，人们完全把龟神化了。这篇传记，以“太史公曰”开头，夹议夹叙，通篇都是“论”，实可称之为《龟策论》，从中可以清楚地看出他对天命、鬼神的怀疑和反对态度。

据上所述，可以说司马迁的思想是唯物主义的。但古代的唯物主义者又不可能是很彻底的，在“天命”这个问题上也是如此。《史记》中也有不少地方讲“天统”、“天命”，如在《高祖本纪》中就有：“故汉兴承敝易变，使人不倦，得天统矣。”诸大臣平吕氏之乱，孝文帝立，司马迁认为：“此岂非天耶，非天命孰能当之。”① 这不能不说是有“受命而帝”的思想影响。这种思想也还见于其他方面，如《秦楚之际月表》把汉高祖比为大圣：

> 岂非天哉！岂非天哉！非大圣孰能当此受命而帝者乎！

但这里的“天”，在某种意义上又是指的必然性，例如他认为秦统一是“天方令秦平海内”②，这个“天”，很显然是指历史的必然性，因为《六国表》讲得很清楚：

> 论秦之德义，不如鲁卫之暴戾者，量秦之兵，不如三晋之强也。然卒并天下，非必险固便，形势利也。盖若天所助焉。

司马迁在天命问题上的不彻底，除了“受命而帝”这一点之外，在他对现实无力反抗时也会有无命思想，如当他“肠一日而九回，居则忽忽若

① 司马迁：《史记》卷四十九，《外戚世家》，中华书局1982年版，第1970页。
② 司马迁：《史记》卷四十四，《魏世家》，中华书局1982年版，第1864页。

有所亡，出则不知所如往”①。精神上受到极大折磨时，他对现实无能为力，只得喟然而叹：“是余之罪夫!”和他父亲临死时说：“是命也夫！是命也夫!”都是无可奈何。因而他又由此发出对“天道无亲，常与善人”的怀疑。

(二）对儒家及其他各家的态度

班固说司马迁“先黄老而后六经”，实际是指责他对儒家的不尊重。司马迁不像当时统治者所要求的那样推明孔氏，独尊儒术。他基本上继承了其父有褒有贬的态度，并且对于当时的儒者贬斥得更多一些。为了证明这一点，首先还需要指出，司马迁对待孔子和当时一般儒者是有区别的。

先说对孔子的态度。司马迁把孔子列为《世家》，当然表示对孔子的重视，在为这一篇《世家》所写的赞论里，司马迁还引用了《诗经》“高山仰止，景行行止，虽不能至，然心向往之”的诗句，说孔子“可谓至圣”。其实，这也并非真正的尊崇，其所以给孔子以比较特殊的地位，原因是多方面的：第一，孔子的地位被当时人抬得很高，其影响很大，这是不可抹煞的事实，司马迁是比较尊重事实的，更何况当时的形势又非尊重不可。第二，孔子和后来的儒者并不是一回事，司马迁显然是看到了这一点的，这从他记述孔子与子贡、颜回论道的一段话中可以看出来：

> 子贡曰：“夫子之道至大也，故天下莫能容夫子，夫子盖少贬焉?”孔子曰：“……君子能修其道，纲而纪之，统而理之，而不能为容。今尔不修尔道而求为容。赐，而志不远矣!”子贡出，颜回入见。孔子曰：“回，诗云‘匪兕匪虎，率彼旷野’。吾道非邪？吾何为于此?”颜回曰：“夫子之道至大，故天下莫能容。虽然，夫子推而行之，不容何病，不容，然后见君子！夫道之不修也，是吾丑也。夫道既已大修而不用，是有国者之丑也。不容何病，不容，然后见君子!”孔子欣然而笑曰：“有是哉颜氏之子！使尔多财，吾为尔宰。”

孔子不满意子贡的回答，颜回回答得很乖巧，孔子才“欣然而笑”。在司

---

① 班固：《汉书》卷六十二，《司马迁传》，中华书局 1962 年版，第 2736 页。

马迁看来，后世之儒者即是像子贡那样“求为容”的人。第三，司马迁对孔子“心向往之”的，主要是两条：一是孔子在当时虽然“天下莫能容”，但他“（以）布衣传十余世，学者宗之。自天子王侯，中国言六艺者，折中于夫子”①。这种对后世的影响，是他所向往的。这位“少负不羁之才”的司马迁，落得一个“身残处秽”的下场，只得忍辱负重，“发愤”“成一家之言”，以实现乃父的遗言：“扬名于后世，以显父母。”②

二是他特别向往学习孔子修《春秋》，他以《史记》继《春秋》而自居，就是要学孔子那样通过《春秋》“贬天子，退诸侯，讨大夫，以达王事”，对此，他曾大发议论说：

> 有国者不可以不知《春秋》，前有谗而不见，后有贼而不知；为人臣者不可以不知《春秋》，守经事而不知其宜，遭变事而不知其权。③

但是，当壶遂问他道：

> 孔子之时，上无明君，下不得任用，故作《春秋》，垂空文以断礼义，当一王之法。今夫子上遇明天子，下得守职，万事既具，咸各序其宜，夫子所论，欲以何明？④

这一问，问得他张口结舌，“唯唯，否否”，一时答不上话来，只得勉强再作一翻解释，又否认把《史记》比《春秋》，但真情已见了。实际是他只是想写一部像《春秋》那样的史书，并非真正推崇《春秋》，在他的实践中对为尊者讳的“春秋笔法”是否定的。

司马迁并不真正尊崇孔子，所以他对孔子也很不客气，这突出地表现在他记述了老子和晏婴对孔子的评论。在《老子韩非列传》中记道：

---

① 司马迁：《史记》卷四十七，《孔子世家》，中华书局 1982 年版，第 1947 页。

② 司马迁：《史记》卷一百三十，《太史公自序》，中华书局 1982 年版，第 3295 页。

③ 班固：《汉书》卷六十二，《司马迁传》，中华书局 1962 年版，第 2717 页。

④ 班固：《汉书》卷六十二，《司马迁传》，中华书局 1962 年版，第 2719 页。

孔子适周，将问礼于老子。老子曰："子所言者，其人与骨皆已朽矣，独其言在耳。且君子得其时则驾，不得其时则蓬累而行。吾闻之，良贾深藏若虚，君子盛德，容貌若愚。去子之骄气与多欲，态色与淫志，是皆无益于子之身。吾所以告子，若是而已。"

在《孔子世家》中记道：

……适周问礼，盖见老子云。辞去。而老子送之曰："吾闻富贵者送人以财，仁人者送人以言，吾不能富贵，窃仁人之号，送子以言，曰：'聪明深察而近于死者，好议人者也，博辩广大危其身者，发人之恶者也。为人子者毋以有己，为人臣者毋以有己。'"

这些记载实际上是抬高老子贬低孔子，岂不是"先黄老而后六经"吗？《孔子世家》中所记晏婴的论孔，则更明显地是对孔子的奚落：

晏婴进曰："夫儒者滑稽而不可轨法，倨傲自顺，不可以为下。崇丧遂哀，破产厚葬，不可以为俗。游说乞贷，不可以为国。……今孔子盛容饰，繁登降之礼，趋详之节，累世不能殚其学，当年不能究其礼。君欲用之以移齐俗，非所以先细民也。"

司马谈《论六家之要指》中的"累世不能殚其学，当年不能究其礼"，在这里复述了一遍，并且借晏婴之口直指孔子而言。可见司马迁是继承了他父亲的思想。

对孔子尚且如此，对一般儒者就更不消说了，司马迁对于"猥云德化"、"好语仁义"的儒生们是瞧不起的，例如《律书》中说："岂与世儒暗与大较，不权轻重，猥云德化，不当用兵……等哉！"又如《货殖列传》中说："无岩处奇士之行，而长贫贱，好语仁义，亦足羞也。"在《十二诸侯年表》中说："儒者断其义，驰说者骋其辞，不务综其终始。"儒者搞的是断章取义，其目的如晏婴所说是"游说乞贷"。在《叔孙通列传》中把他们的这种丑恶面目，揭露得淋漓尽致，不仅记载了叔孙通对秦二世的阿谀奉承，混淆视听，记其人汉以后的情况说：

叔孙通儒服，汉王憎之，乃变其服，服短衣，楚制，汉王喜。叔孙通之降汉，从儒生弟子百余人，然通无所言进，专言诸故群盗壮士进之。弟子皆窃骂曰："事先生数岁，幸得从降汉，今不能进臣等，专言大猾，何也?"叔孙通闻之，乃谓曰："汉王方蒙矢石，争天下，诸生宁能斗乎？故先言斩将搴旗之士。诸生且待我，我不忘矣。"汉王拜叔孙通为博士。

后来与诸弟子共起朝仪：

叔孙通使征鲁诸生三十余人。鲁有两生不肯行，曰："公所事者且十主，皆面谀以得亲贵。今天下初定，死者未葬，伤者未起，又欲起礼乐。礼乐所由起，积德百年而后可兴也。吾不忍为公所为，公所为不合古，吾不行，公往矣，无污我!"叔孙通笑曰："若真鄙儒也，不知时变。"遂于所征三十人西。及上左右为学者，与其弟子百余人，为绵蕞野外，习之月余……（演习成功之后）于是高帝曰："吾乃今日知为皇帝之贵也。"乃拜叔孙通为太常，赐金五百斤。叔孙通因进曰："诸弟子儒生随臣久矣，与臣共为仪，愿陛下官之。"高帝悉以为郎。叔孙通出，皆以五百斤金赐诸生。诸生乃皆喜曰："叔孙生诚圣人也，知当事之要务。"

这样的奔竞利禄之徒，真是"滑稽而不可轨法"!

对于当时影响极大，而且被司马迁开口闭口称为"生"的董仲舒，也只是被他一般地放在《儒林列传》里，地位不但远不及伯夷、晏婴、老子、庄子等古人，连司马迁的普通朋友也不如。不仅传记特别简略，不加一词之赞，而且在短短的篇幅中，主要是讥刺董仲舒的灾异阴阳之说不合实际。

当然，人们是不难在《史记》中找到一些儒家思想的内容的，这并不奇怪，它正是这部书"采儒、墨之善"的表现。我们不能以此来判定司马迁对儒家的态度，司马迁对儒家的态度，如上所述，有褒有贬，对于当时的儒者贬斥得更多一些。在当时，对孔子儒家采取轻视、蔑视甚至冷嘲热讽的态度，简直是大逆不道。其"是非颇缪于圣人"，的确可以说是当时的异端思想。

至于对其他各家，也同样是有褒有贬的。例如对法家，司马迁同样不赞成其严而少恩，这在《商君列传》的论赞中说得很明白，他说商鞅是“天资刻薄人也”，指责他“少恩”，“卒受恶名于秦，有以也夫”。司马迁反对严刑酷法，但并不是取消法，他说：

> 法令，所以导民也；刑法，所以禁奸也。文武不备，良民惧，然身修者，官未曾乱也。奉职循理，亦可以为治，何必威严哉！①

可见，他只是反对“威严”，并不否定“法令”、“刑罚”。还有，对于司马谈所赞成的法家的“明分职不得相逾越”的思想，司马迁也有具体的发挥，他特别赞扬那种“守法不阿意”的精神，在《张释之冯唐列传》中，他说：

> 张季之言长者，守法不阿意。冯公之论将率，有味哉！有味哉！语曰：“不知其人，视其友。”二君之所称诵，可著廊庙，《书》曰：“不偏不党，王道荡荡，不党不偏，王道便便。”张季、冯公近之矣。

这不是在教训那为所欲为的专制君主吗！又，在《老子韩非列传》中说：

> 韩子引绳墨，切事情，明是非，其极惨礉少恩。

从这些论述中可以看出，对法家的态度，司马迁和《论六家之要指》是一致的。

对墨家的看法也值得一提。墨家经过战国末年的儒、墨之争，在汉初几乎是湮没无闻了，所以司马谈说“其事不可遍循”，只取其“强本节用”加以表扬。武帝“抑黜百家”之后，对于墨家，司马迁知道得更少了，他只得在《孟子荀卿列传》的最后附带提一提墨家和阴阳、名、法等家。关于墨家他写道：

---

① 司马迁：《史记》卷一百一十九，《循吏列传》，中华书局 1982 年版，第 3099 页。

> 盖墨翟宋之大夫，善守御，为节用，或曰并孔子时，或曰在其后。

这里，除了把司马谈赞扬的“节用”重新指出之外（当然他也是赞扬的，这在后面还要谈到），其他并没有说明什么。但他通过写《游侠列传》，实际上在为墨家鸣不平，其用心溢于言表，他说：

> 至如闾巷之侠，修行砥名，声施于天下，莫不称贤，是为难耳。然儒、墨皆排摈不载。自秦以前，匹夫之侠，湮灭不见，余甚恨之。

又说：

> 余悲世俗不察其意，而猥以朱家、郭解等，令与暴豪之徒同类而共笑之也。

司马迁所描写的游侠之士，其行为和墨者如出一辙。然而，这被班固指责为“序游侠，则退处士而进奸雄”，同样是大逆不道！

（三）对黄老道家的歌颂

当时明明是要“黜黄老刑名百家之言”①，但司马迁居然在《伯夷列传第一》《管晏列传第二》之后，紧接着就写《老子韩非列传第三》，这不能不说他有勇气有魄力。虽然不敢多加申述，却敢于揭露这个矛盾，他在《老子传》中写道：“世之学老子者，则绌儒学，儒学亦绌老子，道不同不相为谋，岂谓是邪？”在《庄子传》中又说，庄子著书“以诋訾孔子之徒，以明老子之术”，孔、老虽同称为子，但对比起来，还是尊老轻孔的语气。对于老子，实在也是有褒无贬的，请看他的论赞：“老子所贵道，虚无因应，变化于无为，故著书辞，称微妙难识。”下面又接着说庄子、申子、韩子虽然“皆原于道德之意，而老子深远矣”。老子传末的“李耳无为自化，清静自正”，《索隐》认为：“此言亦是赞也。……此是昔人所评老聃

---

① 司马迁：《史记》卷一百二十一，《儒林列传》，中华书局 1982 年版，第 3118 页。

之德，故太史公于此引以记之。”可见，对老子毫无微辞，而“微妙难识”一句，也是司马谈早已说过的：“其实易行，其辞难知。”

司马迁认为，汉初政治的指导思想是黄老道家思想，在这种思想指导下的政治，卓有成效，他在《吕太后本纪》的论赞中写道：

> 孝惠皇帝高后之时，黎民得离战国之苦，君臣俱欲休息乎无为。故惠帝垂拱，高后女主称制，政不出房户，天下晏然，刑罚罕用，罪人是希，民务稼穑，衣食滋殖。

这“衣食滋殖”，在《平准书》中歌颂描写得更具体：

> 汉兴七十余年之间，国家无事，非遇水旱之灾，民则人给家足，都鄙廪庾皆满，而府库余货财，京师之钱累巨万，贯朽而不可校，太仓之粟，陈陈相因，充溢露积于外，至腐败不可食。众庶街巷有马，阡陌之间成群……

他对于实行“与民休息”的文帝是极力赞扬的，例如《律书》专门议论说：

> 太史公曰：文帝时，会天下新去汤火，人民乐业，因其欲然，能不扰乱，故百姓遂安。自年六七十翁亦未尝至市井，游敖嬉戏如小儿状。孔子所称有德君子者邪！

借用孔子的话赞扬文帝。《文帝本纪赞》中又再次引孔子言称其“仁”、“德”。对黄老清静之道的赞扬还有，如在《曹相国世家》中，借“百姓”之口歌之曰：“萧何为法，颟若画一，曹参代之，守而勿失，载其清静，民以宁一。”

曹参是一个实行“无为而治”的代表人物，司马迁的论赞写道：“参为汉相国，清静极言合道。然百姓离秦之酷后，参与休息无为，故天下俱称其美矣。”此外，在《乐毅列传》的论赞中又特地记叙了一段曹相国的师承：

> 乐臣公学黄帝老子，其本师号曰河上丈人，不知其所出。河上丈人教安期生，安期生教毛翕公，毛翕公教乐瑕公，乐瑕公教乐臣公，乐臣公教盖公，盖公教于齐高密、胶西，为曹相国师。

这不是表彰黄老之学又是什么呢？

（四）关于“论大道则先黄老而后六经”

《汉书·司马迁传》最后评价司马迁及其《史记》的“赞曰”：

> 又其是非颇缪于圣人，论大道则先黄老而后六经，序游侠则退处士而进奸雄，述货殖则崇势利而羞贱贫，此其所蔽也。

班固这评价是本于其父班彪之言，班彪评价时写道：

> 其论术学，则崇黄老而薄《五经》，序货殖则轻仁义而羞贫穷，道游侠则贱守节而贵俗功，此其大敝伤道，所以遇极刑之咎也……诚令迁依《五经》之法言，同圣人之是非，意亦庶几矣。①

这里应该说明，他们对司马迁也有肯定评价的一面，但看得出来，班彪父子两人表现出是站在儒家立场，批评司马迁的。这是司马迁“崇尚黄老”论者的主要依据。而认为司马迁“崇儒”的论者，则认为这与事实不符，因为《史记》中可以找到大量推崇孔子的记载（如为孔子立世家，为仲尼弟子立专传，又列儒林专传等），引孔子的话较多，引《诗》《书》的话也很多，讲究儒家的“仁义”，等等，究竟该如何理解班彪父子的话？

李贤注《后汉书》时写道：

> 黄帝、老子，道家也。《五经》，儒家也。迁《序传》曰：“道家使人精神专一，动合无形，赡足万物。”此谓崇黄老也。又曰：“儒者博而寡要，劳而少功。”此为薄《五经》也。

① 范晔：《后汉书》卷四十上，《班彪列传》，中华书局1965年版，第1325页。

这话本身并不错，但仅就《论六家要指》之文而言。事实上，整个《史记》中是有“先”、“崇”黄老道家，而“后”、“薄”儒家的倾向的。

司马迁父子对武帝是不满意的，对武帝“外攘夷狄，内兴功业”的种种做法是不以为然的，这在《史记》中处处表露出来：上述对文帝乃至吕后时期的赞扬，表现了对清静无为的推崇，而对武帝的兴功“多欲”则明的或暗的予以讥刺，如在《汲郑列传》中如实录汲黯之言，批评汉武帝“陛下内多欲而外施仁义，奈何欲效唐虞之治乎”！司马迁对唐尧虞舜、文武周公的记述，都是歌颂的，极力记述，歌颂他们能无为任贤，天下大治。例如《周本纪》中对武王灭商之后有几句表示不再“劳民”的描写：

> 纵马于华山之阳，放牛于桃林之虚；偃干戈，振兵释旅；示天下不复用也。

又在立康王时概括文武之治说：

> 文王、武王之所以为王业之不易，务在节俭，毋多欲，以笃信临之……

有些地方实际是批评汉武帝的多欲，《平准书》全篇从“汉兴”讲起，但主要记武帝时的事。赞美文景时期的“国家无事”，认为武帝时是“物盛而衰，固其变也”。对武帝的“费”财详加记录，“岁费凡百余巨万”、“其费以亿计，不可胜数”，表示不满，并且几乎每一段结语都是不满的口气：“兴利之臣自此始也”、“吏道杂而多端，则官职耗废”、“长吏益惨急而法令明察”、“然无益于俗，稍骛于功利矣”、“吏民之盗铸白金者不可胜数”、“三人言利事析秋豪矣”、“吏道益杂，不选，而多贾人矣”、“而公卿大夫多谄谀取容矣”、“宫室之修，由此日丽”、“郎选衰矣”等，政治经济的各方面都涉及到了，都是不以为然的。奇特的是这《平准书》的一大段“太史公曰”，从上古高辛氏讲到秦“并海内”，根本不提一个汉字，与内容形成强烈的对比。内容较长，不烦全引，只说两点：第一是对西周以前的赞美：“故《书》道唐虞之际，《诗》述殷周之世，安宁则长庠序，先本绌末，以礼义防于利；事变多故而亦反是。”第二，接着说的是：“是以物盛则衰，时极而转，一质一文，终始之变也。”再又从禹、汤、管仲、李克讲到战国的“贵诈力而贱仁义，先富有而后推让”。最后讲到秦，讲秦的统一货币，接着突然来了几句：“于是外攘夷狄，内兴功业，海内之士力耕不足粮饟，女子纺绩不足衣服。”这话究竟是讲秦呢还是言汉？后来班固写《汉书·食货志》以这两句说秦是不错的（前两句他在写汉武帝时用了）。联系司马迁书内讲文景之后“物盛而衰”的话，我们说他这篇论赞意在评汉武帝是并不牵强的。

此外，《平准书》中已有对公孙弘、张汤等人之微辞，和其他处记载一样，对学儒者的好话不多，相反，对尊奉黄老之名贤则多有称美。例如对尊奉黄老的人，尽管不一定有多大的功劳，在他笔下有褒有贬，如“学《老子》言”的直不疑，“称为长者”，时人或讥“其近于佞”，司马迁却说：“然斯可谓笃行君子矣！”“学黄老术”的田叔，“汉廷臣毋能出其右者”，司马迁称赞道：

> 孔子称曰：居是国必闻其政，田叔之谓乎！义不忘贤，明主之美以救过。①

对于学好黄老之言的汲黯、郑当时，称其为社稷“贤”臣，立合传置于《儒林列传》之前，似有先道后儒之意，因为《史记》从《循吏列传》开始，即为类传，以汲、郑为黄老道家的代表（因为张良、曹参乃至田叔等皆有专篇），列于《儒林列传》之前。由这样的安排意图，再看写孔子称“世家”，当然是对孔子的重视，但排列其次序在《田敬仲完世家》之后，《陈涉世家》之前，显然不是按时间先后排列的，谈不上对孔子何等推崇。《老子韩非列传第三》《仲尼弟子列传第七》，也不是按时间先后排列的，多少也体现先道后儒。当然，这些不足以为主要证据，主要的还在于其记述中所表现出的是非态度。

班固比他的父亲多一句重要的补充，“其是非颇缪于圣人”，则当然也是从其“轻仁义”、“贵俗功”之类的表现总结出来的。例如“轻仁义”（班彪父子用语略有不同，事实是因为不只一处而是很多地方表现有相同

---

① 司马迁：《史记》卷一百四，《田叔列传》，中华书局1982年版，第2779页。

的思想），《游侠列传》序中表现得最为突出：

> 鄙人有言曰："何知仁义，已飨其利者为有德。"故伯夷丑周，饿死首阳山，而文武不以其故贬王；跖、蹻暴戾，其徒诵义无穷。由此观之，"窃钩者诛，窃国者侯，侯之门仁义存"。非虚言也。

当然不能据此就说司马迁否定"仁义"，也可以说是他对现实没有"仁义"可言的批判，但儒家奉为至上的"仁义"，在司马迁心目中不是"至高无上"的，这一点可以肯定，故曰"轻仁义"，在班固看来，这是"是非颇缪于圣人"。又如《酷吏列传》序写道：

> 孔子曰："导之以政，齐之以刑，民免而无耻。导之以德，齐之以礼，有耻且格。"老氏称："上德不德，是以有德；下德不失德，是以无德。法令滋章，盗贼多有。"太史公曰：信哉是言也！法令者治之具，而非制治清浊之源也。……言道德者，溺其职矣。故曰："听讼，吾犹人也，必也使无讼乎。""下士闻道大笑之。"非虚言也。

这后两句也是一见《论语》，一见《老子》。虽然是孔老并提，所"信"更多的是老氏之言。这与"独尊儒术"的主张是相违的。

至于"贵俗功"，更是与儒家不同，他对"儒、墨皆排摈不载"的"布衣之侠"、"匹夫之侠"称为"贤者"，极力称道他们：

> 至如闾巷之侠，修行砥名，声施于天下，莫不称贤，是为难耳。……自秦以前，匹夫之侠，湮灭不见，余甚恨之。以余所闻，汉兴有朱家、田仲、王公、剧孟、郭解之徒，虽时捍当世之文网，然其私义廉洁退让，有足称者。……至如朋党宗强比周，设财役贫，豪暴侵凌孤弱，恣欲自快，游侠亦丑之。

他这些是非，与当权者、豪强们是明显不同的，当然在儒家看来也是"颇缪于圣人"的。

现在看来，他的"先黄老"还表现在，采纳和运用了道家的一些根本观点，有些地方引了“老子曰”而加以肯定，有些论述也明显是属于道家的，例如《高祖功臣侯者年表》序中说：

> 居今之世，志古之道，所以自镜也，未必尽同。帝王者各殊礼而异务，要以成功为统纪，岂可绲乎？

这就是“圣人不朽，时变是守”的意思，比较明显，也有不太明显的，例如《律书》① 的最后有一段话，似乎还无人注意过，其文曰：

> 神生于无，形成于有，形然后数，形而成声，故曰神使气，气就形。形理如类有可类，或未形而未类，或同形而同类，类而可班，类而可识。圣人知天地识之别，故从有以至未有，以得细若气，微若声。然圣人因神而存之，虽妙必效情，核其华道者明矣。非有圣心以乘聪明，孰能存天地之神而成形之情哉？神者，物受之而不能知其去来，故圣人畏而欲存之。唯欲存之，神之亦存。其欲存之者，故莫贵焉。

这里“声谓宫、商、角、徵、羽”②，气也与声有关系，神或者即今所谓音乐中的神韵，这些在音乐理论中应该是有价值的。但司马迁的论述似乎超出了音乐的范围，涉及了形、类、物，乃至天地，例如《正义》解释“神生于无，形成于有”这两句说：

> 无形为太易气，天地未形之时，言神本在太虚之中而无形也。天地既分，二仪已质，万物之形成于天地之间，神在其中。

这一思想受哪一家的影响？我看或者与道家有关。在古书《易》中，神的主要解释，如《系辞上》所说“阴阳不测之谓神”，不讲“生”“成”问题。《老子》中则有：“谷神不死，是谓玄牝。玄牝之门，是谓天地根”（6

---

① 《律书》本身有些问题，或以为是从《律历书》分出来的，这里且不讨论。

② 司马迁：《史记》卷二十五，《律书》，中华书局 1982 年版，第 1252 页。

章)。《论六家之要指》中说:“神者生之本也,形者生之具也。”《律书》中的论述,是基本一致的。“神”的问题是一个美学中的重要问题,司马迁之前的庄子、《淮南子》都有这方面的理论,看来这方面在道家发展系统上也成为一环。

从以上几个方面来看,班固说司马迁“先黄老而后六经”,这个结论是符合实际的。司马迁的这一思想的形成,在当时各方面的影响之中,司马谈《论六家之要指》的影响起了决定性的作用,因此在《太史公自序》中,全文照录了这篇东西。绝不是如有的人所说,仅仅是述先人之业而已,司马迁是把它作为自己“整齐”学术的指导思想,是一个总纲。他们父子两人的思想,从根本上是一致的,所不同的是:一个是概括的,一个是具体的;一个讲得很明确,一个略为隐晦;一个比较稳妥,一个相当偏激。特别是对于儒家,因为司马谈时,儒家虽已得势,但毕竟是刚刚得势,司马迁时就大不同了,其威严更甚了,司马迁对此感受更深,因而也就相当偏激。

还应该指出的是,司马迁的思想是复杂的,甚至有许多矛盾,这些矛盾是复杂的社会矛盾的反映。例如,为了反对诈力权变,反对严刑酷法,他似乎也提倡讲仁义,重礼法。但是“人富而仁义附焉”①,这样洞察世事的深刻思想也是他讲出来的,这一点,在《游侠列传》中讲得更为激烈,如上所引,“侯之门,仁义存”。我们不能因此随便给司马迁的思想加上什么阶级观点、人民性之类的现代用语,但是他的思想揭露了当时社会生活中的矛盾却是事实。在《货殖列传》中他还写道:

> 天下熙熙,皆为利来;天下攘攘,皆为利往。夫千乘之王,万家之侯,百室之君,尚犹患贫,而况匹夫编户之民乎!

这里,王公贵族和小民匹夫显然是对立的。在这个问题上,他的看法和主张是什么呢?他说:

> 夫神农以前,吾不知已,至若《诗》《书》所述,虞夏以来,耳

① 司马迁:《史记》卷一百二十九,《货殖列传》,中华书局1982年版,第3255页。

> 目欲极声色之好，口欲穷刍豢之味，身安逸乐，而心夸矜势能之荣，使俗之渐民久矣，虽户说以眇论，终不能化。

虞夏以来就是如此，按我们现在的说法，可以说是有阶级社会以来就是如此。问题是必须解决的，只有“仓廪实而知礼节，衣食足而知荣辱，礼生于有而废于无”，因此，解决的办法只能是：

> 善者因之，其次利道之，其次教诲之，其次整齐之，最下者与之争。

这里，我们可以看到，司马迁和汉初许多新道家的政治家和思想家一样，主张最理想的为政是“因”，即“以因循为用”的无为政治，但他们又是面对现实的，退而求其次，那就“采儒、墨之善，撮名、法之要”，采取仁义礼法等办法，只反对一个“争”，反对与民争利，反对争权夺利，反对争城争地以战，等等。

在司马迁的复杂的思想中，我们常常可以看到许多闪光的东西。因此，他不愧为我国古代一位伟大的思想家。这里我们不打算全面研究他思想的各个方面。但是有一点我们想强调指出，那就是研究他的思想时始终要注意他的经历和处境，他忍辱负重，发愤著书，这对他的思想时时刻刻都在起作用，这一点《汉书·司马迁传》中所载的那篇《报任少卿书》写得清清楚楚。注意到这一点，才便于分析他的思想，例如，他认为形势、地位对一个人的荣辱关系至大；他对于气节的特别赞扬，以及愤世疾俗等等，都是值得注意的。

据上所述，本文只想作一个主要结论：把司马迁列入儒家是不恰当的，无论从他明显的言论看，或从其寓论断于叙事的意图看，都不能说他的思想是儒家思想。和其父司马谈一样，他基本上还是属于新道家。

第十二章　《淮南子》集黄老道论之大成

《淮南子·要略》中明确地指出：

> 夫道论至深，故多为之辞以抒其情；万物至众，故博为之说以通其意。辞虽坛卷连漫，绞纷远缓，所以洮汰涤荡至意，使之无凝竭底滞，卷握而不散也。

全书二十篇确实是从各个方面，从不同的角度，对道的本身、道与事的关系，以及道的意义和作用等等作了反复的论述。可以说是对战国以来黄老学派关于《老子》《庄子》“道论”发挥的总结，集黄老道家之大成。且从以下几个方面予以说明。

一、论道是宇宙之本体、万物之本原

学术界的共识，在中国哲学史上，把道提到本体论高度的是老子，从而产生了可称之为道家的一个学派。《老子》中明确地说明了道是本体和本原，两者紧密结合在一起：“道冲而用之或不盈。渊兮，似万物之宗。……象帝之先。”①

是这个象帝之先的道，产生了天地万物：“道生一，一生二，二生三，三生万物。”②

《老子》有一套比较完整的道论。后来的黄老之学和庄子都进一步发挥了《老子》的道论，《淮南子》对这些道论作了总结性的论述。

第一篇《原道》就是从解释道开始的，篇名也表明道是本原，高诱注

---

① 《老子》第4章。

② 《老子》第42章。

云："原，本也。本道根真，包裹天地，以历万物，故曰'原道'，因以题篇。"

《淮南子》对于宇宙本体、万物本原之道，作了当时最为详尽的描述。《原道训》开宗明义地说：

夫道者，覆天载地，廓四方，柝八极，高不可际，深不可测，包裹天地，禀授无形。原流泉浡，冲而徐盈；混混滑滑，浊而徐清。故植之而塞于天地，横之而弥于四海，施之无穷而无所朝夕。舒之幎于六合，卷之不盈于一握。约而能张，幽而能明，弱而能强，柔而能刚。横四维而含阴阳，纮宇宙而章三光。甚淖而滒，甚纤而微。

对于《老子》那个恍兮惚兮的"道"，作了这样无所不在的描述。比《庄子·知北游》之讲"无所不在"要文雅得多，理论化许多。全书其他地方也有与此一致的其他描述，如：

累之而不高，堕之而不下，益之而不众，损之而不寡，斫之而不薄，杀之而不残，凿之而不深，填之而不浅，忽兮怳兮，不可为象兮；怳兮忽兮，用不屈兮，幽兮冥兮，应无形兮；遂兮洞兮，不虚动兮。与刚柔卷舒兮，与阴阳俯仰兮。①

道出一原，通九门，散六衢，设于无垓坫之宇，寂漠以虚无。②

天墬未形，冯冯翼翼，洞洞灟灟，故曰太昭。道始于虚霩，虚霩生宇宙，宇宙生气。③

古未有天地之时，惟（罔?）像无形，窈窈冥冥，芒芠漠闵，澒濛鸿洞，莫知其门。有二神混生，经天营地……④

道至高无上，至深无下，平乎准，直乎绳，圆乎规，方乎矩，包裹宇宙而无表里，洞同覆载而无所碍。⑤

① 《淮南子·原道训》，诸子集成本，中华书局 1954 年版。
② 《淮南子·俶真训》，诸子集成本，中华书局 1954 年版。
③ 《淮南子·天文训》，诸子集成本，中华书局 1954 年版。
④ 《淮南子·精神训》，诸子集成本，中华书局 1954 年版。
⑤ 《淮南子·缪称训》，诸子集成本，中华书局 1954 年版。

还有如《道应训》开头所载太清与无为、无始之论道，《诠言训》开头之“太一”，以及《说山训》所载魂与魄之讨论“道体”等，都是对作为本体论的“道”的描述。从书中可见，凡属涉及根本性的问题，皆以道为出发点，因为“道”不仅是无所不在，而且是无所不能的，如《原道训》所说：

山以之高，渊以之深，兽以之走，鸟以之飞，日月以之明，星历以之行，麟以之游，凤以之翔。

从以上道为本体的论述中，已经涉及本原论，《老子》中结合在一起的本体论和本原论，《淮南子》照样有所继承和发展。关于道生万物的思想，《原道训》中反复指出：

夫太上之道，生万物而不有，成化像而弗宰。

道者，一立而万物生矣。是故一之理，施四海；一之解，际天地。其全也，纯兮若朴；其散也，混兮若浊。浊而徐清，冲而徐盈，澹兮其若深渊，泛兮其若浮云，若无而有，若亡而存。万物之总，皆阅一孔；百事之根，皆出一门。

本体论和本原论始终是结合在一起的，至于讲宇宙、万物如何生成，《俶真训》有详细的论述：

有始者，有未始有有始者，有未始有夫未始有有始者。有有者，有无者，有未始有有无者，有未始有夫未始有有无者。

这几句话来源于《庄子·齐物论》（仅在每句中去掉了一个“也”字），显然是对宇宙万物之形成追本求源。与《庄子》不同的是：对宇宙万物演化生成的过程作了更具体的描述：

所谓有始者，繁愤未发，萌兆牙蘖，未有形埒（垠堮），无无蠕蠕，将欲生兴而未成物类。有未始有有始者，天气始下，地气始上，

> 阴阳错合，相与优游竞畅于宇宙之间，被德含和，缤纷茏苁，欲与物接而未成兆朕。有未始有夫未始有有始者，天含和而未降，地怀气而未扬，虚无寂寞，萧条霄霓，无有仿佛，气遂而大通冥冥者也。有有者，言万物掺落，根茎枝叶，青葱苓茏，萑蔰炫煌，蠉飞蠕动，蚑行哙息，可切循把握而有数量。有无者，视之不见其形，听之不闻其声，扪之不可得也，望之不可极也，储与扈冶，浩浩瀚瀚，不可隐仪揆度而通光耀者。有未始有有无者，包裹天地，陶冶万物，大通混冥，深闳广大，不可为外，析豪剖芒，不可为内，无环堵之宇而生有无之根。有未始有夫未始有有无者，天地未剖，阴阳未判，四时未分，万物未生，汪然平静，寂然清澄，莫见其形……

从“天地未剖，阴阳未判，四时未分，万物未生”讲到天地、万物、现实世界的形成，从混沌未分，剖判出天地阴阳，而后产生万物。虽然带有推测的成分，无疑是比《老子》和《庄子》的生成论前进了许多，发挥了老庄的思想。

《淮南子》的整个道论，不仅是继承和发展《老子》《庄子》的思想，同时也充分吸收了战国以来黄老之学的道论。上引《原道训》那开头的一段，以及整个《原道训》的内容与《文子》的《道原》几乎是大同小异，并且吸收了《文子》其他篇的一些内容。过去不少人认为《文子》抄袭《淮南子》，实际上很不合理。钱熙祚校勘《文子》，得出一个“《文子》出《淮南子》者十之九”，这话本身就值得想一想，《淮南子》比《文子》分量大得多，抄一个简本出来为什么？有什么用？说《文子》抄《淮南子》，时间不会出汉代，在同一个时代抄一个《文子》出来更值得问为什么？1973 年河北定县 40 号汉墓出土的竹简中，有《文子》的残简，有说服力地回答了问题。《文子》是先秦古籍，是汉初已经存在的，不可能是抄《淮南子》的，这已有文章考定①。《淮南子》抄《文子》是合情合理的，这正体现了其作为总结性著作的特点，它采择各家学说，集黄老道论之大成，当然要采用作为“黄老之学”著作的《文子》。《文子》开头有一个纯

---

① 参考李定生《〈文子〉非伪书考》、张岱年《试谈〈文子〉的年代与思想》，《道家文化研究》第五辑。

理论解说的《道原》（马王堆帛书《老子》乙本卷前古佚书中也有《道原》），《淮南子》以《原道训》开篇，显然基本思想是一致的，是以“道论”为其整个书论之原本。从内容看，《淮南子·原道训》抄录了《文子·道原》的全部内容，《原道训》的前半部分，几乎完全是照着《道原》的前两段文字的顺序论述的，把后面一些内容穿插进去了，有些叙述文字有所改变，大多数是改得很好的，而且改变的思想十分明确，有自己的观点，例如《文子》有一段：

> 天常之道，生物而不有，成化而不宰。万物恃之而生，莫之知德；恃之而死，莫之能怨。收藏畜积而不加富，布施禀受而不益贫。忽兮怳兮……

《淮南子》改为：

> 夫太上之道，生万物而不有，成化像而弗宰。跂行喙息，蠉飞蠕动，待而后生，莫之知德；待之后死，莫之能怨。得以利者不能誉，用而败者不能非。收聚畜积而不加富，布施禀授而不益贫。旋县而不可究，纤微而不可勤。累之而不高，堕之而不下，益之而不众，损之而不寡，斫之而不薄，杀之而不残，凿之而不深，填之而不浅。忽兮怳兮……

不难看出，无论是文字的修改，说明的补充，《淮南子》都是做得很好的，而改“天常之道”为“太上之道”，应该说是对本体论的道作更为明确的强调。

诸如此类的例子是不少的。

另外，《淮南子·原道训》不仅把《文子·道原》的内容包括进去了，把《文子》其他篇的一些论述也包括进去了，钱熙祚校勘《文子》时有较详细的比较罗列，可以参考。

在本体论和本原论方面，《淮南子》坚持和发挥的是从《老子》开始的道论，宇宙之始、万物发生决不是神，可以说有唯物主义的倾向。《淮南子》在“气”这个问题上的发挥，更明确、更加强了这种倾向。《老子》

42章讲“道生一，一生二，二生三，三生万物”的同时，还说了一句：“万物负阴而抱阳，冲气以为和。”“道”和“一”都是比较抽象的概念，“气”——不论是阴阳两气，或者还有所谓“冲气”、“和气”，就更有一定的物质性了。虽然也不容易看得见、摸得着，但决不是绝对“虚无”的。《老子》没有进一步展开，其后是有人作进一步论述的，例如在《庄子》中，就有了比较明确的说法：

比形于天地，而受气于阴阳。①

察其始而本无生，非徒无生也而本无形，非徒无形也而本无气。杂乎芒芴之间，变而有气，气变而有形，形变而有生。②

人之生，气之聚也。聚则为生，散则为死。③

又例如在《吕氏春秋》中，“气”就用得更为广泛了，有“天地之气”④，有天气、地气、阳气、阴气、热气、寒气、春气、秋气⑤等，也有“精气”或者简称“精”⑥。

《淮南子》中“气”字和“道”字一样，得到广泛的运用，比《吕氏春秋》用得更多更广，据统计“被使用的‘气’字字数达二百零四次”⑦。而关于“气”在宇宙万物生成论中的作用，论述得比较明确，相当充分。前引《俶真训》中在《庄子》的“有始者……”之后，所作的具体解释表明，在描述天地未开辟和正开辟、万物未形成和正萌芽的两个“开始”阶段时，“气”的作用十分明显。天地之形成，是气的作用，这在《天文训》中论述较详：

道始于虚霩⑧，虚霩生宇宙，宇宙生气，气有涯垠，清阳者薄靡

① 《庄子·秋水》。
② 《庄子·至乐》。
③ 《庄子·知北游》。
④ 《吕氏春秋·音律篇》，诸子集成本，中华书局1954年版。
⑤ 分别见《吕氏春秋·十二纪》各篇。
⑥ 见《吕氏春秋》中《圜道》《精通》《达郁》等篇。
⑦ 参阅李庆译《气的思想》第三章第一节，上海人民出版社1990年版。
⑧ 王引之以为当作“太始生虚霩”，见刘文典《淮南鸿烈集解》卷三引。

而为天，重浊者凝滞而为地。清妙之合专易，重浊之凝竭难，故天先成而地后定。

或以为这里的"气"当作"元气"。对于这"气"或"元气"的作用，接下去继续写道：

天地之袭精为阴阳，（高注：袭，合也。精，气也。）阴阳之专精为四时，四时之散精为万物。

积阳之热气生火，火气之精者为日。积阴之寒气为水，水气之精者为月。日月之淫为精者为星辰。天受日月星辰，地受水潦尘埃。……

天道曰圆，地道曰方，方者主幽，圆者主明。明者吐气者也，是故火曰外景；幽者含气者也，是故水曰内景。吐气者施，含气者化，是故阳施阴化。天之偏气，怒者为风，地之含气，和者为雨。阴阳相薄，感而为雷，激而为霆，乱而为雾。阳气胜则散而为雨露，阴气胜则凝而为霜雪。

在天地、日月、星辰、四时等自然事物的形成中，是各种各样的"气"，或者说"气"的各种形态在起作用。

人物和动物的形成，也是这个"气"，《精神训》写道：

有二神混生，（高注：二神，阴阳之神也。混生，俱生也。）经天营地……于是乃别为阴阳，离为八极，刚柔相成，万物乃形，烦气为虫，精气为人。

什么是"烦气"或者"精气"，字面上当然可以解释，注云："烦，乱也。"精自然是精微细致等。然而更重要的是：在《淮南子》看来，天地自然、人物事象之中，一个最根本而又可言可形的东西，那就是"气"，或者说已有"元气"之说亦可。这个东西，似乎像现代科学中的基本粒子，《淮南子》的"气"论中，有一定的科学知识基础，更值得赞叹的是其哲学智慧。其关于气的理论，在当时和对后来都是很有意义的，其在中国古代思想史上的意义不可忽视。

总之，《淮南子》在论道的当中，以《老子》的思想为出发点，采用《庄子》《文子》以及其他黄老之学著作（《管子》四篇、黄老帛书、《吕氏春秋》等）中的论述、例子等，充分表现其集黄老道论之大成。

二、对道名的统一和对道性的发挥

作为本体本原的道，在《老子》那里名称还不完全确定，不仅是“字之曰道，强为之名曰大”①，有时候也用“有”、“无”、“玄”、“一”等这些字来指称道。到了《淮南子》则统一用一个“道”字，其他字则多半用来说明形容道，偶尔“一”或者“太一”与道有大体同等的意义。关于“一”的使用，有两处值得注意，《原道训》中说：

> 所谓无形者，一之谓也。所谓一者，无匹合于天下者也。卓然独立，块然独处，上通九天……大浑而为一叶……道者，一立而万物生矣。是故一之理，施四海，一之解，际天地。其全也，纯兮若朴；其散也，混兮若浊……万物之总，皆阅一孔；百事之根，皆出一门。

这里，是对“道”的描写，没有出现“道”字，“一”似乎是指道而言，但主要是状态、形貌的描述：“大浑而为一”、“一孔”、“一门”等，并非完全是称“道”为“一”。另一处则更有意义，《天文训》中说：

> 道（曰规?）始于一，一而不生，故分而为阴阳，阴阳合和而万物生，故曰：“一生二，二生三，三生万物。”

解释《老子》42章，但有两点不同，一是省去了“道生一”这个《老子》自相矛盾的说法，二是明确说“一而不生”，必须是分为阴阳之后，“阴阳

① 《老子》第25章。

合和而万物生”。虽然都是抽象的推理，但应该说是一个进步，不仅把“道”的超自然性排除了（不讲“道生一”），而且更好地解释了《老子》42章的下文“万物负阴而抱阳，冲气以为和”。在这一段文字里，“一”仍然可说是对“道”的状态描写。

从《吕氏春秋》那里取来的“太一”，倒是“道”名的另一种说法。《吕氏春秋·大乐》篇中说：

道也者，至精也，不可为形，不可为名，强为之谓之太一。

《庄子·天下》篇中的“建之以常无有，主之以太一”，作了这样明确的说明。《淮南子》有几处使用了“太一”，如《本经训》说：

帝者体太一，王者法阴阳，霸者则四时，君者用六律。（秉）太一者，牢笼天地，弹压山川，含吐阴阳，伸曳四时，纪纲八极，经纬六合，覆露照导，普氾无私，蠉飞蠕动，莫不仰德而生。

高诱注云：“太一，天之刑神也。”从内容看，“太一”是指“道”而言。以上引文之前提到“道可道，非常道”以及“晚世学者，不知道之所一体”等内容，这里用“太一”或者是换一种说法。再一处是《诠言训》开头说的：

洞同天地，浑沌为朴，未造而成物，谓之太一。同出于一，所为各异，有鸟，有鱼，有兽，谓之分物。

高注云：“太一，元神总万物者。”但这里的“太一”可说也是指“道”而言，所谓“太一”实际就是“一”，“同出于一”可以证明。用“太一”两字，如同“大道”、“至道”或者“太上之道”一样，不过是“尊之之辞”，这里我们可以引用曾国藩的一种解说：

族，聚也，群道众妙之所聚萃也。泰族者，聚而又聚者也。始之又始曰泰始，一之又一曰泰一，伯之前有伯曰泰伯，极之上有极曰泰极，以及泰山、泰庙、泰坛、泰折，皆尊之之辞。①

“泰”与“太”通，“太一”即“泰一”，也可称“大一”②。由此可见，“太一”也是形容性的一种名称，而《天文训》《主术训》以及《要略》中出现的“太一”皆不具本体性。

另外与“太”字有关，有两处值得一说，一是前引《天文训》的“太昭”两字，如果有此两字，亦可说是道之别名，但考证认为没有此名：

王引之云：书传无言天地未形名曰太昭者，冯翼、洞漏亦非昭明之貌。太昭当作太始，字之误也。《易·乾凿度》曰：“太始者，形之始也。”《太平御览》《天部》一引张衡《玄图》曰：“玄者，无形之类，自然之根，作于太始，莫之与先。”是太始无形，故天地未形谓之太始也。“道始于虚霩”，当作“太始生虚霩”，即承上文太始而言。王逸注《楚辞·天问》：“太始之元，虚廓无形。”（廓与霩同）正所谓“太始生虚霩”也，后人以《老子》言道先天地生，故改“太始生虚霩”为“道始于虚霩”，而不知与“故曰太始”句文不相承也。《御览》引此作“道始生虚霩”，太字已误作道，而生字尚不误。③

虽然说“有”易，说“无”难，但这一考证相当周详，不再有什么确证，“太昭”两字是可以视为误字的。“太始”只不过是形容最早开始之意，不一定当名词看待。不过“道始于虚”倒不一定如上之考证为“太始生虚”，有点像其本篇后面“道始于一”的用法。

另一个是“太清”这个辞，高诱在《道应训》中解释说：“太清，元气之清者也。”气有清浊之分，已不是道那个本体了。《本经训》开头说“太清之始也”云云。单看这几个字，似乎有太清开始之意。高注云：“太

---

① 转引自刘文典：《淮南鸿烈集解》卷二〇。

② 《礼记·礼运》：“必本于大一，分而为天地，转而为阴阳，变而为四时。”注：“大，音泰”。

③ 引文见刘文典：《淮南鸿烈集解》卷三。

清，无为之始者。”但是，“始”字又有别解：

> 王念孙云：“太清之始”，始当为治字之误也。自“和顺以寂漠”以下二十三句，皆言太清之治如此也。高注当云：“太清，（句。）无为之治也。”（句。）今本作“太清，无为之始者”，文不成义，后人所改也。《文选·东都赋》注、《后汉书·班固传》注引此，并作“太清之化”，又引高注曰：“太清，无为之化也。”治字作化，避高宗讳也。则其字之本作治，明矣。《太平御览》《天部》十五引，作“太清之始，亦后人依误本改之。其《竹部》一引，正作“太清之始”。《文子·下德》篇作“清静之治者，和顺以寂寞，质真而素朴”，是其明证矣。文典谨按：王说是。宋本始正作治。①

这个考证也十分精细。这里要补充说一下，《本经训》开头这二十几句，完全是抄自《文子》，略略在中间加一两句，只是把开头的“清静之治者”改为“太清之治也”。这里太清是形容词，也是“最清静”之意。此外，《俶真训》《精神训》以及《道应训》从《庄子》中抄来的拟人化的“太清”，皆非道的另一名称。

总之，《淮南子》讲本体论的道，统一使用的是“道”这个名称，很少甚至没有使用其他的名称，这是其集道论之大成的表现之一。当然，道除了本体论的意义之外，还有其他意义的道，包括规律性、生活准则等，那是另一个问题。

下面讲“道”的主要特性。

在《老子》那里，自然、虚、静、柔弱等，是道的特性，所以要求：

> 人法地，地法天，天法道，道法自然。②
>
> 致虚极，守静笃。③

① 刘文典：《淮南鸿烈集解》卷八。
② 《老子》第 25 章，下只注章数。
③ 《老子》第 16 章。

> 天下之至柔，驰骋天下之至坚。①

所有黄老道家的共同特点是继承和发挥道的这些特性，《淮南子》集其大成，充分地进行了发挥，并且运用以说明自己的主张。这可以归纳为两个相互联系的方面来说明。

首先是“自然”这一特性。《老子》被称为自然哲学，强调“自然”的重要性，所谓“人法地，地法天，天法道，道法自然”。“自然”是什么意思？有的学者作了很好的解释：

> 所谓“道法自然”，是说“道”以它自己的状况为依据，以它内在原因决定了本身的存在和运动，而不必靠外在其他的原因。可见“自然”一词，并不是名词，而是状词。也就是说，“自然”并不是指具体存在的东西，而是形容“自己如此”的一种状态。②

我们要进一步说：“自然”是“道”的特性，而且是最主要的特性。其道论的许多方面，都是从这一特性出发的。与“自然”紧密相连的是“无为”，因顺“自然”，自然就导出“无为”。《淮南子》继承了《老子》“自然无为”的思想，以之作为其全部道论的理论基础，并且在“无为论”方面还有重要发展（下一章着重讲“无为”的问题）。

《淮南子》发挥“自然”这一特性，突出的表现为“因”、“顺”自然，如《原道训》所说：

> 天下之事不可为也，因其自然而推之；万物之变，不可究也，秉其要趣而归之。③
>
> 修（循）道理之数，因天地之自然，则六合不足均也。

这方面可说是完全继承了《吕氏春秋》的“贵因”思想，时时、处处、事

① 《老子》第43章。

② 陈鼓应：《老子注译及评介》，中华书局1984年版，第30页。

③ 后一句原作“秉其要归之处”，据王念孙考证及《文子·道原》篇改。

事都注重一个“因”字，主张“因物之所为”、“因物之相然”①、“因循而任下”②、“因资而立功”③ 等：

禹之决渎也，因水以为师；神农之播谷也，因苗以为教。④

匈奴出秽裘，于、越生葛絺……各因所处以御寒暑……

九疑之南，陆事寡而水事众，于是民人被发文身，以像鳞虫，短绻不绔，以便涉游，短袂攘卷，以便刺舟，因之也。

禹之裸国，解衣而入，衣带而出，因之也。

是故圣人举事也……未尝不因其资而用之也。⑤

故先王之法籍，非所作也，其所因也。

礼因人情而为之节文。⑥

故五帝异道而德覆天下，三王殊事而名施后世，此皆因时变而制礼乐者。

故圣人因民之所喜而劝善，因民之所恶而禁奸。⑦

三代之所道者，因也。故禹决江河，因水也；后稷播种树谷，因地也；汤、武平暴乱，因时也。⑧

天地四时，非生万物也，神明接，阴阳和，而万物生之。圣人之治天下，非易民性也，拊循其所有而涤荡之，故因则大，化（作?）则细矣。……故能因，则无敌于天下矣。夫物有以自然，而后人事有治也。……埏埴而为器……铸金而为钟，因其可也。驾马服牛，令鸡司夜，令狗守门，因其然也。……故先王之制法也，因民之所好，而为之节文者也。⑨

---

① 《淮南子·原道训》，诸子集成本，中华书局 1954 年版。
② 《淮南子·主术训》，诸子集成本，中华书局 1954 年版。
③ 《淮南子·氾论训》，诸子集成本，中华书局 1954 年版。
④ 《淮南子·原道训》，诸子集成本，中华书局 1954 年版。
⑤ 《淮南子·主术训》，诸子集成本，中华书局 1954 年版。
⑥ 《淮南子·齐俗训》，诸子集成本，中华书局 1954 年版。
⑦ 《淮南子·氾论训》，诸子集成本，中华书局 1954 年版。
⑧ 《淮南子·诠言训》，诸子集成本，中华书局 1954 年版。
⑨ 《淮南子·泰族训》，诸子集成本，中华书局 1954 年版。

《泰族训》不愧为全书总结的篇章，对“因”这一特点也作了总结性的论述，无论自然、人事，以“因”为大，能“因”就可以“无敌于天下”。《吕氏春秋》有专门的《贵因》等篇，集中论述“因则动”、“因则无敌”。《淮南子》则贯穿在全书各篇，时时、处处、事事都讲“因”，除了上述明确说“因也”、“因之”的文字之外，还有顺、循、宜、法，乃至合、比等许多字，都是因的意思。《主术训》说：“进退应时，动静循理。”“应”、“循”皆有“因”之义，《齐俗训》说：“地宜其事，事宜其械，械宜其用，用宜其人。”这些“宜”亦有“因顺”义。讲军事，更强调“因”字，有“因势”、“因形而与之化，随时而与之移”等。《兵略训》中有许多论述，它写道：

> 古得道者，静而法天地，动而顺日月，喜怒而合四时，叫呼而比雷霆，音气不戾八风，诎伸不获（获，误也）五度。

“法”、“顺”、“合”、“比”皆有“因”意，“戾”、“逆”等字则为相反之义。这样再看《淮南子》各篇，“因”的思想就更普遍了。因天、因地、因时。时的方面还有一“时变”的问题，因物之理、因事之理，因人、因俗，因民之心、因民之欲，等等。论道、言事，无不讲个“因”字。

应进一步指出的是，在《淮南子》中，“因”的思想，与道的自然特性以及道的本身始终是紧密相连的，只有“因”才接近于“道”，《诠言训》说：

> 守其分，循其理，失之不忧，得之不喜，故成者非所为也，得者非所求也。入者有受而无取，出者有授而无予，因春而生，因秋而杀，所生者弗德，所杀者非怨，则几于道也。

循、因自然，“则几于道”。《人间训》则说：“因日以动，因夜以息，唯有道者能行之。”在古代，日出而作，日入而息，是极自然而然的，何以只有“有道者能行之”？（今人的夜生活是好是坏？是祸是福？又当别论！）看来《淮南子》的“道”，既是高深难究的，也是极为平常的，只要一切尊重其自然性，顺其自然，也就接近于道了，所以本篇开头有几句话说：“居智所为，行智所之，事智所秉，动智所由，谓之道。”王念孙说“四智字并读为知”①。“所”字则是“之所以”的所，正确地知道“所为”、“所行”就有道了，就可以了。在“有道者能行之”之后又说：“知天之所为，知人之所行，则有以任（？径）于世矣。”“天之所为”是自然的，“人之所行”应该因顺自然。

其次，关于道的“虚静”特性，在《淮南子》中也很突出，《精神训》中说：

> 天静以清，地定以宁，万物失之者死，法之者生。夫静漠者，神明之宅也；虚无者，道之所居也。

天地宁静这一特性不能违失，只能效法，讲天静地宁，实际也是讲道的特性，并且清静与虚无又是相关连的，清静自然，也是相关连的，是从不同角度表述道的根本特性。《主术训》中说“虚无因循，常后而不先也”，后与柔之类特性都是互相关联的。这特性用于政治方面，就是讲“无为”，或曰“自然无为”，或曰“清静无为”②。用于人生方面就是讲心性修养，在《淮南子》中讲静这一特性，主要用于人生修养，有比较多的阐述，对《老子》的“清静”、“无欲”作了具体的发挥。这一点在首篇《原道训》中就反复地论说：

> 是故大丈夫恬然无思，澹然无虑；以天为盖，以地为舆；四时为马，阴阳为御；乘云陵霄，与造化者俱。
>
> 人生而静，天之性也。感而后动，性之害也。……故达于道者，不以人易天，外与物化，而内不失其情。
>
> 故达于道者，反于清静；究于物者，终于无为。以恬养性，以漠处神，则入于天门。所谓天者，纯粹朴素，质直皓白……循天者，与道游者也。

恬静是人的天性，“达于道者”，或者说“与道合一”的人，在书中可被称

---

① 刘文典：《淮南鸿烈集解》卷一八引。
② 《淮南子・主术训》，诸子集成本，中华书局 1954 年版。

为至人、真人、圣人、大丈夫等等，就是能返于清静之性，这在《俶真训》《精神训》中都有论述，《俶真训》说：

> 静漠恬澹，所以养性也；和愉虚无，所以养德也。外不滑内，则性得其宜；性不动和，则德安其位。养生以经世，抱德以终年，可谓能体道矣。

和上述“因”与“道”的关系一样，“虚静”也是“道”的根本特性，而与“静”相对立的就是“欲”，“人性安静而嗜欲乱之”。“是故圣人之学也，欲以返性于初，而游心于虚也。达人之学也，欲以通性于辽廓，而觉于寂漠也。”通过修养以达到返于虚静寂漠之性。在《精神训》中，“性合于道”的圣人、真人、至人，都具备有“静漠”、“虚无”的特点。讲人的修养，特别是心性的修养，注重一个“虚静”，这一点对后世的影响很大。不仅道家、道教讲“静”，后来宋儒修养之主静（后又改静为敬），与此或有关系。这是后话，兹不赘说①。

据上所述，我们可以这样说，从对于“道”的特性的发挥看，《淮南子》也是集当时（包括以前）道论之大成。

三、入世之道

以道为宇宙的本体、本原，以道为事物的规律、法则，以道为出发点，以道为基础兼采其他，这是道家的特点。对于人和书来说，讲“出世”之道（当然是相对而言，不可能完全与世隔绝），还是“入世”之道，则是道家两派的根本区别之一。黄老之学与黄老道家论道，落脚点在入世、治事，《吕氏春秋·序意》说“上揆之天，下验之地，中审之人”是为了“是非可不可无所遁矣”。《新语》说：“先圣乃仰观天文，俯察地理，图画乾坤以定人道。”主张“君子握道而治”。《淮南子》讲入世之道，更是彰明较著，其《要略》讲全书要旨，开头就写道：

---

① 参阅本书附录《从“存天理灭人欲”看朱熹的道家思想》。

夫作为书论者，所以纪纲道德，经纬人事，上考之天，下揆之地，中通诸理。……故言道而不言事，则无以与世浮沉；言事而不言道，则无以与化游息。

道与事是并重的，下面还再而三地说明这一思想：

凡属书者，所以窥道开塞，庶后世使知举措取舍之宜适，外与物接而不眩，内有以处神养气，宴炀至和，而已自乐所受乎天地者也。

著书的目的，是使人明白“道”的“开塞”，不被外界事物所迷惑，从而得到天地中的快乐。“故著书二十篇，则天地之理究矣，人间之事接矣，帝王之道备矣”。不仅弄清了天地、人间的事理，还补了一句“帝王之道备矣”。“帝王之道”本也是人间之事，这里又强调一下，说明其“治世”的意愿十分强烈。最后还要表明：

若刘氏之书，观天地之象，通古今之事，权事而立制，度形而施宜，原道之心，合三王之风，以储与扈冶，玄眇之中，精摇靡览，弃其畛挈，斟其淑静，以统天下，理万物，应变化，通殊类，非循一迹之路，守一隅之指，拘系牵连之物，而不与世推移也，故置之寻常而不塞，布之天下而不窕。

这段话是在述儒、墨、名、法、兵、纵横诸家因何而产生之后写的。各家学说皆顺一定的地理或历史条件、某种特殊需要而产生的，能解决一定的问题，但各自有各自的局限性，例如“循一迹之路，守一隅之旨”、“拘系牵连”、“不与世推移”等。“刘氏之书”与各家不同，避免了各家的局限性（当然也兼采了各家之长——“精摇靡览”、“斟其淑静”），对“天地之象”、“古今之事”作了最符合“道”的理解和说明，应用也最为广泛。

《淮南子》的作者们如此自信，其“入世之道”又如此之明确，这是所有黄老道家所不及的。《淮南子》作者们的自信，是建立在深入思考和认真论述的基础之上的，所以又说：

> 夫道论至深，故多为之辞以抒其情；万物至众，故博为之说以通其意。

仅仅“总要举凡”，空泛的论道，恐怕人们会“昏昏然弗能知也”，就事论事，又“恐人之离本就末”。“故多为之辞，博为之说”，精心构划了二十篇，各局的中心内容以及各篇之间的关系，《要略》中都作了简要的说明，关于二十篇的串联，它说：

> 言道（原道）而不明终始，则不知所仿依；言终始（俶真）而不明天地四时，则不知所避讳；言天地四时（天文、墬形、时则）而不引譬援类，则不知精微；言至精（览冥）而不原人之神气，则不知养生之机；原人情（精神）而不言大圣之德，则不知五行之差；言帝道（本经）而不言君事，则不知小大之衰，言君事（主术）而不为称喻，则不知动静之宜；言称喻（缪称）而不言俗变，则不知合同大指已；言俗变（齐俗）而不言往事，则不知道德之应；知道德（道应）而不知世曲，则无以耦万方；知氾论（氾论）而不知诠言，则无以从容；通书文而不知兵指（兵略），则无以应卒已；知大略而不知譬喻（说山、说林），则无以推明事；知公道而不知人间（人间），则无以应祸福；知人间而不知修务（修务），则无以使学者劝力。欲强省其辞，览总其要，弗曲行区入，则不足以穷道德之意（故作泰族）。①

可以说，他们能考虑到的都考虑到了，所以说相当完备。但各篇内容不同、重点不同，所以也指出：

> 其言有小有巨，有微有粗，指奏卷异，各有为语。今专言道，则无不在焉，然而能得本知末者，其唯圣人也。

这里前一句是客观反映二十篇的不同情况，后一句则是一个极为重要的思

---

① 括号内之辞从陈丽桂《〈淮南鸿烈〉的内容体系与价值》，《中华文化复兴月刊》18卷4期。

想，对于“无不在焉”的道，只有圣人才能“得本知末”。但是，并不排斥人人都应努力“得知本末”，其所以“多为之辞，博为之说”就是要人们“得本知末”：“今学者无圣人之才，而不为详说，则终身颠顿乎混溟之中，而不知觉寤乎昭明之术矣。”可谓用心良苦。

关于道与事并重，普遍地具体地表现在各篇之中，二十篇的内容虽“指奏卷异”，有大小粗微之不同，但有一共同之点是：一方面每一篇都讲道，或者论述道的本身，或者阐发道的特性，或者以道及其特性为衡量一切的标准，或者得出归本于道的结论；另一方面，每一篇都引用大量自然、社会以及人本身的事例，《主术训》以前各篇，侧重天地自然现象的陈述，从《主术训》开始的以后各篇，则较多地解说社会历史和人事，所谓“经纬人事”。总之，不是以“道”统“人事”，用“道”于“事”；就是验“人事”而知“道”，以“事”论“道”。始终不忘“道”这个根本，又随时把“道”“布之天下”，“置之寻常”。两者的关系，《汜论训》中有另一种表述：

故圣人所由曰道，所为曰事。道犹金石，一调不更；事犹琴瑟，每弦改调。

所以“道”是“本”，“事”是末。“道论”要达到的总的目的是“得本知末”，“本”是“道”，“末”是“事”。通俗地说，就是教人如何为政？怎样做人？《淮南子》的“道论”是“入世之道”论，论述的规模，见识之精深，也都是集大成者。

四、道与仁义礼法的关系

仁义礼法是社会的现实，无法回避，都是讲“治道”（其务为治）的诸子，各自有各自的思想主张，有的重仁义，有的讲刑名，有的重修养，有的弄权术等，如此而甚至“水火不容”，互相攻击。黄老道家晚出，在各家各派相互影响、吸收的基础上，试图来一个统一，它说：“百家之言，指奏相反，其合道一体也。”① 把各家不同的思想主张，纳入其“道论”的

① 《淮南子·齐俗训》，诸子集成本，中华书局1954年版。

范围，可以算得棋高一着。

司马谈所说“采儒、墨之善，撮名、法之要”，所谓“善”和“要”，无非就是仁义礼法这些内容，人们见到包括《淮南子》的黄老道家书中有这些内容就说它“芜杂”，实际并非简单杂凑在一起，这方面，至今仍有不同的看法。我想，我们具体看看《淮南子》有关这些内容的论述，认识得会更清楚一些。

第一，坚持了《老子》“大道废，有仁义”① 的思想，实际是维护“道”的最高最根本的地位。《齐俗训》一开头写道：

> 率性而行谓之道，得其天性谓之德。性失然后贵仁，道失然后贵义。是故仁义立而道德迁矣，礼乐饰则纯朴散矣，是非形则百姓眩矣，珠玉尊则天下争矣。凡此四者，衰世之造也，末世之用也。……礼义饰则生伪匿之本（？士）②。

《缪称训》在“道至高无上”的论述后写道：

> 道者，物之所导也；德者，性之所扶也；仁者，积恩之见证也；义者，比于人心而合于众适者也。故道灭而德用，德衰而仁义生。故上世体道而不德，中世守德而弗坏（？怀）也，末世绳绳乎唯恐失仁义。

这些都是对《老子》思想的具体阐述和发挥。

第二，要把“仁义礼法”也纳入“道论”的范围，“故以道论者，总而齐之”③，所以《说山训》写道：

> 升之不能大于石也，升在石之中；夜之不能修其（？于）岁也，夜在岁之中；仁义之不能大于道德也，仁义在道德之包。

---

① 《老子》第18章。

② 王念孙考证“本”当作“士”，《太平御览》更作“儒”，见刘文典《淮南鸿烈集解》卷一一。

③ 《淮南子·齐俗训》，诸子集成本，中华书局1954年版。

高诱注云：

> 仁义小，道德大也。在道德包裹，犹升在斛之中，夜在岁之内也。

仁义小于道，仁义也必须服从道德。仁义礼法都必须符合“道”，《诠言训》说：

> ……制而诛之者法也，民已受诛，怨无所灭，谓之道。道胜，则人无事矣。

《氾论训》说：

> 故法制礼义者，治人之具也，而非所以为治也。

法制礼义不过是治人的工具，要真正做到治，必须靠体道之人行道。

第三，仁义礼法既然纳入“道论”之中，它们就要处处体现道的特性，例如其产生和实行都要注意因，“因人情”、“因时变”等，《齐俗训》中反复论说：

> 礼因人情而为之节文。
>
> 义者，循理而行宜也；礼者，体情（而）制文者也。义者宜也，礼者体也。昔有扈氏为义而亡，知义而不知宜也；鲁治礼而削，知礼而不知体也。
>
> 今握一君之法籍，以非传代之俗，譬由胶柱而调瑟也。
>
> 所谓礼义者，五帝三王之法籍风俗，一世之迹也。
>
> 法度不同，非务相反也，时世异也。是故不法其已成之法，而法其所以为法。所以为法者，与化推移者也。夫能与化推移（为人）者，至贵在焉尔。

仁义礼法与道不同，不是“一调不更”的，而是“与化推移”的，所以总结说是："此皆圣人之所以应时耦变，见形而施宜者。"值得一提的是，就是在这论述礼义法籍的当中，特别指出："故制礼义，行至德，而不拘于儒、墨。"可见《淮南子》中讲礼义法籍，与儒、墨是不同的，不同何在？根本就在于"本""末"这个问题上。所以又明确指出：

> 合而为道德，离而为仪表。其转入玄冥，其散应无形。礼义节行，又何以穷至治之本哉！世之明事者，多离道德之本，曰礼义足以治天下，此未可与言术也。

礼义是道德的"仪表"，讲礼义决不能离"道德之本"。

第四，《淮南子》摒弃了《老子》"绝仁弃义"的思想，从当世实际出发，也肯定仁义礼法的作用，并且要发挥其作用。如《本经训》中说：

> 夫仁者所以救争也，义者所以救失也，礼者所以救淫也，乐者所以救忧也。

不过，在此之前先写上一句："是故仁义礼乐者，可以救败，而非通治之至也。"在其后又说，如果"神明"、"道德"、"定于天下"，那就"仁义不用"、"礼乐不用"了。结论仍然说：

> 是故德衰然后仁生，行沮然后义立，和失然后声调，礼淫然后容饰。是故知神明然后知道德之不足为也，知道德然后知仁义之不足行也，知仁义然后知礼乐之不足修也。今背其本而求其末，释其要而索之于详，未可与言至也。

仁义礼乐可以救败，绝不能言至治。怎么办呢？《淮南子》总结其他黄老之学的议论指出，应该"持以道德，辅以仁义"，在《览冥训》中写道：

> 逮至当今之时，天子在上位，（高注：天子，汉孝武皇帝。）持以道德，辅以仁义，近者献其智，远者怀其德，拱揖指麾而四海宾服，春秋冬夏皆献其贡职，天下混而为一，子孙相代，此五帝之所以迎天

德也。夫圣人者，不能生时，时至而弗失也。辅佐有能，黜谗佞之端，息巧辩之说，除刻削之法，去烦苛之事，屏流言之迹，塞朋党之门，消知能，修太常，堕肢体，绌聪明，大通混冥，解意释神，漠然若无魂魄，使万物各复归其根，则是所修伏牺氏之迹，而反五帝之道也。

对于一个"内多欲而外施仁义"的汉武帝，怎么说好呢？只好劝他"持以道德，辅以仁义"。而所有歌颂之辞，可以反面理解，而且如高诱解题所说，"览观幽冥变化之端"，多欲、烦苛、流言、谗佞等，均已见其端倪了。《淮南子》作者们这样写，只不过是寄予希望罢了。

"持以道德，辅以仁义"等议论是有所承的，陆贾在《新语·道基》中就曾说："是以君子握道而治，据德而行，席仁而立，杖义而强，虚无寂寞，通动无量。"显然《淮南子》的一大段议论，与这几句话的基本思想一致，而一个"辅"字用得更好。

仁义礼乐之外，法也是很重要的，《主术训》说："法者，天下之度量，而人主之准绳也。"具体如何论述法的地位和作用呢？它继续写道：

悬法者，法①不法也；设赏者，赏当赏也。法定之后，中程者赏，缺绳者诛，尊贵者不轻其罚，而卑贱者不重其刑，犯法者虽贤必诛，中度者虽不肖必无罪，是故公道通而私道塞矣。古之置有司也，所以禁民，使不得自恣也。其立君也，所以剬有司，使无专行也。法籍礼义者，所以禁君，使无擅断也。人莫得自恣，则道胜，道胜而理达矣，故反于无为。

这种"公道"是何等的理想，至今也难以真正实现的理想！在《淮南子》看来，法籍礼义不过是手段，限制上上下下"自恣"的手段，是实现"道"（道胜）的手段。

《淮南子》对于礼、法这类由道派生出来的东西，始终强调要知其"所由生"、知其"源"，而且归"本"于"道"，这在《氾论训》中有一段

① 王念孙认为"上二法字皆当为罚"，见刘文典《淮南鸿烈集解》卷九引。

集中的论述：

> 知法治所由生，则应时而变；不知法治之源，虽循古，终乱。今世之法籍与时变，礼义与俗易，为学者循先袭业，据籍守旧教，以为非此不治，是犹持方枘而周员凿也，欲得宜适致固焉，则难矣。今儒墨者称三代、文武而弗行，是言其所不行也，非今时之世而弗改，是行其所非也。称其所是，行其所非，是以尽日极虑而无益于治，劳形竭智而无补于主也。……故不用之法，圣王弗行；不验之言，圣王弗听。天地之气，莫大于和。和者，阴阳调，日夜分，而生物。……生之与成，必得和之精。故圣人之道，宽而栗，严而温，柔而直，猛而仁。太刚则折，太柔则卷。圣人正在刚柔之间，乃得道之本。

礼义法籍之产生及其实施，都应该符合根本性的“道”。

对于仁义礼法，有时也提得很高，例如在《主术训》中，不仅如上所引，说：“法者，天下之度量，而人主之准绳也。”也说过“国之所以存者，仁义是也”。这都是在一定的范围内相对而言的，其下文是：

> 人之所以生者，行善是也。国无义，虽大必亡；人无善志，虽勇必伤。

总之，道家不是不讲仁义礼法，但其所言仁义礼法，决非儒、墨、名、法各家主张之杂凑，而是“以道论总齐之”，甚至应该说是与儒、墨、名、法的思想有区别的，它自己是决“不拘于儒、墨”的，确实是“采儒、墨之善，撮名、法之要”，而有自己独立的思想和主张。

第十三章 《淮南子》的政治思想及其与《吕氏春秋》的比较

《淮南子》和《吕氏春秋》，是秦汉时期新道家的代表作，都可以称之为政论书。对于这两部书，最应该注意的是它们的政治思想，因为它们编书的目的就是阐述新道家的政治主张和政治理论。

新道家认为，历史上的各种学派，都是从不同角度在不同程度上为政治服务的。司马谈曾明确地说："天下一致而百虑，同归而殊涂，夫阴阳、儒、墨、名、法、道德，此务为治者也，直所从言之异路，有省不省耳。"①《淮南子》也说："百家殊业，而皆务于治。"② 因此，《淮南子》和《吕氏春秋》一样，都公开承认自己编书的目的，《淮南子》的序论——《要略》篇开门见山就说：

> 夫作为书论者，所以纪纲道德，经纬人事，上考之天，下揆之地，中通诸理……故著二十篇。

中间又说：

> 凡属书者，所以窥道开塞，庶后世使知举错取舍之宜适……

这和《吕氏春秋》所说的宗旨完全是一样的，《吕氏春秋·序意》篇说：

> 凡十二纪者，所以纪治乱存亡也，所以知寿夭吉凶也，上揆之天，下验之地，中审之人。若此，则是非、可不可无所遁矣。

---

① 司马迁：《史记》卷一百三十，《太史公自序》，中华书局 1982 年版，第 3288 页。

② 《淮南子·氾论训》，诸子集成本，中华书局 1954 年版。

他们著书立说的目的，或者说“使知举错取舍之宜适”，或者说“是非、可不可无所遁矣”，都显然是“务于治”。

在具体研讨《淮南子》的政治思想和政治理论之前，有必要先谈谈以上那种贯通天、地、人的思想。天、地、人三者并列，是战国以来非常流行的一种思想，许多思想家探讨过这个问题，也就是司马迁所说的“究天人之际，通古今之变”。新道家的政治思想和政治理论，正是以“法天地”为出发点的，如《吕氏春秋·序意》所说：

> 文信侯曰：尝得学黄帝之所以诲颛顼矣；爰有大圜在上，大矩在下，汝能法之，为民父母。盖闻古之清世，是法天地。

《淮南子·要略》篇则是说：

> 著书二十篇，则天地之理究矣，人间之事接矣，帝王之道备矣。

“法天地”的思想，是从《老子》的思想发展而来的，《老子》说是“人法地，地法天，天法道，道法自然”（25 章），天、地、人都是比较具体的，道和自然就抽象了。《老子》也有这样的话：

> 希言自然。故飘风不终朝，骤雨不终日，孰为此者？天地。天地尚不能久，而况于人乎？故从事于道者；道者同于道，德者同于德，失者同于失……（23 章）

这里有顺乎自然的意思。秦汉时期的新道家，一方面承认“道”是宇宙的本体，另一方面更注意这个“道法自然”。《淮南子》对于“道”是讲得相当多的，尽管他“多为之辞，博为之说”，那个“道”也实在难以讲清楚，第一篇《原道训》，高诱解题说：“原，本也。本道根真，包裹天地以历万物，故曰原道。”从“道”这个根本讲起，讲清楚了没有呢？也没有十分清楚。《要略》篇解释说：

> 原道者，卢牟六合，混沌万物，象太一之容，测窈冥之深，以翔

虚无之轸，托小以苞大，守约以治广，使人知先后之祸福，动静之利害，诚通其志，浩然可以大观矣。欲一言而寤，则尊天而保真；欲再言而通，则贱物而贵身；欲参言而究，则外物而反情。执其大指，以内洽五藏，瀸濇肌肤，被服法则，而与之终身，所以应待万方，览耦百变也，若转丸掌中，足以自乐也。

从宇宙本体、万物之原的“道”或者“太一”① 讲起，最后落脚到政治、人事，这表明了其世界观。至于“道”的本身，主要是理解它的自然性质，“保真”、“贵身”、“反情”，就是这种自然性，《淮南子》把这种想法明确讲出来了，事实上《吕氏春秋》早已这样认为，所以它开头几篇就是《本生》、《重己》、《贵生》、《情欲》，关于“道”的本身虽不如《淮南子》讲得详细，但遵循自然的思想还是明确的。《本生》篇开头就说：

始生之者，天也；养成之者，人也。能养天之所生而勿撄之谓天子。天子之动也，以全天为故者也。

《情欲》篇说：

由贵生动，则得其情矣，不由贵生动，则失其情矣，此二者死生存亡之本也。

世界观是人们对自然和社会的总的看法，并指导人们的社会实践。以道为宇宙本体的世界观，强调“道法自然”，强调“养天之所生而勿撄之”，强调“保真”、“反情”。道的这种自然性质，在《老子》那里又和“无为”联系起来了，它说：“道常无为，而无不为。”（37 章）

关于“道”和“无为”的关系，《淮南子》是怎样理解的呢？《道应训》开头的话很值得玩味，它写道：

① 宇宙本体的道又叫“太一”，《淮南子》也是沿用《吕氏春秋》的：“道也者，至精也，不可为形，不可为名，强为之（名），谓之太一。”（《大乐》）

> 太清问于无穷曰："子知道乎？"无穷曰："吾弗知也。"又问于无为曰："子知道乎？"无为曰："吾知道。""子之知道亦有数乎？"无为曰："吾知道有数。"曰："其数奈何？"无为曰："吾知道之可以弱，可以强，可以柔，可以刚，可以阴，可以阳，可以窈，可以明，可以包裹天地，可以应待无方。此吾所以知道之数也。"太清又问于无始曰："……则无为知与无穷之弗知，孰是孰非？"无始曰："弗知之深而知之浅，弗知内而知之外，弗知精而知之粗。"太清仰而叹曰："然则不知乃知邪？……"无始曰："道不可闻，闻而非也；道不可见，见而非也；道不可言，言而非也……"

这是引用《庄子·知北游》中的一段，但文字内容不全同，特别是关于无为所知道之数的几句，有重要的不同。这一大段假设之辞不是毫无意义的，它说明：《老子》那个恍兮惚兮的道，太清不了解，无穷不知道，无始也讲得非常玄妙，唯有无为知道。这是巧妙地说明了道和无为的关系。更重要的是说明无为知道的道是什么？那就是：以柔弱胜刚强，以不知为知，以不言为言……等等"可以包裹天地，可以应待无方"的老庄之术。这就把作为宇宙本体的道和社会、政治等问题联系起来了。《道应训》运用大量的历史事实，逐条解释了老庄的（特别是老子的）许多言论和思想（特别是关于政治方面的）。由此可见，秦汉时期新道家关于"无为"的政治主张，其思想渊源是在《老子》那里，从宇宙本体的"道"（或者"太一"）出发，发挥"道常无为，而无不为"的思想，提出并实行了"无为而治"，《淮南子》就是这方面的总结性的著作。

《吕氏春秋》是有"君主无为"主张的，《分职》篇讲得很清楚：

> 夫君也者，处虚素服而无智，故能使众智也。智反无能，故能使众能也。能执无为，故能使众为也。无智、无能、无为，此君之所执也。

此外分散在各篇中也讲了一些，如：

> 善为君者无识，其次无事。

得道者必静，静者无知。

有道之主，因而不为。

凡主有识，言不欲先。

贤主劳于求人，而佚于治事。①

但并没有把“无为”的主张提到首位，甚至不如后来陆贾《新语》那样，把“无为”列为专篇，也没有像他那样明确说：“夫道莫大于无为。”当然更没有像《淮南子》那样系统阐述“无为而治”的理论。但是，在许多具体问题上，《淮南子》又是继承和沿袭《吕氏春秋》的。

下面，我们就着重探讨一下《淮南子》的“无为而治”。

如果“道”是《淮南子》一书的出发点，并且是贯穿始终的，那么另一贯穿始终的就是“无为”，而且论述“无为”是该书的主要目的。《淮南子》（不计要略）共二十篇，在二十篇中，仅有《天文》《墬形》《时则》等两三篇没有明确讲到“无为”，但是作《天文训》的目的还是“使人有以仰天承顺，而不乱其常者也”②，《时则训》和《吕氏春秋》的“十二月纪”一样，是“使君人者知所以从事”，顺应天时，什么时候干什么事。“因循仿依，以知祸福，操舍开塞，各有龙忌，发号施令，以时教期”③。这些，仍然是与“无为”有关的。从“无为而治”的政治思想看，二十篇大体上可以以《主术训》为界分成两大部分，前面一部分，着重讨论“道”的本身，本其原，说其意，明终始，论性质，《要略》说这些篇的关系是：

言道而不明终始，则不知所仿依，言终始而不明天地四时，则不知所避讳，言天地四时而不引譬援类，则不知精微，言至精而不原人之神气，则不知养生之机，原人情而不言大圣之德，则不知五行之差。

文章在这里告一段落，这以后接着说“言帝道而不言君事”，显然是另起

① 以上引文见《君守》《知度》《审应》《士节》。

② 《要略》，下同此只注篇名。

③ 《淮南子·要略》，诸子集成本，中华书局1954年版。

一段了。前一部分主要是讲宇宙观方面的问题，同时也联系到“治乱之由，得失有常”①，就是说从道论讲到社会、人事，从宇宙观讲到政治思想，从道讲到无为：“达于道者，反于清静，究于物者，终于无为。”② 并且是“至道无为”。《主术训》说：“无为者，道之宗。故得道之宗，应物无穷……”集中论述了“无为而治”的政治思想，后面各篇，则分别从不同侧面论述这一政治思想。其所包含的主要内容有如下一些：

一、无为政治的理论基础

无为政治的理论基础是道论，因此为政必须“修其本”、“秉其要”，基本要求是“反于朴”、“达于道”，其基本特点是“清静”、“自然”。具备了这些，就可以达到“无为而无不为”的目的。

《主术训》开头就说得很明白：

> 人主之术，处无为之事，而行不言之教，清静而不动，一度而不摇，因循而任下，责成而不劳……进退应时，动静循理，不为丑美好憎，不为赏罚喜怒，名各自名，类各自类，事犹自然，莫出于己。

在论述中，又反复强调：

> 故圣人事省而易治，求寡而易澹，不施而仁，不言而信，不求而得，不为而成，块然保真，抱德推诚。天下从之，如响之应声，景之象形，其所修者本也。
>
> 清静无为，则天与之时。
>
> 故圣人举事也，岂能拂道理之数，诡自然之性。

这一基本思想，在《原道训》中的表达是：

① 《淮南子·本经训》，诸子集成本，中华书局1954年版。
② 《淮南子·原道训》，诸子集成本，中华书局1954年版。

还反于朴，无为为之而合于道，无为言之而通乎德，恬愉无矜而得于和，有万不同而便于性。

天下之事不可为也，因其自然而推之，万物之变不可究也，秉其要归之趣。

达于道者，不以人易天，外与物化，而内不失其情。

体道者逸而不穷，任数者劳而无功。

万物固以自然，圣人又何事焉。

是故圣人内修其本，而不外饰其末……因物之相然也。

在最后结语中仍然说：

是故圣人将养其神，和弱其气，平夷其形，而与道沈浮俯仰，恬然则纵之，迫则用之。其纵之也，若委衣，其用之也，若发机。如是，则万物之化无不遇，而百事之变无不应。

上述基本思想，可说是贯穿《淮南子》全书的指导思想。

《吕氏春秋》关于无为政治，不像《淮南子》这样反复讲，而且讲得很明确，但基本思想还是一致的，讲无为也是以道为基础的，《有度》篇中有一段论述表示得比较清楚：

先王不能尽知，执一而万物治。使人不能执一者，物感之也。故曰通意之悖，解心之缪，去德之累，通道之塞。贵、富、显、严、名、利六者，悖意者也；容、动、色、理、气、意六者，缪心者也；恶、欲、喜、怒、哀、乐六者，累德者也；智、能、去、就、取、舍六者，塞道者也。此四六者不荡乎胸中则正。正则静，静则清明，清明则虚，虚则无为而无不为也。

“执一”之一当即指道而言，之所以能够治万物，能够“无为而无不为”，正是道的清明、虚静的特点所致，与无为政治理论有密切关系的去私、去欲、无智、无能等等，在以上所谓“四六者”中都已概括到了，其他地方分别专门加以论述，例如有专门的《贵公》《去私》篇，有《为欲》《情欲》等篇讲“去欲”，又例如《分职》篇说：

君也者处虚素服而无智，故能使众智也；智反无能，故能使众能也；能执无为，故能使众为也。无智、无能、无为，此君之所执也。

总之，《淮南子》和《吕氏春秋》所主张和论述的“无为政治”，是以“道德”为理论基础的。

二、无为政治的理想局面

中国古代有自己的“理想国”，古代思想家们面对社会、政治现实的许多问题时，提出了自己理想的社会和政治，例如《周礼》《管子》等关于国家体制的设想等。而关于理想社会，最突出的是《老子》的“小国寡民”，以及《庄子》在《老子》思想基础上发挥的“至德之世”、“无何有之乡”等。他们的描述，古朴自然，使人们很容易联想到原始社会的状况，没有君子、小人之分，不知礼义为何事，如《庄子·天地》篇所说：

至德之世，不尚贤，不使能。上如标枝，民如野鹿，端正而不知以为义，相爱而不知以为仁，实而不知以为忠，当而不知以为信，蠢动而相使，不以为赐。

这样就无所谓为政、为治了。说老庄的理想是复古倒退也好，是对现实的批判也好，对现实政治是无济于事的。黄老道家既言道，又重事，主张“无为而治”，他们提出的理想局面，有一定的可行性，《淮南子》比较集中地反映了这一学派的思想和主张。

对于无为政治的理想局面，《原道训》描述道：

至人之治也，掩其聪明，灭其文章，依道废智，与民同出于公，约其所守，寡其所求，去其诱慕，除其嗜欲，损其思虑。

圣人使人各处其位，守其职，而不得相干也。

《主术训》描述道：

> 明主之治，国有诛者而主无怒焉，朝有赏者而君无与焉。诛者不怨君，罪之所当也；赏者不德上，功之所致也。民知诛赏之来，皆在于身也。故务功修业，不受赣于君。是故朝廷芜而无迹，田野辟而无草。故太上，下知有之……人主静漠而不躁，百官得修焉。

《齐俗训》描述说：

> 治国之道，上无苛令，官无烦治，士无伪行，工无淫巧，其事经而不扰，其器完而不饰。

《泰族训》描述道：

> 圣主在上，廓然无形，寂然无声。官府若无事，朝廷若无人。无隐士，无轶民。无劳役，无冤刑。四海之内，莫不仰上之德，象主之指。夷狄之国，重译而至。非户辩而家说之也，推其诚心，施之天下而已矣。

上述这样的理想政治局面，有时又用“神农之治”或者“尧舜之治”来类比，如《主术训》谓：

> 神农之治天下也，神不驰于胸中，智不出于四域……其民朴重端悫，不忿争而财足，不劳形而功成，因天地之资而与之和同。是故威厉而不杀，刑错而不用，法省而不烦，故其化如神。

《修务训》直接解释“无为而治”说：

> 若吾所谓无为者，私志不得入公道，嗜欲不得枉正术，循理而举事，因资而立（功），权（？推）自然之势，而曲故不得容者，事成而身弗伐，功立而名弗有，非谓其感而不应，攻（？迫）而不动者。

以上各种各样的描述表明：其“治道”、其“无为而治”具有“清静”、“自然”等明显的特点。具体可以概括为以下几点：第一，要去智、除欲，静漠而不躁；第二，要去苛去烦，不扰不饰；第三，要“循理而举事，因资而立功”，要遵照事理，顺应实际，包括顺民、因时、顺势等等；第四，要“各处其位，守其职”，主要是君臣分职。这样的理想局面，是可以做到的。西汉初年的政治也部分实践过这些理想。当然，作为理想免不了有美化和夸大之辞。《淮南子》的政治理想与老庄不同，它是从其他黄老之学的各种论述中继承和集中起来的。从以上概括的几个方面看，《吕氏春秋》中都有论述，除了上节所引《有度》《分职》等篇的论述之外，还可举出《序意》篇中更为全面的概述：

天曰顺，顺维生；地曰固，固维宁；人曰信，信维听。三者咸当，无为而行。行也者，行其理也。行数，循其理，平其私。

除开《吕氏春秋》之外，《淮南子》之前讲“无为而治”理想的，还有其他黄老学派代表的思想言论，如陆贾《新语》，不仅有《无为》专篇讲“道莫大于无为”，其《至德》篇之描述“无为而治”的理想，与上述《泰族训》的描述相比，更形象更理想，从文字表述上还要更好一些。这已经在前面章节中指出了，此处不再重复。

三、无为政治的中心内容是君主无为

《主术训》说：

有道之主，灭想去意，清虚以待。不伐之言，不夺之事，循名责实，使有司任而弗诏，责而弗教。以不知为道，以奈何为宝。

这几乎是抄《吕氏春秋》的，《吕氏春秋》说：

有道之主，因而不为，责而不诏。去想去意，静虚以待。不伐之言，不夺之事，督名审实，官使自司。以不知为道，以奈何为宝。①

在主张君主无为这一点上，《淮南子》基本上因袭了《吕氏春秋》，所不同的是：《吕氏春秋》提出的“因而无为”主张是一种理论创造，关于“因者君术也”②，如何因顺？《吕氏春秋》中有比较多的论述，包括因天、因时、因力、因俗，“因人之心”、“因民之欲”等，并且列举尧、舜、禹、汤皆“因”而成功。《吕氏春秋》提出这些思想和主张，其现实依据主要是反面的教训，是那些“自骄”、“自智”、“好暴示能”的“俗主”，他们“以其智强智，以其能强能，以其为强为”③。《吕氏春秋》的作者可以说是有远见卓识的，对于以后秦始皇的“好暴示能”、“刚愎自用”，从思想理论上作了预防，虽当时未被采纳，但不能因此而抹煞其创造性和进步性。《淮南子》继承《吕氏春秋》的主张，又总结了正反两方面的实践经验和教训，正面的是西汉初年的“无为而治”，反面的除了秦始皇之外，也包括当时日益明显的“君主有为”的种种迹象。所以，《淮南子》论述君主无为就更加系统，更加深化。

为什么君主应该无为而且能够无为呢？这是君主的地位所决定的。为什么君主应该无为？因为：

人主之居也，如日月之明也。天下之所同侧目而视，侧耳而听，延颈举踵而望也。是故非澹薄无以明德，非宁静无以致远，非宽大无以兼覆，非慈厚无以怀众，非平正无以制断。④

得失之道，权要在主。⑤

为什么君主能够无为？也是因为君主的特殊地位，因为君主“摄权势之柄，其以移风易俗矣。尧为匹夫，不能仁化一里；桀在上位，令行禁止。由此观之，贤不足以为治，而势可以易俗，明矣。”⑥

① 《吕氏春秋·知度》，诸子集成本，中华书局1954年版。
② 《吕氏春秋·任数》，诸子集成本，中华书局1954年版。
③ 参阅《吕氏春秋》：《骄恣》《情欲》《任数》《分职》等篇。
④ 《淮南子·主术训》，诸子集成本，中华书局1954年版。
⑤ 《淮南子·主术训》，诸子集成本，中华书局1954年版。
⑥ 《淮南子·主术训》，诸子集成本，中华书局1954年版。

《淮南子》的“君主无为”，很容易被人作牵强附会的理解，如有人认为淮南王刘安代表着诸侯王的势力，反对中央集权，所以主张君主无为。刘安的政治实践究竟如何？当另作探讨。从《淮南子》主张君主无为的本身是得不出以上结论的。相反，《淮南子》是承认统一君主的地位的，甚至是维护这种权势的，它在《主术训》中说：

> 故枝不得大于干，末不得强于本，则轻重大小，有以相制也。若五指之属于臂，搏援攫捷，莫不如志，言以小属于大也。
>
> 权势者，人主之车舆；爵禄者，人臣之辔衔也。是故人主处权势之要，而持爵禄之柄，审缓急之度，而适取予之节，是以天下尽力而不倦。

这和贾谊《治安策》所说：“令海内之势，如身之使臂，臂之使指，莫不制从，诸侯之君不敢有异心，辐凑并进，而归命天子。”① 维护中央集权的思想并无二样。

《淮南子》在理论上非常明确地主张君主无为：

> 君道者，非所以为也，所以无为也。②

但无论在历史上或现实生活中，都是非有为不可的。《修务训》列举了神农、尧、舜、禹、汤五圣的事迹之后写道：“圣人忧民如此其明也，而称以无为，岂不悖哉！”并且还十分肯定地说：

> 自天子以下至于庶人，四肢不动，思虑不用，事治求澹者，未之闻也。

所以它不得不反复解释什么叫作“无为”。《修务训》开头就写道：

---

① 班固：《汉书》卷四十八，《贾谊传》，中华书局 1982 年版，第 2237 页。

② 《淮南子·诠言训》，诸子集成本，中华书局 1954 年版。

> 或曰：无为者，寂然无声，漠然不动，引之不来，推之不往，如此者乃得德之像。吾以为不然。

那么，究竟什么是“无为”呢？上节所引《修务训》中的另一段话：“私志不得入公道，嗜欲不得枉正术，循理而举事，因资而立功。”明显是对当权者而言的，其他解释“无为”的还有如《诠言训》说：“何谓无为？智者不以位为事，勇者不以位为暴，仁者不以位为患，可谓无为矣。”《主术训》说：“无为者，非谓其凝滞而不动也，以其言莫从己出也。”这是几处明确而概括地回答什么叫“无为”的地方，其中包含着任人、节欲、贵因、贵后乃至“合于人心”等许多重要思想，下面我们接着一一予以说明。

四、无为政治是贤人政治

《淮南子》和《吕氏春秋》一样，在主张君主无为的同时主张臣下有为，即所谓“君臣异道”。《吕氏春秋》根据“天道圜、地道方，圣王法之”，认为“主执圜，臣处方，方圜不易，其国乃昌”①。所以“古之王者，其所为少，其所因多。因者，君术也。为者，臣道也”②。或者说：“大圣无事而千官尽能。”③《淮南子》则结合“无为而治”的思想说得更具体一些，《主术训》说：

> 主道员者，运转而无端，化育如神，虚无因循，常后而不先也。臣道方者（按：依王念孙校改），论是而处当，为事先倡，守职分明以立成功也。是故君臣异道则治，同道则乱。各得其宜，处其当，则上下有以相使也。夫人主之听治也，虚心而弱志，清明而不暗，是故群臣辐凑并进，无愚智贤不肖，莫不尽其能者。则君得所以制臣，臣得所以事君，治国之道明矣。

---

① 《吕氏春秋·圜道》，诸子集成本，中华书局 1954 年版。
② 《吕氏春秋·任数》，诸子集成本，中华书局 1954 年版。
③ 《吕氏春秋·君守》，诸子集成本，中华书局 1954 年版。

君主无为是为了“千官尽能”，用《淮南子》的说法，是“总海内之智，尽众人之力”。为什么要这样呢？因为“任一人之力者，则乌获不足恃；乘众人之制者，则天下不足有也”，“乘众人之智，则无不任也；用众人之力，则无不胜也”①。

既然君主无为必须有臣下有为，因此用人或者“任人”就是一个特别重要的问题。《吕氏春秋》说：

> 身定、国安、天下治，必贤人……得贤人，国无不安，名无不荣；失贤人，国无不危，名无不辱。先王之索贤人，无不以也，极卑极贱，极远极劳②。

所以主张“贤主劳于求人，而佚于治事”③，《淮南子》也说：

> 人主之一举也，不可不慎也。所任者得其人，则国家治，上下和，群臣亲，百姓附；所任者非其人，则国家危，上下乖，群臣怨，百姓乱。④

要任用人才，又有识别人才和使用人才的问题，所谓“知人善任”。在识别人才方面，《吕氏春秋》论述得比较详尽，不单有好几个专篇讲这个问题，而且在《论人》篇中还概括出所谓“八观六验”、“六戚四隐”，它说：

> 凡论人，通则观其所礼，贵则观其所进，富则观其所养，听则观其所行，止则观其所好，习则观其所言，穷则观其所不受，贱则观其所不为。喜之以验其守，乐之以验其僻，怒之以验其节，惧之以验其特，哀之以验其人，苦之以验其志。八观六验，此贤主之所以论人也。论人者又必以六戚四隐：何谓六戚？父、母、兄、弟、妻、子；

① 《淮南子・主术训》，诸子集成本，中华书局 1954 年版。
② 《吕氏春秋・求人》，诸子集成本，中华书局 1954 年版。
③ 《吕氏春秋・士节》，诸子集成本，中华书局 1954 年版。
④ 《淮南子・主术训》，诸子集成本，中华书局 1954 年版。

何谓四隐？交友、故旧、邑里、门郭。内则用六戚四隐，外则用八观六验，人之情伪贪鄙美恶无所失矣。

《淮南子》似乎没有在知人方面多加发挥，但在如何用人方面，却比《吕氏春秋》有所发展。《吕氏春秋》虽也主张“用众”，但比较笼统，《淮南子》则认为要“无愚智、贤不肖不尽其能”，它说得很形象具体：

贤主之用人也，犹巧工之制木也：大者以为舟航柱梁，小者以为楫楔，修者以为榈榱，短者以为朱儒枅栌，无小大修短，各得其所宜，规矩方圆，各有所施。……是故林莽之材犹无可弃者，而况人乎！今夫朝廷之所不举，乡曲之所不誉，非其人不肖也，其所以官之者非其职也。……才有所修短也。是故有大略者，不可责以捷巧；有小智者，不可任以大功。人有其才，物有其形，有任一而太重，或任百而尚轻。是故审豪厘之计者，必遗天下之大数，不失小物之选者，惑于大数之举。①

接着，文章继续举例说明用人如何“不失其宜”，以达到“贤者尽其智，而不肖者竭其力”，“群臣劝务而不怠”。像这样因人之修短而用，并且人尽其才，可以说得上是“得用人之道”了。

五、无为政治的基本观念之一——贵因

以道论为指导的政治思想，因为“道法自然”，必然得出“贵因”的观念。因作为“道”的特性，上一章已经说了，这里从政治思想角度再说几句。《吕氏春秋》有《贵因》篇，其开头就说：“三代所宝莫如因，因则无敌。”《淮南子·泰族训》中有一大段“故因则大，化则细矣”的论述，有些话几乎是照抄《吕氏春秋·贵因》篇的，其基本论点“能因则无敌于天下”是相同的，只是加了几个字（特别是“能”字）而更加明确，“因水之流”、“因民之欲”等许多具体事例也是完全相同的。

---

① 《淮南子·主术训》，诸子集成本，中华书局1954年版。

但是《淮南子》的“贵因”理论更深更广，它认为：“先王之教，因其所喜以劝善，因其所恶以禁奸，……因民之喜好而制礼作乐。”并且把这和自然、无为联系起来，它认为因就是因自然，“夫物有以自然，而后人事治也”①。在《原道训》中更加说得明确：“是故天下之事不可为也，因其自然而推之；万物之变不可究也，秉其要归之趣。”“修道理之数，因天地之自然，则六合不足钧也。”那个归本秉要、无为而无不为的无为之治，就是“因其自然而推之”的。它解释说：

所谓无为者，不先物为也。所谓无不为者，因物之所为。所谓无治者，不易自然也，所谓无不治者，因物之相然也。

因为它讲“无为而治”，强调的就是“循理而举事，因资而立权”②。“若夫水之用舟，沙之用鸠，泥之用輴，山之用蔂，夏渎而冬陂，因高为田，因下为池，此非吾所谓为之。”③ 因其所宜而用之，都可以说是“无为”。政治上也是如此，《主术训》说：

君人者，不下庙堂之上，而知四海之外者，因物以识物，因人以知人也。

是故圣人举事也，岂能拂道理之数，诡自然之性，以曲为直，以屈为伸哉，未尝不因其资而用之也。

由此可见，“因”的观念是无为政治的基本观念。

六、后与柔也是无为政治的基本观念

上面说因的观念是由“道法自然”发展出来的，这里要说的后与柔的观念，又是与因的观念相联系着的。《淮南子》根据《老子》“知其雄，守其雌”（28 章）的思想，把因、后、柔等概括为“抱雌节”。《原道训》说：

---

① 《淮南子·泰族训》，诸子集成本，中华书局 1954 年版。

② 《淮南子·修务训》，诸子集成本，中华书局 1954 年版。

③ 《淮南子·修务训》，诸子集成本，中华书局 1954 年版。

是故圣人守清道而抱雌节，因循应变，常后而不先，柔弱以静，舒安以定，攻大礦坚，莫能与之争。

可说是无为政治的另一种表述了，主要突出后、柔这些观念。

先说贵后。“因循应变，常后而不先”，说明了因与后的关系。而前面所引“所谓无为者，不先物为也；所谓无不为者，因物之所为”，不仅说明因与后（不先）的关系，还说明它们与无为的关系。后（不先）在某种意义上是因为“因”而产生的。

《吕氏春秋》也有“不先”的思想，《审应览》说：

凡主有识，言不欲先，人唱我和，人先我随。以其出为之入，以其言为之名，取其实以责其名，则说者不敢妄言，而人主之所执其要矣。

这显然是一种君人南面之术。《淮南子》的“不先物为”也是一种术数，《诠言训》说：

无为者，道之体也；执后者，道之容也。无为制有为，术也；执后之制先，数也。放于术则强，审于数则宁。

不过，在为什么要“贵后”这一点上，《淮南子》讲得更深刻一些：

先唱者，穷之路也；后动者，达之原也。

先者难为知，而后者易为攻也。先者上高，则后者攀之。先者逾下，则后者蹶之。先者隤陷，则后者以谋。先者败绩，则后者违之。由此观之，先者则后者之弓矢质的也。①

这里我们还要指出，《淮南子》虽然贵后，并且比较深刻地说明了为什么要贵后，但同时又注意到对“后”的解释，这是难能可贵的。《原道

① 《淮南子·原道训》，诸子集成本，中华书局1954年版。

训》说：

> 所谓后者，非谓其底滞而不发，凝结而不流，贵其周于数而合于时也。夫执道理以耦变，先亦制后，后亦制先，是何则？不失其所以制人，人不能制也。时之反侧，间不容息，先之则太过，后之则不逮，……时难得而易失也。禹之趋时也，履遗而弗取，冠挂而弗顾，非争其先也，而争其得时也。

在这段话中，有两点值得注意：第一，贵后是“贵其周于数而合于时”，是掌握一定的时机，甚至要“争其得时也”；第二，先和后是辩证的关系，“先亦制后，后亦制先”，“先之则太过，后之则不逮”。应该是当先就先，当后就后，高诱注解说：“人事当在后，趋时当居先也。”这应该是符合作者原意的。

其次说贵柔。以柔弱胜刚强本是《老子》中的一个重要思想，对此，《吕氏春秋》似乎没有十分注意，《淮南子》则随着阐述无为政治的理论而加以重视了。它在《原道训》中引用“老聃之言”曰：“天下至柔，驰骋天下之至坚，出于无有，入于无间，吾是以知无为之有益。”《老子》曾说：“天下莫柔弱于水，而攻坚强者，莫之能胜，其无以易之。”（78 章）《淮南子》则大加发挥：

> 天下之物，莫柔于水，然而大不可极，深不可测，修极于无穷，远沦于无涯，息耗减益，通于不訾。上天则为雨露，下地则为润泽，万物弗得不生，百事不得不成，大包群生而无好憎，泽及蚑蛲而不求报，富赡天下而不既，德施百姓而不费。行而不可得穷极也，微而不可得把握也。击之无创，刺之不伤，斩之不断，焚之不然，淖溺流遁，错缪相纷而不可靡散。利贯金石，强济天下，……授万物而无所前后，是故无所私而无所公，……与天地鸿洞，……与万物始终，是谓至德。夫水所以能成其至德于天下者，以其淖溺润滑也。[①]

① 《淮南子·原道训》，诸子集成本，中华书局 1954 年版。

这是以水为题，借题发挥，把柔的作用说到了极致。

为什么要“贵柔”？不仅因为它认为：“柔弱者生之于干也，而坚强者死之徒也。”① 也因为以柔胜刚同样是一种君人南面之术②，《原道训》又说：

> 托小以包大，在中以制外，行柔而刚，用弱而强，转化推移，得一之道。
>
> 是故，欲刚者，必以柔守之，欲强者，必以弱保之。积于柔则刚，积于弱则强，观其所积，以知祸福之乡。

因此它被提得很高：“柔弱者道之要也。”

七、无为政治要求君主节欲反性

无为和多欲是相对立的，《淮南子·缪称训》说：“福生于无为，患生于多欲。”《吕氏春秋·情欲篇》说：

> 天生人而使有贪有欲，欲有情，情有节，圣人修节以止欲，故不过行其情也。故耳之欲五声，目之欲五色，口之欲五味，情也。此三者，贵贱、愚智、贤不肖欲之若一，虽神农、黄帝与桀、纣同。圣人之所以异者，得其情也。由贵生动，则得其情矣，不由贵生动，则失其情矣。此二者，死生存亡之本也。俗主亏情，故每动为亡败。

认为节制君主的情欲，是一个关系国家生死存亡的根本问题。《淮南子·齐俗训》也这样说：

> 夫纵欲而失性，动未尝正也，以治身则危，以治国则乱，以入军则破。是故不闻道者无以反性。故古之圣王能得诸己，故令行禁止，

① 《淮南子·原道训》，诸子集成本，中华书局 1954 年版。

② 魏源《老子本义》解释三十六章说：“此言君子待小人之术也，柔胜刚、弱胜强是其本旨。”

名传后世，德施四海。是故凡将举事，必先平意清神，神清意平，物乃可正。

从这里我们可以看出，《淮南子》和《吕氏春秋》略有不同之点有二：

第一是，以更明确的道论为指导思想，强调了“反性”，《诠言训》说得更详细：

节欲之本，在于反性，反性之本，在于去载，去载则虚，虚则平，平者道之素也，虚者道之舍也。能有天下者，必不失其国，能有其国者，必不丧其家，能治其家者，必不遗其身，能修其身者，必不忘其心，能原其心者，必不亏其性，能全其性者，必不惑于道。

“贵生”、“重己”等本也是《吕氏春秋》中着重阐述的问题，但没有像这样一直追述到“全其性”，“不惑于道”。或者说没有这么明确，没有这么强的逻辑性①。不过，《淮南子》所强调的又有点玄，有点不太实际，《齐俗训》说：“人性欲平，嗜欲害之。”《俶真训》说：“人性安静，而嗜欲乱之。”有点像性善性恶的争论了。倒不如《吕氏春秋》公开承认：“欲之若一，虽神农黄帝与桀纣同”，从而要求“修节以止欲”，“不过行其情”。

第二是，把君主节欲与政治的好坏，特别是与无为而治，更直接更明确地联系起来。关于这一点，《主术训》有一大段论述：

君人之道，处静以修身，俭约以率下，静则下不扰矣，俭则民不怨矣。……是故人主好鸷鸟猛兽，珍怪奇物，狡躁康荒，不爱民力，驰骋田猎，出入不时，如此则百官务乱，事勤财匮，万民愁苦，生业不修矣。人主好高台深池，雕琢刻镂，黼黻文章，絺绤绮绣，宝玩珠玉，则赋敛无度，而万民力竭矣。

下面接着叙述了尧如何“身服节俭之行”，又指责衰世君主如何“竭百姓

① 《吕氏春秋》也讲“人之性”、“全性之道”等等（《本生》），但不如《淮南子》明确，也没有很强的逻辑性。

之力，以奉耳目之欲”，从而“使天下不安其性”。《修务训》更概括地说：“吾所谓无为者，私志不得入公道，嗜欲不得枉正术。”反对放纵情欲，是无为而治理论的组成部分之一。

八、“为治之本，务在宁民”

上述君主节欲是一个直接关系到“赋敛于民”的问题，所以《主术训》说：

> 故有仁君明王，取其下有节，自养有度，则得承受于天地，而不离饥寒之患矣。若贪主暴君，挠于其下，侵渔其民，以适无穷之欲，则百姓无以被天和而履地德矣。

君和民的关系是：“民者国之本也，国者君之本也。”① 民本思想本也是一个很古老的思想，先秦诸子有许多论述。《吕氏春秋》也认为“宗庙之本在于民”②，它有专门一篇叫作《顺民》，其中说：

> 先王先顺民心，故功名成。夫以德得民心以立大功名者，上世多有之矣。失民心而立功名者，未之曾有也。

《吕氏春秋》的民本思想，强调的是“顺民心”和“得民心”，这当是其时代条件的反映，由割据纷争的战国到秦统一，人心的向背是很重要的，所以《功名》篇说：“欲为天子，民之所走，不可不察。”

《淮南子》的民本思想是有所不同的，它还强调“食者民之本”，因此又提出了“利民”问题，《氾论训》说：“治国有常，而利民为本。”还提出了“宁民”或者叫“安民”的问题。《泰族训》说：

> 故为治之本，务在宁民，宁民之本，在于足用，足用之本，在于

---

① 《淮南子·主术训》，诸子集成本，中华书局 1954 年版。
② 《吕氏春秋·务本》，诸子集成本，中华书局 1954 年版。

勿夺时，勿夺时之本，在于省事，省事之本，在于节用，节用之本，在于反性。未有能摇其本而静其末，浊其源而清其流者也。

《诠言训》也说：

为治之本，务在于安民，安民之本，在于足用，足用之本，在于勿夺时，勿夺时之本，在于省事，省事之本，在于节欲。

这段话下面的文字已见前引，与《泰族训》略有不同。

关于以上两段话的意义，这里要说明一下：

首先，其中用了一个“宁”字和一个“安”字，宁即是安，安与静义相通，所谓“宁民”或者“安民”，是符合“清静”、“无为”精神的。

其次，所谓“足用”、“勿夺时”、“省事”、“节用”（或者“节欲”）等，都是符合无为政治的要求的。

《淮南子》似乎还对“民之为生”的劳苦、艰难有所同情，甚至要求君主与民同甘共苦，《主术训》说：

古之君人者，其惨怛于民也。国有饥者食不重味，民有寒者而冬不被裘。岁登民丰，乃始县钟鼓、陈干戚，君臣上下同心而乐之，国无哀人。

当然，这样做的目的，说到底，无非是要使人民能够“给上之征赋车马兵革之费”，只不过是搜括时注意量力而行罢了：

人主租敛于民也，必先计岁收，量民积聚，知饥馑有余不足之数。然后取车舆衣食供养其欲。①

这与西汉初年所谓“轻徭薄赋”的主张和实践是一致的。

---

① 《淮南子·主术训》，诸子集成本，中华书局1954年版。

九、礼法、仁义与道和无为的关系

《老子》说“大道废，有仁义”（18章）。《淮南子》继承这一思想，并有所解释和发挥：

故道灭而德用，德衰而仁义生。故上世体道而不德，中世守德而弗坏也，末世绳绳乎唯恐失仁义。①

率性而行谓之道，得其天性谓之德，性失然后贵仁，道失然后贵义。是故仁义立而道德迁矣，礼乐饰则纯朴散矣，是非形则百姓眩矣，珠玉尊则天下争矣。凡此四者，衰世之造也，末世之用也。②

不过，《淮南子》和其他新道家一样，并不同意《老子》的“绝仁弃义”，因为那在事实上是不可能的，所以注重现实政治的新道家，都往往是仁义和道德相提并论的，这在《吕氏春秋》和陆贾《新语》等新道家代表作中都可以看得出来。当然具体的提法又有所不同，例如《吕氏春秋》似乎特别强调的是一个“义”字：

君子之自行也，动必缘义，行必诚义。

为天下及国，莫如以德，莫如行义。以德以义，不赏而民劝，不罚而邪止。

凡民用，太上以义，其次以赏罚。

古之君民者，仁义以治之，爱利以安之，忠信以导之。

故义者百事之始也，万利之本也。

义，小为之则小有福，大为之则大有福。③

---

① 《淮南子·缪称训》，诸子集成本，中华书局1954年版。

② 《淮南子·齐俗训》，诸子集成本，中华书局1954年版。

③ 以上引文见《高义》《上德》《用民》《适威》《无义》《别类》等篇。《吕氏春秋》还讲“仁”、讲“孝”，特别是讲“孝”，《孝行览》说：“凡为天下，治国家，必务本而后末，……务本莫贵于孝。”

《新语》中的“道德”和“仁义”，我们在关于《新语》的专章中已有说明，这里不再重复。现在让我们看看《淮南子》是怎样论述的。

首先，礼义等是客观存在的。《齐俗训》说：

> 所谓礼义者，五帝三王之法籍风俗，一世之迹也。
>
> 礼者实之文也，仁者恩之效也。故礼因人情而为之节文，而仁发以见容。礼不过实，仁不溢恩也，治世之道也。

《氾论训》说：

> 立政者不能废法而治民。
>
> 乱国之君，务广其地而不务仁义，务高其位而不务道德，是释其所以存，而造其所以亡也。

《主术训》说：

> 国之所以存者，仁义是也。

以上说明，仁义、礼法等，不仅是客观存在的，而且是安天下、治国家所不可缺少的。

但是，礼义、法制都不是根本性的东西，《齐俗训》说：

> 衣服礼俗者，非人之性也，所受于外也。

《氾论训》说：

> 故圣人所由曰道，所为曰事。道犹金石一调不更，事犹琴瑟每弦改调。故法制礼义者，治人之具也，而非所以为治也……天下岂有常法哉！当于世事，得于人理，顺于天地，祥于鬼神，则可以正治矣。

法制礼义都是“事”，“虽日变可也”，只有纳入道德自然的轨道才可以“正治”。不注意“所由”之“道”，不注意“道”的基本要求，是难以为治的。《齐俗训》说：

> 五帝三王，轻天下，细万物，齐死生，同变化，抱大圣之心，以镜万物之情，上与神明为友，下与造化为人。今欲学其道，不得其清明玄圣，而守其法籍宪令，不能为治亦明矣。

由以上所述可见，《淮南子》是坚持了“道德废有仁义”的思想的，所谓“是故仁义立而道德迁矣，礼乐饰则纯朴散矣”①。仁义不是根本的，“达于性命之情，而仁义固附矣”②。但是就仁义和礼法来讲，又有本末之分：“治之所以为本者，仁义也，所以为末者，法度也。”③

其次，关于礼义法制的产生，《淮南子》强调了“因”的观念，《泰族训》说：

> 先王之制法也，因民之所好而为之节文者也。因其好色而制婚姻之礼……因其喜音而正雅颂之声……因其宁家室乐妻子教之以顺……因其喜朋友而教之悌……然后修朝聘以明贵贱，飨饮习射以明长幼，时搜振旅以习用兵也，入学庠序以修人伦。此皆人之所有于性，而圣人之所以匠成也，……因其性则天下听从，拂其性则法悬而不用。

这是继承了战国以来因民之性而制礼作乐的思想。不过，《淮南子》尽量和自然的道论联系起来，民性也是自然的，所以以上一大段论述之前，首先就说了：“夫物有以自然，而后人事有治也。”由此看出，《淮南子》始终以道论为其指导思想。

再次，对法治与礼义都提出“无为”的要求。《主术训》说：

> 是故明主之治，国有诛者而主无怒焉，朝有赏者而君无与焉。诛者不怨君，罪之所当也，赏者不德上，功之所致也。民知诛赏之来，

---

① 《淮南子·齐俗训》，诸子集成本，中华书局 1954 年版。
② 《淮南子·俶真训》，诸子集成本，中华书局 1954 年版。
③ 《淮南子·泰族训》，诸子集成本，中华书局 1954 年版。

皆在于身也。故务功修业，不受赣于君，……故太上，下知有之。

“下知有之”就是无为，实行刑赏也要求无为。另一处说得更明白：

今夫权衡规矩，一定而不易……常一而不邪，方行而不流，一日刑之，万世传之，而以无为为之。

《齐俗训》还说：

夫礼者所以别尊卑、异贵贱，义者所以合君臣、父子、兄弟、夫妻、朋友之际也。今世之为礼者，恭敬而忮，为义者，布施而德，君臣以相非，骨肉以生怨，则失礼义之本也。

虚伪的礼义，“恭敬而忮”、“布施而德”是不符合无为要求的，《淮南子》所持反对态度，也反映了作者对现实的态度，他们是反对君臣相非、骨肉生怨的。

十、“制礼义，行至德，而不拘于儒墨”

《淮南子》讲仁义，讲礼法，可说是“采儒、墨之善，撮名、法之要”，绝不是简单的杂糅，而是有所取舍，有所发展，这表现在：一方面它坚持以道论为指导思想，强调“反性”，强调“原人情”，强调“因”，强调“自然”；另一方面它不拘于儒、墨、名、法，甚至反对和批判他们的一些不合理的东西。

《氾论训》写道：

夫殷变夏，周变殷，春秋变周，三代之礼不同，何古之从……今世之法籍与时变，礼义与俗易。为学者循先袭业，据籍守旧教，以为非此不治……欲得宜适致固焉，则难矣。今儒、墨者称三代文武而弗行，是言其所不行也……称其所是，行其所非。是以尽日极虑而无益于治，劳形竭智而无补于主也。

这段话对当时的现实是有针对性的，首先，反对当时的复古守旧倾向。从叔孙通制定朝仪，刘邦尝到做皇帝的甜头之后，随着社会的恢复和政治的稳定，制礼作乐的事日益讲究起来，在大讲经学的过程中，产生出一股复古主义的倾向，一批腐儒盲目歌颂三代，主张在当时行三代之礼（即上述“循先袭业，据籍守旧教，以为非此不治”）。其次，同时指出，那些繁文缛节的礼仪是劳形竭智，就是说不符合无为政治的原则。

在批判儒、墨的基础上，产生了一些很有进步意义的思想，除开前面所说那些因民性、因人情、因习俗而制礼作乐之外，还有：

（1）书中反复强调的“因时变而制礼乐”，“法与时变，礼与俗化”的思想。不仅认为“变古未可非，而循俗未足多也”，甚至明确说：“先王之制，不宜则废之，末世之事，善则著之。”① 这是儒家很难说得出来的话。

（2）为什么“圣人论世而立法，随时而举事”呢？是因为：“世异则事变，时移则俗易。”② 这就形成了进步的历史观。

（3）制礼作乐的标准应该是“利于民”、“周于事”。“治国有常，而利民为本，政教有经，而令行为上。苟利于民，不必法古，苟周于事，不必循旧。”③

（4）“故圣人制礼乐，而不制于礼乐”④，这当是礼乐“非人性也，所受于外也”⑤，所以不要受制于它。

（5）“是故不法其已成之法，而法其所以为法。所以为法者，与化推移者也。夫能与化推移为人者，至贵在焉尔”⑥。

以上这些，都是和道论有关的，或者可以说都是从“道法自然”以及“自然”、“无为”所引申出来的。

综观以上所述，在政治思想方面，《淮南子》和《吕氏春秋》有很多相同的地方，说明这两部书的关系很密切，《淮南子》受《吕氏春秋》的影响很大，这也从一个侧面说明它们都是新道家的代表作。但是，由于时代、条件以及所面临的问题不同，所以政治思想方面的不同之处也是很多

① 《淮南子·汜论训》，诸子集成本，中华书局 1954 年版。
② 《淮南子·齐俗训》，诸子集成本，中华书局 1954 年版。
③ 《淮南子·汜论训》，诸子集成本，中华书局 1954 年版。
④ 《淮南子·汜论训》，诸子集成本，中华书局 1954 年版。
⑤ 《淮南子·齐俗训》，诸子集成本，中华书局 1954 年版。
⑥ 《淮南子·齐俗训》，诸子集成本，中华书局 1954 年版。

的，除了详略、深浅等各有不同之外，还有几个大的不同之处应该指出：

其一，《吕氏春秋》非常强调统一，对于为什么应该统一，以及如何统一等问题，都有论述。这显然与它当时所面临的建立统一国家的实际问题有关系。而《淮南子》编著时，这些问题早已不成为问题了，所以这方面论述就很少。

其二，《吕氏春秋》既主张统一，又反对君主专制，这一点是难能可贵的①。《淮南子》对此似乎也没有什么论述，虽有个别地方说："法籍礼义者，所以禁君，使无擅断也。"但它是从无为的角度来说的，所谓："人莫得自恣，则道胜，道胜则理达矣，故反于无为。"② 绝没有《吕氏春秋》那样"天下非一人之天下"以及指责独夫等激烈言论。这也许是不便多言，怕触犯皇帝，但主要的是它并不反对君主专制，所谓："其立君也，所以剬有司，使无专行也。"剬与制同，君主制有司，不让有司专行。如前所述，它主张"强干弱枝"，它对刘氏政权是肯定的："刘氏持政，独夫收孤，财有余也。"③ 据前所述，那种认为从《淮南子》可以看出它代表诸侯王分裂割据势力的思想，是没有根据的。

其三，《淮南子》与《吕氏春秋》最大的不同是：《淮南子》有比较全面系统的无为政治理论。如前所述，《吕氏春秋》虽有君主无为的思想，甚至也有"虚则无为而无不为也"④，以及"能执无为，故能使众为也"⑤之类的话，但并没有真正做到如高诱所说的"以无为为纪纲"。从前述十个方面来看，真正做到"以无为为纪纲"的是《淮南子》。它的全书也如高诱序所说："其旨近老子，淡泊无为，蹈虚守静，出入经道。"它的政治理论我们可以名之曰：无为政治的理论。它的这个理论之所以比较丰富、成熟，是与汉初"无为而治"的政治实践分不开的，所以它是一部总结性的著作，是汉初政治思想的理论总结，也是以政论为主的新道家思想的比较全面的总结。当然，从思想发展本身来看，我们还不应该忽视《吕氏春秋》《新语》以及其他一些新道家思想家所提供的思想资料。

---

① 参阅拙作：《〈吕氏春秋〉反君主专制的政治理论》，《秦汉新道家略论稿》，上海人民出版社 1984 年版。

② 《淮南子·主术训》，诸子集成本，中华书局 1954 年版。

③ 《淮南子·齐俗训》，诸子集成本，中华书局 1954 年版。

④ 《吕氏春秋·有度》，诸子集成本，中华书局 1954 年版。

⑤ 《吕氏春秋·分职》，诸子集成本，中华书局 1954 年版。

《淮南子》是历史上一部了不起的作品，内容丰富，值得借鉴的东西也很多，但它在当时政治生活中所起的作用并不大。它面世的时代，统治阶级又要“改弦更张”了，主观上不再需要这种“无为”理论了，客观上也无法“无为”下去了，而需要的是适合于在新情况下进行统治的政治思想和理论。这我们已经在《从〈吕氏春秋〉到〈淮南子〉》一章中说明了。

这里还要顺便说一下《吕氏春秋》，我们认为它是新道家最早的代表作，它最先把道家《老子》的思想运用于人生、政治，并有很大的创造性。它的思想对汉初政治是有很大影响的，主要是通过对汉初政治家思想的影响而发生作用（尽管汉人对它讳莫如深），一直到对《淮南子》一书的影响都是很大的，因此，应该给《吕氏春秋》一定的历史地位。

第十四章　严遵的《老子指归》

西汉后期的严君平，是秦汉新道家的又一个突出代表，他的《老子指归》在理论上是有一定意义的。

一、严遵其人及其著作

严遵（或作尊），字君平，他的生平事迹，最早最可靠的记载见于《汉书·王贡两龚鲍传》，其文曰：

> 蜀有严君平（师古曰：《地理志》谓君平为严遵。《三辅决录》云：……君平名尊，则君平……其字也。）皆修身自保，非其服弗服，非其食弗食。……君平卜筮于成都市，以为："卜筮者贱业，而可以惠众人。有邪恶非正之问，则依蓍龟为言利害。与人子言依于孝，与人弟言依于顺，与人臣言依于忠，各因势导之以善，从吾言者，已过半矣。"裁日阅数人，得百钱足自养，则闭肆下帘而授《老子》。博览亡不通，依老子、严周之指著书十余万言。（师古曰：严周即庄周。）扬雄少时从游学，以而仕京师显名，数为朝廷在位贤者称君平德。……君平年九十余，遂以其业终，蜀人爱敬，至今称焉。

这极简略的记述，有一定具体内容，是可信可靠的。

晋人有关严遵的记载与此大同小异，但有几处值得注意，例如皇甫谧的《高士传》所记君平与蜀富人罗冲的一段话：

> 蜀有富人罗冲者，问君平曰："君何以不仕？"君平曰："无以自发。"冲为君平具车马衣粮。君平曰："吾病耳，非不足也。我有余而子不足。奈何以不足奉有余？"冲曰："吾有万金，子无儋石，乃云有

余，不亦谬乎?”君平曰：“不然。吾前宿子家，人定而役未息，昼夜汲汲，未尝有足。今我以卜为业，不下床而钱自至，犹余数百，尘埃厚寸，不知所用。此非我有余而子不足邪?”冲大惭。君平叹曰：“益我货者损我神，生我名者杀我身，故不仕也。”

该传最后评价说：“真人淡泊，亶哉匪虚。”又例如《华阳国志·蜀郡士女》中说：

严平淡泊，皓然沈冥。严遵，字君平，成都人也。雅性澹泊，学业加妙，专精大《易》，耽于《老》《庄》。……著《指归》，为道书之宗。

还有《抱朴子·内篇·登涉》记载：

抱朴子曰：天地之情状，阴阳之吉凶，茫茫乎其亦难详也，吾亦不必谓之有，又亦不敢保其无也。然黄帝、太公皆所信仗，近代达者严君平、司马迁皆所据用，而经传有治历明时刚柔之日。

另一记载是唐代谷神子在《老子指归》序目小注中所说：

严君平者，蜀郡成都人也，姓庄氏，故称庄子。东汉章、和之间，班固作《汉书》，避明帝讳，更之为严，庄、严亦古今之通语。君平生西汉中叶，王莽篡治，遂隐遁炀和，盖上世之真人也。①

此记载主要说他原本姓庄，比较合理，也必有所据。采用此说，还可解释其著作中“庄子曰”的疑问。

以上对严君平的姓氏、籍贯以及生活年代的记载都是比较明确的。他的为人、处世之大概也有所反映，这些记载也可以反映其思想主要倾向是道家的，其著作被称“为道书之宗”。虽然他“不仕”，但与完全“出世”

---

① 谷神子：《道德指归论注》，《无求备斋老子集成》初编。

的道家不同，对于社会政治有很大的关注，并有自己的主张和见解，这在后面我们要略作论述。他“学业加妙”，恐怕不只是“专精大《易》，耽于《老》《庄》”。对于儒家的经典，也不会不熟悉，三国时李权曾经说：

仲尼、严平，会聚众书，以成《春秋》《指归》之文，故海以合流为大，君子以博识为弘。①

再看他“与人子言依于孝”，“与人臣言依于忠，各因势导之以善”，必然讲的是道家以外的思想，特别是儒家的思想。既以道为宗，又讲儒、墨，这正是黄老新道家的特点，不足为怪。但也不可否认，严遵思想上有出世与入世的矛盾，“富贵”也不是他完全不在意的，这从他的《座右铭》可以看得出来，铭文曰：

夫疾行不能遁影，大音不能掩响。默然托荫，则影响无因。常体卑弱，则祸患无萌。口舌者，祸福之门，……出失则患入，言失则亡身。是以圣人当言而怀，发言而忧，如赴水火，履危临深，有不得已，当而后言。嗜欲者，溃腹之矛；货利者，丧身之仇；嫉妒者，亡躯之害；谗佞者，刎颈之兵；残酷者，绝世之殃；陷害者，灭嗣之场；淫戏者，殚家之堑；嗜酒者，穷馁之薮；忠孝者，富贵之门；节俭者，不竭之源。吾日三省，传告后嗣，万世勿遗。②

他是很想“默然托荫”、“常体卑弱”的，但事实上是不可能的。在现实生活中，应该禁忌些什么？如嗜欲、货利、淫戏、嗜酒之类。应该讲究和提倡什么？如忠孝、节俭以及“当而后言”等。在具体处世原则上，可说是儒道兼行的。有一些禁忌可说是道家思想所特别注重的，但儒家也并不反对，甚或主张相同。而“忠孝者，富贵之门”，则明显是儒家所讲究的。严遵的思想同样反映了出世与入世的矛盾。以后玄学时代，著名玄学家写《诫子书》时也是如此，本人放荡不羁，诫子却讲忠孝仁义。

---

① 陈寿：《三国志·蜀书》卷三十八，《秦宓传》，中华书局 1959 年版，第 973 页。

② 严可均校辑：《全上古三代秦汉三国六朝文》卷四二，《全汉文》，中华书局 1958 年版，第 360 页。

从生平事迹论严遵的思想，材料不多。他所留下的著作是研究其思想之主要依据。根据记载，现在也还能看到的严遵著作，一为《老子注》，二为《老子指归》。

关于《老子注》，《汉书·艺文志》没有著录，但上引《汉书》中已提到严遵的“依老子、严周之指著书十余万言”。《艺文志》未著录，不足以否定。《隋书·经籍志》注有“汉隐士严遵注《老子》二卷”；陆得明《经典释文叙录》亦有《老子》“严遵注二卷”，并且此二记载同时都说“又作《老子指归》”（前者为十一卷，后者为十四卷）。严遵注的文字，在唐宋人的著作中，多少有些保留，今人严灵峰《辑严遵老子注》一书，颇为完备，很有参考价值。他在序中作了一些简要说明，现节引一段：

> 《老子指归》已非完书，而严注老子二卷，唐志已不注录，想散佚已久。惟强思齐《道德真经玄德纂疏》首题：“唐玄宗御注并疏，河上公、严君平、李荣注，西华法师成玄英疏，濛阳强思齐纂。”则强氏纂辑注、疏各书中，称“严曰”者即为君平注本，则五代、宋初严注原书固尚存人间也。兹分别抄录，并辑宋陈景元《道德真经藏室纂微篇》、李霖《道德真经取善集》、刘惟永《道德真经集义》、范应元《道德经古本集注》诸书有关严注文字，或属《指归》佚文，盖《严注》与《指归》二本并为一家之言，皆明理国之道，其旨当无大别，则二书复出之文，自可相互为用。为“注”为“论”，仅为详略之分，原无轩轾；故并加采摭，以为补苴，并略校异同……仍从八十一章旧制，免生无谓之辩。

事情的原委以及议论都是比较确当的。

《老子指归》，《隋书·经籍志》《经典释文》《唐书·经籍志》《新唐书·艺文志》《宋史·艺文志》皆有著录，但卷数略有不同，隋志作十一卷，两唐志作十四卷，宋志作十二卷。唐人记载多为十四卷，宋以后多为十三卷，今本标明十三卷，但仅存后七卷。唐以前和上述几部“正史”之志均名《老子指归》，亦称“严遵《老子指归》”，或简称“严遵《指归》”、“严君平《指归》者”，宋以后则有《道德真经指归》等名称。清以前无人疑其书之真伪。清代学者全祖望和《四库全书》馆臣首发异议，“疑是乃赝本”①，提出了一些疑问，但经后来许多令人信服的考证，证明《指归》并非伪作，但可能有后人附益的部分。严灵峰的《无求备斋老子集成》初编中辑有《严遵道德指归六卷》（明汲古阁刊津逮本）和《谷神子道德指归论注七卷》（明刊正统道藏本）两种。在前一种书中还附有较详细的考证，以及前半部分的补佚，很有参阅价值，以下论严遵思想引文即以此为据。

二、虚无自然的哲学思想

《老子》的哲学思想，它对自然和社会的根本观点和看法，主要在论述“道德”两字中反映出来，严遵作《老子指归》，又名《道德指归论》，就是归根到底地指明《老子》思想的宗旨、意向所在，亦即所谓《道德经》的宗旨、意向，并展开一些议论，因而《道德指归论》的名是十分精确的。该书今虽只存后半部分，但从体例上看，严遵的每一篇论述都紧扣“道德”两字，并且是开章明义说的，且从每篇开头文字来看：

> 《上德不德》：天地所由，物类所以，道为之元，德为之始，神明为宗，太和为祖，道有深微，德有厚薄，神有清浊，和有高下。②
>
> 《得一》：一者道之子，神明之母，太和之宗，天地之祖，于神为无，于道为有，于神为大，于道为小。③
>
> 《上士闻道》：道德天地，各有所章，物有高下，气有短长，各乐其所乐，患其所患，见其所见，闻其所闻，取舍殁谬，畏喜殊方。④
>
> 《道生一》：有虚之虚者，……故虚之虚者生虚虚者，无之无者生无无者，无者生有形者。⑤
>
> 《至柔》：道德至灵而神明宾，神明至无而太和臣。⑥

---

① 全祖望撰，朱铸禹汇校集注：《全祖望集汇校集注》，《鲒埼亭集外编·读道德指归》，上海古籍出版社2000年版，第1455页。

② 《老子指归》卷七。

③ 《老子指归》卷七。

④ 《老子指归》卷七。

⑤ 《老子指归》卷八。

⑥ 《老子指归》卷八。

《名身孰亲》：我性之所禀而为我者，道德也。[①]

《大成若缺》：道德无为而神明然矣，神明无为而太和自起，太和无为而万物自理。[②]

不再一一列举了，无论直接解释道德，或者明确论述社会、政治、人生问题，皆以“道德”开头，如《不出户》以“道德变化”开头；《为学日益》以“道德之化”开头；《圣人无常心》：“道德无形”；《行于大道》：“道德不为智巧”；《知者不言》：“道无常术，德无常方”；《以正国治》：“道德之情”；《方而不割》：“道无不有”；《为无为》：“神明之数，自然之道”；《江海》：“道德不生万物，而万物自生焉”；《用兵》：“道无不有”；《言甚易知》：“夫无形无声而使物自然者，道与神也”；《知不知》：“道德之教自然是也”；《民不畏威》：“道德之旨”；《勇敢》：“天地之道”，等等。

由此可见，《老子指归》将天地间一切事物“指归”于“道德”，又对“道德”之“指归”有所论述，那么，严遵如何理解和说明《老子》之道呢？

和《老子》的看法一样，严遵认为宇宙本原是道，即上引所谓之“元”。在卷八也说：“万物所由，性命所以，无有所名者谓之道。”[③] 但是人们的认识是不停止的，道为宇宙的本原，道是什么？道之前还有什么等问题是一定会产生的。因此，严遵在论《老子》的“道生一，一生二，二生三，三生万物”时，也和汉代盛行的宇宙生成论者一样，力求探寻一个究竟，虽然是不可能的，所以才有“虚之虚者”一番没有讲清楚、也讲不清楚的议论：“虚之虚者，生虚虚者；无之无者，生无无者。无者生有形者，故诸有形之徒皆属于物类，……夫天人之生也，形因于气，气因于和，和因于神明，神明因于道德，道德因于自然，万物以存。”[④] 前一段似乎是想追寻虚、无以前生虚无的东西，但严遵自己也说那是不可能的，所以“庄子曰”——严（庄）遵曰：

---

① 《老子指归》卷八。
② 《老子指归》卷八。
③ 《老子指归》卷八。
④ 《老子指归》卷八。

> 是故，无无无始不可存在，无形无声不可视听，禀无授有不可言道，无无无之无，始未始之始，万物所由，性命所以，无有所名者谓之道。①

物的本源，还是只有回到“道”这个东西上来，“有生于无，实生于虚”，“道虚之虚故能生一”，“一以虚故能生二”，“二以无之无故能生三”，这个生成变化，是因为“有虚者陶冶变化”。虽然讲不清楚，但还是勉强作了一些解释，过分强调了“虚无”的特性及其作用，“万物之生也，皆元于虚，始于无”等，绝对虚无，就走向唯心主义了。

上引文的后一段，似乎描述了一个先后相继的生成系列：道德→神明→和→气→形。“形”当然是指“天人”、“万物”。可以看到，道仍是万物的本原，但这中间加入的“神明”、“和”、“气”等，又是什么意思？请看看有关的几段论述：在上引“神明为宗，太和为祖”之下，接着又说：“神有清浊，和有高下，清者为天，浊者为地。”在上引“一者道之子，神明之母，太和之宗”之最后又说：“天地生于太和，太和生于虚冥。”再就是谷神子解释上引“神明宾”、“太和臣”说：“神明是道德之外用，故称宾。”“太和是神明用之捋成，故称臣。”看来，谷神子的解释是对的，意思是说，“神明”和“太和”均为“道德”之“用”。谷神子在解释“天地生于太和，太和生于虚冥”时又说：

> 虚冥至无也，太和始之而生。太和有之萌也，天地资之而始，所谓“天地万物生于有，有生于无”。

这样看来，“神明”和“太和”是“道生一，一生二，二生三，三生万物”过程中的一种“外用”，一种“变化”，或者说对“变化”过程的形容，现象上有“清浊”、“高下”、“深微”、“厚薄”等，它们是“无不生无而生有”的中间状态的描写，如卷八所说：

> 道德无为而天地成，天地不言而四时行，凡此二者，神明之符，

① 《老子指归》卷八。

自然之验也。

神明又和自然一样，是一种状态的描写，特性的表述（“自然”详下）。卷八还写道：

我性之所禀而为我者，道德也；其所假而生者，神明也；其所因而成者，太和也；其所讬而形者，天地也。凡此数者，然我而我不能然也。……道德神明，常生不死；清浊太和变化无穷。

“神明”、“太和”是生成之“所假”、“所因”，它们是属于中间状态的描写。

或者可以说，神明、太和是道德的一种特性的描述，从其大量并提的文字可以证明，仅在卷八各篇中都反复出现，如：

道德至灵而神明宾，神明至无而太和臣。清浊太和，至柔无形，包裹天地，含囊阴阳，经纪万物，无不维纲。

是以圣人，虚心以原道德，静气以存神明……顺神养和，任天事地……

得名得货，道德不居，神明不留……（夫）〔失〕名（夫）〔失〕货，道德是祐，神明是助……

道德无为而神明然矣，神明无为而太和自起，〔太和〕无为而万物自理。

卷九说：“道德，天地之神明也；天地，道德之形容也。”卷十《含德之厚》中开头说：“道德虚无，神明寂泊，清静深微，太和滑淖。”其他还有卷十一中的文字：“道德神明，清浊太和，天地人物，若末若根。”“昔之帝王，经道德、纪神明、总清浊、领太和者……务以明民也。”同时又有另一种“为经”、“为纪”的表述法：“道为之元，德为之始，神明为经，太和为纪。……”卷十二《民不畏威》：“道德之旨，神明之务，太和之心，天地之意，祸莫甚乎亡，福莫甚乎存。非独天道，人物亦然。”

凡此道德、神明、太和之并举，很难说明它们是从无到有中的独立阶段，神明、太和不过是道的一种状态描写或者特性。

不过，无生有的中间状态还有一个“气”，这是值得注意的。严遵是吸收和运用了“气”的理论，这“气”则有唯物主义的因素了。卷八说：

> 天地人物，皆同元始，共一宗祖。六合之内，宇宙之表，连属一体，气化分离，纵横上下，剖而为二，判而为五。

二、五、万物都是“气化分离”出来的，气是物质性的东西了，它才会有“清浊”、“厚薄”之类的表现，所以卷八又写道：

> 清浊以分，高卑以陈，阴阳始别，和气流行，三光运，群类生。有形脔可因循者，有声色可见闻者，谓之万物。

从这“和气”一词看，上述神明、太和都可以用来形容气，有时就直接称为“神气”（当即是《淮南子》等书的“精气”）、“和气”。“和气”在上文中已经出现了，其他地方也还有，如卷十二《用兵》篇道：

> 反逆天地，形戮阴阳，黥劓道德，破碎神明，和气溃浊，变化不通。

《道经》的《谷神不死》篇，更有“太和妙气”的描述：

> 太和妙气，妙物若神，空虚为家，寂泊为常，出入无窍，往来无间，动无不遂，静无不成，化化而不化，生生而不生也。

卷十二《言甚易知》篇道：

> 夫无形无声而使物自然者，道与神也……神气相传，感动相报。

在从无到有的生成过程中，气是最具体的物质性的东西，相对看不见、摸不着的虚无之道而言，气有感知的可能。严遵对《老子》道生万物的解释，吸收了前人的思想，作了自己理解的论述，有所发挥，有所前进。

综上所述，严遵对于《老子》道是宇宙万物本原的思想，有继承也有发展。在此基础上展开的种种论述，也是既有继承又有发展的。

下面再谈严遵关于“道”的属性的论述。

首先是“无”的属性。上已指出，这虚无说得越多，越绝对化，唯心的东西也就越显著。他的“至无”又称“虚冥”，或者“太虚”、“玄冥”，如卷八所说：

> 道德变化，陶冶元首，禀授性命乎太虚之域、玄冥之中而万物混沌始焉。神明交，清浊分，太和行乎荡荡之野、纤妙之中，而万物生焉。

《老子指归》中还有“玄远”、“玄域”、“玄默”、“玄妙”、“玄圣”、“玄玄”、“玄同”等名词，都是与“道”有关的，甚至“玄妙不足以为名”，这个道就更加神秘莫测了。本来《老子》说“玄之又玄，众妙之门”的“玄”，被他左一运用，右一发挥，说得更玄了。这“玄之又玄”的思想，无疑对魏晋以后的玄学学者有所启发。

其次，道的另一个根本属性就是“自然”。自然和虚无一样，也是严遵《老子指归》多方面论述的另一个方面。所谓“道非虚无自然，严（君）平不演”①，谷神子在卷九《圣人无常心》注中说：

> 夫《指归》所以屡归指于自然者，明至道之体，湛然独立，自古固存，其能然于众物而众物不能然之，故谓之自然。

的确是很多次从不同方面“指归于自然”，例如，《老子指归》卷九认为，“自然”是道的根本属性：

> 道高德大，深不可言，物不能富，爵不能尊，无为为物，无以物

① 陈寿：《三国志》卷三十八，《蜀书·秦宓传》，中华书局1959年版，第973页。

为，非有所迫，而性常自然。

因此“事物自然”①，“万事自然”，“善恶信否，皆归自然”，“督以自然，无所不通”，“反复相因，自然是守”②，“战战栗栗，恐失自然”③。因为其强调“自然”，也有些极端，所以有些论述，看起来有点自相矛盾，“道德因于自然，万物以存”，这倒没有什么不好说明，但是再进一步说：“神明之数，自然之道，无不生无，有不生有，不无不有，乃生无有。”④ 这就说得有点“玄”了，不过也看得出来，这是他在阐明“自然”与“无为”之间的关系时的一种不够确切的表述，强调：“道德不生万物，而万物自生焉。”⑤ “天地之道，生杀之理，无去无就，无夺无与，无为为之，自然而已。”⑥ 强调的是自然性，并非说道不生万物，实际上是“道无不有，有无不为”⑦ 的。

有人认为，严遵的《老子指归》是“道家思想的唯心主义发挥”⑧，这也是有道理的，严遵把“虚无”、“自然”推向极端，越讲越玄，确实是把《老子》的模糊观念，用唯心主义讲清楚了。《老子指归》的思想与两个多世纪后的魏晋玄学本体论思想颇为相似。魏晋玄学所强调的，也是“虚无”和“自然”这两方面的属性。例如，王弼在注《周易》“复卦”之“彖传”中的“天地之心”时说：

天地以本为心者也。……天地虽大，富有万物，雷动风行，运化万变，寂然至无，是其本矣。……若其以有为心，则异类未获具存矣。

这是说“天地以无为本”，而且是“至无”。又例如王弼在注《老子》二十

---

① 《老子指归》卷一一。
② 以上引文均见《老子指归》卷九。
③ 《老子指归》卷一一。
④ 《老子指归》卷一一。
⑤ 《老子指归》卷一一。
⑥ 《老子指归》卷一二。
⑦ 《老子指归》卷一二。
⑧ 参阅任继愈主编：《中国哲学发展史》（秦汉卷），人民出版社 1985 年版，第 643 页。

五章“道法自然”时说：

> 道不违自然，乃得其性，法自然者，在方而法方，在圆而法圆，于自然无所违也。自然者，无称之言，穷极之辞也。

对于“自然”似乎是无法表述其“玄妙”的，这又和《老子指归》的思想非常接近。玄学思想无疑是直接来源于《老》《庄》《周易》的，但思想的链条又不可能是断断续续的，那么，《老子指归》当是其中的一个环节，这应该是《老子指归》思想在哲学史上的地位，也是其在老学思想史上的地位。

三、“无为”、“守分”的社会政治思想

前已指出，严遵的思想是矛盾的，一方面他希望“默然托荫”，另一方面他没有能够完全“归隐”，尤其是没有脱离也不可能脱离社会现实的影响，而强大的儒家思想的影响也是摆脱不了的。因此他的政治社会思想，主要还是入世的。不过他仍然企图以道家的思想来“入世”，努力宣扬自然无为，因而有些主张和思想，就与汉初的黄老思想基本相同。

首先，他向往自然纯朴的“至德”之世，并且进行过一些具体的描写。例如在《老子指归》卷七中写道：

> 天下童蒙，四海为一，荡荡玄默，与民俯仰，与物相望。……其务损而不益，其事修而不作，所为者寡，所守者约，民敦厚而忠信，世和慎而寂泊。水草为蓄积，裘褐为盛服，巨木为廓庙，岩穴为室宅。主如天地，民如草木，被道合德，恬淡无欲，……无有制令，宇内宾伏。……四海之内，亲为兄弟，亲而不和，敬而不恭，天地人物，混沌玄通。

主要是对自然纯朴的追求，而不是《老子》“小国寡民”思想的简单重复。所以在卷十三解释“小国寡民”那一段时，着重讲“小国者危亡之枢，而安宁之机也”。“大胜小”、“强胜弱”乃“物之理也”，所以“小国者危亡

之枢”，但“存之在道”，“圣人之治小国也，转祸为福”，用现在的话说，利用和发扬那种纯朴自然的优势，则“安宁之机也”。严遵在理想与现实之间是动了脑筋的。

他对理想的追求，同时也是对现实的抗议，他对社会现实是有揭露的批判的。例如，卷七描述“至德”之世的同时，就对当时盛行的繁文缛节进行了毫不含糊的揭露：

> 夫礼之为事也，中外相违，华盛而实毁，末降而本衰，礼薄于忠，权轻于威，信不及义，德不逮仁，为治之末，为乱之元，诈伪所起，忿争所因。

他认为“制礼作乐、改正易服”等，“是故祸乱之所由生，愚惑之所由作也”。《老子指归》的论述中，有不少地方是涉及了现实的，例如卷九就借题发挥，说：

> 使日下之民皆执《礼》《易》，通《诗》《书》，明律比，知诏令，家一吏，里一令，乡一仓，亭一库，明察折中，强武求盗。天下重足而立，侧目而视，父子不相隐，兄弟不相容。此事之极，无益于治。

此外，如在卷十二中公开揭露“郊祀天地名山大水，封于太山，禅于梁父”、“断狱数万，黥人满道”等，都明显地针砭现实。

表面上看，他也说过“神汉龙兴”这样的歌颂之辞，一方面，生活在汉朝不得不如此说，另一方面，实际并非歌颂。卷八曰：

> 是以强秦大楚，专制而灭，神汉龙兴，和顺而昌。故强者离道，梁者去神，生主以退，安得长存！不求于己，怨命尤天，圣人悲之，以为教先。书之竹帛，明示后人，终世反之，故罹其患。

主要不是歌颂而是敲警钟。要“明示后人”的是：“专制而灭”，“和顺而昌”，汉统治者必须注意！

其次，面对社会政治的现实该怎么办？他的主张仍然是“无为而治”，只有无为才能无不为，提倡“无为之为”。《老子指归》全书论述“无为”者甚多，它是由“自然而然”的思想产生出来的，所以卷八说：

> 道德无为而神明然矣，神明无为而太和自起，无为而万物自理。

卷九比较集中地论述了“无为”思想，并且具体讲了“治身”、“治家”、“治国”、“治天下”之无为，同时相对应地列举了什么是“有为”。“治身”之“无为”与“养生”有关，“治天下”讲“冠无有，被无形”，比较空泛，且引其“治家”、“治国”之说来看看：

> 春生夏长，秋收冬藏，奉主之法，顺天之命，内慈父母，外绝名利，不思不虑，不与不求，独往独来，体和袭顺。辞让与人，不与时争。此治家之无为也。
>
> 尊天敬地，不敢亡先，修身正法，去己任人，审实定名，顺物和神，参伍左右，前后相连，随时循理，曲因其当，万物并作，归之自然。此治国之无为也。

这里许多提法，如“修身正法”、“审实定名”、“参伍左右”、“随时循理”等，都是在汉初其他黄老著作中早已提出过并有较详细论述的（例如在《淮南子》中），所以，从大的方面看，在政治理论和主张上，严遵没有多少新的东西。当然具体论述并非简单抄袭，也是用他自己的思想说出来的。

同样，“无为”的政治理论，主要也是以君主为对象，是就如何“治国”而言，卷八说：“无为者，有为之君而成功之主也，政教之元而变化之母也。”君主该如何“无为而治”，上面“治国之无为”已经提出了一些原则，至于论述，那就多了，完全新的见解和说法似乎没有，这里就不详说。

“无为而治”，是在肯定统治秩序的前提下讲的，治的是人民。所以，在《老子指归》的社会政治思想中，“守分”的思想极为突出，这在卷十三中有集中明确的论述，他说：

> 道德之生人也有分，天地之足人也有分，王侯之守国也有分，臣下之奉职也有分，万物之守身也有分，……动静失和，失道之分；耕织不时，失天之分；去彼任己，失君之分；创作知伪，失臣之分；衣食不适，失民之分。

一切都是分定了的，只有各守本分，“守分如常”，才符合“道德之所以分人”的本意，才不会乱套，否则“性不可然”，“家不可安”，“国不可存”，“命不可全”，“身不可生”。君、臣、民各有各的职分，人民如何“守分”呢？应该是：

> 小心敦朴，节俭强力，顺天之时，尽地之力，适形而衣，和腹而食，日出而作，日入而止，不薄所处，不厌所食，万民之所以守其身也。

“无为”主张也要求人民“无为”，人民原始自然的混沌状态就是“无为”，很多处描写了这种状态。实际上是主张愚民政策，这在卷十一论述“古之为道者，非以明民”时讲得最明白：

> 是以昔之帝王经道德，纪神明，总清浊，领太和者，非以生知起事，开世导俗，务以明民也，将以涂民耳目，塞民之心，使民不得知，归之自然也。
>
> 宇内童蒙，无知无欲，无事无功，心如木土，志如死灰，不睹同异，不见吉凶，故民易治而世可平也。

据上所述，不难看出，严遵的社会政治思想，归根结底还是为维护统治秩序服务的，也是为统治者出谋划策的。这是时代的局限。

不过，他的思想也有一些可供借鉴或警世的。例如，《老子》五十章云：“出生入死。生之徒十有三；死之徒十有三；民之生生而动之死地亦十有三。”这后一句采用的严注本，但各本文字略有不同，谷神子句本亦不同，作“而民生，动之死地十有三”，新出土的帛书作“而民生生，动之死地之十有三”，等等。如何解释“十有三”，《韩非子·解老》说：“人之身三百六十节，四肢九窍，其大具也。四肢与九窍十有三者，十有三者之动静尽属于生焉。”

《老子河上公章句》采用此解，又略有申述：“言生死之类各有十三，谓九窍四关也。其生也，目不妄视，耳不妄听，鼻不妄嗅，口不妄言，手不妄持，足不妄行，精不妄施。其死也反是。”严遵的《老子注》有进一步的发挥，在《老子指归》中有更详细的论述，其文曰：

> 是故，虚、无、清、静、微、寡、柔、弱、卑、损、时、和、啬，凡此十三，生之徒；实、有、浊、扰、显、众、刚（《老子注》作“坚”）、强、高、满、过、泰、费，此十三者死之徒也。夫何故哉？圣人之道，动有所因，静有所应，四支九窍，凡此十三，死生之外具也，虚实之事，刚柔之变，死生之内数也。故以十三言诸。

这前前后后还有具体的解说，严遵对于《老子》道德的指归，对于“出生入死”的理解，尤其是两组十三字的概括，并紧扣着“无为”思想所作的论述，不能不令人赞赏，不能不承认其对老学研究的新贡献。后来，王弼作注说“十有三犹言十分有三分”，这是另一种解释，就不详谈了。我们认为，严遵的解释和发挥更有意义，也比较符合《老子》清静无为的思想。

四、名副其实的“道德指归”论

秦汉新道家的发展，有一个理论到实践，实践再到理论的发展过程，在发展过程中，《淮南子》无疑是一个集大成之作，但新道家的理论总结和发挥，并未因之而停止。严遵的“指归”论就是进一步的发展。

其名曰《老子指归》，与《淮南子》不同，公开地打出老子旗号，是以老子为宗。它把黄老新道家的思想统统归结到《老子》一书中，而又把《老子》的宗旨、意向加以充分的说明、发挥。这就和《淮南子》有所不同，《淮南子》是集体之作，虽然指导思想是统一的，各派各人的具体论述中难免有矛盾，或儒或道，表现出“杂”的面貌。严遵一人之作，很大程度地避免了这种矛盾现象（当然不排斥有讲不清的矛盾之处）。《淮南子》的"道论"，是"多为之辞，博为之说"，列举大量的事实，夹叙夹议，《老子指归》极少征引事物（除秦、楚、神汉几处之外），理论性更强，理论的阐释更明、更深、更透。而且几乎全部用自己的语言表述的，即使与《淮南子》等先于自己的思想论述完全相同，也不简单抄袭。书中的"庄子曰"、"是故"、"是以"、"是何故哉"、"何以效之"、"由此观之"……都是发挥自己思想的文字，并且有时候是逐字逐句的解释《老子》之文，有时候则完全借题发挥，另讲一套。这里，我们可以举出卷十一《万物之奥》篇的例子，《指归》的原文，与《老子》原文，几乎没有什么关系（文字较长，不烦征引）。但是又都是"道德指归"，又都是"道非虚无自然，严平不演"①。

"蜀庄沈冥"，也是对严遵的一个极为恰当的评价，这也从《老子指归》的思想理论中可以看得出来。他的深沉之思，其中有不少奥妙之处。大而化之地看，严遵论道德，讲自然、虚无，似乎没有什么新的贡献，仔细比较，他的论述是有特点的。关于哲学、政治思想，上面已专节论述了。再论其思想特点，不妨举些具体例子来加以说明。

例如，这位"专精大《易》，耽于《老》《庄》"，而且"学业加妙"的人，必然是融会贯通老、庄、易。最明显的例子是，《老子》中没有而庄、易中有的"太极"、"神明"，严遵用来阐释《老子》。"太极"，《淮南子》中也出现过，其《览冥训》中有"引类于太极之上"一句，高诱作了"太极，天地始形之时也"的解释，俞樾考证认为，当"言天之上也"②，《淮南子》的"太极指天而言"，这个看法应该是对的。然而高诱当是接受的另一种解释，严遵的"太极"就是指"天地始形之时"，他在《视之不见》篇中写道：

> 夫鸿之未成，剖其卵而视之，非鸿也。然其形声首尾皆已具存，此是无鸿之鸿也。而况乎未有鸿卵之时而造化为之者哉！由此观之，太极之原，天地之先，素有形声端绪而不可见闻，亦明矣。

---

① 陈寿：《三国志》卷三十八，《蜀书·秦宓传》，中华书局1959年版，第973页。
② 《诸子平议》卷三〇《淮南内篇二》。

这样具体比较分析，可以看出思想理论的发展，严遵融会易、老、庄，是有他独特的贡献和地位的。

“神明”、“太和”之用，应该算是严遵的创造发明，把它们与道德相提并论，并且有自己独特的运用和阐释。《老子》中没有的“神明”，《淮南子》中有不少运用，有“神明之宅”、“神明之事”、“神明之道”、“神明之精”、“神明之德”等。在《兵略训》中甚至说：

> 所谓道者，体圆而法方，背阴而抱阳，左柔而右刚，履幽而戴明，变化无常，得一之原，以应无方，是谓神明。

这涉及道与神明的关系。严遵则直接把“神明”应用于《老子》，不仅如前所述，“经道德、纪神明”，提到了很突出的地位。其关于神明的解释，与《淮南子》大体一致，但又有所不同，如卷十四《生也柔弱》篇集中地说：

> 有物俱生，无有形声，既无色味，又不臭香。出入无户，往来无门，上无所蒂，下无所根。清静不改，以存其常，和淖纤微，变化无方。与物糅和，而生乎三，为天地始，阴阳祖宗。在物物存，去物物亡，无以名之，号曰神明。

“神明”实即“道”，严遵比《淮南子》论述得更充分一些。

“太和”一词，像是严遵的创造，虽然“和”字在《老子》中是有的，“万物负阴而抱阳，冲气以为和”（42 章）。或曰中和之和，或曰为气之一种“和气”。《淮南子》也有不少“和”字，其运用大体与《老子》相同，如“圣人不以身役物，不以欲滑和”①，高注：“不以情欲乱中和之道也。”“交被天和，食于地德”②，高注：“和，气也。”不是中和，就是和气。严遵不仅提出了“太和”一词，并且对“和”字也作了理论概括，卷十四《天之道》篇写道：

---

① 《淮南子·原道训》，诸子集成本，中华书局 1954 年版。

② 《淮南子·俶真训》，诸子集成本，中华书局 1954 年版。

天地未始，阴阳未萌，寒暑未兆，明晦未形，有物三立，一浊一清，清上浊下，和在中央。三者俱起，天地以成，阴阳以交，而万物以生。失之者败，得之者荣。夫和之于物也，刚而不折，柔而不卷，在天为绳，在地为准，在阳为规，在阴为矩。不行不止，不与不取，物以柔弱，气以坚强，动无不制，静无不与。故，和者，道德之用，神明之辅，天地之制，群生所处，万方之要，自然之府，百祥之门，万福之户也。

文字的不同比较是显而易见的，严遵的意思究竟是什么？他在“道论”方面有什么贡献？是值得进一步思考的。是否可以这样认为：神明、太和，是道的一种根本性的特性，或者是其对道的描述（与一、无、太极等一样）。但在无而生有的过程中，神明更接近于道，太和或者和气更接近天地万物，都是讲的“天地未始”和“天地始形之时”。这个看法不一定确切，但严遵的思考和论述，有承上启下之功是毋庸置疑的。这些，还可以作进一步的探讨。

严遵的“指归论”不仅在根本问题上进行了论述，具体问题的论述，也有不少值得注意之处，如前人所说，“道非虚无自然，严平不演”，“天地之情状，阴阳之吉凶”，严君平“皆所据用”。我们在前面对其虚无自然的道德，对无为等思想，已经作了一些介绍，而有特色的论述还可以举出很多具体的例子，如卷九《道生》篇中有一大段“故道之为物……”的论述（文字太长，不烦详引），与《淮南子·原道训》的道论精神基本一致，虽然是一个不容易讲清楚的问题，但严遵的论述似乎更容易明白一些，其中有一句：“其于万物也，岂直生之而已哉！”不是一个简单的生万物的问题！

许多问题的集中论述，给人以很深的印象和启发，例如在卷八《道生一》篇中就大讲了一通虚无生一、生二、生万物的道理，并且总结性地写道：

万物之生也，皆元于虚始于无。背阴向阳，归柔去刚，清静不动，心意不作，而形容修广、性命通达者，以含和柔弱而道无形也。是故，虚无、无形、微寡、柔弱者，天地之所由兴，而万物之所因生也；众人之所恶，而侯王之所以自名也；万物之原泉，成功之本根也。

这不是把《老子》尚虚无、贵柔弱之类的思想集中进行了论述吗？此类集中“指归”《老子》思想的还有不少，如卷九《行于大道篇》中说：

故虚无、无为、无知、无欲者，道德之心而天地之意也；清静效象无为因应者，道德之动而天地之化也。

又如卷十一《江海》篇有“卑损之为道大矣”和“不争之德”的论述，还有前述之“生之徒十有三”是“虚、无、清、静、微、寡、柔、弱、卑、损、时、和、啬”等。

“无为”是“指归”的一个大方面，论述很多，既有纯理论性阐释，如：“道德无为而神明然矣，神明无为而太和自起，（太和）无为而万物自理。”① 也有意欲指导人生现实的说教，例如卷九《出生入死》就具体论述了治身、治家、治国、治天下的“无为”和“有为”，怎样“无为”，他写道：

夫立则遗其身，坐则忘其心。澹如赤子，泊如无形。不视不听，不为不言，变化消息，动静无常。与道俯仰，与德浮沉，与神合体，与和屈伸。不贱为物，不贵为人，与王侯异利，与万性殊患。死生为一，故不别存亡。此治身之无为也。……（治家、治国之无为见前引文）冠无有，被无形，抱空虚，履太清。载道德，浮神明，秉太和，驱天地。驰阴阳，骋五行，从群物，涉玄冥。游乎无功，归乎无名。此治天下之无为也。

关于“无为”讲得比较多的主要是君主无为，所谓“帝王之道，无事无为”②。在卷七《上德不德》篇中，大讲一通“上德”、“下德”、“上仁”、

① 《老子指归》卷八。
② 《老子指归》卷十二。

“上义”、“上礼”之君如何如何，实际也是阐述其无为的政治思想，其他与君主无为相关的，“君臣分职”之类的思想，与其他新道家的说法完全一致，就不必多说了。

以上仅就一些主要方面介绍严遵的思想及其特点，其实其“指归论”中还有不少精彩的论述，例如《道生》篇关于“性、命、情、意、志、欲”的论述，《人之饥》篇关于“分”的论述，以及《不出户》篇关于“同体”的看法，等等。从他的整个“指归论”看，扬雄对他的评价是比较恰当的：“蜀严湛冥，不作苟见，不治苟得，久幽而不改其操，虽随、和何以加诸?”①

扬子云诚知人！

① 班固：《汉书》卷七十二，《王贡两龚鲍传》，中华书局1962年版，第3098页。

第十五章　论扬雄的道家思想

扬雄（前53年—公元18年），字子云，西汉末年的思想家和文学家。关于他的思想，或曰属于儒家，或曰糅合儒道，也有的说是儒家内部深受道家思想影响，而企图建立新儒家体系的思想，进而还有唯物、唯心、二元论等看法，似乎仅少数人明确地归类为道家（如蒙文通先生）。今就这一问题，作一番深入的探讨。

一、从世界观看扬雄的道家思想

世界观是新的名词，是马克思主义的名词，有人是不同意的，这里采用，目的是从根本上看扬雄的思想，即看他对自然、社会、人生的根本思想和态度。

首先，我们要看一看形成其思想的有关社会历史条件和所受教育等条件。

扬雄生活的时代是一个儒家思想作为统治指导思想的时代，儒学是官方之学，学习儒家经典成为利禄之途，士人趋之若鹜，儒家经典一方面神圣化，且日趋神学化，另一方面，日益流于繁琐。一般士人多为章句之学，能说一经者为儒生、博士，只有少数“通人”能“博览古今”[①]。扬雄可以说是少数“通人”之一，而且是比较突出的有特点的学者之一。《汉书·扬雄传》[②] 记载说：

> 雄少而好学，不为章句，训诂通而已[③]，博览无所不见。为人简

---

① 《论衡·超奇》：“能说一经者为儒生，博览古今者为通人。”诸子集成本，中华书局1954年版。

② 本章以下引文不注出处者均见此传。

③ 其《答刘歆书》说：“雄少不师章句，亦于五经之训所不解。”（《全汉文》卷五二）

> 易佚荡，口吃不能剧谈，默而好深湛之思，清静亡为，少耆欲，不汲汲于富贵，不戚戚于贫贱，不修廉隅以徼名当世。家产不过十金，乏无儋石之储，晏如也。自有大度，非圣哲之书不好也；非其意，虽富贵不事也。顾尝好辞赋。

这里把他的学习情况，包括爱好、态度，乃至把他的性格、为人都作了概要的描述。

但这里只说他“博览无所不见”，究竟“好学”什么？如何学的？没有具体说明。而《汉书·王贡两龚鲍传》记载说：“博览亡不通”的严君平在成都“授《老子》”时，扬雄曾从他学习，而且相当崇拜：“扬雄少时从游学，以而仕京师显名，数为朝廷在位贤者称君平德。”他称其德，必受其影响，而且受影响的时间是“少时”，这对一个人的世界观形成，是有决定意义的。一处说“少而好学”，一处说“少时从游学”，到底是什么时候？时间有多长？班固写《扬雄传》时“赞”曰：

> 初，雄年四十余，自蜀来（至）游京师，大司马车骑将军王音奇其文雅，召以为门下史……

据考证，四十余当作三十余[①]，至少三十岁以前他是在成都学习。一是时间相当长，二是“少时”——实际包括青壮年时期，可以说是世界观及其性格形成的关键时期。

上面关于他“为人”的记述，“简易佚荡”、“默而好为深沉之思，清静无为”……我们可以说是受了严君平的影响，是道家思想熏陶、习染所致。上面我们说他四处向人“称君平德”，而且认为“君子德名为几”，严君平之德若何？扬雄称曰：“蜀严湛冥，不作苟见，不治苟得，久幽而不改其操，虽随、和何以加诸？”[②] 对比班固述扬雄为人之言，难道不是一个精神吗？当然，扬雄与严君平也不同，他没有隐居教学，而是终老于朝廷，可以说属于“朝隐”[③] 之列，虽在朝任职而淡泊恬退与隐居无异，

---

① 参阅周寿昌《汉书注校补》。

② 班固：《汉书》卷七十二，《王贡两龚鲍传》，中华书局 1962 年版，第 3098 页。

③ 《法言·渊骞》讨论过“隐道多端”的问题。

而扬雄“恬于势利”的表现是十分明显的。“朝隐”者属于黄老道家思想，他不是“出世”而是“入世”的，是想用他的思想主张施之于政的，如他认为像严君平这样的人乃国之宝，“举兹以旃，不亦宝乎！”只不过“不逢其时”（论“隐道多端”之语）而归隐了。扬雄本人始至京师，“待诏”之时，每每以赋讽谏，到后来用《法言》阐述其思想政治主张，乃至其最后的“剧秦美新”也无不表达其政治思想。“剧秦美新”是他不光彩之作，有人批评他“尸位素餐”（《文选》李善注），有人原谅他“求免于祸，非本情也”（李周翰注）。他以秦新并提，或有寓意，又称赞拒绝王莽的龚胜：“楚两龚之洁，清矣乎！”总之他是“不逢其时”，“成、哀、平间”“三世不徙官”，王莽时只是“以耆老久次转为大夫”。他“恬于势利”是有明确认识的，早年好赋时认为屈原文过相如，但不该投江而死，“以为君子得时则大行，不得时则龙蛇”，这也是他朝隐的原因。“立功”不成，只好“立言”了，终于变成了“其意欲求文章成名于后世”。

扬雄的“文章”，他的著作，是他留给后世的精神财富，其主要著作，班固写道：

> ……以为经莫大于《易》，故作《太玄》；传莫大于《论语》，作《法言》；史篇莫善于《仓颉》，作《训纂》；箴莫大于《虞箴》，作《州箴》；赋莫深于《离骚》，反而广之；辞莫丽于相如，作四赋，皆斟酌其本，相与放依而驰骋云。

清人严可均辑《全汉文》，334人六十三卷，扬雄仅次于著录五卷的刘向而占有四卷（不包括《太玄》《法言》等著作，而刘向文包括《别录》《新序》等著作），可见其著作之丰，而且“篇籍俱存”，有流传，就有影响。

其著作的影响和评价也是值得讨论的一个问题，因为班固评其著作说：“用心于内，不求于外，于时人皆曶之；唯刘歆及范逡敬焉，而桓谭以为绝伦。”又引用了刘歆对扬雄说的话：“空自苦！今学者有禄利，然尚不能明《易》，又如《玄》何？吾恐后人用覆酱瓿也。”这些话容易引起误会，“时人曶之”，“空自苦”，还有“人希至其门”等等，说他的著作当时没有影响，由于《太玄》难懂，后世影响也不大。实际并不如此，刘歆之言，实为戏言，实际上刘歆是十分敬重扬雄的。有一篇扬雄的《答刘歆书》[①]，也可以看出两人关系密切，该书中提到张敞的孙子张伯松（张竦），与他也有较深的来往，伯松称其书“是悬诸日月不刊之书也”。

另外，班固记他晚年情况，一方面说他“家素贫，耆酒，人希至其门”。另方面又说：“时有好事者载酒肴从游学，而钜鹿侯芭常从雄居，受其《太玄》《法言》焉。”这“好事者”三字如果不误，用得有点奇特，是褒是贬，意义难明，但有一点可以肯定，扬雄的著作，在当时并非无人所知的（这和王充的《论衡》不同），至于《太玄》难明，那是另一回事，因此班固说：“自雄之没至今四十余年，其《法言》大行，而《玄》终不显，然篇籍俱存。”则扬雄死后四十多年，其《法言》就已经“大行”，至于《太玄》“不显”，也许是事实，班固引述说：

> 时大司空王邑、纳言严尤闻雄死，谓桓谭曰：“子尝称扬雄书，岂能传于后世乎?”谭曰：“必传。顾君与谭不及见也。”……今扬子之书文义至深，而论不诡于圣人，若使遭遇时君，更阅贤知，为所称善，则必度越诸子矣。

桓谭在《新论》中还预言：“玄经，数百年其书必传。”事实上比桓谭预言的时间要短，东汉中后期就日益被人重视了，王充“称善”其书是最明显的。王充说：“汉作书者多，司马子长、扬子云，河汉也，其余泾渭也。……子云无世俗之论。”[②] 其《超奇篇》更说：“扬子云作《太玄经》，造于眇思，极窅溟之深，非庶几之才，不能成也。……所谓卓尔蹈孔子之迹……”与孔子相提并论。从东汉末年开始，为《太玄》作注的就不少了，晋常璩《华阳国志·蜀郡士女赞》云：

> （扬雄）以经莫大于易，故则而作《太玄》……其玄渊源懿，后世大儒张衡、崔子玉、宋仲子、王子雍皆为注解。吴郡陆公纪尤善于《玄》，称雄圣人。

① 严可均校辑：《全上古三代秦汉三国六朝文》卷五二，《全汉文》，中华书局 1958 年版，第 410～411 页。

② 《论衡·案书》，诸子集成本，中华书局 1954 年版。

汉末魏晋时作注者很多，除了这里列举的张衡、崔瑗（子玉）、宋衷（仲子）、王肃（子雍）、陆绩（公纪）等人为注解之外，还有侯芭、虞翻、李譔、范宁等人的注本。唐宋以后注解者也不少，初步统计不下五十多种[①]。流传的情况约可见其对后世的影响。如果说他死后“《法言》大行，而《玄》终不显”的话，后来《玄》的影响或者大于《法言》，下节我们将具体讨论这个问题。

话再说回来，进一步谈扬雄的世界观问题，以上所述他少时学《老子》，初步形成了道家的世界观，但属于黄老道家，“入世”而不“出世”，所以由成都到京师，以求建立功业，自己擅长词赋，所以学习司马相如以赋讽谏，先后上《甘泉》《长杨》等赋，开始还引起过注意（成帝“异焉”），后来习以为常，实际未起任何作用[②]。扬雄于是放弃赋劝的做法，转而作《太玄》《法言》，以阐述自己的思想主张。这是扬雄自觉的转变：

> 雄以为赋者，将以风也，……往时武帝好神仙，相如上《大人赋》，欲以风，帝反缥缥有陵云之志。繇是言之，赋劝而不止，明矣。……于是辍不复为。而大潭思浑天，参摹而四分之，……极之七百二十九赞，亦自然之道也。……玄文多，故不著……

从此不再为赋，转而作《玄》！为什么要作《玄》，他作《解嘲》解之；《玄》又难知、难学，又作《解难》解之。《解嘲》《解难》两文表述了他的世界观和人生观，而且是比较成熟的世界观。且略述如下：

> 时雄方草《太玄》，有以自守，泊如也。或嘲雄以玄尚白（师古曰：玄，黑色也。言雄作之不成，其色犹白，故无禄位也。）……

嘲笑他没有什么禄位，作《太玄》也是白费力气。他通过对历史和历史人物成败得失的分析，进一步从认识贵贱贫富、安危祸福的变化中，得出自己的理想和追求：

---

① 参阅刘韶军：《太玄研究》，武汉出版社 1991 年版。

② 应该说赋的指导思想也是属于道家的，当专门讨论。

且吾闻之，炎炎者灭，隆隆者绝；观雷观火，为盈为实，天收其声，地藏其热。高明之家，鬼瞰其室。攫拏者亡，默默者存；位极者宗危，自守者身全。是故知玄知默，守道之极；爰清爰静，游神之廷；惟寂惟寞，守德之宅。世异事变，人道不殊，彼我易时，未知何如。

“玄默”、“守道”、“清静”、“游神”、“寂寞”、“守德”，岂非明显的道家世界观。但他不是避世的，他“欲求文章成名于后世”。“立功”不成，建议不为当权者所采纳，而希望“立言”以影响后世。所以他又设客问，历史上讲“功成身退，祸福之机”的范雎、蔡泽没有《玄》不也成名了吗？扬雄解释说：

夫蔺先生收功于章台，四皓采荣于南山，公孙创业于金马，票骑发迹于祁连，司马长卿窃訾于卓氏，东方朔割（名）〔炙〕于细君。仆诚不能与此数公者并，故默然独守吾《太玄》。

他自己选择的“成名”的办法就是著《太玄》。

《解难》实际是《解嘲》的续篇，假设“客难”，你既然要著书给众人看，为什么写得那么艰深难懂，有点像“画者画于无形，弦者放于无声”，他说：“俞！”（然也！）在列举其“势不得已”的理由之后，写道：

盖胥靡为宰（注引李奇曰：造化之神，宰割万物也。）寂寞为尸（注引李奇曰：道化以寂寞为主。）；大味必淡，大音必希；大语叫叫，大道低回。是以声之眇者不可同于众人之耳，形之美者不可棍于世俗之目，辞之衍者不可齐于庸人之听。……老聃有遗言，贵知我者希，此非其操与！

这不就是他对《老子》的理解和发挥吗？扬雄写作的指导思想，是以道家为主导的，不但《太玄》是属于道家的（详下），其他著作中也充满着道家思想，这是值得进一步探讨的。当然，不可否认其有不少儒家的内容，也会有其他各家的内容，这是很好理解的：首先，学者们儒道兼综，博通百家已是一发展趋势；其次，黄老道家本来就是“采儒、墨之善，撮名、法之要”的；第三，或者还有“势不得已”之处，这也是一个值得进一步探讨的问题。儒学被尊为官方之学，有着很大的势力和影响，它的招牌打一下是必要的，何况儒家本身也在变化，也吸收了其他各家的思想呢？最后我们还想说，扬雄列入儒家是从班固开始的，他的影响越来越大，后世儒者也愿意这位大家是自己的同门。唐代韩愈说：

> 晚得扬雄书，益尊信孟氏，因雄书而孟氏益尊，则雄者亦圣人之徒欤？……孟氏醇乎醇者也，荀与扬，大醇而小疵。[①]

从韩愈这话我们可看出，开始他并未读扬雄之书，得书之后“益尊信孟氏”，为什么？是否因为《法言·吾子》中有“窃自比于孟子”这么一句话（这句话如何看？详下）。是不是韩愈当时只读了《法言》，没有读或者没有读懂《太玄》。韩愈认为扬雄“圣人之徒欤?”是带有疑问口气的。再以后推崇扬雄为儒者的，也有问题，如北宋孙明复说：

> 自西汉至李唐，其间鸿生硕儒摩肩而起，以文章垂世者众矣……始终仁义不叛不杂者，唯董仲舒、扬雄、王通、韩愈而已。[②]

这说法实在有些勉强。司马光为《太玄》作注，他写《读玄》时说：

> 扬子云真大儒者耶，孔子既没，知圣人之道者，非子云而谁？孟与荀殆不足拟，况其余乎？观玄之书，昭则极于人，幽则尽于神，大则包宇宙，小则入毛发。合天地人之道以为一，括其根本，示人所出，胎育万物，而兼为之母，若地履之而不可穷也，若海挹之而不可竭也。盖天下之道，虽有善者，蔑以易此矣。

这倒是值得讨论的问题，《太玄》的主导思想究竟该属哪一家？

---

① 韩愈撰，马其昶校注，马茂元整理：《韩昌黎文集校注》第一卷（原卷一一），《读荀》，上海古籍出版社1986年版，第36～37页。

② 《孙明复小集·答张洞书》。

二、《太玄》对黄老道论的继承和发展

《太玄》是扬雄最重要的著作，历代的影响很大（上已提到），今人研究者也颇多，有的说它是一部模仿《周易》而作的卜筮之书，有的甚至说它对《周易》的模仿是失败的，大多数都还是承认它是一部哲学著作，有的学者说得好：

> 《太玄》是扬雄潜心精思之作，构筑了一个庞大的哲学体系。……可以说没有《太玄》，扬雄就称不上是一位有个性的哲学家。

这是任继愈主编的《中国哲学发展史》①（秦汉）中指出的，该书在论述扬雄思想时，在《新哲学体系的创立及其内在矛盾》一节，论述得比较全面而且翔实。在其基础上，我们作如下一些说明：

道家和儒家的一个重要不同就是讲世界本原。讲宇宙发展规律，黄老道家继承和发展《老子》的思想，并且对于"道"的本身及其作用等，"多为之辞，博为之说"，从各个方面加以论述，形成了一整套"道论"。扬雄的《太玄》确实是继承和发展了黄老道家"道论"。他的"玄"，就是道家的道。他以"玄"代替了"道"，但有关"道"的问题又没有说得很清楚。他的"玄论"和西汉前期形成的"道论"有许多不同，但基本点是一致的。

首先，扬雄以"玄"代"道"，也许是出于他对《老子》第一章原文的理解，《老子》说："道可道非常道，名可名非常名。无名天地之始，有名万物之母。故常无欲以观其妙，常有欲以观其徼。此两者同出而异名，同谓之玄，玄之又玄，众妙之门。"再加上《老子》第六章说："谷神不死，是谓玄牝。玄牝之门是谓天地根。"这里，"玄"字除了幽深、微妙之外，不也是有与"道"、"有"、"无"等同的意义吗？因此，扬雄以"玄"来作为宇宙的初始和万物的根本，是对黄老新道家"道论"的继承和发展，《玄摛》中作了"玄"为世界和万物本原的说明，《玄摛》开始就

---

① 任继愈：《中国哲学发展史》（秦汉），人民出版社 1985 年版，第 382 页。

写道：

> 玄者，幽摛万类而不见形者也。资陶虚无而生乎规，𫔎神明而定摹，通同古今以开类。摛措阴阳而发气。一判一合，天地备矣。天日回行，刚柔接矣。还复其所，终始定矣。一生一死，性命莹矣。

“不见形”的“玄”，是万事万物的根本，凭借、陶冶虚无而生成天道（《玄图》说：天道成规……），并且贯通“神明”而确定万事万物的种类、活动及法则（规、摹皆有法意）。天地万物的产生及其变化，又是通过阴阳两气的一分一合所形成的。《太玄》就是这样说明宇宙初始和万物的根本。

另一些直接阐述“玄”的文字说：

> ……故玄聘取天下之合而连之者也。缀之以其类，占之以其觚，晓天下之瞶瞶，莹天下之晦晦者，其唯玄乎！

玄是使宇宙万物普遍联系的东西，它能够使模糊、晦暗的事物晓明起来。

> 夫玄晦其位而冥其畛，深其阜而眇其根，攘其功而幽其所以然也。故玄卓然示人远矣，旷然廓人大矣，渊然引人深矣，渺然绝人眇矣。嘿而该之者，玄也。

不显露、深藏、幽静的“玄”是囊括一切的。

> ……仰而视之在乎上，俯而窥之在乎下，企而望之在乎前，弃而忘之在乎后，欲违则不能，默而得其所者，玄也。

玄是无所不在的，不能违背它，“故玄者用之至也”。它的功能是至极而无以复加的。智、仁、勇、公、通、圣、命和道、德、仁、义、业、阴、阳等，都是玄之用，它们只有某种特定的功能，只有玄才无所不能，所以说：

> 阳知阳而不知阴，阴知阴而不知阳，知阴知阳，知止知行，知晦知明者，其唯玄乎！

由以上所引述不难看出，玄和道一样是宇宙事物的本原，其功能和作用也是根本性的，是宇宙万物运动、变化的根本动力。

那么究竟什么是“玄”呢?《玄摛》中曾说：

> 其上也悬天，下也沦渊，纤也入薉，广也包轸。其道游冥而挹盈，存存而亡亡，微微而章章，始始而终终。近玄者玄亦近之，远玄者玄亦远之。譬若天苍苍然，在于东面、南面、西面、北面，仰而无不见焉，及其俯则不见也。天岂去人哉？人自去也！

这和《淮南子》“论道”一样，“多为之辞，博为之说”，不容易讲清楚，但扬雄认为，对于玄的理解，靠个人之领悟。他自认为是领悟了这个“玄”字的，故作《太玄》。

上述关于“玄”的本体性，关于“玄”的功能和作用，《太玄》其他篇的描述，和《玄摛》的描述基本是一致的。如《玄告》说：

> 玄生神象二，神象二生规，规生三摹，三摹生九据……

这应该是“道生一，一生二，二生三，三生万物”① 的发展。还说：

> 玄者神之魁也。天以不见为玄，地以不形为玄，人以心腹为玄。

这是对玄的又一种说明。又如《玄图》说：

> 夫玄也者，天道也，地道也，人道也，兼三道而天名之……
>
> 玄有二道，一以三起，一以三生。

① 《老子》第42章。

可以说扬雄对三分法有广泛的运用，有人说："易为二元论，它（《太玄》）为三元论。"[①] 有人批评说：扬雄"这种三分法把阴阳对立统一所形成的发展过程的辩证实质阉割了"[②]。这是值得商榷的。扬雄不仅注意了阴阳的作用，而且还注意了它们如何发挥作用！这不是"失败"（金著认为《太玄》是对周易模仿的失败），而可说是前进了一步的发展。到底一分为二好，还是一分为三好，是一个值得讨论的问题，再说，三的思想也是《易传》中有的，《系辞》中：既有"一阴二阳谓之道"的说法，也有"参伍以变，错综其数"（疏云：参，三也；伍，五也。或三或五，以相参合，以相改变。）的说法，后者也有如何起作用这个意义。还有"三极之道"的提法，"三极"即卦中的天、地、人三才。这些难道扬雄会没有见到？难道不会作出他自己的思考？

扬雄的"玄论"，是对黄老新道家"道论"的继承，是毋庸置疑的，既讲宇宙事物的本原，又讲宇宙事物发展的总规律，并且在具体论述上有许多发展，除上述三分法之外，还有对于精、气、神等的理解和运用，以及许多辩证法思想的阐述等。有的学者说："关于'玄'的说明，关于八十一首，关于罔直蒙酋冥，关于三摹四重九据，等等，都是扬雄的发明。"[③] 这里不一一详述，但要指出，"玄论"比"道论"更进一步建立了一个完整的哲学体系。其所建立体系的成败得失，见仁见智，会有不同的看法。他所建立的体系，不仅费解，现在看来是有某些明显的不妥之处的，例如在《吕氏春秋》《淮南子》的基础上，以五行、四时相配，构成一个庞大的"世界图式"，它用 81 首、729 赞来表示，在一定的框框中编组一系列的物事，不但烦琐，且很有些牵强，这只要看《玄数》按照金、木、水、火、土的相配就清楚了（不作具体征引）。扬雄之所以能构造出一个无所不包的"世界图式"，是他潜心精思的结果，也是与当时的历史条件分不开的，与当时的思想成就是分不开的，他自己明说、事实也证明是模仿《易经》的，应该说：包括《易传》乃至《易纬》在内，即包括汉代人研究《易》的成就。此外，主要是黄老新道家的思想成就，包括《吕

---

① ［日］渡边秀方氏：《中国哲学史概论》一篇八章二节，商务印书馆 1926 年版，刘侃元译。

② 金春峰：《汉代思想史》，社会科学出版社 1987 年版，第 436 页。

③ 任继愈：《中国哲学发展史》（秦汉），人民出版社 1985 年版，第 398 页。

氏春秋》《淮南子》以及他的老师严君平的《老子指归》等。当然也有儒家、阴阳家等的成就，但这是黄老道家一直不断吸收和改造着的。另一重要的是当时自然科学的成就，包括天文、历法、物候月令，以及音乐律吕等多方面的知识，这些在扬雄的“玄论”中是有所反映的，这方面的意义和价值，也许还是一个有待进一步认识的问题。

另一个不可回避的问题是扬雄论仁、义、礼、智以及君臣、父子等关系的内容不少，这可说主要是属于儒家的东西。因此，后人也很容易把扬雄向儒家方面拉扯，班固是如此，唐宋以后更是如此，司马光在《说玄》中将《太玄》和《易》作比较，他写道：

> 《易》与《太玄》，大抵道同而法异。易画有二，曰阳曰阴；玄画有三，曰一曰二曰三。易有六位，玄有四重。……殊途而同归，百虑而一致，皆本于太极、两仪、三才、四时、五行，而归于道德仁义礼也。

据此而认为司马光主张扬雄主要是儒家思想也可以，但他是比较客观的，用了一个“本于”、一个“归于”，“归于”“一致”的是道德仁义礼。扬雄注重人道，这是他与《老子》的不同之处，所以他曾说：“《老子》之言道德，吾有取焉耳。及搥提仁义，绝灭礼学，吾无取焉耳。”① 他是要讲仁义、礼学的，但这恰恰是属于黄老新道家的思想，是“采儒、墨之善，撮名、法之要”，不排斥道德仁义。不过扬雄也许强调人道中的伦理道德比汉初黄老道家更为突出罢了，汉初黄老道家主要是强调人道中的政治（无为而治），这是因为具体的时代条件有所不同。借用司马光的“本于”来说，司马光是从《易》的角度来看“本于”的，“太极、两仪、三才、四时、五行”等都是《易》中所有的，但在《太玄》中已大大不同了，《太玄》认为本在于“玄”，这在《太玄》中是表述得很清楚的：

> 夫天、地设故贵贱序，四时行故父子继，律历陈故君臣理（《玄摛》）。昼夜相承，夫妇系也。终始相生，父子继也。日月合离，君臣

① 《法言·问道》，诸子集成本，中华书局 1954 年版。

义也。(《玄图》)

把自然现象摆在伦理关系的前面，是处于“本”的地位。《玄摛》中还明确地指出，道德仁义是玄之用：

故玄者用之至也：见而知之者智也，视而爱之者仁也，断而决之者勇也，兼制而博用者公也，能以偶物者通也，无所系辁者圣也，时不时者命也；虚而无形、万物所道之谓道也，因循无革、天下之理得之谓德也，理生昆群兼爱之谓仁也，列敌度宜之谓义也，秉道德仁义而施之之谓业也，莹天功明万物之谓阳也，幽无形深不测之谓阴也。阳知阳而不知阴（下文已见前引）知阴知阳。……其唯玄乎！

道德仁义乃至阴阳都是玄之用，一切都是玄决定的，玄是根本。道德仁义在“玄论”中的地位就是如此。据此而认为《太玄》属于道家，是符合实际的，这方面没有矛盾，没有说不通之处。也可不必说儒、道兼综，因为儒、道本来就一直在互相吸收、互相补充，这与认定一个人、一本书的基本思想并不矛盾。

《太玄》把“玄”提到“极至”（“太极”）的地位，故名“太玄”。在当时不被人理解，但对一二百年后的“玄学”之兴起是有十分明显的影响和作用的。那是后话，这里就不再说下去了。

三、《法言》之作及其对诸子的态度

扬雄为什么作《法言》，《汉书》所录其《自序》讲得很清楚：

雄见诸子各以其知舛驰，大氐诋訾圣人，即为怪迂，析辩诡辞，以挠世事，虽小辩，终破大道而或众，使溺于所闻而不自知其非也。及太史公记六国，历楚汉（讫）麟止，不与圣人同，是非颇谬于经。故人时有问雄者，常用法应之，撰以为十三卷，象《论语》，号曰《法言》。

其目的是批评诸子，申言“大道”。扬雄自恃甚高，认为自己的言论是最正确的，近乎典训，别人都应该听从，故名曰“法言”，此名之取义当亦来自《论语》，《论语·子罕》曰：“法语之言，能无从乎?”此书虽然是回答常人之问，不像《太玄》那么难读，但由于扬雄爱用古字古义（也许因为他专长文字学），文辞古奥，仍然有许多使后人不好读不好理解之处，从而也产生种种不同的分歧意见，例如黄侃在《法言义疏后序》中写道：

> 杨子以希圣之资，遭五百之会，所为《法言》，继迹孟、荀，次于经传。徒以义训奇佤，文辞简奥，学者失其句读，迷其旨趣。注家自李弘范右道左儒，已非杨子之义。至令朱元晦疑其全出黄、老，诋为腐生，不亦诬乎!

这是讨论扬雄及其思想属儒属道的问题。

我们认为朱熹关于扬雄的评论是值得注意的，他本人可说是一位大儒，他对于儒、道均有较深的研究，他对于诸子也有较深的认识，当时其他大儒也是如此，而且他们都讨论过扬雄的问题。这里且先看看朱熹的几处评论①：“扬子说到深处，止是走入老庄窠窟里去，如清静寂寞之说皆是也。又如《玄》中所说云云，亦只是庄老意思……”其他几次说扬雄“其学似本于老氏”、“所见多老氏者”，多半以《太玄》而言的，并且对他“添两作三”不以为然：“扬子云见一二四都被圣人说了，却杜撰，从三上起数。”“（爰问：温公最喜《太玄》）曰：温公全无见处。若作《太玄》，何似作历？老泉尝非《太玄》之数，亦说得是。”由此亦可见宋人对扬雄著作的研究和评论不少。他们的研究和评论当然不止《太玄》，朱熹另答“问荀扬王韩四子”时说：

> 扬雄则全是黄老。某尝说，扬雄最无用，真是一腐儒。他到急处，只是投黄老。如《反离骚》并“老子道德”之言，可见这人更无说，自身命也奈何不下，如何理会得别事？如《法言》一卷，议论不明快，不了决，如其为人。他见识全低，语言极呆，甚好笑！

---

① 以下引文均见《朱子语类》卷一三七《战国汉唐诸子》。

朱熹的评论不是很容易得出的，必须仔细读了扬雄的书才随口说出，评论者当然有自己的视角和观点，诋为腐儒也未免偏激，然而“他到急处，只是投黄老”的这种看法，在我看来是很值得进一步说明的。

回到本题上来说，《法言》一书的指导思想究竟该如何看？“右道左儒”的李轨（弘范）作《法言》最后一篇注时说：“始于《学行》，而终于《孝至》，始终之义，人伦之事，毕矣。”全书主要讲人伦之事，而且具体是讲道德仁义，这与黄老有关系吗？再者，书中说“圣人行仁义之道”，谁是圣人？“道”的意义怎样？还有，其对诸子的评论皆如何看？等等，一系列问题需要说明。

《法言》与《太玄》不同，极少论述事物本原问题①，主要讲仁义之道，正是在这一点上，他说：

> 老子之言道德，吾有取焉耳。及搥提仁义，绝灭礼学，吾无取焉耳。②

明确提老子，而且说有取、无取，也就这一处。但其深受老子思想影响，有取于老子思想者，却见于许多字里行间（详下）。而从为政出发，讲仁义礼法，例如《先知》中论“为政日新”：

> 使之利其仁，乐其义。厉之以名，引之以美，使之陶陶然之谓日新。

他甚至说作《太玄》也是为了“仁义”：

> 或曰：“玄何为？”曰：“为仁义。”③

这与黄老道家“采儒、墨之善，撮名、法之要”是不矛盾的。扬雄没有打黄帝的旗号，他认为“黄帝终始”是“托也”，假借的。但除了战国时人

① 并非全无本原之论。
② 《法言·问道》，诸子集成本，中华书局1954年版。
③ 《法言·问神》，诸子集成本，中华书局1954年版。

公开打黄帝旗号，汉及以后的学者都不相信黄帝确有其人，而又常以“黄老”并称，成为道家的一个代名词。

《法言》中不怎么讲“玄”，但《问神》中提到而且很突出，在上引他说为“仁义”而作《玄》之前还有几句写道：“或曰：‘述而不作，《玄》何以作？’曰：‘其事则述，其书则作。’”可见扬雄自恃甚高，孔子尚且只述而不作，他却能自成一家之书。联系上面有一句“书不经，非书也”，他的书是属于“经典”之类的书。再联系他说作《玄》的前提和对比：

> 或曰：“淮南、太史公者，其多知与？曷其杂也！”曰：“杂乎杂！人病以多知为杂，惟圣人为不杂。”

《淮南子》《太史公书》是有点杂呀！不太好。而他的《玄》是“勿杂也而已矣”，只有圣人才不杂，扬雄显然是以“圣人”自喻了。他的《玄》是为“仁义”而作的，他论“仁义”是在论“玄”的基础上展开的。他是先作《太玄》，后作《法言》①，所以《法言》中就不必再讨论“玄”了。

但是《法言》中比较多地讲“道”，这个大体相当于“玄”的“道”有多种含义，《法言》中论述了其部分含义，并且有一些与黄老道家之“道论”是相承相通的。其《问道》一篇就比较集中地论述了“道”的性质，如：

> 道也者，通也，无不通也。（注云：万物由之以通。）
> 道若涂若川，车航混混，不舍昼夜。
> 吾于天与？见无为之为矣！
> 或问：“道有因无因乎？”曰：“可则因，否则革。”

关于道的自然性质，其他地方也不时表现出来，如《君子》中有：

> 有生者必有死，有始者必有终，自然之道也。

① 这一点学界已有定论。

至于道家“道论”中的其他一些观点，也是时时表现的，《问道》中还有，如：

> 夫道以导之，德以得之，仁以人之，义以宜之，礼以体之，天也。

这里“天”与“道”有相等的意义。

> 水，测之而益深，穷之而益远；火，用之而弥明，宿之而弥壮。

这是借论“水火”而论“道”。

> 或问“无为”。曰：“奚为哉？在昔虞、夏袭尧之爵，行尧之道，法度彰，礼乐著，垂拱而视天下民之阜也，无为矣。绍桀之后，纂纣之余，法度废，礼乐亏，安坐而视天下民之死，无为乎？”

这是用历史事实来解释“无为”。

以上这些“道论”（当然还有不少），应该说皆取之于道家。不过，《法言》中强调的是“圣人之道”①，或者说“正道”，也就是仁、义、礼之道，他说：

> 适尧、舜、文王者为正道，非尧、舜、文王者为它道，君子正而不它。②
>
> 由其大者，作正道；由其小者，作奸道。③
>
> 尧、舜之道皇兮，夏、殷、周之道将兮，而以延其光兮。④

---

① 《法言·先知》，诸子集成本，中华书局1954年版。
② 《法言·问道》，诸子集成本，中华书局1954年版。
③ 《法言·问道》，诸子集成本，中华书局1954年版。
④ 《法言·孝至》，诸子集成本，中华书局1954年版。

而且这“正道”是由“圣人”体现出来的，又是在《五经》中存在的：

舍《五经》而济乎道者，末矣。……委大圣而好乎诸子者，恶睹其识道也。①

这里明显是抬举《五经》，贬低诸子。据此似乎可说扬雄是尊信儒家经典的。不过，儒家以《五经》为“经典”虽是事实，但不能排斥其他各家也可学习《五经》，甚至如班固所说，六艺乃百家之源②。今之学者愈来愈重视《易》与道家的关系，而扬雄之学也是与《易》有关系的。而且扬雄之讲《五经》与当时一般儒者不同，主要取其“仁义之道”。而《经》的本身，在扬雄看来是有“难易”的问题，《问神》中就写道：“或问‘经之艰易’。曰：‘存亡’。或人不谕。曰：‘其人存则易，亡则艰。……’”一般考证认为“人”当为“文”之误③，是对的，《五经》之文在当时确有“存亡”，有全存的如《易》《诗》《春秋》，有半存半亡的，如《书》《礼》，也有全亡的如《乐》。没有“文”的存在，那就难了。

但问题还不止此，有了文本还要能读懂，要一个“门户”才可入。虽有传注也不可靠，或者扬雄看来是如此，《君子》中说：

或曰：“甚矣！传书之不果也。”曰：“不果则不果矣，又以巫鼓。”

另外，经书上记“圣人之道”如何领会、运用也是一个问题，《先知》中写道：

或曰：“以往圣人之法治将来，譬犹胶柱而调瑟，有诸?”曰：“有之。”曰：“圣君少而庸君多，如独守仲尼之道，是漆也。”曰：“圣人之法，未尝不关盛衰焉。昔者尧有天下，举大纲，命舜、禹、

① 《法言·吾子》，诸子集成本，中华书局1954年版。
② 班固：《汉书》卷三十，《艺文志》，中华书局1962年版。
③ 汪荣宝：《法言义疏》，中华书局1987年版，第169页。

夏、殷、周属其子，不胶者卓矣！……”

“圣人之法”、“仲尼之道”是不应“胶柱”对待的。那么该如何学习《五经》、学习“圣人之道”（或者说“仁义礼之道”）呢？当由“门户”而入，《吾子》写道：

> 山径之蹊，不可胜由矣；向墙之户，不可胜入矣。曰：“恶由入。”曰：“孔氏。孔氏者，户也。”曰：“子户乎？”曰：“户哉！户哉！吾独有不户者矣。”

孔氏当即孔子。他告诉大家，孔子是入道之户，要从孔子学起，一方面因为“孔子之道，其较且易也”，另方面他认为孔子所述为“正道”。当他说“孔子之道”较然易知时，人们问道：“童而习之，白纷如也，何其较且易？”为什么有人“皓首而乱”（注文）？他解释说：

> 谓其不奸奸，不诈诈也。如奸奸而诈诈，虽有耳目，焉得而正诸？①

所以他强调：

> 好书而不要诸仲尼，书肆也。好说而不要诸仲尼，说铃也。君子言也无择，听也无淫。择则乱，淫则辟。述正道而稍邪哆者有矣，未有述邪哆而稍正也。②

《问道》中曾明确说：“适尧、舜、文王者为正道。”为什么要强调圣人之道呢？《吾子》中讲得很清楚：“震风陵雨，然后知夏屋之为帡幪也；虐政虐世，然后知圣人之为郛郭也。”他身处当时“虐政虐世”（这似乎不必再具体说明），“惟笃守圣人之道者足以自全”③。身处无道之世，他没有也不

---

① 《法言·吾子》，诸子集成本，中华书局 1954 年版。
② 《法言·吾子》，诸子集成本，中华书局 1954 年版。
③ 汪荣宝：《法言义疏》，中华书局 1987 年版，第 81 页。

主张隐遁，他说："圣人乐陶成天下之化，使人有士君子之器者也，故不遁于世，不离于群。遁离者，是圣人乎？"① 即便是隐，也作一个"朝隐者"②，前述他的后半生表现是属于朝隐的。

大的理想是以圣人之道（仁义礼之道）成化天下，退一步说则守圣人之道以自全，因此他又强调"修身"、"治己"、"自守"，《修身》一篇较集中地讲了这方面的道理，主张"君子强学而力行"，"修其善则为善人，修其恶则为恶人"，要学"仁、义、礼、智、信"，要"刻意"去学，如孟子所说："夫有意而不至者有矣，未有无意而至者也。"而且"治己以仲尼"，仲尼之道学也不易，但一定要学，否则如同"三年不目日，视必盲；三年不目月，精必朦"，不学就会成为瞎子。

以上讲了许多"圣人"、"圣人之道"，到底在扬雄心目中谁是圣人呢？有的人过分强调了他对孔圣人的尊奉，这也是值得讨论的一个问题。

首先，扬雄所说的圣人，主要着眼于道德仁义以及政治理想人物，有一定抽象性，具体就是尧舜、文武这样一些被理想化的人物。《修身》中提出人分三类：

> 圣人耳不顺乎非，口不肆乎善；贤者耳择、口择；众人无择焉。或问："众人。"曰："富贵生。""贤者。"曰："义。""圣人。"曰："神。"观乎贤人，则见众人；观乎圣人，则见贤人；观乎天地，则见圣人。天下有三好：众人好己从，贤人好己正，圣人好己师。天下有三检：众人用家检，贤人用国检，圣人用天下检。天下有三门：由于情欲，入自禽门；由于礼义，入自人门；由于独智，入自圣门。

另外他还有"君子"、"有德者"之类的提法，或者类似上述之"贤者"，《吾子》中说：

> 君子之道有四易：简而易，用也；要而易，守也；炳而易，见也；法而易，言也。

① 《法言·先知》，诸子集成本，中华书局1954年版。

② 《渊骞》中有一段关于"隐道多端"的论述，表达了此种看法。

他对人的这种分类应该如何看？有何价值和意义？是值得分析的，这里暂且不论。或者这个分类不是绝对的，是比较而言的，“观乎天地，则见圣人”，“天地，圣人之取法”（司马注），圣人为贤者所取法，贤者为众人所取法，只要注重“修身”，是可以成为“贤者”、“圣人”的，只要是人就应该这样去做：

> 或问：“何如斯谓之人？”曰：“取四重，去四轻，则可谓之人。”曰：“何谓四重？”曰：“重言，重行，重貌，重好。言重则有法，行重则有德，貌重则有威，好重则有观。”“敢问四轻。”曰：“言轻则招忧，行轻则招辜，貌轻则招辱，好轻则招淫。”①

“重”与“轻”当即一个修养问题。人可以变，这一点扬雄在《吾子》中也说了：

> 圣人虎别，其文炳也。君子豹别，其文蔚也。辩人狸别，其文萃也。（注：“萃然有文采，异于貒貉。”按：人与禽兽是不同的。）狸变则豹，豹变则虎。
>
> 谓辩人勉而行之，则可以为君子；君子进德不息，则可几于圣人也。②

据上所述，圣人是最理想的人物，是人生的最高境界，《五百》中说：“圣人有以拟天地而参诸身乎？”《先知》中说：“圣人，文质者也。”等等，都是就“圣人”的普遍意义而言。那么，孔子是不是圣人呢？我们不否认扬雄是同意孔子为圣人的，我们用“同意”两字，因为从《法言》的论述中不难看到，是当时大家都说孔子是圣人，他表示同意。并且以孔子为“户”教化众人。实际上关于孔圣人是有很多疑问的，例如：

> 或曰：“仲尼圣者与？何不能居世也，曾范、蔡之不若！”曰：

---

① 《法言·修身》，诸子集成本，中华书局 1954 年版。

② 汪荣宝：《法言义疏》，中华书局 1987 年版，第 73～74 页。

> “圣人者范、蔡乎？若范、蔡，其如圣何？”①
>
> 或问：“孔子之时，诸侯有知其圣者与？”曰：“知之。”“知之则曷为不用？”曰：“不能。”②
>
> 或问：“孔子知其道之不用也，则载而恶乎之？”曰：“之后世君子。”（注：许来哲。）曰：“贾如是，不亦钝乎？”③
>
> 或曰：“孔子之道不可小与？”④

孔子在生时有如丧家之犬，汉人“推明孔氏”，奉为“圣人”，自然有许多矛盾之处，为了要找一个求“圣人之道”的门户，不得已也只好同意大家的说法，免得引起无谓之争，在扬雄或者有些勉强，我们看上面当他讲孔子是求道之户而别人问“子户乎”时，他一连说两个“户哉”！户呀！户呀！我怎么可以不由这个户呢？儒学成为官方之学，孔子日益成为至圣先师，扬雄怎么能不举这个旗帜呢！许多人要举这个大旗，《吾子》中说：

> 或曰：“有人焉，曰云姓孔，而字仲尼。入其门，升其堂，伏其几，袭其裳，则可谓仲尼乎？”曰：“其文是也，其质非也。”敢问质。曰：“羊质而虎皮，见草而说，见豺而战，忘其皮之虎矣。”

有人说：“此刺新室之辞也。”⑤ 是否刺新室可备一说，有人要打仲尼的旗号是肯定的。因此他发挥了一通上述“虎别”、“豹别”之论。孔子也不过是一个普普通通的“人”（“有人焉”），他之成圣人，是“变”来的，是“进德不息”的结果。对于“正道”或者“天道”来说，仲尼不过是一个“驾说者”，后人也是可以学的，《学行》中写道：

> 天之道不在仲尼乎？仲尼驾说者也，不在兹儒乎？如将复驾其所说，则莫若使诸儒金口而木舌。

① 《法言·问神》，诸子集成本，中华书局 1954 年版。
② 《法言·五百》，诸子集成本，中华书局 1954 年版。
③ 《法言·五百》，诸子集成本，中华书局 1954 年版。
④ 《法言·五百》，诸子集成本，中华书局 1954 年版。
⑤ 汪荣宝：《法言义疏》，中华书局 1987 年版，第 71 页。

或曰："六国并，其已久矣。一病一瘳，迨始皇三载而咸。时激，地保，人事乎？"曰："具。"（重黎）

一个字概括了他的全面观点，下面的具体说明，把秦统一六国的客观条件都说到了，并且是很有道理的。

或曰："嬴政二十六载，天下擅秦。秦十五载而楚，楚五载而汉。五十载之际，而天下三擅，天邪？人邪？"曰："具。"

可见他分析问题的基本观点是比较全面、客观的。再举另一种类型的例子，如《孝至》中说：

或问："德有始而无终，与有终而无始也，孰宁？"曰："宁先病而后瘳乎？宁先瘳而后病乎？"

或问"大"。曰："小。"问"远"。曰："迩。"未达。曰："天下为大，治之在道，不亦小乎？四海为远，治之在心，不亦迩乎？"

诸如此类，岂非妙解。《法言》中有不少妙言妙语，发人深省，给人启迪，这里就不再一一说下去了。从许多具体论述中，分析其思想，究竟属于何家何派？我们再回到前引朱熹的那句话上来："他到急处，只是投黄老。"朱夫子的见识确有高人之处。

第十六章 《老子河上公章句》

世传有《老子河上公章句》（以下简称《河上注》），《隋书·经籍志》开始有明确记载，被称为《老子》的三大古本之一，其经文与许多文本多有不同之处，但与长沙马王堆出土的帛书本相同处较多，其版本价值值得进一步肯定。但此书究系何时作品？评论较多，值得进一步论定。它的思想内容，及其在黄老学发展史上的地位和价值，都是值得弄清楚的问题。

一、《河上注》的时代问题

《隋书·经籍志》列多种《老子道德经》二卷，在首列的一种下注云：

> 周柱下史李耳撰，汉文帝时，河上公注。梁有战国时河上丈人注《老子经》二卷，汉长陵三老毋丘望之注《老子》二卷，汉隐士严遵注《老子》二卷，虞翻注《老子》二卷，亡。

看文意是梁曾有过几种注本而均已亡佚。《老子》有多种注本是完全可能的，是否有署名相近的“河上公”和“河上丈人”两种注本？是否真有其人所作？这些就是问题了。因此，唐宋以来，就引出了许多讨论。书的流传是客观存在的，说是“伪书”也主要是讲作者和成书时代问题。

作者是伪托的，这一点似乎问题不大，有人对此做过比较细致的考证，其结论说：

> 战国之末，当有“河上丈人”，但并未为《老子注》。汉文帝时，实无河上公其人，更无所谓《老子章句》，今所传《老子河上公章句》，盖后汉人所依托耳。
>
> “公”与“丈人”二辞，其义无别。假托之人，盖偶题为河上公

耳。……盖彼无名氏之长者，以其居河之滨，谓之河上丈人可，谓之河上公，孰曰不可？若仿《汉志》“郑长者”之例，即号曰河上长者，似亦未尝不可也。①

其实这问题并不复杂，葛玄在作序时已经说明：“河上公者，莫知其姓名也。”虽然引了一段河上公授文帝《老子》的传说，但最后又交代说：

太上道君遣神人特下，教之便去耳，恐文帝心未纯信，故示神变以悟帝意，欲成其道真，时人因号曰河上公焉。

说这是宗教也好，说是交代事情的原委也好，总之河上公实无其人。

但《河上注》是确实有的，毋庸置疑。问题是何时之书？大的分歧是两个大的时间，一个是魏晋以后，一个是汉代。主张魏晋以后的，可以谷方的《河上公〈老子章句〉考证》为代表②，他从思想体系上比较分析，发现《河上注》与《抱朴子》属于同一思想体系，认定《河上注》是葛洪派道教徒撰写的一部著作，他从不同方面提出了一些理由，并进行了具体论述。但金春峰接着就发表了《也谈〈老子河上公章句〉之时代及其与〈抱朴子〉之关系》③，列举大量材料证明：“《河上注》思想与《抱朴子》思想迥异”，“《河上注》多用古义、汉义（汉代之思想、观念、用语）、实义注老”并“使用汉代之专有名词”，同时又“反映当代黄老思想之特征”，等等。真正是“考证精详，理据充足”。说《河上注》成书于魏晋之后，的确理由不充足。

但是成书于汉代，是西汉还是东汉，金春峰《汉代思想史》中专有一节谈《〈河上公注〉出于西汉》，认为“当是《指归》以前的作品”。在这一节中他归纳了三点进行商榷，即“1.《汉志》未著论；2. 体裁论（章句）；3. 思想演变论”。他的驳论是有道理的，不能说以上三方面西汉时没有。但进一步的论证，毕竟不如驳“魏晋说”有力。我们反过来说一

① 王明：《〈老子河上公章句〉考》，载《道家和道教思想研究》，中国社会科学出版社1984年版。

② 载《中国哲学》第七期，生活·读书·新知三联书店1982年版。

③ 载《中国哲学》第九期，生活·读书·新知三联书店1982年版。

句，西汉可能有的，东汉更可能有，除非是西汉有的东西，东汉消失了，并且要充分说明其消失的理由。在讨论中值得注意的一点是，金著所指出的："思想的规律是前人模糊不清的思想，在后起的作品中，往往得到较清楚的界说。"这确实可当作一条"规律"。但是否有一些在《老子指归》中作了明确陈述的思想，在《河上注》中尚多模糊不清呢？这就要具体比较了。金著举例说：

> 如道与一的关系，《河上注》既说："一，无为，道之子也"；"子，一也"。又说"道唯恍惚，其中有一"。《指归》则明确而清楚地指出"道生一，一者道之子"。

看不出两者有什么不同，道中有一，与"一者道之子"，似乎还是一致的。问题不在这里，任继愈主编《中国哲学发展史》（秦汉卷）的一段论述，可从侧面启发我们思考这个问题，他说：

> 它（指《河上注》）的缺点是对"道"与"一"的关系说得含糊不清，既说"一者道始所生"（10 章注），又说"道唯恍惚，其中有一"（21 章注），不如《淮南子》的"道始于一"的说法明白确定。①

当然不能说《河上注》早于《淮南子》，但从"道始于一"的这个说法来看，"道始所生"和"其中有一"比"道之子"也许更接近一些。思想演变的比较是重要的，也是必要的，下面在具体论述《河上注》的思想时，还可作些比较说明。

关于作者和成书的时间问题，还有一点人们很少考虑，这里也提出来说一说。是什么人？为什么要假托一个"河上公"或"河上丈人"？一种就是成书于魏晋以后的主张者，认为"后世道士者流"之伪托，葛玄就有这种主张，说"河上公"是"神人"之号。但是《河上注》毕竟不是道教经典，思想内容相去还甚远，虽有养生乃至精神上的"神域"，但绝无成仙的思想，其主旨在"言理国"，这一点唐人杜光庭已经指出：

① 《中国哲学发展史》（秦汉卷），人民出版社 1985 年版，第 642 页。

> （老子）诠注解疏，六十余家，言理国则严氏（按：严遵有《老子指归》和《老子注》）、河公（按：当即指《老子河上公章注》），杨镳自得。①

它是具有明显的黄老思想特点的。那么，具有黄老思想的人注《老子》，何以隐姓埋名而伪托河上公呢？如前所述，西汉初年学老子者甚多，传老子者不少，但后来的“独尊儒术”及其发展，使那些学老子、传老子的人逐渐“失业”，加上老庄思想本来又有“出世”的因素，因而趋于归隐，严遵之事即为一例。他之所以有些事迹记载下来，多半是扬雄推崇的结果，否则，《老子指归》为谁所作？后人怕也费考证了。因此《河上注》本为一隐者所作是完全可能的。何以又要名为《老子河上公章句》呢？其实，“章句”是一种注经体裁之名，其他还有诸如“训说”、“训诂”、“注”、“说”等。从某种意义上说，为《老子》作注，是在儒家为六经作训说、注解之风影响下形成的，所谓《老子徐氏经说》以及刘向《说老子》等都是为《老子》作注，《河上注》不过是被保留下来的一种罢了。另外皇甫谧《高士传》还说成帝时安丘望之著《老子章句》，《经典释文》著录又有《毋丘望之章句》等。至于假托“河上公”或者“河上丈人”，多少还有一些历史依据，有点权威性，那就是曾有《史记·乐毅列传》赞曰：

> 乐臣公学黄帝、老子，其本师号曰河上丈人，不知其所出。河上丈人教安期生，安期生教毛翕公，毛翕公教乐瑕公，乐瑕公教乐臣公，乐臣公教盖公，盖公教于齐高密、胶西，为曹相国师。

假托河上丈人，原本无神化的意义，与葛玄之解“河上公”用意不同。

以上关于伪托河上公为《河上注》作者的分析，虽与成书时间没有直接关系，但对于思考这个问题多少也有些帮助，或者说与归之汉人有关系，与魏晋以后的道士没有多大关系。

那么，究竟是西汉还是东汉呢？我们在参考各种见解之后，也只能得

---

① 《道德真经广圣义》卷一《疏序引》。

出一个大概的认识：早不一定会早过严遵，这是从某些思想明确不明确看的（下详），但大体与严遵同时也有可能；晚不至于晚到东汉末，不会与道教的形成直接接轨，这也主要是从思想性质来看的，时间大约是西汉后期或者东汉前期。

二、用“气”化学说充实“道”的概念

《河上注》和许多老子研究者一样，承认宇宙万物的根源是道，“万物皆恃道而生”①，“道生万物”②，“道为天下万物之母”③，并且同样也认为，道的特点是无形、浑沌，“道无形浑沌而成万物”④。有所发展的是，他认为无形混沌之道，实际是一种原始状态的气，称元气。

在前面论述严遵的思想时已经指出，在无生有的过程中，已经提到了“形因于气”，但没有更多的具体说明，而且又有“气因于和，和因于神明，神明因于道德，道德因于自然”等，解释清楚颇不容易。而《河上注》关于“气”的论述就明确得多了。如解释《老子》1 章“无名天地之始，有名万物之母”时说：

> 无名者谓道，道无形，故不可名也。始者，道本也。吐气布化，出于虚无，为天地本始也。
>
> 有名谓天地。天地有形位、〔有〕阴阳、有柔刚，是其有名也。万物母者，天地含气生万物，长大成熟，如母之养子也。

在注 10 章之“抱一”时说：

> 一者，道始所生，太和之精气也。

21 章注说：

---

① 《老子河上公章句》34 章注，下同此只注章数。
② 《老子河上公章句》51 章注。
③ 《老子河上公章句》52 章注。
④ 《老子河上公章句》25 章注。

道唯恍惚，其中有一，经营生化，因气立质。

道唯窈冥无形，其中有精实，神明相薄，阴阳交会也。

（其精甚真），言存精气，其妙甚真，非有饰也。

言道禀与，万物始生，从道受气。

今万物皆得道精气而生，动作起居，非道不然。

25 章注说：

道育养万物精气，如母之养子。

道清静不言，阴行精气，万物自成也。

在严遵讲“形因于气”的 42 章，《河上注》说：

阴阳生和、清（原文为“气”字，当误）、浊三气，分为天、地、人也。

万物中皆有元气，得以和柔。若胸中有藏，骨中有髓，草木中有空虚与气通，故得久生也。

其他各章讲“气”的还有不少，这里不再一一引述。征引以上注文的原文和全文，是便于我们和读者共同来分析并得出结论。

关于“气”的思想和学说，是中国古代思想中一个重要内容，可以作专门的系统的论述，日本小野精一等人编著的《气的思想》一书[①]，反映了其研究的意义。气确实是一个关系到自然观和人的观念的重要概念，它在中国历史上源远流长，在学术思想的流派分化之后，各家各派，主要是儒、道两派，关于气都有所论述，并且在不同时期有不同的论述。道家的两派，老庄和黄老，都有比较系统的气论，而且可大致分为两个部分，即关于宇宙生成论和养生论的气论。气在万物生成中的地位，《庄子·至乐》有一段明确的说法：

① 李庆译，上海人民出版社 1990 年版。

> 察其始而本无生，非徒无生也而本无形，非徒无形也而本无气。杂乎芒芴之间，变而有气，气变而有形，形变而有生。

似乎“气”之前还有本始的“无”（也就是“道”）。《庄子》中还有一些关于“气”或“一气”的论述，以“气”的离散集合说明万物生灭变化的原理，但始终看不出“气”的本始性。黄老新道家的宇宙生成论讲“气”也是如此，如《淮南子·天文训》中说：

> 道始于虚廓，虚廓生于宇宙，宇宙生气。气有涯垠，清阳者薄靡而为天，重浊者凝滞而为地。

“宇宙生气”好像还倒回去了，其实也并非如此，《淮南子》关于“气”的论述颇多，有人统计它使用“气”字字数达 204 次[①]，在《原道训》中对于“气”有一个定义说：

> 夫形者，生之舍也；气者，生之充也；神者，生之制也。

正确的考证认为：

> 充本作元。……元者，本也。言气为生之本也。[②]

此虽仅就“生命”而言，但也涉及元本意义。

对比以上简述的情况看，《河上注》在宇宙生成论方面的气论是相当充分的，它在解释《老子》的道时，处处不离“气”：“道无形”，它“吐气布化，出于虚无，为天地本始”。“出于虚无”一句比较含糊费解。“吐气布化”而生天地万物。这“气”是道本身所有的？还是道所生出来的？“道禀与，万物始生，从道受气”，“今万物皆得道精气而生”，天地万物是直接“从道受气”，道中间就有“气”，这个“气”就是“精气”。所以

---

① 参阅《气的思想》引平冈祯吉《淮南子中出现的气之研究》。

② 参阅《淮南鸿烈集解》引王念孙说。

说，在道与气的关系上，《河上注》是有所发展的。可以认为，《河上注》是说，无形混沌的“道”，是一种原始状态的气，名之曰“精气”，或者叫做“元气”，例如《老子》2章“生而不有”注云：“元气生万物而不有。”至于6章注中的“通天地之元气”和42章注的“万物中皆有元气”，或可以说是从“道”中禀受来的“元气”。本来就有各种各样的“气”，所谓“阴阳生和、清、浊三气”等，不过是讲气的种种变化。例如“和气”，76章注中说：“人生含和气”，不仅“人死和气绝”在解释万物草木之生与死时，也是“和气存也”，“和气去也”，和气也就是元气或者精气。

这样看来，《河上注》的气化学说相当有意义，它比较完整地以气化学说充实“道”的概念，讲得比其他道家作品明确，比严遵的“气”明确得多，继承了《老子》《淮南子》的唯物主义观，并有所前进。《河上注》的地位也主要由此而确定。

三、“致太平”的社会政治思想

《河上注》作者和其他黄老学者一样，是关注社会政治问题的。它有一个特殊的表现是，一开始解释《老子》1章时说：

> “道可道”，谓经术政教之道也。
>
> “非常道”，非自然长生之道也。常道当以无为、养神、无事、安民、含光、藏晖、灭迹、匿端，不可称道。

这几乎与所有的解释都不相同。一般均指道之玄妙而言，无论是《韩非子·解老》或《淮南子·道应训》说明这几句时都是如此。严遵《老子注》的解释是“道德彰非自然”，其《老子指归》云：

> 可道之道，道德彰而非自然也。今之行者，昼不操烛，为日明者，日明者，不道之道常也。操烛者，可道之道彰也。夫著于竹帛，镂于金石，可传于人者，可道之道也。若乃可传而不可授，可得而不可见，自本自根，未有天地，自古以固存，神鬼神帝，生天生地者，

常道之道也。五千文之蕴，发挥自此数言，实谓玄之又玄，神之又神也。[①]

解释很不相同。《河上注》可说是从一开始就把《老子》的思想切入社会政治。虽然“自然长生之道”是它所理想的，但落到“可道之道”的实处，即为“无为”、“无事”、“安民”等。

关于《河上注》，首先我们要指出，它是坚持了《老子》的基本立场，和儒家讲仁义道德不一样。它同意《老子》“大道废有仁义”的看法：

大道之时，家有孝子，户有忠信，仁义不见也。大道废不用，恶逆生，乃有仁义可传道。

但是它又与《老子》绝学去智、灭礼义不完全相同，并不采取完全否定的态度，甚至在注“绝学”时说：“绝学不真，不合道文。”对于“经术政教”或“政教礼乐”还是肯定的，如注 48 章“为学日益”时说：“学谓政教礼乐之学也。日益者情欲文饰日以益多。”政教、礼乐、经术是要的，只是要去掉情欲文饰之浮华。他非常注重“经教”，在注 42 章“强梁者不得其死”时说：

强梁，谓不信玄妙，背叛道德，不从经教，尚势任力也。不得其死者，为天所绝，兵刃所伐，王法所杀，不得以寿命死也。

这方面可以说它是维护统治者利益的。他是主张贵贱之分的，“贵贱各得其所”[②]，“王者至尊”[③]，对于如何“治理人民”[④]，不能说是愚民政策，其基本主张是：

以道教化而民不从，反为奇巧，乃应王法执而杀之，谁敢有犯

① 此文及注文皆见严灵峰辑本。
② 《老子河上公章句》27 章注。
③ 《老子河上公章句》26 章注。
④ 《老子河上公章句》59 章注。

者！老子疾时王不先道德化之而先刑罚也。[1]

说是“老子伤时王”，实际也是作注者“伤时王”，因而特别强调“以道教化”，亦即上述之“经教”或“政教”。这方面的具体论述还很多，例如注 65 章“非以明民，将与愚之”时说：

不以道教民明智巧诈也。
将以道德教民，使朴质不诈伪。

总之，用各种方法——包括以身作则、“我无为”、“我好静”、“我无事”、“我无欲”等，使民“忠正”、“质朴”[2]，这样就可达到“治国”的目的，以“致太平”。

《河上注》中“致太平”的思想是值得注意的，它向往“致太平”，所以在注 35 章“往而不害安太平”时说：

万物归往而不伤害，则国安家宁而致太平矣。

41 章注中也有“治国以太平”的话，并且在 55 章注中又描述了其所理想的“太平之世”：

故太平之世，人无贵贱，（皆有）仁心，有刺之物，还反其本，有毒之虫，不伤于人。

“无贵贱”与上述“贵贱各得其所”是矛盾的，是理想与现实的矛盾。可贵的是“太平”思想的提出，《庄子·天道》篇有云：

知谋不用，必归其天，此之谓太平，治之至也。

---

① 《老子河上公章句》74 章注。
② 《老子河上公章句》57 章注。

有人认为此非《庄子》原文，不论是否《庄子》原文，这个词已出现了，不过并未具体说明。《河上注》在此作了一些具体阐述，这是引人注目的。它所提的一些“致太平”的办法，既有“治民”的一些权术，也有对统治者的某些要求。这些与西汉开始出现的“太平”思想是一致的。这思想的进一步发展，就有所谓齐人甘忠可诈造的《包元太平经》，以致后来的《太平清领书》《太平经》等，思想上是有不少类似之处的。这当是《河上注》在社会政治思想上的特殊之处。

“致太平”是其治国的最终目的和理想，但书中更多的是讲如何治国？治国就要“修道于国”，所谓“修道”具体化即要实行“无为而治”，如53章注云：“老子疾时王不行大道，故设此言：使我介然有知于政事，我则行于大道，躬行无为之化。”又如52章注所说：“当复守道反无为也。”

关于“无为而治”的论述很多，是贯穿全书的重要思想之一。“无为”的作用，如以“无为”为标题的29章中所说：“去此三者（去甚、去奢、去泰），处中和，行无为，则天下自化。”43章注说：“吾见道无为而万物自化成，是以知无为之有益于人也。”“法道无为……治国则有益于万民，不劳烦也。”

“无为而治”主要是针对君主讲的，因为“疾时王不行大道”，所以32章明确地说：“侯王若能守道无为，万物将自宾服，从于德也。”“治国”者当然是侯王、君主。

“无为”的特点，也和其他黄老新道家的理解一样，是“安静”、“无事”、“因循”等，如：

> 人为事当如道安静，不当如飘风骤雨也。①
> 神物好安静，不可以有为治。②
> 当恬淡如婴儿，无所造为。
> 治天下常当以无事，不当烦劳也。③
> 以无事无为之人，使取天下为之主。④

---

① 《老子河上公章句》23章注。
② 《老子河上公章句》29章注。
③ 《老子河上公章句》48章注。
④ 《老子河上公章句》57章注。

不造作，动因循。[1]

因成循故，无所造作。[2]

“安静”包括“不言不教”[3] 等，“无事”指“不预设备，除烦省事也”[4]。“因循”一方面是“不敢有所造为”，另方面也是顺其自然之意，“顺四时”[5]，“顺天理”[6]，“因而从之”，“因而善之”[7]，等等。

总之，全书关于“无为”的论述颇多，或者正面论述“上德无为”：“道法安静，无所施为也”[8]，或者从反面论证“为者败之”：“有为于事，废于自然；有为于义，废于仁慈；有为于色，废于精神也。”其“无为”论主要是以上这些内容。

“无为”不但用于治国，有时也顺便讲到治身：“法道无为，治身则有益精神，治国则有益万民，不劳烦也。”[9] 这些，下面将继续论述。

四、《河上注》的养生论

道家是主张养生的，老庄派、黄老派都是如此，黄老派的《吕氏春秋》《淮南子》都有不少这方面的论述。《河上注》的特点是把养生提到了相当突出的地位，所谓“圣人治国与治身同也”[10]。此类相提并论之处甚多，如注 10 章“爱民治国”时说：“治身者爱气则身全，治国者爱民则国安。”爱民治国与治身本来毫无关系[11]，而且这里所言“治身”还主要是就“养生”而言的，不是“以身作则”的意思，下一句“能无知”的注也说：“治身者呼吸精气，无令耳闻也。治国者布施惠德，无令下知也。”所以本

① 《老子河上公章句》3 章注。
② 《老子河上公章句》63 章注。
③ 《老子河上公章句》57 章注。
④ 《老子河上公章句》63 章注。
⑤ 《老子河上公章句》27 章注。
⑥ 《老子河上公章句》65 章注。
⑦ 《老子河上公章句》49 章注。
⑧ 《老子河上公章句》38 章注。
⑨ 《老子河上公章句》43 章注。
⑩ 《老子河上公章句》2 章注。
⑪ 《老子河上公章句》60 章注、64 章注言治身治国亦如此。

章开头“载营魄”的注说：

> 人载魂魄之上得以生，当爱养之。喜怒亡魂，卒惊伤魄。魂在肝，魄在肺，美酒甘肴腐人脾肺。故魂静志道不乱，魄安得寿延年也。

的确可说是有意敷陈养生之说。

《河上注》中关于养生的论述不少，有人曾归纳成呼吸行气、爱精气、养神、除情欲等几个方面加以论述①。其养生说与医学结合，把养形与养生结合起来，所谓“损情去欲，五内清静”②，“爱气养神，益寿延年”③，等等，例如注 72 章时，其中有一段话写道：

> 人所以生者，为有精神，〔精神〕托空虚，喜清静，〔若〕饮食不节，忽道念色，邪僻满腹，为伐本厌神也。

这里养神、养形都涉及了，有的地方则着重讲养神，有的地方又着重讲养形，而“固守其精，无使泄漏”④ 之类的论述，简直就是养生房中术的根本理论了。总之，《河上注》的“养生论”和道家传统的养生论是一致的，是坚持了唯物主义方向的。不同的是，它也受了神仙思想的影响，还认为养生可以达到长生不死，在注 6 章“谷神不死”时说：

> 谷，养也，人能养神则不死。神谓五藏之神：肝藏魂，肺藏魄，心藏神，肾藏精，脾藏志。五藏尽伤，则五神去矣。

这样解释也是很少有的。严遵注就不是如此，他注解“谷神不死”说：

> 太和妙气，妙物若神，空虚为家，寂泊为常，出入无窍，往来无

① 参阅王明：《〈老子河上公章句〉考》，载《道家和道教思想研究》。
② 《老子河上公章句》16 章注。
③ 《老子河上公章句》54 章注。
④ 《老子河上公章句》59 章注。

间，动无不遂，静无不成，化化而不化，生生而不生也。

历代绝大多数注解，均释“谷”为空虚、玄妙。《河上注》把“谷神不死”说成是“养神不死”，是其养生论的进一步发挥。它很多论述是借题发挥。甚至连“借题”都没有，如注59章“有国之母可以长久”时说：“国身同也。母，道也。人能保身中之道，使精气不劳，五神不苦，则可以长久。”长久、不死等，就走向唯心论了。

《河上注》的养生论是有特点的，具体论述也很多，兹不一一列举。说养生论是《河上注》的主要思想自有其道理，不过我认为只是主要思想之一，说详后。

五、《河上注》的特点

《河上注》的主要思想内容已如上述，其思想有明显的特点。关于该书从形式到内容的特点，这里再作些论述。

从形式上看，用汉儒解经作传、记、注、说、章句的方法，为《老子》作章句，与前此的“指归论”有所不同。虽然《汉书·艺文志》有几种关于《老子》传、说的书，但早已亡佚，《河上注》是今存最早的一部《老子章句》。从内容上看，该书是逐章逐句解释《老子》，但作注者所表达的思想十分明确，有些解释也许是符合《老子》原意的，有些则完全是己意的借题发挥，因而其解释有不少独特之处，与今日一般理解不同，甚至相反。

该章句每一章都有两个字的标题，看得出来它是想对全章思想进行概括，揭示出中心思想，应该说大多数都是明确和准确的，例如“体道第一”、“养身第二”、“安民第三”等，仅这些标题就值得重视和研究，它可以表明作者的思想。

全书的根本思想，或者说它对《老子》思想的根本把握，一是道论，二是治国论，三是养生论，其道论特点是用“气”充实了道，前面论述较详，不再说了。治国治身是它自始至终紧密相连的两个方面，这里要补充作些说明。

关于治国治身相提并论，这是《河上注》的一个突出特点，把治国治身连在一起讲，在全书中到处可见，有时专讲治身的地方把治国带上，也有专讲治国的地方把治身带上。这里，不妨引证一些具体说法来看看。

《安民第三》主要讲如何“治民”的“圣人之治”，它也要说：

谓圣人治国与（按：或作犹，作犹意义更大）治身也。

《能为第十》解释“爱民治国”、“能无为”、“能为雌”时说：

治身者爱气则身全，治国者爱民则国安。治身者呼吸精气，无令耳闻也；治国者布施惠德，无令下知也。

治身当如雌牝，安静柔弱；治国应变，和而不唱也。

《无用第十一》解释“三十辐共一毂”时写道：

治身者当除情去欲，使五藏空虚，神乃归之。治国者寡能，揔众弱能使强也。

《无为第十九》解释“或载或隳”一句时说：

明人君不可以有为治国与治身也。

《仁德第三十五》中反复写道：

圣人守大道，则天下万民移心归往之也；治身则天降神明，往来于己也。

万物归往而不伤害，则国安家宁而致太平矣；治身不害神明，则身安而大寿矣。

用道治国，则国安民昌，治身则寿命延长，无有既尽时也。

《微明第三十六》释“国之利器，不可以示人”说：

治国权者不可以示执事之臣也，治身道者不可以示非其人也。

《守道第五十九》释“莫若啬”：

治国者当爱〔惜〕民财，不为奢泰；治身者爱〔惜〕精气，不〔为〕放逸。

《淳德第六十五》明显是讲治国、治民的，却要把“治身”写上：

谓古之善以道治身及治国者，不以道教民明智巧诈也，将以道德教民，使质朴不诈伪。

当然也有文字上与“治国”无关的，如《苦恩第二十四》中却提出“治国之道”。总之，治国、治身相连，有的以“人君”、“圣人”之政与“治身”相连也一样，还有很多，不一一列举。但从以上征引的论述中，已不难看出其关于治国治身的一些具体观点。

这里，值得讨论的一个问题是，是否该书有“轻治国而重治身”的思想？尤其是第46章还有那么几句“人学智诈，圣人学自然；人学治世，圣人学治身”，该如何理解？不可否认，治身、养身的问题在《河上注》中有比较突出的地位，前已介绍，书中有些篇章专讲养生，如《贵生第五十》《知病第七十一》《爱己第七十二》等。“养生论”在东汉时期大盛，在以后道教发展中有很大影响，都是客观事实，但不能因此而说《河上注》“轻治国而重治身”，因为“以道立身立国”①，“善行道者求之于身”②，既有先治身，所谓从自身作起、以身作则，“为天下法式”③的意思，也有以治身之道治国的意思，如《安民第三》所说：“上化清净，下无贪人。”《修观第五十四》所说：“不言而化，不教而治，下之应上，信如影响。”而有些表述更为明确，《厌耻第十三》：“言人君能爱其身，非为己也，乃欲为万民之父母。以此得为天下主者，乃可以托其身于万民之

① 《老子河上公章句》54章注。
② 《老子河上公章句》27章注。
③ 《老子河上公章句》28章注。

上，长无咎也。”《淳风第五十七》：“天使正身之人，使至有国也。”《顺化第五十八》：“人君不正其身，其无国也。”《辩德第三十三》又有另一种表述说：“人能自胜己情欲，则天下无有能与己争者……”胜情欲是治身的主要内容，天下无有能于与己争者即为人主，这也是治身与治国的关系，治身与治国是可以相互影响、相互比较的，《重德第二十六》所言比较有代表性：

> 人君不重则不尊，治身不重则失神。
> 人君不静则失威，治身不静则身危。
> 王者轻淫则失其臣，治身轻淫则失其精。
> 王者行躁疾则失其君位，治身躁疾则失其精神也。

总而言之，治身治国统一于道，道包括无为、清静以及克制情欲、去甚、去泰、去奢等，所谓“法道无为”（见前引）。《为道第六十二》的说法，可视为一个总概括：

> 道德洞远，无不覆济，全身治国，恬然无为，故可为天下贵也。

补充这种说法的文字还有，例如《立戒第四十四》的说法是：

> 人能知止〔知〕足，则福禄在己，治身者神不劳，治国者民不扰，故可长久。

以上两“者”字，有的本子作则，义更恰。治身治国统一的思想处处流露，反复强调，不仅不能说“重治身轻治国”，甚至应该说主要目的是“治国”。据上所述，加上还有其他表现，《河上注》虽名为章句，决非与“义理之学”相对的“章句之学”，如本节开头所指出的，它大多是借题发挥，表述自己的思想主张，表面上是说“老子（或老君）伤时王”，实际是表述自己对时事的看法。在注文中，有时简单地把《老子》的思想阐明，有时又加上一些《老子》文字中没有的内容。有些对《老子》文义的解释与今一般理解不同，甚至完全相反，颇有独到之处。其特殊的解释，对我们研究问题无疑多一种思考，举例来说，其《独立第八十》解释“小国寡民”：“圣人虽治大国，犹以为小，俭约不奢泰，民虽众，犹若寡少，不敢劳之也。”

这与一般“国土狭小人民稀少”的直译法不同，而“使有什伯之器而不用”一句，断为“使［民］有什伯”，“［人］之器而不用”①，解释说：“使民各有部曲什伯，贵贱不相犯也。”“器谓农人之器。而不用，不征召夺民良时也。”释“虽有舟舆，无所乘之”：“清静无为，不作烦华，不好出入游娱也。”释“使民复结绳而用之”：“去文反质，信无欺也。”释“民至老死不相往来”：“其无情欲。”而“甘其蔬食”、“美其恶衣”等，全篇的解释与今之理解完全不同，从《河上注》的解释，很难得出“乌托邦”的结论。这是比较突出的一例，还有一些就不一一列举了。

但另一点又值得指出，《河上注》所用的《老子》文本，也有与今之不同之处，有的字意义较大，例如50章“法物滋彰，盗贼多有”与通行本“法令滋彰”不同，与帛书本同，注文明确说是：“法物，好物也。珍好之物滋生彰著，则农事废，饥寒并至，故盗贼多有也。”

再有一个突出的例子，是39章的“是以侯王自称孤寡不毂”，从《左传》开始，一般都是“不谷”，帛书本此处作“橐”，当亦为穀字，但《河上注》明确说是：“不毂喻不能如车毂为众辐所凑。”是《河上注》以文本的错字错解呢？还是“侯王自称不毂”别有所据？值得古汉语的专家们论证。

《河上注》《老子》文本的异字问题还有不少，如55章的“知常日明”、“益生日祥”、“心使气日强”的“日”字，与通行本“曰”字不同，解释也颇不一样；又如76章“木强则共”的“共”字；等等。

这里我们还要说一点并非多余的话，《河上注》有些独特解释值得我们注意，例如“牝”字，雌性之意是明显的，它在释6章的“玄牝”时写道：

> 言不死之道，在于玄牝。玄，天也，于人为鼻。牝，地也，于人为口。天食人以五气，从鼻入藏于心。五气清微，为精神聪明，音声

① 帛书本与此大体相同，甲本作“使十百人之器毋用”，乙本作“使有十百人器而勿用”。

五性。其鬼曰魂，魂者雄也，主出入人鼻，与天通，故鼻为玄也。地食人以五味，从口入藏于胃。五味浊辱，为形骸骨肉，血脉六情。其鬼曰魄，魄者雌也，主出入于口，与地通，故口为牝也。

该章整个解释前后一致，同时解释“谷神”说：“谷，养也”，“神谓五藏之神”。篇名《成象》，也许作者是承上章“天地之间空虚，和气流行，故万物自生”而言，讲空虚之道如何通过气形成万物之形状，强调了气从鼻口而入的作用，故下面两句全用了气字。我的理解不一定正确，但《河上注》的解释有自己独特的思想是不可否认的。而且这比那种见到一个石洞、树洞都东扯西拉说是象征女性生殖器——玄牝的“文化阐释”更有“文化”意义。

该书解释《老子》原文与众不同之处还有不少，这里不再一一列举。但有不少值得进一步深入发掘的，如47章“天道与人道同”的阐述，乃至“易”思想的运用（见21章，23章）等。

最后我们要强调指出，无论从《河上注》的特点看，或者从全书的思想内容看，作者所重视的是治国之“经术政教”，治身治国并提，是要求君主从治身作起并以治身之道治国，不能正己焉能正人之意，虽然它一而再地说：“老子疾时王不行大道”①，实际是作者“疾时王不行大道”，主张和希望以西汉曾实行过的黄老清静无为之道来治理国家，因此《河上公章句》属于黄老新道家的理论著作。

① 《老子河上公章句》53章注，74章注。

第十七章　略论刘秀为政的指导思想

一、时代条件和思想基础

指导思想当然是现在的一种说法，在中国古代既没有什么“宪法”，也没有什么“纲领”，虽然有时也会有一些大体相当的东西，但没有出现过实际中运用的正式法典。然而统治和治理一个国家，采取怎样的措施，制定什么样的政策等，不可能没有指导思想。那么，作为东汉开国之君的刘秀，他为政的指导思想是什么？其指导思想又是怎样形成的？问题比较复杂，没有秦始皇之“以法为教”、汉初的“黄老之治”和汉武帝之“独尊儒术”那么简单。因为东汉初年面临的时代条件有所不同：首先，因为战乱，和西汉初年一样，面临着海内凋敝的局面：

> 自兵起以来，转相攻击，城郭皆为丘墟，生人转于沟壑。今其存者，非锋刃之余，则流亡之孤。迄今伤痍之体未愈，哭泣之声尚闻。[①]

《后汉书·光武帝纪》建武二年（公元26年）记载：“野谷旅生，麻菽尤盛，野蚕成茧，被于山阜。”也说明人烟稀少，满目荒凉景象。又如，《后汉书·郡国志》注引应劭《汉官》曰：

> 世祖中兴，海内人民可得而数，裁十二三。边陲萧条，靡有孑遗，鄣塞破坏，亭队绝灭。建武二十一年，始遣中郎将马援、谒者，分筑烽候，堡壁稍兴，立郡县十余万户，或空置太守、令、长，招还人民。上笑曰：“今边无人而设长吏治之，难如春秋素王矣。”乃建立

① 范晔：《后汉书》卷二十三，《窦融列传》，中华书局1965年版，第801页。

三营，屯田殖谷，弛刑谪徒以充实之。

这说明建武二十年社会经济尚未得到很好的恢复，而且这种情况刘秀十分清楚，这是他为政时不得不考虑的一个最大实际。崇尚节俭，与民休息，等等，西汉初年的所作所为，当然是他最好的借鉴。

其次，西汉初主要是以亡秦为戒，反对其劳民伤财，反对严刑酷法乃至“严而少恩”的法家思想。东汉是“中兴”汉王朝，虽也可以说“解王莽之繁密，还汉世之轻法”，但情况并不那么简单，王莽有“朝令夕改”等“繁密”之处，但西汉末的社会问题，很难完全归罪于王莽一人，其所作所为是否一无是处也难说清，更重要的是王莽用的是儒家一套以及为儒家所认同了的谶纬，刘秀无法反对，思想上没有针对性。

从儒学发展看，汉武帝“独尊儒学”以后，虽不能说真正废黜了“百家”之学，但儒学的确可以说取得了统治支配地位。刘秀本人青少年时也是受过儒学教育的，史书记载说：

年九岁……随其叔父在萧，入小学，后之长安，受《尚书》于中大夫庐江许之威。……大义略举（按：《后汉书》作“略通大义”），因学世事。朝政每下，必先闻知，具为同舍解说。高才好学，然亦喜游侠，斗鸡走马，具知闾里奸邪，吏治得失。①

《后汉书·儒林列传》说光武帝“爱好经术”，大约也是就其学儒而言。但我们由此还应看到，刘秀之“高才好学”，决不仅仅是“爱好经术”，他在“大义略举”之后，“因学世事”，他能够联系“世事”、“朝政”，那就是关心时事政治，对时事政治有深切的了解，并有自己的看法，此即《后汉书·循吏列传》所说“光武长于民间，颇达情伪”云云。这些当然会在刘秀日后为政中起作用，再者，他“高才好学”，学的范围也必然很广，观其后引“黄石公曰”（详下）一例即可知。

再就是图谶，从西汉后期开始，谶纬的社会影响日益增大，乃至于与

① 刘珍等撰，吴树平校注：《东观汉记校注》卷一，《世祖光武帝纪》，中华书局 2008 年版，第 2 页。

政治行动结合起来，西汉哀帝时：

> 待诏夏贺良等言“赤精子之谶”，汉家历运中衰，当再受命，宜改元易号。诏曰：“汉兴二百载，历数开元。皇天降非材之佑，汉国再获受命之符，朕之不德，曷敢不通！夫基事之元命，必与天下自新，其大赦天下。以建平二年为太初元将元年。号曰陈圣刘太平皇帝。漏刻以百二十为度。”①

我们这里要指出，“赤精子之谶”是假造的，正如注引应劭所说：“高祖感赤龙而生，自谓赤帝之精，良等因是作此谶文。”至于夏贺良为什么要造作此谶，其政治背景（除了社会经济危机之外）如何？影响怎样？都是值得进一步思考的问题。不过，在实践上这场戏很快就收场了：

> 八月，诏曰：“待诏夏贺良等建言改元易号，增益漏刻，可以永安国家。朕过听贺良等言，冀为海内获福，卒亡嘉应。皆违经背古，不合时宜。六月甲子制书，非赦令也，皆蠲除之。贺良等反道惑众，下有司。”皆伏辜。②

具体有些什么原因不清楚，夏贺良等人的罪名是“反道惑众”。如何“反道”，没有明说。造作谶文“惑众”是客观事实。但谶纬“惑众”之影响越来越大也是客观事实。王莽篡夺西汉政权，就充分利用了“告安汉公莽为皇帝”等谶语，这已是人们所熟知的了，不必多说。王莽改制失败，在反对王莽的浪潮中，也有许多谶言。公孙述、刘秀等人都纷纷利用谶纬，为自己建立政权找证据，“冀以感动众心”③。谶纬是刘秀不得不考虑的一个重大问题。

由以上所述不难看到，刘秀要确定自己为政的指导思想，面临的是与西汉很大不同的情况。具体的政治情况不同，是“中兴”不是“开国”，虽然它实际上也有“开国”的意义，但毕竟要考虑也可以利用原来的基

---

① 班固：《汉书》卷十一，《哀帝纪》，中华书局1962年版，第340页。
② 班固：《汉书》卷十一，《哀帝纪》，中华书局1962年版，第340页。
③ 范晔：《后汉书》卷十三，《公孙述列传》，中华书局1965年版，第538页。

础，而且是名正言顺的利用、承袭。思想情况，如上所述，更为复杂。以下我们且作些具体分析。

二、利用图谶得天下，但并不迷信

谶纬思想影响不小，但不是刘秀统治的指导思想。

如上所述，西汉末年以来，谶纬思想广为流行，王莽是推波助澜之人。刘秀在既成事实的基础上利用了图谶，他“中兴”汉室利用了《赤伏符》：“刘秀发兵捕不道，四夷云集龙斗野，四七之际火为主。”①

他的某些举动和措施，也有意无意地应图谶而行，涉及制定礼乐制度以及人事任用，等等。最后，中元元年（公元 56 年）“宣布图谶于天下”，这影响当然是很大的。但是，把所有材料集中起来，也不足以说明谶纬是其统治的指导思想。且申明如下：

第一，谶纬不会兴起得很早，但王莽时“炒价”已很高，是他首先想利用其来为自己的统治服务，刘秀不过是面对既成事实而加以利用，也非利用不可。《后汉书·光武帝纪》的“论曰”集中反映了这一点，它历数了西汉末年以来有关的“兆吉”、“历运”、“望气”等，最后又说：

> 初，道士西门君惠、李守等亦云刘秀当为天子。其王者受命，信有符乎？不然，何以能乘时龙而御天哉！

刘秀之得天下，在社会思潮中，在人们心理中，得利于谶纬是显而易见的。他充分利用了这一点，对付王莽之篡位自不待说，与公孙述论战更能说明其社会心理方面的意义。当时公孙述“亦好为符命鬼神瑞应之事，妄引谶记”（“妄引”两字表明作者的“正统”观念!）。并且“数移书中国，冀以感动众心”②。玩图谶符命这一套的目的就是为“感动众心”，玩弄者本人并无所谓信与不信，开始李熊劝公孙述“宜即大位”，他还很不自信地说：“帝王有命，吾何足以当之?”③ 后来才制造符瑞，找出一些图谶根

① 范晔：《后汉书》卷一上，《光武帝纪》，中华书局 1965 年版，第 21 页。本文其他引此纪之文不再注。

② 范晔：《后汉书》卷十三，《公孙述列传》，中华书局 1965 年版，第 538 页。

③ 范晔：《后汉书》卷十三，《公孙述列传》，中华书局 1965 年版，第 535 页。

据来，如“废昌帝，立公孙”，“西太守，乙卯金”，等等。而刘秀写信给他，一方面驳斥他的图谶根据，另方面进行的是情理的劝说，说的倒是其他一些思想，其信曰：

> 图谶言“公孙”，即宣帝也，代汉者当涂高，君岂高之身耶？乃复以掌文为瑞，王莽何足效乎？君非吾贼臣乱子，仓卒时人皆欲为君事耳，何足数也。君日月已逝，妻子弱小，当早为定计，可以无忧。天下神器，不可力争，宜留三思。①

这后一句李贤注曰：“《老子》云：天下神器，不可为也。”用的是《老子》的思想！虽没有正面否定图谶——从自身利益出发也决不会否定图谶，但对图谶是有清醒认识的，知道它并不可靠，只是争取和欺骗（所谓“感动”）人心的一件思想武器，一种手段。

第二，正因为对图谶有比较清醒的认识，所以有时候虽有意无意地照图谶行事，但主要也是做给人看的，人们常引用的桓谭、尹敏等人的例子均可看出这一点。有的人只讲桓谭说“臣不读谶”，因而刘秀大怒曰：“桓谭非圣无法，将下斩之。”等等，但看看《后汉书·桓谭传》前后的记述不难发现，在此之前已经有好几次“上书言事失旨，不用”，“书奏，不省”或“帝省奏，愈不悦”的记载。其实，对于桓谭所上《新论》，“世祖善焉”，是欣赏他的思想主张的，只是其所言语，有些一时还提不上议事日程（如关于政事、法令之类的建议），有些则直接影响政局的稳定（如关于图谶的否定）。“非圣无法”实指对当今的非议，决非信不信图谶的问题。尹敏的事例更清楚：

> 帝以敏博通经记，令校图谶，使蠲去崔发所为王莽著录次比。敏对曰：“谶书非圣人所作，其中多近鄙别字，颇类世俗之辞，恐疑误后生。”帝不纳。敏因其阙文增之曰：“君无口，为汉辅。”帝见而怪之，召敏问其故。敏对曰：“臣见前人增损图书，敢不自量，窃幸万一。”帝深非之，虽竟不罪，而亦以此沉滞。②

① 范晔：《后汉书》卷十三，《公孙述列传》，中华书局 1965 年版，第 538 页。
② 范晔：《后汉书》卷七十九上，《儒林列传》，中华书局 1965 年版，第 2558 页。

看来心里都明白图谶的虚假性。刘秀是要求假戏真做，尹敏则故意假戏假做，当然有所冒犯，正因为要假戏真做，刘秀也曾干过“应图谶”以王梁为大司空，用孙威行大司马之类的事，在遭到反对之后也就罢了，他们没有也不能真正掌握实权。

第三，“宣布图谶于天下”，其负面影响是不小的。《后汉书·张衡传》记载说：“初，光武善谶，及显宗、肃宗因祖述焉。自中兴之后，儒者争学图纬，兼复附以妖言。”对以后的影响很大，以致在白虎观会上引谶纬释经等，不必多说。这里要说的是另一方面，我们认为，“宣布图谶于天下”的目的，主要还不在于刘秀相信它，而在于颁布一批朝廷认可的定型化的谶纬书籍，以防止再造作、增损、改易。至于从图谶中能否找到什么统治的办法，刘秀恐怕也是没有多想的，因为事实上也不可能，面对许多现实问题，仅靠欺骗“感动众心”是不行的，而必须有一些实际行动，如轻徭薄赋、精兵简政、整顿吏治之类。再说，刘秀应图谶“中兴”，而真正解决“统一”问题的还是武力。总的看来，刘秀利用谶言是很明显的，也和其他因素一起为其取得天下起了一定作用，甚至有时也会将信将疑。但对其虚伪性，也是有明确认识的。所以，我们认为，谶纬并未成为刘秀如何统治的指导思想。

三、“爱好经术”而仓卒难以实行

我们再来谈谈儒家思想在其统治的指导思想上有多大地位。

刘秀毕竟是“受《尚书》，略通大义”的人，因而重视儒学和儒家思想是显而易见的。刘秀任用了一些儒生为中央和地方官吏，或者为博士、议郎，养起来备用，有的还请来教育太子。同时也采取过一些重视和发展儒学的措施，诸如：“爱好经术，未及下车，而先访儒雅，采求阙文，补缀漏逸。”“立五经博士。”“修起太学。”[①] 也曾想做更多的事，如：“中元元年诏书，《五经》章句烦多，议欲减省。”“欲使诸儒共正经义。”[②] 但有一个基本情况是：“时世祖方草创天下，未遑其事。”[③] 许多事即使想做，

① 范晔：《后汉书》卷七十九上，《儒林列传》，中华书局1965年版，第2545页。
② 范晔：《后汉书》卷三，《章帝纪》，中华书局1965年版，第138页。
③ 范晔：《后汉书》卷七十九上，《儒林列传》，中华书局1965年版，第2558页。

也来不及做。

在刘秀统治时期，并没有真正重用多少儒生，也没有用多少儒家思想来作为制定统治政策的依据。这一方面主要是因为“草创天下”的过程中用不上，另方面也因为儒学思想难以解决当时一些紧迫的现实问题，像如何统一和巩固统一之类的具体问题。刘姓统治动摇，原有的一套统治思想也发生了动摇，借助于图谶就反映了新的需要。从当时的实际情况看，刘秀“中兴”依靠了二十八将，但“不以功臣任职”，这方面《后汉书》作者范晔作了实质性的评论，认为是：“光武鉴前事之违，存矫枉之志”，“原夫深图远算，固将有以焉尔”①。主要是从政治上考虑的，因而不管是哪家哪派的人均不任职，例如《贾复传》记载说：

> 复知帝欲偃干戈，修文德，不欲功臣拥众京师，乃与高密侯邓禹并剽甲兵，敦儒学。帝深然之……朱佑等荐复宜为宰相，帝方以吏事责三公，故功臣并不用。是时列侯唯高密、固始、胶东三侯与公卿参议国家大事，恩遇甚厚。②

不论你“敦儒学”与否，一律不用。而这参议国家大事的三个人邓禹、贾复、李通，不是什么儒学大师，也未见提出什么以儒家思想为指导的主张和建议。再者，参议不等于决策，而参议者中必有各种思想主张的人，例如耿弇，也是“每有四方异议，辄召入问筹策”之人，他“少好学，习父业”，其父况一方面“以明经为郎”，另一方面曾“学《老子》于安丘先生”③，学问、思想绝非单一的儒家。

到底用什么思想决策，我们可以举一个具体而典型的例子，《后汉书·杜林传》记载说：

> （建武）十四年，群臣上言：“古者肉刑严重，则人畏法令，今宪律轻薄，故奸轨不胜。宜增科禁，以防其源。”诏下公卿。（杜）林奏曰：“夫人情挫辱，则义节之风损；法防繁多，则苟免之行兴。孔子

---

① 范晔：《后汉书》卷二十二，《朱景王杜马刘傅坚马列传》，中华书局 1965 年版，第 787 页。
② 范晔：《后汉书》卷十七，《冯岑贾列传》，中华书局 1965 年版，第 667 页。
③ 范晔：《后汉书》卷十九，《耿弇列传》，中华书局 1965 年版，第 703 页。

曰：‘导之以政，齐之以刑，民免而无耻。导之以德，齐之以礼，有耻且格。’古之明王，深识远虑，动居其厚，不务多辟，周之五刑，不过三千。大汉初兴，详览失得，故破矩为圆，斫雕为朴，蠲除苛政，更立疏网，海内欢欣，人怀宽德。及至其后，渐以滋章，吹毛索疵，诋欺无限。……至于法不能禁，令不能止，上下相遁，为敝弥深。臣愚以为宜如旧制，不合翻移。”帝从之。

李贤作注时，“疏网”之下引《老子》曰：“天网恢恢，疏而不漏。”“渐以滋章”之后引《老子》曰：“法令滋章，盗贼多有。”“时称通儒”的杜林，在讨论这一重大政策措施时，既引了“孔子曰”，又运用了《老子》的思想。这事例是颇为典型的，而且明显是讲如何统治及其指导思想的问题。

以儒家思想来认真解决统治中的一些政策问题，在当时确实难以提上议事日程。桓谭的例子也可作说明，虽然记载中说对于桓谭的《新论》“世祖善焉”，但同时又记载对于他“上疏陈时政所宜”而“书奏，不省”。其所谓“时政”中有“国之兴废，在于政事；政事得失，由乎辅佐”的问题，有“举本业而抑末利”的问题，有“设法禁”、“一其法度”[①] 的问题，等等。“不省”就是不加理会，提不上议事日程。

总之，在指导思想上，在政策措施上，是以刘秀自己的旨意为主的。首先是不能“失”他之“旨”。其次是他是否有时间和精力来考虑你的意见。《诗》《书》《春秋》兼通的尹敏，曾上“疏陈《洪范》消灾之术”，虽然是纯儒家的东西，也“未遑其事”，反而要他去“校图谶”。一直到建武三十年，“太尉喜、司空纯上书”，引《诗》《书》之义请行封禅之礼，刘秀下诏说：“是何言也？当今日月薄蚀，灾异并臻，吏失其职，百姓怨谘。吾谁欺？欺天乎。”虽然一年后又举行了封禅之事，还因为“天子览《河图会昌符》，而感其言”[②]。这可说是依图谶而行，他要维护图谶的权威，宣布图谶于天下也就在这一年。

综上所述，很难说儒家思想在刘秀当时的统治中起了指导作用。不过

① 范晔：《后汉书》卷二十八上，《桓谭列传》，中华书局 1965 年版，第 959 页。

② 袁宏撰，周天游校注：《后汉书校注》卷八，《光武帝纪》，天津古籍出版社 1987 年版，第 229 页。

有一点是应该指出的，以儒家思想为指导的倾向是存在的，而且越到后来越明显，其所采取的不少措施对以后儒家神圣地位的形成是有作用的。

四、行“柔道”乃定大计之本

因为面对社会经济长期遭到破坏、海内凋敝的局面，在刘秀统治中有意无意地以黄老“柔道”为其指导思想。这是客观的需要，也是刘秀的高明。

有两条材料看起来是孤立的，实际上与刘秀当时的指导思想有关。两条材料均记载于《后汉书·光武帝纪》中，其一：

> （建武十七年冬十月）甲申，幸章陵。修园庙，祠旧宅，观田庐，置酒作乐，赏赐。时宗室诸母因酣悦，相与语曰：“文叔少时谨信，与人不款曲，唯直柔耳。今乃能如此！”帝闻之，大笑曰：“吾理天下，亦欲以柔道行之。”

其二：

> 初，帝在兵间久，厌武事，且知天下疲耗，思乐息肩。……皇太子见帝勤劳不怠，承间谏曰：“陛下有禹汤之明，而失黄老养性之福，愿颐爱精神，优游自宁。”帝曰：“我自乐此，不为疲也。”虽身济大业，兢兢如不及，故能明慎政体，总揽权纲，量时度力，举无过事。退功臣而进文吏，戢弓矢而散马牛，虽道未方古，斯亦止戈之武焉。

前一段中“欲以柔道理天下”的一句话，虽然是在轻松愉快的气氛中（相对而言，次数不多）脱口而出，似乎是漫不经心说的，实际是他脑海中终日盘算且比较成熟的指导思想，下面我们将结合其行事作进一步的分析。

至于皇太子说“失黄老养性之福”，如果没有肯定和信奉黄老思想为前提，这句话几乎是莫明其妙的。势必当时人们对黄老思想有一定的共识，都相信“黄老养性之福”。有一些记载可以说明时人对黄老的态度：第一，喜黄老之楚王英，自幼就与太子相亲爱；第二，大臣及官吏中也有些人是学《老子》的，如耿弇之从父业学《老子》，任隗、郑均等人“少好黄老”①。有的人更是实践黄老思想，例如张纯，《后汉书·张纯列传》记载说：“（建武）二十三年，代杜林为大司空。在位慕曹参之迹，务于无为，选辟掾史，皆知名大儒。”张纯、杜林等人，实际上都是深受黄老思想影响的人，这些都是光武帝时期的人和事。第三，不少议政事乃至诏书中都引用过黄老之言。

刘秀欲以柔道理天下，究竟什么是柔道？我们先看看他自己的言论，建武二十七年，臧宫、马武上书请求对匈奴用兵，刘秀诏报曰：

> 《黄石公记》曰：“柔能制刚，弱能制强。”柔者德也，刚者贼也，弱者仁之助也，强者怨之归也。故曰有德之君，以所乐乐人；无德之君，以所乐乐身。乐人者其乐长，乐身者不久而亡。舍近谋远者，劳而无功；舍远谋近者，逸而有终。逸政多忠臣，劳政多乱人。故曰务广地者荒，务广德者强。有其有者安，贪人有者残。残灭之政，虽成必败。今国无善政，灾变不息，百姓惊惶，人不自保，而复欲远事边外乎？孔子曰：“吾恐季孙之忧，不在颛臾。”且北狄尚强，而屯田警备传闻之事，恒多失实。诚能举天下之半以灭大寇，岂非至愿；苟非其时，不如息人。②

诏书中引《黄石公记》，说明刘秀在军旅余暇确曾看各种书籍。所谓《黄石公记》，《后汉书》注云：“即张良于下邳圯所见老父出一编书者。”如前人所说，不过是“剽窃老氏遗意”的依托之书③。这我们不必多讨论它。重要的是，在这诏书中阐述了柔弱胜刚强，仁与德的理解，乐人与乐身、逸与劳、成与败等的关系，所反映的确实是黄老思想，此其一。其二，“苟非其时，不如息人”这句结语，是其统治思想的高度概括，也就是人们对黄老思想所描述的清静无为、贵因顺时等思想的反映。

下面我们就进一步看看汉光武刘秀怎样以“柔道”治天下，其“柔道”的主要表现是：

---

① 均见其本传。

② 范晔：《后汉书》卷十八，《臧宫列传》，中华书局1965年版，第696页。

③ 参见《四库全书总目提要》。

第一，简政轻刑。

《后汉书·循吏列传》开头写道："初，光武长于民间，颇达情伪，见稼穑艰难，百姓病害，至天下已定，务用安静，解王莽之繁密，还汉世之轻法。"可贵的是刘秀确实做了。关于简政，《后汉书·光武帝纪》记载：

> (建武六年六月)诏曰："夫张官置吏，所以为人也。今百姓遭难，户口耗少，而县官吏职所置尚繁，其令司隶、州牧各实所部，省减吏员。县国不足置长吏可并合者，上大司徒、大司空二府。"于是条奏并省四百余县，吏职减损，十置其一。

又，十三年益州"传送"来公孙述的大驾卤簿等"法物"之后，写道："时兵革既息，天下少事，文书调役，务从简寡，至乃十存一焉。"《后汉书·百官志一》也有此类概述："世祖中兴，务从节约，并官省职，费减亿计，所以补复残缺，及身未改，而四海从风，中国安乐者也。"这些记载，大体上能反映当时的节约简政的情况。不必多说了。

关于轻刑。我们从《后汉书·光武帝纪》中可以看到，他曾接二连三地下令大赦、减刑，并且多次组织讨论。建武二年三月就大赦天下，并且下诏曰：

> 顷狱多冤人，用刑深刻，朕甚愍之。孔子云："刑罚不中，则民无所措手足。"其与中二千石、诸大夫、博士、议郎议省刑法。

也许这是对以前关在狱中人的大赦。三年七月诏曰：

> 吏不满六百石，下至墨绶长、相，有罪先请。男子八十以上，十岁以下，及妇人从坐者，自非不道、诏所名捕，皆不得系。当验问者即就验。女徒雇山归家。

这诏书有些特殊意义就不必说了，总归在轻刑罚之例。接着五年、七年都有有关赦减的诏令，每次都有值得分析的内容。终刘秀时期，一直都有减刑的举措，如二十九年"遣使者举冤狱，出系囚"，又是带有普遍意义的。

不仅如此，《光武帝纪》所记大赦、减刑等情况并不是全部事实。而关于刑法的讨论，更能看出当时的指导思想，如上述建武十四年杜林的议论就比较清楚。事实上在其前还有一次大的讨论，那就是建武十二年，“性刚毅而好法律”的梁统上疏要求“宜重刑罚”：

> 事下三公、廷尉，议者以为隆刑峻法，非明王急务，施行日久，岂一朝所厘。统今所定，不宜开可。①

梁统不死心，再次上言，并要求刘秀亲自“召见”，“口陈其要”，刘秀不愿见他，“令尚书问状”，最后“遂寝不报”，没有理会他。也许是他仍不死心，在十四年还纠合一些人上言“宜增科禁”，才引出了杜林的一番带有黄老色彩的议论，为刘秀所首肯。

第二，与民休息。

这方面又包括如下一些内容：首先是传统的所谓“轻徭薄赋”。建武六年（公元 30 年）十二月诏曰：

> 顷者师旅未解，用度不足，故行什一之税。今军士屯田，粮储差积。其令郡国收见田租三十税一，如旧制。②

这是一个方针性的诏书，“如旧制”是具体的“还汉世之轻法”，注云：“景帝二年，令人田租三十而税一，今依景帝，故云‘旧制’。”又，建武七年（公元 31 年）三月诏曰：

> 今国有众军，并多精勇，宜且罢轻车、骑士、材官、楼船士及军假吏，令还复民伍。

这是一个罢除地方兵的诏令，当时兵、徭役是合一的，此令和建武六年的废除“都试之役”一起，显然是减轻了人民的徭役负担，“令各还民伍”，

---

① 范晔：《后汉书》卷三十四，《梁统列传》，中华书局 1965 年版，第 1168 页。

② 范晔：《后汉书》卷一下，《光武帝纪》，中华书局 1965 年版，第 50 页。以下不注出处之引文该出自此篇。

使能安心地从事农业生产。例如：

（公孙）述伏诛之后，而事少闲，官曹文书减旧过半，下县吏无百里之繇，民无出门之役。[①]

又十三年正月诏曰：

往年已敕郡国，异味不得有所献御，今犹未止，非徒有豫养导择之劳，至乃烦扰道上，疲费过所。其令太官勿复受。

这样自然减轻许多额外的徭役。

其次，与“轻徭薄赋”相应的经济措施还有如实行“军士屯田”，实施“度田”政策等。上引诏书中已明确指出，因“军士屯田，粮储差积”，保证能够实行“三十税一”，这无须具体说明了。而所谓“度田”，即清查田亩和户口，这当然是为了保证政府的财政收入，但在一定程度上可以抑制豪强“田宅逾制”，解决劳动力与土地结合的问题。垦田增多，流民占着，就是经济发展，人民安居乐业的一种表现。

再次，释放官、私奴婢是一个突出的措施。西汉末年以来，奴婢和土地兼并是两大严重的社会问题，一直到王莽都未能很好解决。刘秀从建武二年开始六次下诏释放奴婢，包括债务奴婢、罪犯奴婢以及被掳掠为奴婢者。这一措施对社会经济的恢复发展是很有意义的，释放奴婢，使之成为国家的编户之民，不仅改变了社会地位，而且促使其与土地直接结合。这当然也成为“与民休息”的内容之一。

“与民休息”与发展生产是紧密结合的，这方面除了制定政策和方针之外，也有地方官“优饶豪右，侵刻羸弱”[②] 的情况：“刺史太守多为诈巧，不务实核，苟以度田为名，聚人田中，并度庐屋，里落聚人遮道啼呼！”[③] 为

① 刘珍等撰，吴树平校注：《东观汉记校注》卷一，《世祖光武帝纪》，中华书局2008年版，第11页。

② 范晔：《后汉书》卷二十二，《刘隆列传》，中华书局1965年版，第780页。

③ 刘珍等撰，吴树平校注：《东观汉记校注》，《世祖光武帝纪》，中华书局2008年版，第11页。

此他严厉惩处过一批地方官，例如建武十六年（公元 40 年）“秋九月，河南尹张伋及诸郡守十余人，坐度田不实，皆下狱死”。因为地方官作用很大，刘秀十分重视选拔和重用贤能者，《后汉书·循吏列传》写道：“自临宰邦邑者，竟能其官。若杜诗守南阳，号为‘杜母’，任延、锡光移变边俗，斯其绩用之最章章者也。又第五伦、宋均之徒，亦足有可称谈。”实际上好的地方官还有不少，他们执行了简政轻刑、与民休息的政策，并且取得了恢复和发展生产的显著成绩：如李忠为丹阳太守，“垦田增多，三岁间流民占著者五万余口”①。张堪为渔阳太守，“于狐奴开稻田八千余顷，劝民耕种，以致殷富。百姓歌曰：‘桑无附枝，麦穗两岐。张君为政，乐不可支。’”② 邓晨为汝南太守，“兴鸿却陂数千顷田，汝土以殷，鱼稻之饶，流衍它郡”③；著名的南阳太守杜诗，“修治陂池，广拓土田，郡内比室殷足”④；等等。这些都是建武年间的事。这里我们还要指出，刘秀使人民安居乐业的种种措施，东汉初期明帝乃至章帝时期都是继续实行了的。

第三，提倡节俭。

提倡节俭，节省开支，既符合开国时财政困难的情况，也有利于生产的恢复和发展，直接关系与民休息，当也是“柔道”的内容。刘秀因为深“知天下疲耗”，“务用安静”，所以努力提倡节俭，并且是身体力行。《后汉书·循吏传》有一段概述说：

> （光武）身衣大练，色无重彩，耳不听郑卫之音，手不持珠玉之玩，宫房无私爱，左右无偏恩。建武十三年，异国有献名马者，日行千里，又进宝剑，贾兼百金，诏以马驾鼓车，剑赐骑士。损上林池御之官，废骋望弋猎之事。其以手迹赐方国者，皆一札十行，细书成文。勤约之风，行于上下。数引公卿郎将，列于禁坐。广求民瘼，观纳风谣。故能内外匪懈，百姓宽息。

这里讲了勤政和节俭两方面，故曰“勤约之风”。但主要是节俭的内容，

① 范晔：《后汉书》卷二十一，《李忠列传》，中华书局 1965 年版，第 756 页。
② 范晔：《后汉书》卷三十一，《张堪列传》，中华书局 1965 年版，第 1100 页。
③ 范晔：《后汉书》卷十五，《邓晨列传》，中华书局 1965 年版，第 584 页。
④ 范晔：《后汉书》卷三十一，《杜诗列传》，中华书局 1965 年版，第 1094 页。

直接关系到“百姓宽息”。以上记载，有很具体的描述，也有较抽象的概括，其实这方面的内容是很多的，例如“宫房无私爱”一句，在《后汉书·皇后纪》中就有一些具体内容：

> 及光武中兴，斫雕为朴，六宫称号，唯皇后、贵人。贵人金印紫绶，奉不过粟数十斛。又置美人、宫人、采女三等，并无爵秩，岁时赏赐充给而已。

这与秦之“宫备七国，爵列八品”，以及西汉“自武、元之后，世增淫费，至乃掖庭三千，增级十四”形成鲜明的对比，而与高祖、文帝的“选纳尚简，饰玩少华”[①] 完全一致。后宫数量减少，俸禄、赏赐也不多，可以享受“万石”俸禄的“金印紫绶”，“奉不过粟数十斛”，不及“百石”之官了。

“勤约之风，行于上下”，这话也是有许多内容的，例如他提倡薄葬，建武七年（公元31年）正月下诏曰：

> 世以厚葬为德，薄终为鄙，至于富者奢僭，贫者单（注：单，尽也。）财，法令不能禁，礼义不能止，仓卒乃知其咎。其布告天下，令知忠臣、孝子、慈兄、悌弟薄葬送终之义。

为此他以身作则，建武二十六年（公元50年）预作“寿陵”时，他指示说：

> 古帝王之葬，皆陶人瓦器，木车茅马，使后世之人不知其处。临平望平阴，河水洋洋，舟船泛泛，善矣夫！周公、孔子犹不得存，安得松、乔与之而共游乎！太宗识终始之义，景帝能遵孝道，遭天下反覆而独完，其福岂不美哉！今所制地不过二三顷，无为山陵，陂池裁令流水而已。迭兴之后，亦无丘垄，使合古法。今日月已逝，当豫自作。臣子奉承，不得有加。[②]

---

① 以上未注引文皆见《后汉书·皇后纪》。

② 引文据刘珍等撰，吴树平校注：《东观汉记校注》卷一，《世祖光武帝纪》，中华书局2008年版，第13页。

其中有些话《后汉书》省略了，但不是毫无意义的。“亦无丘垄”一句是其要求之一。“安得与松乔共游乎！”看起来还多少有些想与赤松子、王子乔等仙人“共游”的思想，应该说是受道家影响的。当然主要是提倡节俭，这方面他能始终如一，临死还下了一道遗诏：“朕无益百姓，皆如孝文皇帝制度，务从约省。刺史、二千石长吏皆无离城郭，无遣吏及因邮奏。”① 明确要求不要“劳民伤财”。可以说他一生始终如一提倡节俭，注意“与民休息”。

综上所述，刘秀治理天下，主要是以“柔道”行之。其所作所为，以及确定一些关系国计民生的大政方针，都贯穿着“柔道”精神。所谓“务用安静”、“思乐息肩”、“务从约省”、“量时度力”、“苟非其时，不如息人”等，与西汉初年的清静无为、与民休息的黄老之治的精神完全是一致的。所谓“柔道”即黄老之道，刘秀为政的指导思想，是以黄老道家思想为主的。

最后我们还要指出，刘秀以柔道理天下所定之大计，为其继任者所继承，《后汉书·显宗孝明帝纪》的最后写道：

> 帝遵奉建武制度，无敢违者。……故吏称其官，民安其业，远近肃服，户口滋殖焉。

在最后的“论曰”中说：“故后之言事者，莫不先建武、永平之政。”这话是有根据的，例如顺帝时张纲上书论政时就说：

> 寻大汉初隆，及中兴之世，文、明二帝，德化尤盛。观其理为，易循易见，但恭俭守节，约身尚德而已。②

以汉明帝与西汉文帝相提并论，其“理”天下之“为”，突出的是“恭俭守节，约身尚德”，上述光武行事与此相同。当然这些是就主要方面而言的，明帝的为人及其为政也会因条件的变化而与以前不同（此处不烦

---

① 范晔：《后汉书》卷一下，《光武帝纪》，中华书局1965年版，第85页。
② 范晔：《后汉书》卷五十六，《张皓列传》，中华书局1965年版，第1817页。

详论），但主要的“勤约之风”是还没有改变的，因而形成了东汉初年的“明章之治”，是东汉时期的盛世，与西汉的“文景之治”是大体相当的。两者都应该主要归功于黄老之治。东汉初年可以称为黄老之治，在当时人心目中也可以说是首肯的，明帝初年东平宪王苍“上疏归职”时说：

> 今方域晏然，要荒无儆，将遵上德无为之时也，文官犹可并省，武职尤不宜建。①

“少好经书”的刘苍不是什么黄老学者，不过“雅有智思”，稍有头脑的人，都会认为“上德无为”是当时最理想的政治，刘秀及其继任者，以黄老思想为其为政的指导思想，不过是顺应了历史的潮流。

---

① 范晔：《后汉书》卷四十二，《光武十三传》，中华书局1965年版，第1435页。

第十八章 “合黄老之义”的王充

东汉的王充，生于建武三年（公元27年），享年七十余岁，经历光武、明帝、章帝、和帝四朝，生之当时没有什么地位，死后不久就成为一个是是非非的名人，至今为人们所关注，研究的成果很多。这里仅就王充的道家思想，再作一些论述。

一、王充其人其书

关于王充其人的事迹，记载不多，《后汉书·王充列传》不到三百字，《论衡》有一篇《自纪》比较长，但大部分内容是讲书，通过答“或问”介绍自己书的特点。简略的记载，突出告诉我们两点：其一是出生于“细族孤门”，而且终生“贫贱”，年轻时“家贫无书，常游洛阳市肆，阅所卖书”①。成年之后，“贫无一亩庇身”，“贱无斗石之秩”，虽只是一般的形容，但家境不好是可以肯定的，一直到老都是“贫无供养，志不娱快”②。其二，“仕数不耦，而徒著书自纪”。他曾经“在县位至掾功曹，在都尉府位亦掾功曹，在太守为列掾五官功曹行事，入州为从事”，均为郡县佐吏，确无斗石之秩。而且有的考证认为，作这些佐吏的时间也不长，大约二十六七岁到三十四五岁就归乡里教授了，六十岁以后为“治中从事”不过一年③。一生主要是著书。当时人和后人对他的了解，也主要是看他的书。当时人对他的评价，最早的材料是：“友人同郡谢夷吾上书荐充才学，肃宗特诏公车征，病不行。”《后汉书·王充列传》记此事于为治中“自免还家”之后，那已是六十多岁了。谢夷吾如何推荐他的才学？注引《谢承书》曰：“夷吾荐充曰：‘充之天才，非学所加，虽前世孟轲、孙卿，近汉

---

① 范晔：《后汉书》卷四十九，《王充列传》，中华书局1965年版，第1629页。

② 引文均见《论衡·自纪》，下同。

③ 参阅钟肇鹏：《王充年谱》，齐鲁书社1983年版。

扬雄、刘向、司马迁，不能过也。’”这个评价是很高的。到了东汉末年，由于蔡邕等人的关系，影响开始扩大。《后汉书·王充列传》注引《袁山松书》曰：

充所作《论衡》，中土未有传者，蔡邕入吴始得之，恒秘玩以为谈助。其后王朗为会稽太守，又得其书，及还许下，时人称其才进。或曰：不见异人，当得异书。问之，果以《论衡》之益，由是遂见传焉。

王充之书日益传开之后，声望也就日益提高，葛洪的《抱朴子》说：

士说以为王充一代英伟，汉兴以来，未有充比。若所著文，时有小疵。犹邓林之枯枝，若沧海之流芥，未易贬也已。①

称赞王充，主要还是根据其“所著文”。当时已有“一代英伟”之说，故不待清人说“汉得一人”了。《后汉书》把王充与王符、仲长统合传，被后人称之为“后汉三贤”，如韩愈作《后汉三贤赞》。但后来批评他的也不少，唐刘知幾有褒有贬，批评说他“厚辱其先”，“必责以名教，实三千之罪人也”②。宋以后批评的越来越多，越来越厉害。整个情况，如《四库全书总目提要》所说：“攻之者众，而好之者终不绝！”

后人对王充的评论，主要根据是《论衡》一书，有的相当偏激，有的比较持平，各人立场、见识不同，皆有其原因。这一点在古代也有人指出，例如明代胡应麟就有比较客观的论述：

王氏《论衡》八十四篇，其文猥冗芥沓，世所共轻。而东汉、晋、唐之间特为贵重：蔡邕秘勿视人；葛洪赞弗容口；刘子玄槌提班、马，不遗余力，而独尊信是书。三子皆鸿生硕彦，目无古今，乃昌歜羊枣，异代同心，何哉？秦汉以还，圣道陆沉，淫词日炽，庄周、列御、邹衍、刘安之属，捏怪兴妖，不可胜纪。充生茅靡澜之

① 虞世南：《北堂书钞》卷一百，《论文》。
② 浦起龙：《史通通释》，上海古籍出版社 2009 年版，第 239 页。

辰，而独岌然自信，攘臂其间，划虚黜增，订讹斩伪，彼淫之旨，遏截弗行，俾后世人人咸得藉为口实，不可谓非特立之士也。故伯喈尚其新奇，稚川大其宏洽，子玄高其辩才，特其偏愎自是，放言不伦，稍不留心，上圣大贤，咸在诃斥，至于《问孔》《刺孟》等篇，而辟邪之功，不足以赎其横议之罪矣。近世诮充太甚，若何氏、沈氏诸说，可未足以大服其衷，故余稍为次其功罪，以折衷后之君子。①

这里就事论事，列举了不少事实，而另一句论述更有见识：

当时以新特而过称之，近世以冗庸而剧诋之，匪充书异习，骤出于秦汉之间，习闻于伊、洛之后，遇则殊也。

评价之截然不同，不是“书异习”，而是“遇则殊”。王充是“非圣灭道”或“非圣无法”（皆乾隆之语）的千古罪人，还是杰出的战斗唯物主义者（今人之评价），根据都是王充的书。

关于王充的著作，《论衡·自纪》篇中提到有《讥俗节义》之书，有《政务》之书，有《论衡》之书，有《养性》之书。又《袁山松书》说他游学时曾作《六儒论》②。二十世纪以来，有的人考证认为各种书均已集于《论衡》一书中，有的人认为《论衡》以外的各书均已亡佚，但一些基本思想在《论衡》八十五篇中有体现。今存《论衡》就是我们研究王充思想的主要材料，而且是比较充分的材料，原因是：

第一，历来都是据《论衡》了解和评价王充思想的，早自晋代开始就是如此，西晋葛洪的《抱朴子·喻蔽》篇中写道：“抱朴子曰：‘余雅谓王仲任《论衡》八十余篇为冠伦大才。’”《后汉书·王充列传》也只说：“著《论衡》八十五篇，二十余万言，释物类同异，正时俗嫌疑。”以后从《隋书·经籍志》开始，皆著录此《论衡》八十五篇（有的未注明篇数，大多为三十卷），未见王充其他著作，历代的评论当然也只根据《论衡》。

第二，《论衡》以外的几种书篇幅都不大，《讥俗节义》只有十二篇，

① 胡应麟：《少室山房笔丛》卷二八，《九流绪论》。
② 范晔：《后汉书》卷四十九，《王充列传》，中华书局1965年版，第1629页。

《养性》只有十六篇，这都是他自己明说了的，《政务》的篇数也不会很多，其《自纪》篇①中有“吾书亦才出百”一语，当是对他自己的整个著作而言的，而《论衡》是主要内容。

第三，我们在其《对作》篇中看到，几处地方称《论衡政务》，《政务》似乎是包含在《论衡》之内的。更重要的是，不论包含与否，《讥俗》《政务》等书的思想存在于《论衡》之中是完全可以肯定的。关于“讥俗”的思想，《对作》篇写道：

> 故《论衡》者，所以诠轻重之言，立真伪之平，非苟调文饰辞，为奇伟之观也，其本皆起人间有非。故尽思极心，以讥世俗，世俗之性，好奇怪之语，说虚妄之文。

其实，《论衡》本身也就是“讥俗”之书。当然人间社会“俗性”和“俗言”甚多，《论衡》中所抨击的不一定都是《讥俗》中所讥刺的，但包含其中应是无疑的，这在书中可以找到证明，《自纪》篇说：

> 俗性贪进忽退，收成弃败。充升擢在位之时，众人蚁附，废退穷居，旧故叛去。志俗人之寡恩，故闲居作《讥俗》《节义》十二篇。

而《论衡》第一篇——《逢遇》篇的结尾就写道：“今俗人既不能定遇不遇之论，又就遇而誉之，因不遇而毁之。”所讥之俗显然相同，只是说明的角度不同罢了。关于《政务》的思想，《对作》篇说：“其《政务》言治民之道。”“《政务》为郡国守相、县邑令长陈通政事所当尚务，欲令全民立化，奉称国恩。”这“奉称国恩”的精神，在《论衡》的许多篇中也反映出来，如《须颂》篇所说：

> 今上即命，未有褒载，《论衡》之人，为此毕精，故有《齐世》《宣汉》《恢国》《验符》。……载国德于传书之上，宣昭名于万世之后。

---

① 以下凡引《论衡》只称篇。

如果像《自纪》篇所说："又闵人君之政，徒欲治人，不得其宜，不晓其务，愁精苦思，不睹所趋，故作《政务》之书。"那么"其宜"、"其务"是什么呢？当即是"自然"、"无为"，这一点本文后面将作比较详细的说明。总之，我认为《论衡》是能够反映王充的主要思想的。

关于王充的主要思想是什么？或者说属于何家何派？历来都有不同看法，早在晋代的讨论就很有意思，《抱朴子·喻蔽》篇写道：

> 有同门鲁生难余曰："夫琼瑶以寡为奇，碛砾以多为贱，故庖牺卦不盈十，而弥纶二仪；老氏言不满万，而道德备举。王充著书兼箱累袠，而乍出乍入，或儒或墨，属辞比义，又不尽美。……"抱朴子答曰："……子又讥云：'乍入乍出，或儒或墨'，夫发口为言，著纸为书，书者所以代言，言者所以书事，若用笔不宜杂载，是论议当常守一物。昔诸侯访政，弟子问仁，仲尼答之，人人异辞，盖因事托规，随时所急。譬犹治病之方千百，而针炙之处无常，却寒以温，除热以冷，期于救死存身而已，岂可诣者逐一道如齐楚而不改路乎？陶朱、白圭之财不一物者，丰也；云梦、孟诸，所生万殊者，旷也。故《淮南鸿烈》，始于《原道》《俶真》，而亦有《兵略》《主术》，庄周之书，以死生为一，亦有畏牺慕龟，请粟救饥。若以所言不纯而弃其文，是治珠翳而剜眼，疗湿痹而刖足，患荑莠而刈谷，憎枯枝而伐树也。

这些话很精彩，所以我们多引了一些。值得注意的有两点：第一，《论衡》一书显得比较"杂"，"乍出乍入，或儒或墨"，所以按照《汉书·艺文志》的分类法，自有著录开始，皆将《论衡》列入"杂家"。抱朴子也明确提出《淮南鸿烈》一书。后人也常把《论衡》与淮南、吕览相提并论。这是其书有共同之点。实际上，王充本人也是这样比较的，在《自纪》篇中论"充书不能纯美"时，就主要与"吕氏淮南"相提并论。第二，葛洪承认"其言不纯"，似乎也认为有类似"荑莠"、"枯枝"的东西，但并未确指，主要还是肯定"用笔"宜"杂载"。他认为王充"作《论衡》八十余篇为冠伦大才"。

正因为其"杂载"，后人就根据各自立场、不同的需要，"各取所需"

了。蔡邕、王朗及当时人把《论衡》当作奇异之书，陈振孙《直斋书录解题》说：“自今观之，亦未见其奇也。”宋以后“剧诋”其书者颇多，主要根据其《问孔》《刺孟》等篇，如《黄氏日抄》（卷五十七）所说，“持论至于过激，失理之平”，“甚至讥孔孟而尊老子，抑殷周而夸大汉”，等等。清人熊伯龙则根据《论衡》写了一部“欲以醒世之惑于神怪祸福者”的《无何集》，而王清作《无何集序》又云：

> 《论衡》一书，发明孔子之道者也。……今学士熊钟陵削《论衡》之不合者附于圣人之籍，……夫而后《论衡》一书，盖醇乎醇者矣，即谓为大有功于圣门焉可，是不可以不序。①

与“非圣无法”的评论完全不同，显然是各取所需的。

《论衡》所属学派，早已被列为“杂家”，过去没有提出过什么疑问。但我们已经看到，它是如《淮南子》那样的所谓“杂家”，如刘熙载《艺概》云：

> 王充、王符、仲长统三家文，皆东京之矫矫者。分按之：大抵《论衡》奇创，略近《淮南子》；《潜夫论》醇厚，略近董广川；《昌言》俊发，略近贾长沙。范史讥三子好申一隅之说，然无害为各自成家。

这虽主要以“文”而论的，但承认其为一家之言。当代学术著作中，明确论证王充思想所属学派问题的，有侯外庐的《中国思想通史》，书中有如下明确的说法：

> 《四库总目》把《论衡》列入“子部”的“杂家类”（按：实际是从《隋书·经籍志》开始各种书目一直如此），显然错认了王充，因为所谓“杂家者流”，乃是折衷主义的学派，而王充思想则有其唯物主义一元论的世界观，以及与之相适应的唯物主义的知识论与逻辑

---

① 熊伯龙：《无何集》，中华书局 1979 年版。

学，首尾相应，体系井然，决不能纳诸“杂家类”。

有人以王充之学仅出于经古文学派，而经古文乃是儒家之一支。这也是片面的看法。王充明说其学“违儒家之说，合黄老之义”，故以王充为儒家，也同样错误。

王充思想虽属于道家，而却与先秦的老庄思想有严格的区别：“……王充虽是汉代道家思想的主张者，而却与汉初王朝所标榜的‘黄老之学，及西汉末叶以降民间流行的‘道家’，均不相同。”①

这些结论十分肯定，除了说与汉初黄老之学也不同这一点需予以说明之外，我认为都是正确的。至于王充与汉初黄老新道家比较，因为面临的现实和问题有所不同，所以也有些具体的不同，虽然都讲“自然”、“无为”，但汉初新道家着重阐述的是“无为而治”，而王充突出强调和运用的则是“自然”。下面我们将着重阐明这一点。

二、“合黄老之义”的思想

当代学者绝大多数都是肯定王充思想的，认为他是唯物主义思想家，而且是战斗的唯物主义者，《论衡》是当时的战斗的唯物主义作品。所谓“战斗”，当然不是指以兵力相争斗，而是以理论相争斗。有的则使用“批判”两字。从形式上看，《论衡》一书自始至终都采取辩论形式，每一篇都提出一个或者由一个中心组成的若干问题进行辩论，所谓“辩论”也就是“批判”。《论衡·对作》篇②关于其写作的目的说得很清楚：

> 是故《论衡》之造也，起众书并失实，虚妄之言胜真美也。故虚妄之语不黜，则华文不见息；华文放流，则实事不见用。故《论衡》者，所以铨轻重之言，立真伪之平，非苟调文饰辞，为奇伟之观也。其本皆起人间有非，故尽思极心，以讥世俗。世俗之性，好奇怪之语，说虚妄之文。……夫论说者闵世忧俗……违负黄老之教，非人所

① 侯外庐等：《中国思想通史》第二卷，人民出版社 1957 年版，第 268—269 页。

② 以下引《论衡》文只注篇名。

贪，不得已，故为《论衡》。文露而旨直，辞奸而情实。其《政务》言治民之道。《论衡》诸篇，实俗间之凡人所能见，与彼作者无以异也。若夫九虚、三增、《论死》、《订鬼》，世俗所久惑，人所不能觉也。……冀悟迷惑之心，使之虚实之分。实虚之分定，而华伪之文灭；华伪之文灭，则纯诚之化日以孳矣。

针对性很强，几乎每一篇都有具体的针对性，例如：“《论衡》九虚、三增，所以使俗务实诚也；《论死》《订鬼》，所以使俗薄丧葬也。”全书总的精神是“实事疾妄”，如《佚文》篇所说：“《诗》三百，一言以蔽之，曰：思无邪。”《论衡》篇以十数，亦一言也，曰“疾虚妄”。全书可以说是针对虚妄之言或者虚妄之俗而发的。

那么，王充所疾之“虚妄”是什么？他的战斗武器是什么？究竟在哪些问题上发挥了唯物主义思想？其理论基础是什么？

当时的“世俗虚妄”主要是什么呢？自汉武帝采纳董仲舒“罢黜百家，独尊儒术”的建议之后，极力宣扬“天人感应”的儒家学说日益披上“神学”的外衣；西汉末年谶纬迷信流行，东汉光武帝加以提倡，宣布图谶于天下；一直到《白虎通义》出现，宗教神学的统治登峰造极：表现在对于天和天人感应的种种荒唐解释，表现在灵魂不死的有鬼论，表现在神秘的先验主义的认识论，表现在对自然、社会、人事各方面的虚妄，都无以复加了。面对思想领域的乌烟瘴气，王充“尽思极心”，前后花了三十年时间，完成了《论衡》一书，针锋相对地展开斗争，在战斗中继承和发挥了古代唯物主义思想。

当然，王充的思想也决非无源之水、无本之木。这一点，他自己也说得很清楚：“今《论衡》就世俗之书，订其真伪，辨其实虚，非造始更为，无本于前也。”

那么，王充所“本于前”的是什么？我认为，是本于西汉初年盛行一时的黄老思想，也就是新道家思想。这可从以下几个方面得到证明：

(1)《论衡》中有一《自然》篇，集中阐述了他的自然观，很明显可以认为是唯物主义的自然观。文章的开头他明确宣布“试依道家论之”，在全文结尾文总结说他的议论“虽违儒家之说，合黄老之义也”。因为“道家论自然，不知引物事以验其言行，故自然之说未见信也”，这当然是指先秦道家。王充就采用大量的“物事”来论“自然”，通过“重论”许多人事，得出了一些天道自然、自然无为的结论，例如说：

> 不合自然，故其义疑，未可从也。
>
> 如天瑞为故，自然焉在？无为何居？
>
> 天动不欲以生物，而物自生，此则自然也；施气不欲为物，而物自为，此则无为也。谓天自然无为者何？气也恬淡无欲，无为无事者也，老聃得以寿矣。
>
> 夫不治之治，无为之道也。
>
> 自然之道，非或为之也。
>
> 至德纯渥之人，禀天气多，故能则天，自然无为。
>
> 《易》曰：“黄帝、尧、舜垂衣裳而天下治。”垂衣裳者，垂拱无为也。……天道无为，故春不为生，而夏不为长，秋不为成，冬不为藏……故无为之为大矣。
>
> 道家德厚，下当其上，上安其下，纯蒙无为，何复谴告？

所有这些论述，都是引“物事”比较、辨别而得出的。他的唯物主义自然观，是其一切思想的基础，是其战斗的理论武器。这武器“本于”黄老道家。也正是在这一篇中，他尊崇老子的思想十分突出：

> 贤之纯者，黄、老是也。黄者，黄帝也；老者，老子也。黄老之操，身中恬淡，其治无为，正身共己而阴阳自和，无心于为而物自化，无意于生而物自成。
>
> 老子、文子，似天地者也。淳酒味甘，饮之者醉不相知……夫相谴告，道薄之验也。谓天谴告，曾谓天德不若淳酒乎！

此外，《自然》篇中有不少论述还直接引用老子或发挥老子思想的文字，就不必一一列举了。总之，从《自然》篇看，王充思想是本于黄老的。

(2) 从王充自述其为人处世看，深受道家思想的影响。《自纪》篇写道：

在县位至掾功曹……入州为从事。不好徼名于世，不为利害见将。……在乡里慕蘧伯玉之节，在朝廷贪史子鱼之行。见污伤不肯自明，位不进亦不怀恨。贫无一亩庇身，志佚于王公；贱无斗石之秩，意若食万钟。得官不欣，失位不恨。处逸乐而欲不放，居贫苦而志不倦。

另外又有两段文字专门讲“充为人清重”和“充性恬澹，不贪富贵”。他“不慕高官”、“不恚下位”，而“忧德之不丰”、“耻名之不白”，甚至认为“无罪见陷”也不必“自陈”，他写道：

不清不见尘，不高不见危，不广不见削，不盈不见亏。士兹多口，为人所陷，盖亦其宜。好进故自明，憎退故自陈。吾无好憎，故默无言。

他还说，对待“吉凶安危”，应该“浩然恬忽，无所怨尤”，甚至说“同安危而齐死生，钧吉凶而一败成”。诸如此类思想，实际上是他一生为人处世的指导思想。而这些思想显然是属于道家学派的，诸如“恬澹”、“清重”，以及对富贵、凶吉、祸福等的看法，从老子、庄子那里可以找到源头。

他为人处世的另一方面是，愤世疾俗，对治道极为关心。其愤世疾俗，也许从亲身体会开始，他写道：

俗性贪事忽退，收成弃败。充升擢在位之时，众人蚁附；废退穷居，旧故叛去。志俗人之寡恩，故闲居作《讥俗》《节义》十二篇。冀俗人观书而自觉，故直露其文，集以俗言。

不过王充并没有停止在个人恩怨上（他也不怎么计较个人恩怨，因为他“能释人之大过，亦悲夫人之细兆”），他进一步“尽心极思”，写成“疾虚妄”的《论衡》，以图“匡济薄俗”。不但如此，他更关心“治人”之务：

> 充既疾俗情，作《讥俗》之书；又闵人君之政，徒欲治人，不得其宜，不晓其务，愁精苦思，不睹所趋，故作《政务》之书。

虽然他的政治思想和主张并不突出，甚至无可称道，但可以看得出，他和先秦道家出世思想是不同的，应属于入世的黄老道家。

（3）王充对儒、墨、名、法各家的态度，也“合黄老之义”。和黄老新道家一样，“采儒、墨之善，撮名、法之要”。王充对儒、墨、名、法各家，既有批判，也有吸收。

对儒家思想，《论衡》中有《问孔》《刺孟》等篇，问题提得相当尖锐，言辞非常激烈，例如《问孔》开头就说：

> 世儒学者，好信师而是古，以为贤圣所言皆无非，专精讲习，不知难问。……案贤圣之言，上下多相违，其文前后多相伐者，世之学者不能知也。

由此观之，表面看是“问孔”，实则乃批判当世儒者之“是古”、泥古。但是在孔子已被神化、被捧为通天教主的时代，王充敢于“问孔”，并且说“追难孔子，何伤于义！”真也难能可贵，可以说表现了一个战斗唯物主义者的了不起的胆略。历代儒家批评的主要也就是这“问孔”的大逆不道。但也有人指出王充并非根本反孔，如上所述，甚至有说他“发明孔子之道”的，并且可以举出许多事实。事实也的确如此，《论衡》一书中称孔孟之处很多，据熊伯龙《无何集》统计，凡四百几十处①，并且很多是采取赞同态度的。当然他称道孔子，也称之为“圣人”，称道“贤儒”等，还可以作具体分析，这里不打算多说。但可以指出，他的称道主要是取其好的思想和主张（王充认为好的，不一定尽善），例如《效力》篇说：

> ……论道议政，贤儒之力也。……孔子能举北门之关，不以力自章，知夫筋骨之力，不如仁义之力荣也。

---

① 熊伯龙：《无何集》，中华书局 1979 年版。卷之首附说二。

显然赞同儒家以仁义“论道议政”。又如《非韩》篇更明确地说：

> 国之所以存者，礼义也。民无礼义，倾国危主。今儒者之操，重礼爱义，率无礼之士，激无义之人，人民为善，爱其主上，此亦有益也。

儒者的“重礼爱义”，对于治国是大“有益”处的。还有主张“养德”、用贤等，这不正是“采儒、墨之善”吗！他的《定贤》篇在讨论“贤人”标准时说：“不进与孔、墨合务，而还与黄、老同操，非贤也。”既要“与黄老同操”，又要“与孔、墨合务”，这“兼儒、墨”的意思再明显不过了。

对于墨家思想，应该“与孔、墨合务”，取的是“墨子遑遑”，“忧世济民于难”等精神，承认墨翟是“墨家之祖”，肯定也是认真读过墨子书的。例如“尚贤”、“节葬”等，但对墨子的思想可以说是批判地吸收，这在他的《薄葬》篇中表现得最为明显：“圣贤之业，皆以薄葬省用为务。然而世尚厚葬，有奢泰之失者，儒家论不明，墨家议之非故也。”——厚葬与薄葬是一个社会现实问题，西汉和东汉的初年实行黄老之治，都主张和实行薄葬，如本书中讲到过的西汉文帝和东汉光武帝都是如此。然而社会风气所尚仍然是厚葬。这个问题儒、墨都有议论，但“儒家论不明”，墨子虽有《节葬》专篇，但同时又有《明鬼》的专篇，他写道：

> 墨家之议，自违其术，其薄葬而又右鬼……术用乖错，首尾相违，故以为非。非与是不明，皆不可行。

然而“薄葬省财之教可立也”，也是采取其善。此外，从认识论和方法论方面看，王充是受了墨子影响的，例如《实知》中“须任耳目以定情实”，当原于墨子“三表”法中的“原察百姓耳目之实”，并且在批判其有鬼论的当中有所发展；又如《率性篇》说：“人之性犹蓬纱也，在所渐染而善恶变矣。”应该是与《墨子·所染》篇有关系的（《吕氏春秋》也有《当染》专篇重复《墨子》的思想）。这方面也已为当代哲学史家们所注意。

对于法家，《论衡》中有一篇《非韩》，当然可以说是批判法家，不过仔细领会，其所“非韩”，主要是“非”“韩子非儒”，批判法家任法而不尚贤，所以开篇就说：

> 韩子之术，明法尚功。贤，无益于国不加赏；不肖，无害于治不施罚。责功重赏，任刑用诛。故其论儒也，谓之“不耕而食”，比之于一蠹。

王充认为“韩子非儒，谓之无益有损”是搞错了，失之笼统：“盖谓俗儒无行操，举措不重礼，以儒名而俗行，以实学而伪说，贪官尊荣，故不足贵。”① 有的“儒者”是“重礼爱义”的，甚至是“以礼义为业者”，是不能说“无益”的。“国之所以存者，礼义也。”“韩子不赏功尊有益”是不对的。所谓“非韩”者，如此而已。从“礼义”这个角度看，韩子也是“言与服相违，行与术相反，吾是以非其言而不用其法也”。应当指出这个“法”当只是其偏论的方法。王充是不反对“法术”、“刑法”之法的，他的正面主张是：“治国之道，所养有二：一曰养德，二曰养力。……此所谓文武张设、德力具足者也。”这与汉家“霸王道杂之”的精神是一致的。对于韩非，并非反对其“明法”，只是担心“韩子必有无德之患”。如他说：“不专意于明法，而专心求奸，韩子之言，与法相违。”显然是不反对法。那么，王充从韩子那里吸取了什么呢？“法明，民不敢犯。”乃至“明王之严刑峻法”也是可以的。此外，也肯定了韩非的批判精神，《案书》篇中写道：

> 两刃相割，利钝乃知；二论相订，是非乃见。是故韩非之《四难》，桓宽之《盐铁》，君山之《新论》之类也。

这里把韩非的《四难》和他所崇拜的桓谭的《新论》相提并论，而且特别推崇他们的“两刃相割”、“二论相订”，事实上《论衡》也是这样作的。可以说他“撮名、法之要”了。

对于名家，王充主要是批判，《案书》篇写道：“公孙龙著‘坚白’之论，析言剖辞，务折曲之言，无道理之较，无益于治。”未见有何肯定的

① 下引文不注者，皆见《非韩》篇。

说法。不过名家之正名实的思想及其逻辑方法，《论衡》中也是运用了的，《实知篇》中有“夫名异则实殊，质同则称钧”，就是“名实”问题。

对于阴阳家的邹衍等人，批评得是很严厉的，《案书》中紧接着批评公孙龙之后说：

齐有三（二?）邹子之书，沪洋无涯，其文少验，多惊耳之言。案大才之人，率多侈纵，无实是之验，华虚夸诞，无审察之实。

但是在《论衡》中，明显地采取了阴阳五行学派的思想，例如《寒温》篇，以阴阳之气释寒温，认为“阳气温”、“阴气寒”，然后说：“春温夏暑，秋凉冬寒，人君无事，四时自然。……寒温，天地节气，非人所为，明矣。”“四时自然”，即司马谈说阴阳家的“四时之大顺，不可失也”。阴阳之气在其他地方也有运用，如《言毒》篇既有“太阳火气”，也有与之相对应的“生下湿比阴”，且说：

四方极皆为维边，唯东南隅有温烈气。温烈气发，常以春夏。春夏阳起。东南隅，阳位也。……辰为龙，巳为蛇，辰巳之位在东南。……木生火……

这些，完全是阴阳五行家的思想，把十二地支与四方相配，与十二种动物相配，以及讲“五行相生”等。又例如以阴阳之气解释人之形神，《订鬼》篇写道：

夫人所以生者，阴、阳气也。阴气主为骨肉，阳气主为精神。人之生也，阴、阳气具，故骨肉坚，精气盛。

王充对于阴阳家的思想不仅有所撮取，而且有广泛的运用。

那么对道家的态度如何呢？前引《自然》篇说的“道家论自然，不知引事物以验其言行”，如荀子所指责的“蔽于天而不知人”，是道家的不足之处，但荀子批评所指是庄子，王充这里所讲的道家，也是老庄派的道家。不过也并非反对道家的自然观，而是予以补充、修正和发挥（已于上述)。但有一篇《道虚》，且文中也提到道家之“虚”，是否批判道家呢？这要作点分析。从全篇内容看，他主要批判的是，一帮“好道学仙之人”所鼓吹的“长生不老”、“寿而不死”，乃至鸡犬升天之类的虚妄之言，他再三引述的是“儒书言”，而有的说是“道家或以”如何如何，实际是当时已经开始流行的道教思想，这“道家”是“道士”，或者“与贤者殊科”的“道人”，绝非学派道家。再就是世人对道家的误解，这后一点，从其关于老子的论述可以看得很清楚，他写道：

> 世或以老子之道为可以度世，恬淡无欲，养精爱气。夫人以精神为寿命，精神不伤，则寿命长而不死。成事：老子行之，逾百度世，为真人矣。

“世见其命寿，又闻其恬淡，谓老子以术度世矣。”完全是误解。其称老子为“真人”，完全是尊敬的口气，与上述称黄老“贤之纯者”是一样的。

综上所述不难看出，王充既讲“恬澹无欲”，自然无为，又认为应该“忧世济民于难”，主张是“进与孔墨合务，而还与黄老同操”，从王充的主导思想看，是“合黄老之义”的，应该是属于黄老新道家的。

(4) 我们还可从对一些主要问题的态度上看王充思想的渊源。

我们先从宇宙观说起。宇宙观，即宇宙本原，万物之所由生。这是古代思想家难以回答而又很想回答的问题，万事万物追根寻底都要追到这一点上。《老子》回答说是那个“恍兮惚兮”的道，秦汉之际的新道家承认这一点，但并没有什么前进。王充并不怎么同意“恍兮惚兮”的说法，如，他说：“天有形体，所据不虚，犹(?)此考之，则无恍惚明矣。”① 这虽是就“天体”而言的，其对“恍惚”说法的不满意也由此可见。他试图提出“气”或者“元气”来解释宇宙的本原、万物之所由生，他说：

> 天地合气，万物自生，犹夫妇合气，子自生矣。
>
> 天覆于上，地偃于下，下气烝上，上气降下，万物自生其中间矣。

① 王充：《论衡·谈天》，诸子集成本，中华书局 1954 年版。

他同意说易者曰：“元气未分，浑沌为一。”① 这里，“气”或者“元气”，显然是一种原始的物质元素。王充以“气”来解释宇宙本体，也许受当时医学的影响，这究竟比《老子》的“道”有多大进步，实在也很难说。但是，对于批判天人感应论，王充关于宇宙本体的论述是有进步意义的。他一方面说：“天地，含气之自然也”；另一方面说：“如实论之，天体非气也”②，强调天的本身是体不是气。为什么要这样区分呢？那是因为“儒者曰：天，气也，故其去人不远。人有是非，阴为德害，天辄知之，又辄应之，近人之效也”③。王充是要从根本上驳斥天人感应论。

在本体论上尽量回避道家的“道”，这是王充和秦汉之际新道家所不同的地方，他主要是继承“道法自然”的自然观，并由此出发，发挥了唯物主义思想，发挥了其战斗性。也正是在这一点上，“合于黄老之义”。王充所继承的，主要是汉初新道家所充分阐述过的“自然”和“无为”思想，他说：“夫天道自然也，无为……黄老之家，论说天道，得其实矣。”④

前已指出，在《自然》篇中，他集中地论述了“天道自然”和“天道无为”，我们这里再将这篇当中比较集中的几段论述征引出来看看：

> 天动不欲以生物，而物自生，此则自然也。施气不欲为物，而物自为，此则无为也。谓天自然无为者何？气也，恬澹无欲，无为无事者也。
>
> 春观万物之生，秋观其成，天地为之乎，物自然也。
>
> 虽自然，亦须有为辅助。耒耜耕耘，因春播种者人为之也。及谷入地，日夜长大，人不能为也。或为之者，败之道也。
>
> 天道无为，……阳气自出，物自生长，阴气自起，物自成藏。汲井决陂，灌溉园田，物亦生长；霈然而雨，物之茎叶根荄，莫不洽濡。程量澍泽，孰与汲井决陂哉！故无为之为大矣。本不求功，故其功立，本不求名，故其名成，沛然之雨，功名大矣，而天地不为也，气和而雨自集。

---

① 王充：《论衡·谈天》，诸子集成本，中华书局 1954 年版。
② 王充：《论衡·谈天》，诸子集成本，中华书局 1954 年版。
③ 王充：《论衡·谈天》，诸子集成本，中华书局 1954 年版。
④ 王充：《论衡·谴告》，诸子集成本，中华书局 1954 年版。

《自然》篇是王充对新道家关于“自然”、“无为”思想的一个集中概述：因为是“天道自然”，所以天也就“无为”，春生、夏长、秋成、冬藏，一切都是自然而然的，用不着有为，而且只有顺应自然的“无为”，其所为才大。然而，虽说天道自然，但也须要“有为”辅助，不过这“有为”必须要“因”顺自然，否则就不行。这个概述，简明扼要地讲清了“自然”与“无为”的关系，和汉初新道家思想家们的思想并没有什么不同。我们知道，汉初新道家的一个主要思想就是政治上主张“无为而治”。王充的《政务》是否如此不得而知，但从《论衡》中有某些论述看，他讲“无为”，也是落脚到政治上的，从上面所引“贤之纯者，黄老也是”那一段话中就可以看出，他是赞同“无为而治”的；《自然》篇还写道：“蘧伯玉治卫，子贡使人问之：何以治卫？对曰：以不治治之。夫不治之治，无为之道也。”又说：“上德治之，若烹小鲜，与天地同操也。”

此外，在《非韩》篇也说：“人君治一国，犹天地生万物。”可见，“与天地同操”也好，“犹天地生万物”也好，都是讲的“自然”、“无为”。

当然，从《论衡》全书来看，更重要的是“天道自然”的思想，除了《自然》篇之外，王充在《谈天》《寒温》《谴告》《乱龙》《商虫》《感类》《验符》《卜筮》等许多篇中，都明确提到“天道自然”或者“天道自然无为”，从中我们可以看出，“天道自然”是王充批判世俗虚妄的理论武器，兹举例证明：

为了批判所谓“人君喜则温，怒则寒”这种世儒妄说，王充写道：

> 夫天道自然，自然无为。二令参偶，遭适逢会，人事始作，天气已有，故曰道也。使应政事，是有为，非自然也。①

为了批判所谓“天用灾异谴告”人君的世俗之言，王充写道：

> 夫天道自然也，无为，如谴告人，是有为，非自然也。②

① 王充：《论衡·寒温》，诸子集成本，中华书局 1954 年版。

② 王充：《论衡·谴告》，诸子集成本，中华书局 1954 年版。

在《感类篇》中也写道：

> 夫天道无为，如天以雷雨责怒人，则亦能以雷雨杀无道。古无道者多，可以雷雨诛杀其身，必命圣人兴师动军，顿兵伤士，难以一雷行诛，轻以三军克敌，何天之不惮烦也。

这种批判多么自然而又有说服力！

为了批判“变复之家，谓虫食谷，部吏所致也”的妄言，他写道：

> 天道自然，吉凶偶会，非常之虫适生，贪吏遭署，人察贪吏之操，又见灾虫之生，则谓部吏之所为致也。①

《验符》篇也说了：“天道自然，厥应偶合。”对于俗儒所言蓍龟“有神灵，问天地”，王充诘问道：“天道称自然无为，今人问天地，天地报应，是自然之有为以应人也。”②

由此可见，王充反对各种各样的虚妄，都使用了从道家那里继承来的“天道自然”这个理论武器，而“道家论自然，不知引物事以验其行，故自然之说未见信也”，这一不足之处，王充在自己的批判斗争中引用大量“物事”反复说明，反复验证，予以纠正了。这和秦汉以来所有的新道家是完全一致的。王充和他们一样，虽主张“自然”、“无为”，但反对消极隐退。他的“道家之义”是积极的战斗的思想。王充的思想是直接承继汉初新道家的。

这里，还需要研讨的一个问题就是：为什么道家——特别是黄老新道家思想会成为王充战斗唯物主义的理论基础？对于这一问题，至少可以从两方面看：从历史发展情况看，自春秋战国诸子兴起，百家争鸣，由儒墨之争、儒法之争发展到汉初的儒道之争，儒家思想是强大的，并且最后成为封建统治的正宗思想。而能够与儒家较量的是道家，不仅汉初有一段绌儒绌道的激烈斗争，在“独尊儒术”之后，能够起来冲破儒教思想统治的

① 王充：《论衡·商虫》，诸子集成本，中华书局1954年版。
② 王充：《论衡·卜筮》，诸子集成本，中华书局1954年版。

也只有道家思想。不仅东汉时的王充是如此，以后魏晋时期老庄的复活也是如此。因此，王充反正统儒学时，以道家思想为理论基础，以“天道自然”为战斗武器，就不是偶然的了。从理论方面看，当时儒家的神学化、宗教化，主要是把天当作有意志的神，竭力宣扬“天人感应”，以为封建统治服务，并且越来越神秘，越来越离奇、荒唐，而道家的“自然之义”，恰恰是反对神学目的论的最好武器。王充“淫读古文，革闻异言”，“尽心极思”① 的结果，“违儒家之说，合黄老之义”了，因而采用了“道家之义”或者“自然之义”作为理论武器。

这里我们又必须指出：王充站在唯物主义立场上，用“自然之义”有力地批判了神学目的论。但是，也正是在这“自然之义”上又陷入了命定论思想。他机械地用自然现象解释社会和人生，他说：

> 天施气而众星布精，天所施气，众星之气在其中矣。人禀气而生，含气而长，得贵则贵，得贱则贱。贵或秩有高下，富或资有多少，皆星位尊卑小大之所授也。②

又说：

> 凡人遇偶及遭累害，皆由命也。有死生寿夭之命，亦有贵贱贫富之命。③
>
> 世之治乱，在时不在政；国之安危，在数不在教。④

命定论是王充思想的弱点和局限性。我们在研讨这位古代战斗唯物主义者的思想时，应当注意到这一点，但我们不必要也不应该苛责古人。

---

① 王充：《论衡·自纪》，诸子集成本，中华书局 1954 年版。
② 王充：《论衡·命义》，诸子集成本，中华书局 1954 年版。
③ 王充：《论衡·命禄》，诸子集成本，中华书局 1954 年版。
④ 王充：《论衡·治期》，诸子集成本，中华书局 1954 年版。

第十九章　秦汉新道家之“殿军”诸葛亮

诸葛亮的政绩、才能和人品，从当时开始就不断有人评论，并且以之与历代贤能宰相相比，或者说他“可谓识治良才，管、萧之亚匹矣”①，或者说“虽古之管、晏，何以加之乎！”② 两晋南北朝以至隋唐，人们的评论很少涉及他的思想，准确地说很少分析他的思想。到了宋代，出现一个新的情况，人们开始讨论起诸葛亮的学术思想来，这从《朱子语类》中的几条材料可以见到：

论三代以下人品皆称子房、孔明。

唐子西云：“自汉而下，惟有子房、孔明尔，而子房尚黄老，孔明喜申韩。”也说得好。子房分明是得老子之术，其处己、谋人皆是。孔明手写申韩之书以授后主，而治国以严，皆此意也。问：“邵子云：‘智哉留侯！善藏其用。’如何？”曰：“只烧绝栈道，其意自在韩而不在汉。及韩灭无所归，乃始归汉，则其事可见矣。”

问子房孔明人品。曰：“子房全是黄老，皆自黄石一编中来。”又问：“一编非今之《三略》乎？”曰：“又有黄石公《素书》，然大率是这样说话。”广云：“观他博浪沙中事也甚奇伟。”曰：“此又忒煞不黄老。为君报仇，此是他资质好处。后来事业则都是黄老了，凡事放退一步。若不得那些清高之意来缘饰遮盖，则其纵衡诡谲，殆与陈平辈一律耳。孔明学术亦甚杂。”广云：“他虽尝学申韩，却觉意思颇正大。”③

诸葛孔明大纲资质好，但病于粗疏。孟子以后人物，只有子房与孔明。子房之学出于黄老，孔明出于申韩，如授后主以《六韬》等书

---

① 陈寿：《三国志》卷三十五，《蜀书·诸葛亮传》，中华书局1959年版，第934页。

② 张俨：《述佐篇论》，陈寿：《三国志》卷三十五，《蜀书·诸葛亮传》，中华书局1959年版，第934页。

③ 以上引文《朱子语类》卷一三五，下引只注卷数。

与用法严处，可见。若以比王仲淹，则不似其细密。他却事事理会过来。当时若出来设施一番，亦须颇可观。

或问孔明。曰："南轩言其体正大，问学未至。此语也好。但孔明本不知学，全是驳杂了。然却有儒者气象，后世诚无他比。"

问："孔明兴礼乐如何？"曰："也不见得孔明都是礼乐中人，也只是粗底礼乐。"

忠武侯天资高，所为一出于公。若其规模，并写《申子》之类，则其学只是伯。程先生云："孔明有王佐之心，然其道则未尽。"其论极当。

诸葛孔明天资甚美，气象宏大。但所学不尽纯正，故亦不能尽善。①

……张子房近黄老，而隐晦不露。诸葛孔明近申韩。②

评价思想家的思想，一是根据事实，二是有评价者的看法。据此，我们可以对以上记述作一些分析。

以上记述虽出自《朱子语类》，但当时参与评论的人不少，有唐子西（唐庚），有南轩（张栻）③，有程先生（程颐）等，这只是以上记述中朱熹提到的几个人，尚有那些问学的人。以上记述中一个突出的表现是，把张良和诸葛亮两人相提并论，而且给予很高的评价。两者并提，当就其主要思想而言，观上引"问子房孔明人品"一段可见。以上一些具体的比较论述，颇有许多耐人寻味之处。如对于张良，一方面十分肯定"子房全是黄老"，另一方面其"博浪沙中事"，"又忒煞不黄老"，但"后来事业则都是黄老"，"若不得那清高之意来缘饰遮盖，则其纵衡诡谲，殆与陈平辈一律耳"。如果不是以黄老思想为主导，也不过是陈平之类的一般人物，不会是"好人才"了。张良的思想也不那么纯。对于诸葛亮，一方面强调他"近"或者"喜"申、韩，另一方面又一再说"孔明学术亦甚杂"，此"亦"字当是一种强调，既反映与张良学术大体相同，故称"亦"，又是强

① 以上引文卷一三六。

② 卷一三七。

③ 张栻议论颇多，并作有《忠武侯列传》及后论等，对诸葛亮自比管乐也有看法，认为是"慕王者之佐"、"岂与管乐同在功利者哉"！

调孔明本身学术之杂。他两人在思想、学术上有相通之处，只是两人政治活动的最终结局有所不同。张良在“事业”中也不无“从衡诡谲”，只是他功成身退，“及后疑戮功臣时，更寻讨他不着”。履行了老子之言：“功遂身退，天之道也。”① 而诸葛亮则不得不“鞠躬尽瘁，死而后已”②。在“事业”中，诸葛亮所用申韩之法术更多一些，所以朱熹一再强调其“学术甚杂”，“所学不甚纯正”，等等。唐庚、朱熹等人不会不注意到一个明显的事实，《史记》中是老、庄、申、韩合为一个列传，而且司马迁一再说明，“申子之学本于黄老”，韩非“喜刑名法术之学，而其归本于黄老”，老、庄、申、韩“皆原于道德之意”③。因此，张良、诸葛亮虽有“尚黄老”、“喜申韩”之不同，但他们也都是“其归本于黄老”的。

王利器先生《试论诸葛亮的政治思想》④，根据诸葛亮“自比管仲、乐毅”说：“即欲以黄、老之道易天下耳。”并且结论中进一步说：“盖诸葛亮为汉代以黄、老之学治天下之殿军，足为治国平天下之借鉴。”我十分赞同这个结论，本文也正是在王先生这些结论的启发下产生的。但是，王先生的结论主要是推想出来的，例如说：“诸葛前者自比于管、乐，后来又为后主写《管子》，始终以之者，非仅以管仲之一匡天下、九合诸侯之功，为己立身蕲向而已，而实向往其学之囊括法道两家耳。”这个推想还有一点道理，一是《管子》之学“囊括法道两家”，二是没有排斥政治上向管仲学习。然而对于乐毅的推想就离得比较远了，因为“乐氏之族”有乐臣公“善修黄帝、老子之言”，“乐毅益（或原意为“盖”字）亦能传其家学者。然则诸葛之自比管、乐，非徒以其为齐人也，实以其为黄、老之学耳”。这种推想是很难成立的。诸葛亮之自比管、乐，主要应该是从政治上的作为作比较，如上述管仲有“九合诸侯之功”，而乐毅为燕相，能“雪君主之耻”⑤，这方面前人论述颇多，诸葛亮是“蕲向”管、乐之为政，而不是“向往”其学、其思想。

其实诸葛亮的思想渊源是有迹可寻的，在上述宋人对他的评论中我们

---

① 《老子》第 9 章。

② 《三国志·蜀书·诸葛亮传》裴注引《后出师表》。范晔：《后汉书》卷三十五，《蜀书·诸葛亮传》，中华书局 1959 年版，第 922 页。

③ 引文均见《史记·老子韩非列传》。

④ 文载《诸葛亮研究》，巴蜀书社 1985 年版。

⑤ 张辅：《名士优劣论》。

已略略可见了，这里我们再举出南宋陈亮的评论更为清楚。这位“才气超迈”的思想家，与前述朱熹在思想上是相对立的，对于诸葛亮之学倒是有大体相同的看法，不过比朱熹之说更加明确。陈亮与朱熹等人空谈理学相反，不讳言功利，他“尝考古人用兵成败之迹，著《酌古论》”①，他自以为其论著“使得失较然，可以观，可以法，可以戒，大则兴王，小则临敌，皆可以酌乎此也”②。其《酌古论》论列了汉唐十九位历史人物，其中独《诸葛孔明》分上下两篇，对诸葛亮推崇备至，认为“孔明伊、周之徒也”，如果不是“孔明早衰”，天下可一、可治，礼乐可兴！而对其学问（思想渊源）有一专篇讨论，题为《子房贾生孔明魏徵何以学异端》③，他认为张良、孔明等人虽各自情况不同，皆得力于“异端之学”。这里需要作些说明：

首先，在陈亮看来，“异端之学”有其产生的原因，他说：

> 异端之学，何所从起乎？起于上古之阔略，而成于春秋战国之君子。伤周制之过详，忧世变之难救，各以己见而求圣人之道，得其一说，附之古而崛起于今者也。

“异端之学”的兴起有历史的原因，而且都是“求圣人之道”，则无可厚非，这实际上可说无所谓异端不异端，下面的论述也可见此意，这些不必详论，也非其重点。

其次，哪些是“异端之学”？

> 老庄为黄帝之道，许行为神农之言，墨氏祖于禹，而申韩又祖于道德。其初岂自以为异端之学哉？……

孔明等人所学“异端”，主要指老庄申韩，这一点明白无误。

再次，孔明等人之所以学“异端”与“异端之学”的产生是同一原因，他从反面论述道：

---

① 脱脱：《宋史》卷四百三十六，《陈亮传》，中华书局 1977 年版，第 12929 页。

② 陈亮：《龙川文集》卷五，《酌古论序》。

③ 陈亮：《龙川文集》卷一一。

使圣人之道未散，而六经之学尚明，极其天资、目力之所至，伏而读其书，以与一世共之，当掩后世之名臣而夺之气。而与三代之贤比隆矣，子房、孔明盖庶几乎此者也。

是“圣人之道”已散，“六经之学”不明，才有“异端之学”产生，那么“异端之学”可视为一种补充。假如不是情况变化，子房、孔明也用“六经”治世，成绩是会了不起的。他们之所以学“异端”是形势变化的结果。这里，张良、孔明也是相提并论的。然后又分别论每个人。关于孔明，陈亮写道：

孔明苟全于危世，不求闻达，三顾后起，而惓惓汉事，每以天人之际为难知，管乐功利之学盖未能造此室也。天资之高，目力之异，卓然有会于胸中，必有因而发耳。

陈亮之论，不见得都对，但其见解颇有不少独特之处。如上所述：关于“异端之学”的产生，关于哪些是“异端之学”，关于孔明等人如果能“驰骋于孔氏之门”，如果能以六经之学治世，可“与三代之贤比隆”等，有的是自己的理解，有的是假设推想，这些就不在此一一分析讨论。重要的是他明确讲了诸葛亮等人言行的指导思想，讲他们所用之“学”，学和用的是“异端”，这“异端”主要是黄老刑名，“管、乐功利之学盖未能造此室也”，也用不上。由此也可见，诸葛亮最初自比管、乐，是从“功利之学”着眼的，并非其黄老、道法思想。

朱熹等人只说诸葛亮的学“杂”或者“伯”，陈亮则认为其学是黄老刑名这样的异端。我认为陈亮的看法是符合诸葛亮的思想实际的。最能表明诸葛亮黄老道家思想的，就是他的《诫子书》和《诫外生书》，其中“澹泊”、“宁静”、“绝情欲”、“忍屈伸”，也应该说“皆原于道德之意”，从《老子》那里发源，为黄老新道家所阐发的。

《诫子书》中说：“静以修身，俭以养德，非澹泊无以明志，非宁静无以致远。”[①] 这思想早见于《文子》，其《上仁》篇写道：

① 《诸葛亮集·文集》卷一，《诫子书》，中华书局1960年版，第28页。

老子曰：君子之道，静以修身，俭以养生，静即下不扰，下不扰即民不怨。

老子曰：非淡漠无以明德，非宁静无以致远，非宽大无以并覆，非正平无以制断。以天下之目视，以天下之耳听，以天下之心虑，以天下之力争。故号令能下究，而臣情得上闻，百官修达，群臣辐辏。

《淮南子》则"多为之辞"，分散在好几个地方阐述以上思想，如"静以修身"，《原道训》中说：

是故达于道者，反于清静；究于物者，终于无为。以恬养性，以漠处神，则入于天门。

《俶真训》中说：

静漠恬澹，所以养性也；和愉虚无，所以养德也。外不滑内，则性得其宜。性不动和，则德安其位。养生以经世，抱德以终年，可谓能体道矣。

《精神训》中说：

夫静漠者，神明之宅也；虚无者，道之所居也。

《主术训》中说：

君人之道，处静以修身，俭约以率下。静则下不扰矣，俭则民不怨矣。下扰则政乱，民怨则德薄。

《淮南子》照抄了《文子》所引的"老子曰"，又加以展说，其辞还有不少，这里不再一一罗列。

又如"宁静致远"，《淮南子·主术训》中写道：

是故非澹薄无以明德，非宁静无以致远，非宽大无以兼覆，非慈厚无以怀众，非平正无以制断。

这种思想，可以说是秦汉黄老新道家的普遍思想，陆贾《新语·无为》中的两句话即与此相类似：

是以君子尚宽舒以苞身，行中和以统远。民畏其威而从其化，怀其德而归其境，美其治而不敢违其政。

“绝情欲”、“忍屈伸”等，也是源于《老子》，而为黄老新道家所反复阐发的。关于“绝情欲”，《文子·道原》篇说：“老子曰：夫人纵欲失性，动未尝正也。以治国则乱，以治身则秽。”《下德》篇说：“夫纵欲失性，动未尝正，以治生则失身，以治国则乱人。故不闻道者，无以反性。”还有好些地方论述“私志不入公道，嗜欲不挂正术”（《自然》篇），“神清者，嗜欲不误也”（《九守》篇）等。另一新道家代表作《吕氏春秋》中更有《情欲》一篇，专言节制情欲，并在许多篇中，都有节制情欲的内容。《淮南子》对这一问题也是“多为之辞”，如《原道训》中说明“至人”或“圣人”就是要“除其情欲，损其思虑”，并且论述道：

夫喜怒者，道之邪也。忧悲者，德之失也。好憎者，心之过也。嗜欲者，性之累也。人大怒破阴，大喜坠阳，薄气发瘖，惊怖为狂，忧悲多恚，病乃成积。好憎繁多，祸乃相随。故心不忧乐，德之至也。通而不变，静之至也。嗜欲不载，虚之至也。无所好憎，平之至也。不与物散，粹之至也。能此五者，则通于神明。通于神明者，得其内者也。是故以中制外，百事不废。中能得之，则外能收之。中之得则五藏宁，思虑平，筋力劲强，耳目聪明。疏达而不悖，坚强而不鞼。无所大过，而无所不逮。处小而不逼，处大而不窕。其魂不燥，其神不娆。湫漻寂寞，为天下枭。

关于“屈伸”，《文子·上义》篇写道：“老子曰：屈者所以求伸也，枉者所以求直也。屈寸伸尺，小枉大直，君子为之。”《淮南子·泰族训》

也说：

> 夫圣人之屈者，以求伸也，枉者以求直也。故虽出邪辟之道，行幽昧之途，将欲以直大道、成大功。犹出林之中，不得直道；拯溺之人，不得不濡足也。伊尹忧天下之不治，调和五味，负鼎俎而行，五就桀、五就汤，将欲以浊为清，以危为宁也；周公股肱周室，辅翼成王，管叔、蔡叔奉公子禄父而欲为乱，周公诛之以定天下，缘不得已也；管子忧周室之卑，诸侯之力征，夷狄伐中国，民不得宁处，故蒙耻辱而不死，将欲以忧夷狄之患，平夷狄之乱也；孔子欲行王道……此皆欲平险除秽，由冥冥至炤炤，动于权而统于善者也。

“以屈求伸”不过是一种“权变”，这道理讲得清清楚楚。附带说一下，以上的举例说明，诸葛亮为什么以管仲自比，为什么有人要把他比作伊尹、周公，在政治上、在“权变”上大有类似之处。

综上所述，我们不难看出，诸葛亮在“诫子”等书中的肺腑之言所反映的根本思想，以及其思想之渊源，是完全彻底的黄老新道家思想。文字语言是直接承用的，略加改变而已：“明德”改为“明志”，因为他不是明一般“德”，而是明自己的“志”。对“情欲”用了“绝”字，对“屈伸”用了“忍”字，也就是指导自己的行动而言，与其他新道家的论述没有什么不同。

值得附带一提的是，诸葛亮的《诫子书》几乎可以说没有儒家思想，主要是新道家思想（以下还要进一步论述）。这与嵇康的《家诫》相比尤为突出：嵇康比诸葛亮要晚一辈，嵇康主张“越名教而任自然”，应该是更反对儒家思想的一，可他的《家诫》中却有不少的是非标准是儒家的“仁”和“义”，诸葛亮的言论则无“仁义”两字。

我们说诸葛亮主要是新道家思想，不仅是因为他以道家的“宁静”、“淡泊”为基本思想，而且与秦汉所有新道家一样是“入世”的。宁静是为了致远，如朱熹所说：“静，便养得根本深固，自可致远。”① 诸葛亮的“诫子”等书说得十分明白，他要“明志”，他要致远。他的“志”决非

① 黎靖德：《朱子语类》卷一三六，《历代三》，中华书局1985年版，第3237页。

“悲守穷庐”，而是“志当存高远”。他本来“躬耕”，所谓“苟全性命于乱世，不求闻达于诸侯”①，不过是以屈求伸。他与石广元、徐元直等人在一起游学时，就预测这些友人“仕进可至刺史、郡守也”，至于友人“问其所至”，“亮但笑而不言”。他是一条“卧龙”，龙总是要腾飞的。在刘备“猥自枉屈”、三顾草庐之后，他终于出山了。入世而不避世，这正是新道家的特点之一（见前第八章），与老庄道家是不同的。所以他说：“老子长于养性，不可以临危难。”②

我们再看看他入世之后的所作所为，及其所反映的新道家思想。诸葛亮“受任于败军之际，奉命于危难之间”③，出山之后，事无巨细必亲躬，短短二十几年时间，大事如联孙抗曹、治理西蜀、南抚夷越、北伐曹魏等，接二连三，费尽心机；小事如“罚二十以上皆亲览”。尽管他智力过人，也不得不疲于应付。诸葛亮积劳成疾，五十四岁就累死了，在百忙之中，有些事不得不急于处理，有些事急得无暇顾及，《朱子语类》中也有几处记载，颇有意思，一条说：

直卿问：“孔明出师每乏粮。古人做事，须有道理，须先立些根本。”曰：“孔明是杀贼，不得不急。如人有个大家，被贼来占了，赶出在外墙下住，杀之岂可缓？一才缓，人便一切都忘了。孔明亦自言一年死了几多人，不得不急为之意。”

又一条说：

孔明治蜀，不曾立史官。陈寿险甚（扬《录》作“检拾”）而为《蜀志》，故甚略。孔明极是子细者。亦恐是当时经理王业之急，有不暇及此。④

或曰“鞠躬尽瘁”，或云：“经理王业之急”，都能反映诸葛亮一生之繁忙。

① 陈寿：《三国志》卷三十五，《蜀书·诸葛亮传》，中华书局 1959 年版，第 920 页。
② 赵蕤：《长短经》卷一，《任长》。
③ 陈寿：《三国志》卷三十五，《蜀书·诸葛亮传》，中华书局 1959 年版，第 920 页。
④ 黎靖德：《朱子语类》卷一三六，《历代三》，中华书局 1985 年版，第 3238 页。

在繁忙之中虽忽略许多事情，但其所处理的事情大多能得心应手，他不像老子那样“不可以临危难”，而是在任何情况下都能镇定自若，如朱熹云：“诸葛亮临阵对敌，意思安闲，如不欲战。”① 当时传言和后世笔记小说描写的一个道士模样的诸葛亮，看来并非向壁虚造，诸葛亮在形象上确与“道”家有关。

分析一个人的思想，无非是听其言、观其行，言行对照进行分析。诸葛亮之言，包括他人记录的，和他自己写的文稿，数量不多，有的还真伪难辨。从现有的、较为可靠的《文集》材料看，除了上述《诫子书》等篇反映其思想之外，其他表、疏、书、教、论等文，有以下几点值得一说：

第一，大量的文稿都是讲比较琐碎的具体的事。如《晋书·李密传》所说：

> （张华）问孔明言教何碎？密曰：若舜、禹、皋陶相与语，故得简雅大诰，与凡人言宜碎。孔明与言者，无己敌，言教是以碎耳。

“天资目力极高”’的孔明，少有人能及，无人可以“相与语”，“言教”只能讲些具体事了。其实张华之论，还是来源于陈寿的评议，陈寿在进《诸葛亮集》表中说：

> 论者或怪亮文彩不艳，而过于丁宁周至。臣愚以为咎繇大贤也，周公圣人也，考之《尚书》，咎繇之谟略而雅，周公之诰烦而悉。何则？咎繇与舜、禹共谈，周公与群下矢誓故也。亮所与言，尽众人凡士，故其文指不得及远也。然其声教遗言，皆经事综物，公诚之心，形于文墨，足以知其人之意理，而有补于当世。②

从琐碎之议中，还是可以知其“意理”的，指导思想是可以分析的。

第二，从现有文稿看，无论书、表，甚或其代理之诏书，几乎没有引证《诗》《书》，更没有“子曰”，只在一篇《上言追尊甘夫人为昭烈皇后》

---

① 黎靖德：《朱子语类》卷一三六，《历代三》，中华书局1985年版，第3238页。

② 陈寿：《三国志》卷三十五，《蜀书·诸葛亮传》，中华书局1959年版，第931页。

中提到《春秋》之义[①]，引用了一句《诗》曰，两句《礼记》曰，而引《礼记》之文的用意很清楚，是为了教民：“立爱自亲始，教民孝也；立敬自长始，教民顺也。”

即便讲德、论忠，也不引《诗》《礼》等六经，多半用自己的语言表述，而有些语言或可见其“异端之学”，甚至公开征引“杂学”，兹举例说明之。《为后帝伐魏诏》[②] 开头：“朕闻天地之道，福仁而祸淫，善积者昌，恶积者丧，古今常数也。是以汤、武修德而王，桀、纣极暴而亡。”《正议》开头：“昔在项羽，起不由德，虽处华夏，秉帝者之势，卒就汤镬，为后永戒。”文中正式引用有《军诫》之文。又，《称姚伷教》开头：“忠益者莫大于进人，进人者各务其所尚。”《与群下教》：“夫参署者，集众思广忠益也。”《兵要》云：“人之忠也，犹鱼之有渊，鱼失水则死，人失忠则凶。故良将守之，志立而名扬。”言德、言忠无一征引，有些话似为他自己的创造。此外，如《便宜十六策》《将苑》等或为依托之作，反映的也多为黄老刑名之学，例如《便宜十六策·治国第一》说：

> 治国之政，其犹治家。治家者务立其本，本立则末正矣。夫本者，倡始也；末者，应和也。倡始者，天地也；应和者，万物也。万物之事，非天不生，非地不长，非人不成。……

十六策中也讲仁义，讲三纲六纪，有“《书曰》”、“孔子云”，同时也有不称名“经云”，如其中《治人第六》有两句“经云”，就是：“不贵难得之货，使民不为盗；不贵无用之物，使民心不乱。”似非六经之文，而与《老子》文极似。总之，其学杂。

第三，虽然大多数文稿是言琐碎之事，就事论事，但也有少数文字恰能表明其志趣，除了上述《诫子书》《诫外生书》之外，还可举出《司马季主墓碑铭》，其文曰：“玄漠太寂，混合阴阳，天地交泮，万品滋彰。先生理著，分别柔刚，鬼神以观，六度显明。”据《真诰》记载，“诸葛武侯昔建碑铭德于季主之墓前”，“建碑铭德”可见其思想上所崇信的是

---

① 《街亭自贬疏》中有“《春秋》责帅”语。总之极少。

② 以下所引各篇之文，均见《诸葛亮集》，中华书局 1960 年版。

什么。

以上从诸葛亮之言分析其思想，是以黄老刑名为主的“异端之学”，那么这种学术是如何指导其行为的呢?

分析诸葛亮行为的指导思想，将面临两个突出的问题。

一个是在三国之中?诸葛亮选择了以刘备为主，而且是“鞠躬尽瘁，死而后已”，最后结果又以失败而告终。这就引起后人许多评论。诸如择主是否失误?诸葛亮思维误区何在?也有人因而论其“正统”观念、儒家思想，等等。其中很多评论，如陈亮所说，是“以成败论人物者”，这方面我们就不再去讨论了。从其“择主”的指导思想看，很难说是什么儒家正统思想起作用，“复兴汉室”也许是诸葛亮打的一张牌，但绝不是其行为的指导思想，他不会不知道“苍天已死”，他不会不懂得:“汉室陵迟，为日久矣，今欲兴之，不亦难乎!”① 实际对于同样一个已有一定实力的姓刘的地方军阀刘表，他也没有去投奔，而在刘备“三顾茅庐”之后，跟随了刘备。之所以跟随刘备，他是考虑再三而行的，当然包括从各方面的分析和考虑，最后也许就是一个“士为知己者死”起了主要作用，这中间有“忠”、“义”等思想，是一个可以作更深入探讨的问题。

“忠”、“义”思想是知识分子传统思想的重要内容之一，但并不就是儒家的思想，秦汉以前，论“忠”、“义”最多，特别是在君臣关系上讲忠义的，还是黄老、刑名以及墨家等这些“异端”学派，《论语》中“忠”字出现18次，“义”字出现24次②，基本上用的是字的本义，忠者敬也，义者宜也，很少有后来“忠君”的色彩，《八佾》中说的“君使臣以礼，臣事君以忠”，是相互关系，不是单方面的“忠”，弄得不好是可以不“事”的，所谓“邦有道则仕，邦无道则可卷而怀之”③。有意思的是《庄子·人间世》中引了一通“仲尼曰”讲君臣忠义关系:

天下有大戒二:其一，命也;其一，义也。子之爱亲，命也，不可解于心;臣子事君，义也，无适而非君也，无所逃于天地之间，是之谓大戒。是以夫事其亲者，不择地而安之，孝之至也;夫事其君

---

① 陈寿:《三国志》卷三十五，《魏书·魏武帝纪》，中华书局1959年版，第194页。

② 据杨伯峻《论语译注》统计。

③ 《论语·卫灵公》，十三经注疏本，中华书局1980年版。

者，不择事而安之，忠之盛也……

是否是孔子之言不得而知，《庄子》是借叶公子高出使齐国一事，讲臣子与君子相处的艰难，因而“问于仲尼”，仲尼回答云云，最后归结到要顺任自然：“且夫乘物以游心，托不得已以养中，至矣。”这到底是孔子的思想，还是庄子的思想呢？

讲君臣忠义问题，“异端之学”比儒家要明确得多，《管子》中有《君臣》专篇，《韩非子》中也有专篇讲主道、臣道。其论述君臣忠义关系的文字，如《韩非子·解老》篇中说：

义者，君臣上下之事，父子贵贱之差也……。臣事君宜，下怀上宜……。义者谓其宜也，宜而为之。故曰：上义为之而有以为也。

这里解释《老子》38章的话，虽然仍用义之本义——宜，但已讲到了“臣事君宜”。如何算“宜”，其《忠孝》篇说：“所谓忠臣，不危其君，……尽力守法，专心于事主者为忠臣。”《韩非子》中讲“忠臣”、“贤臣”以及与主相对立的“奸劫弑臣”很多。

关于“义”，儒家也是讲的，到了孟子，特别强调“仁义”，儒家讲“义”有一点很突出，就是把义与利对立看待，这是“异端”反对的。单纯强调“义”的是墨子，《墨子·贵义》篇说：“万事莫贵于义。”但墨子不讲“忠君”，孟子骂他讲“兼爱”是无君也。不过，后世侠义、节义之“义”是由墨子思想发展而来的。“士为知己者死”，晋国的豫让讲“忠臣有死名之义”，而“襄子大义之”①，与墨者的行为是一致的。后来《吕氏春秋》“采儒墨之善”，吸收了墨家“贵义”的观点，大讲“忠廉”、“士节”等，发挥了墨家的思想，其《士节》篇写道：“士之为人，当理不避其难，临患忘利，遗生行义，视死如归。”

据上所述，我认为诸葛亮的“忠”、“义”思想，应该属于黄老新道家所发挥的一类，不是儒家思想的影响。

另一个突出的问题是，既然黄老新道家思想是诸葛亮为政的指导思

① 司马迁：《史记》卷八十六，《刺客列传》，中华书局1982年版，第2521页。

想，那么为什么其行为看起来与汉初曹参等人颇不相同？这问题需要具体分析和比较。首先，曹参并不是什么事都不做，不能简单的只看记载所说曹参“日夜饮酒”，“不事事”——如淳甚至说：“不事丞相之事。”① 这是错误的。丞相之事是什么？如陈平所说：“宰相者，上佐天子理阴阳，顺四时，下遂万物之宜，外镇抚四夷诸侯，内亲附百姓，使卿大夫各得任其职也。”② 曹参正是如此，掌握大政方针，慎选各级官吏：“参代何为相国，举事无所变更，壹遵何之约束。择郡国吏长大，讷于文辞，谨厚长者，即诏除丞相史。吏言文刻深，欲务声名，辄斥去之。”他任齐相之职以及离开时，“属其后相曰：以齐狱市为寄，慎勿扰也”，前后精神完全一致，是在“天下既定”之后，为了“安海内”，采取“不扰”——与民休息的政策。其次，诸葛亮所面临的时代条件完全不同，他“受任于败军之际，奉命于危难之间”③，容不得他“日夜饮酒”，“不事事”。——实际上在天下未定的汉初，曹参也是东征西战的，观其战功即可知：“参功：凡下二国，县百二十二；得王二人，相三人，将军六人，大莫嚣、郡守、司马、侯、御史各一人。”与其为相时的情况是截然不同的。诸葛亮面临的局势严峻得多，责任又重大得多，一生的大部分时间和精力用在征战方面，其治蜀种种，也是服从于征战的。

本文主要探讨诸葛亮为政的指导思想。在治理蜀国的政事中，实行法治是很突出的一点，乃至于误认为诸葛亮是法家。的确，诸葛亮治军也好，治蜀也好，皆厉行法治，法令严明，赏罚分明，在当时甚至遭到人们的反对，攻击他“刑法峻急”，法正建议他“缓刑弛禁”，他回答说：

> 吾今威之以法，法行则知恩，限之以爵，爵加则知荣；恩荣并济，上下有节。为治之要，于斯而著。④

显然，他用法治，不过是一种南面之术，而且是深得新道家政治思想之要，把法家有用的东西拿过来了，所谓“撮名法之要”，那就是法家的

① 以下曹参事均见《汉书·萧何曹参传》。

② 班固：《汉书》卷四十，《张陈王周传》，中华书局1962年版，第2049页。

③ 《诸葛亮集·文集》卷一，《前出师表》，中华书局1960年版，第5页。

④ 陈寿：《三国志》卷三十五，《蜀书·诸葛亮传》，中华书局1959年版，第917页。

“正君臣上下之分”，“不别亲疏，不殊贵贱，一断于法”，这后者“可以行一时之计”，但是又避免了法家的“严而少恩”①，能够做到“刑政虽峻而无怨者”。新道家的理想法治，如《淮南子·主术训》所说：

> 是故明主之治，国有诛者而主无怒焉，朝有赏者而君无与焉。诛者不怨君，罪之所当也；赏者不德上，功之所致也。民知诛赏之来，皆在于身也，故务功修业，不受赣于君。是故朝廷芜而无迹，田野辟而无草，故太上、下知有之。

诸葛亮的法治是按照这种理想而努力的，其事实颇多。诸葛亮用法，一是公平无私，二是赏罚分明，所以能做到使人口服心服。廖立、李平，都是受过诸葛亮处分的人，不但无怨言，还长时间有怀念感激之情。可见其“用法”乃“行一时之计”。他的用法思想原则也与新道家的一致，如《淮南子·主术训》中所说：

> 法者，天下之度量，而人主之准绳也。具法者，法不法也；设赏者，赏当赏也。法定之后，中程者赏，缺绳者诛。尊贵者不轻其罚，而卑贱者不重其刑。犯法者虽贤必诛，中度者虽不肖必无罚，是故公道通而私道塞矣。

法就像权衡规矩一样，诸葛亮曾说：“吾心如秤，不能为人作轻重。”②《淮南子·主术训》中也说：

> 今夫权衡规矩，一定而不易，不为秦楚变节，不为胡越改容，常一而不邪，方行而不流，一日刑之，万世传之，而以无为为之。

总之，诸葛亮之用法，与法家之“严而少恩”显然不同，说诸葛亮是法家，不能说是对他的准确理解。

---

①　司马迁：《史记》卷一百三十，《太史公自序》，中华书局1982年版，第3289页。

②　《北堂书钞》卷三七引“诸葛亮书曰”。

陈寿《三国志·蜀书·诸葛亮传》最后的“评曰”，对我们理解诸葛亮为政的指导思想很有帮助，他写道：

诸葛亮之为相国也，抚百姓，示仪轨（胡三省曰：仪，度也；轨，法也。），约官职，从权制，开诚心，布公道。尽忠益时者，虽仇必赏；犯法怠慢者，虽亲必罚。服罪输情者，虽重必释；游辞巧饰者，虽轻必戮。善无微而不赏，恶无纤而不贬。庶事精练，物理其本，循名责实，虚伪不齿。终于邦域之内，咸畏而爱之，刑政虽峻，而无怨者，以其用心平而劝戒明也。可谓识治之良才，管、萧之亚匹矣。

这个概括可以说全面而又准确，其治蜀为政，不仅主要是靠仪轨法度，而且还有“约官职，从权制”、“庶事精练，物理其本”之类的内容。“约官职”，当包括官吏选任这一大项，这方面的事例是很多的，张澍所编《诸葛亮集》有《用人》篇一卷集中了不少材料可以参考。诸葛亮在知人用人方面是有主张有成绩的，兹举一条记载，《华阳国志·刘后主志》写道：

（建兴）二年，丞相亮开府，领益州牧，事无巨细，咸决于亮。亮乃抚百姓，示仪轨，约官制（下同上引陈寿评）……辟尚书郎蒋琬及广汉李邵、巴西马勋为掾，南阳宗预为主簿，皆德举也；秦宓为别驾，犍为五梁为功曹，梓橦杜微为主簿，皆州俊彦也。而江夏费祎、南郡董允、郭攸之始为侍郎，赞扬日月。

这里我们可以联想对比一下前述曹参之除丞相史。诸葛亮履行着丞相最重要的职责。

关于“物理其本”，胡三省曰：“言事事物物必从其本而治之。”他“为政以安民为本”，随时注意“务农殖谷，闭关息民”① “闭境勤农，育养民物”②。注意经济，在征战中也“分兵屯田”，这都是务本的措施。在此

① 陈寿：《三国志》卷三十三，《蜀书·后主传》，中华书局1959年版，第894页。
② 陈寿：《三国志》卷四十二，《蜀书·杜微传》，中华书局1959年版，第1019页。

不详细叙说。

总之，陈寿所概述的其为治之内容，还有其指导思想，如“诚心”、“公道”、“循名责实”之类，皆莫不为黄老思想的重要内容，我们可以说，诸葛亮是按黄老思想行事的。

最后，我们还要谈谈诸葛亮的修身养性，看他如何实践其“绝情欲”的新道家思想。虽然他位极人臣，但谦虚谨慎，决不居功自傲，因而上下不疑。如他上表后主说：

> 臣初奉先帝，资仰于官，不自治生。今成都有桑八百株，薄田十五顷，子弟衣食，自有余饶。至于臣在外任，无别调度，随身衣食，悉仰于官，不别治生，以长尺寸。若臣死之日，不使内有余帛，外有赢财，以负陛下。①

一直到死，“亮遗命：葬汉中定军山，因山为坟，冢足容棺，敛以时服，不须器物”②。

这两条材料的可靠性如何？诸葛亮是否矫情而言？我认为是他为政为人指导思想之体现，这可以举另一条材料来作旁证，那就是刘备死后，诸葛亮上言于后主曰：

> 伏惟大行皇帝迈仁树德，覆焘无疆，昊天不吊，寝疾弥留，今月二十四日奄忽升遐，臣妾号咷，若丧考妣。乃顾遗诏，事惟大宗，动容损益；百寮发哀，满三日除服，到葬期复如礼；其郡国太守、相、都尉、县令长，三日便除服。臣亮亲授敕戒，震畏神灵，不敢有违。臣请宣下奉行。③

刘备是否有“遗诏”，不得而知。诸葛亮主张丧事从简，并要后主“宣下奉行”，应该是实行了的。当然，客观情况不许可大事吊丧，但与诸葛亮注重简约、安民不扰的思想是分不开的。他自己遗命丧事从简，也就

---

① 陈寿：《三国志》卷三十五，《蜀书·诸葛亮传》，中华书局1959年版，第927页。
② 陈寿：《三国志》卷三十五，《蜀书·诸葛亮传》，中华书局1959年版，第927页。
③ 陈寿：《三国志》卷三十二，《蜀书·先主传》，中华书局1959年版，第891页。

更为可信了。由此可见，诸葛亮修身、治国的思想是一个统一整体，新道家的思想贯穿了他一生的始终，“死而后已”。

前人没有弄清黄老新道家的特点，因而对诸葛亮的思想很难评价，对一些表象很难定论，所以如前所述，朱熹等人一会儿说他“有儒者气象”，一会儿说他“其学只是伯”，一会儿又说他“所学不纯正”，甚或“本不知学，全是驳杂了”。其实，诸葛亮的思想和秦汉以来的黄老新道家一样，是“采儒墨之善，撮名法之要”的。他并非“不知学”，而是能够兼采众长，他曾论诸子之长短可见一斑：

> 老子长于养性，不可以临危难。商鞅长于理法，不可以从教化。苏、张长于驰辞，不可以结盟誓。白起长于攻取，不可以广众。子胥长于图敌，不可以谋身。尾生长于守信，不可以应变。王嘉长于遇明君，不可以事暗主。许子将长于明臧否，不可以养人物。此任长之术者也。①

无疑他是吸收了诸子之长。他广泛学习、思考，如：

> 范蠡以去贵为高，虞卿以舍相为功，太伯以三让为仁，燕哙以辞国为祸，尧、舜以禅位为圣，孝哀以授董为愚，武王以取殷为义，王莽以夺汉为篡，桓公以管仲为霸，秦皇以赵高丧国，此皆趣同而事异也。明者以兴治，暗者以辱乱也。②

他在许许多多的不同事件中看到了相同的旨趣。他不是驳杂，而是以兼采众长的黄老思想为主导。他最后一个身体力行地实践了黄老新道家思想。

总而言之，无论从言、从行看，确实可以说“诸葛亮为汉代以黄、老之学治天下之殿军”。

---

① 赵蕤：《长短经》卷一，《任长》。

② 赵蕤：《长短经》卷七，《时宜》。

附录一

范蠡其人其事及其思想

范蠡是春秋时期为东南地区的建设和发展作出过贡献的一位历史人物，他辅佐越王句践雪会稽之耻，成霸王之业。《史记·越王句践世家》写道：

> 范蠡事越王句践，既苦身戮力，与句践深谋二十余年，竟灭吴，报会稽之耻，北渡兵于淮以临齐、晋，号令中国，以尊周室，句践以霸，而范蠡称上将军。

在当时为人们器重，对后世有相当大的影响，时人尊称为“范子”，伍子胥誉为“圣臣”①，“范蠡浮海出齐……齐人闻其贤，以为相”②。战国秦汉学者提到范蠡时也都是称赞的，例如《韩非子·说疑》中写道：

> 若夫后稷、皋陶、伊尹、周公旦、太公望、管仲……范蠡……，此十五人者为其臣也，皆夙兴夜寐，卑身贱体，竦心白意；明刑辟、治官职以事其君，进善言、通道法而不敢矜其善，有成功立事而不敢伐其劳……此谓霸王之佐也。

又如司马迁作《素王妙论》写道：

> 范蠡为越相，三江五湖之间，民富国强，卒以擒吴，功成而弗居，变名易姓，之陶自谓朱公，行十术之计，二十一年之间，三致千

---

① 赵晔：《吴越春秋》卷九，《句践阴谋外传》。

② 司马迁：《史记》卷四十一，《越王句践世家》，中华书局 1982 年版，第 1752 页。

金。再散与贫。

《史记·越王句践世家》中又说："范蠡三迁皆有荣名，名垂后世。"到后来，人们由称赞进而敬仰，乃至把他神化，如《风俗通义》第二《东方朔》条云：

> 俗言东方朔太白星精，黄帝时为风后，尧时为务成子，周时为老聃，在越为范蠡，在齐为鸱夷子皮，言其神圣能兴王霸之业，变化无常。

范蠡为什么会有很大的影响？大约不外几个原因：一是他的经历有很大的传奇性。二是他作为"霸王之佐"的业绩及其所表现的军事政治才能，是一位杰出的军事家和政治家。三是他后半生，"十九年中三致千金"，经济上也是能手，"故言富者皆称陶朱公"①。四则因为他博学多识，是一位大思想家。

先说传奇的经历。他一生除了在越国的二十多年之外，漂泊不定，乃至于他生于何处、葬于何地，魏晋以后人们就有了多种说法，关于出生地，《史记集解》说："《太史公素王妙论》曰：'蠡本南阳人。'《列仙传》云：'蠡，徐人。'"《正义》说："《吴越春秋》云：'蠡字少伯，乃楚宛三户人也。'《越绝》云：'在越为范蠡，在齐为鸱夷子皮，在陶为朱公。'又云：'居楚曰范伯。……'"

关于其死地，《史记》说是"卒老死于陶"，《集解》引："张华曰：'陶朱公冢在南郡华容县西，树碑云是越之范蠡也。'"《正义》说："盛弘之《荆州记》云：'荆州华容县西有陶朱公冢，树碑云是越范蠡。范蠡本宛三户人，与文种俱入越，吴亡后，自适齐而终。陶朱公登仙，未闻葬此所由。'《括地志》云陶朱公冢也。又云：'济州平阴县东三十里陶山南五里有陶公冢，并止于陶山之阳。'按：葬处有三，未详其处。"后人大约从唐代《括地志》的说法，"陶山在济州平阴县东三十五里"，山南五里有陶朱公冢，就是现在山东的定陶县。

① 司马迁：《史记》卷一百二十九，《货殖列传》，中华书局1982年版，第3257页。

至于他“浮海出齐”，“乘扁舟浮于江湖”，究竟到过些什么地方，也是很难考证的了，《国语·越语》就说：“乘轻舟以浮于五湖，莫知其所终极。”再者，据《吴地记》记载：“西施亡吴后，复归范蠡，同泛五湖而去。”范蠡出游带着一位美女西施，更增加了传奇色彩，明人梁辰鱼将其故事编为传奇《浣纱记》。

其次，作为军事家和政治家的范蠡，以上所引的一些评价中已可以看出，《史记·越王句践世家》记载说：“（句践）欲使范蠡治国政，蠡对曰：‘兵甲之事，种不如蠡，填抚国家，亲附百姓，蠡不如种。’”这也许是谦虚之词，或者还有感谢文种知遇之恩的意思，据《越绝书》《会稽典录》等书记载，是文种为宛令时发现他这个人才的，范蠡的政治才能是不会在文种之下的。再说，“兵甲之事”是当时最重要、最紧迫，也是最困难的事，范蠡迎难而上，突出表现了军事家的才能。这方面就不具体阐述了。

我们想多说一点的是范蠡的思想，作为一位杰出的政治家和军事家，与他的卓越思想是分不开的。范蠡博学多才，同时也是一位杰出的思想家。

《汉书·艺文志·兵书略》“兵权谋”一类中著录《范蠡》二篇，早已亡佚。唐末以后，类书中常引《范子》，未知是否指此二篇。这样，我们研讨范蠡的思想，就只能根据《国语·越语》和《史记》等有关记载。不过，也有一点是比较特殊的，这些书在记事的同时记了不少反映范蠡思想的言论。例如：

> 越王句践即位三年而欲伐吴，范蠡进谏曰：“夫国家之事，有持盈，有定倾，有节事。”“……持盈者与天，定倾者与人，节事者与地……天道盈而不溢，盛而不骄，劳而不矜其功。夫圣人随时以行，是谓守时。天时不作，弗为人客；人事不起，弗为之始。今君王未盈而溢，未盛而骄，不劳而矜其功，天时不作而先为人客，人事不起而创为之始，此逆于天而不和于人。王若行之，将妨于国家，靡王躬身。”王弗听，范蠡进谏曰：“夫勇者，逆德也；兵者，凶器也；争者，事之末也。阴谋逆德，好用凶器，始于人者，人之所卒也；淫佚之事，上帝之禁也，先行此者，不利。”①

---

① 《国语·越语下》，下引文不注者同出于此。

《史记》仅采用了后面这一段话，而其文字略有不同。句践不听劝阻，兴师伐吴大败，再与范蠡问对：

> 范蠡对曰："君王其忘之乎？持盈者与天……"王曰："与人奈何？"对曰："卑辞尊礼，玩好女乐，尊之以名，如此不已，又身与之市。"……王问于范蠡曰："节事奈何？"对曰："节事者与地。唯地能包万物以为一，其事不失，生万物，容畜禽兽，然后受其名而兼其利，美恶皆成，以养其生，时不至不可强生，事不究不可强成，自若以处以度天下，待其来者而正之，因时之所宜而定之。……时将有反，事将有间，必有以知天地之恒制，乃可以有天下之成利，事无间，时无反，则抚民保教以须之。"

范蠡在讨论国家大事中的言论，充满着哲学思想，阐述了天、地、人的关系。在后来讨论"谋吴"时，更概括地说："夫人事必将与天地相参，然后乃可以成功。"主张法天、地之道，韦昭注云："与天，法天也。天道盈而不溢，盛而不骄。""与地，法地也。时不至不可强生，事不究不可强成之属。"突出地主张"因"时、"顺"时、"得"（或者"须"）时。他的这种思想和主张，在实践中证明是正确的，取得了成功。

另外，句践要与他共图国事，他一方面推荐文种，另一方面概述自己的长处时说：

> ……立断之事，因阴阳之恒，顺天地之常，柔而不屈，强而不刚，德虐之行，因以为常，死生因天地之刑。天因人，圣人因天，人自生之。天地形之，圣人因而成之。是故战胜而不报，取地而不反，兵胜于外，福生于内，用力甚少，而名声章明。

以上这些思想，我们在以后的所谓黄老之学的著作中可以普遍地经常地看到。"因阴阳之恒，顺天地之常"，这是后来司马谈概括道家"为术也，因阴阳之大顺"，"以因循为用"① 等特点的较早表述之一。"天地形之，圣人因而成之"，这种思想，也是一种较早的表述，后来陆贾《新语》

① 司马迁：《史记》卷一百三十，《太史公自序》，中华书局1982年版，第3292页。

的第一句话说："传曰：天生万物，以地养之，圣人成之，功德参合而道术生焉。"是春秋战国时已普遍有此说法。范蠡还突出了一个"因"字，以后的《吕氏春秋》关于"因"、"顺"思想阐述颇多。

范蠡还有更积极的"因"、"顺"思想，要准确地把握时机，在伐吴条件成熟时，他一再说：

> 臣闻从时者，犹救火、追亡人也，蹶而趋之，唯恐弗及。
>
> 得时无怠，时不再来，天予不取，反为之灾，赢缩转化，后将悔之，天节固然，唯谋不迁。

要"从时"，不仅是一个"时不再来"的问题，还有一个"赢缩转化"的问题，他是在探索天道变化的规律。他进一步说道：

> 臣闻古之善用兵者，赢缩以为常，四时以为纪（韦昭注：以为常，随其赢缩也。纪，犹法也，四时有转运……），无过天极，究数而止（韦昭注：……无过天道之所至，穷其数而止也）。天道皇皇，日月以为常，明者以为法，微者则是行（韦昭注：……法其明者以进取，行其微时以隐遁）。阳至而阴，阴至而阳；日困而还，月盈而匡。古之善用兵者，因天地之常，与之俱行，后则用阴，先则用阳（韦昭注：后，后动。先，先动。用阴，谓沈重周密。用阳，谓轻疾猛厉）；近则用柔，远则用刚（韦昭注：敌近则用柔顺，示之以弱。远则抗威厉辞以亢御）。后无阴蔽，先无阳察（韦昭注："后动者太舒静，为阴蔽也，先动者太显露，为阳察也）。用人无艺，往从其所（韦昭注：……行军用人之道，因敌为制，不豫设也，故曰从其所也）。刚强以御，阳节不尽，不死其野（韦昭注：言敌以刚柔来御己，其阳节未尽，尚未可克，故曰不死其野）。彼来从我，固守勿与（韦昭注：勿与战也）。若将与之，必因天地之灾，又观其民之饥饱、劳逸以参之。尽其阳节，盈吾阴节，而夺之（韦昭注：彼阳势已尽，而吾阴节盛满，则能夺之）。宜为人客，刚强而力疾，阳节不尽，轻而不可取。宜为人主，安徐而重固，阴节不尽，柔而不可迫。凡陈之道，设右以为牝，益左以为牡，蚤晏无失，必顺天道，周旋无究。

如此大段的征引，因为它是一气呵成，虽然是讲战机，充分运用了阴阳学说，但完全摆脱了星占时忌等的束缚，而站在哲学的高度，阐述其天道观。

《越绝书》中有一篇《越绝外传枕中》，比较集中地记录了范蠡关于天道阴阳的思想学说，兹摘录一些以为参考：

> 臣闻圣主之治，左道右术，去末取实。……道者，天地先生，不知老；曲成万物，不名巧，故谓之道。道生气，气生阴，阴生阳，阳生天地。天地立，然后有寒暑、燥湿、日月、星辰、四时，而万物备。术者，天意也。盛夏之时，万物遂长。圣人缘天心，助天喜，乐万物之长。……所谓末者，名也。故名过实，则百姓不附亲，贤士不为用。……所谓实者，谷□也，得人心，任贤士也。①

其中有些说法，与《老子》、后来道家之论基本一致，如关于道的解释。有些提法，颇有独特之处，如“道生气，气生阴，阴生阳，阳生天地”。这就与《老子》和一般黄老之道论有所不同，值得注意。《老子》“万物负阴而抱阳，冲气以为和”（42章）的说法，《淮南子·天文训》有“阳生阴，阴生阳，阴阳相错”的说法，均与此不同。但另一段文字又不是如此，而与后来一般说法基本一致：

> 越王问于范子曰：“寡人闻阴阳之治，不同力而功成，不同气而物生，可得而知乎？……”范子曰：“臣闻阴阳气不同处，万物生焉。……阳者主生……阴气主杀……”

则阴阳只是所处之不同，“不同力而功成，不同气而物生”，没有阴生阳之类发生关系，所以他说：

> 天下之君，发号施令，必顺于四时。四时不正，则阴阳不调，寒

① 李善注《文选》卷五六崔子玉《座右铭》引“范子曰：名过其实者灭，圣人不使名过实”。

暑失常。

天道三千五百岁，一治一乱，终而复始，如环之无端，此天之常道也。

夫一乱一治，天道自然。

越王对范蠡说："寡人闻夫子明于阴阳进退，豫知未形，推往引前，后知千岁，可得闻乎?"可见人们对他的知识渊博已经神化了，他回答道：

阴阳进退者，固天道自然，不足怪也。夫阴入浅者即岁善，阳入深者则岁恶。幽幽冥冥，豫知未形。故圣人见物不疑，是谓知时，固圣人所不传也。

他的天道阴阳学说并无神秘色彩。

他关于"赢缩转化"、"刚柔相守"等议论，阴阳、先后、远近、刚柔乃至牝牡等这些对立统一的观点都用上了，阐明了它们之间的密切关系。其思想与《老子》很有些接近，从时间上看，很难说是直接受《老子》的影响，有一些思想也许是当时的时代产物，所以有"臣闻"这种说法，《老子》也是如此，也有"圣人云"、"用兵有言"以及"是以"等，是总结、继承和发展已有的思想。与当时已经开始流行的黄帝思想也有关系，如《太史公素王妙论》所说：

黄帝设五法，布之天下，用之无穷。盖世有能知之者，莫不尊亲。如范子可谓晓之矣。子贡、吕不韦之徒颇预焉。

以上从思想渊源看，范蠡的思想与黄帝、《老子》有密切的关系。《老子》说："功成名遂身退，天之道。"范蠡"乘轻舟以浮于五湖"是这样实践的，并且隐退的思想十分明确，当时他劝文种也隐退，留书说：

吾闻天有四时，春生冬伐，人有盛衰，泰终必否。知进退存亡而不失其正，惟贤人乎！蠡虽不才，明知进退。高鸟已散，良弓将藏，狡兔已尽，良犬就烹。夫越王……可与共患难，而不可以共处乐；可

> 与履危，不可与安，子若不去，将害于子明矣。①

除了对越王的看法外，他的思想是一贯的。

总之，范蠡及其思想对后世的影响是很大的，本文开头已经指出其在思想史上的地位，这里还有一点值得一提：他的军事思想与孙子有所不同。例如他充分运用了阴阳学说，而《孙子》中“阴阳”仅见一处，是指昼夜、晴雨等情况，并未上升到哲学层面。假如有人说老子是兵家的话，范蠡与老子可为一派。然而更重要的是，范蠡在黄老之学形成过程中的地位，比许多言黄老之学的人物更早。黄老思想的不少内容，在他的思想中最早见到，已经有学者作了一些论述②，实际上还可以作许多比较，这里就不一一列举。

除以上所述，范蠡关于“魂魄”的论述也是比较早的：

> 魂者，橐也；魄者，生气之源也。故神生者，出入无门，上下无根，见所而功自存，故名之曰神。神主生气之精，魂主死气之舍也，魄者主贱，魂者主贵，故当安静而不动。魄者方盛夏而行，故万物得以自昌。③

在讨论这个问题时，他还说过：“天地之间，人最为贵。”这当然是思想史上的“民主精华”。

范蠡是中国古代一位大思想家，在思想方面有自己独特的贡献，在当时和对后代都有较大的影响，其在思想史上的地位是应该重视的。

---

① 赵晔：《吴越春秋》卷第十，《句践伐吴外传》。

② 如李学勤：《范蠡思想与〈黄帝书〉》，《浙江学刊》1990 年第 1 期；魏启鹏：《范蠡及其天道观》，《道家文化研究》第 6 辑，上海古籍出版社。

③ 《越绝书》卷十三，《外传枕中第十六》。

附录二

从“存天理，灭人欲”看朱熹的道家思想

集宋代理学之大成者朱熹，被称为孔、孟之后第一大儒，“存天理，灭人欲”可说是理学的核心和纲领，乍看本文标题，似乎故意作翻案文章，其实这是对朱熹思想进一步深化的认识。

朱熹的思想基本上是属于儒家的，主要是他改造儒学使之符合时代的需要，他在宋儒周敦颐、程颢、程颐等人思想的基础上进一步改造儒学，形成被称为理学或道学的新儒学，所以现在有人称宋代儒学为新儒学。然而他的改造工作，采取和借助了释道两家的思想和学说，这也是大家所公认的。其吸收道家和道教的东西犹多。例如先秦以来，儒家基本上不讲宇宙本体，道家从老子开始就讲宇宙本体，宋儒改造传统的儒学，最重要最根本的一条，就是讨论和阐述宇宙本体问题，将儒家所倡导的伦理道德上升到本体论的高度，从本体论推衍出人性、物性等。宋儒的本体论是从周敦颐的无极、太极之说开始的，朱熹继承其说，并且认为无极、太极就是理，如《朱子语类》卷 94：

> 问：“无极而太极，如何?”曰：“仔细看，便见得。”问：“先生之意，不正是以无极太极为理?”曰：“此非某之说，他道理自如此，著自家私意不得。太极无形象，只是理。”

《易经》中有“太极”，但没有“无极”，“无极而太极”的思想是从道家来的，陆九渊当时曾指出：

> 朱子发谓濂溪得《太极图》于穆伯长，伯长之传，出于陈希夷，其必有考。希夷之学，老氏之学也。无极二字，出于《老子·知其雄章》，吾圣人之书所无有也。《老子》首章言“无名天地之始，有名万

物之母”，而卒同之，此老氏宗旨也。无极而太极，即是此旨。老氏学之不正，见理不明，所蔽在此。兄（按：指朱熹）于此学，用力之深，为日之久，曾此之不能辨，何也？①

朱熹似乎没有正面回答是否老氏之学的问题，但关于无极太极的话还是说得不少的，他主要在于反复解释无极与太极的关系，如：

“无极而太极。”盖恐人将太极做一个有形象底物看，故又说无极，言只是此理也。

“无极而太极”，只是无形而有理。周子恐人于太极之外更寻太极，故以无极言之。

周子所谓“无极而太极”，非谓太极之上别有无极也，但言太极非有物耳。②

在朱熹看来，作为宇宙本体的太极，或者叫无极，亦可称之为理，“非有物耳”，不要“做一个有形象底物看”，那的确是与《老子》的“无名天地之始”不好区分了。

从本体论看，朱熹和宋代的理学家们，只不过是吸收和借用了道家的思想（人们还更明确指出《太极图》直接来源于道教）。但是作为与本体太极无极相等的理，二程和朱熹等人讲得更多，而理的涵义极为广泛，不仅指本体，不仅是“天地万物之根”，同时又指“理合”，指规律，万事万物“皆有理”。还不止此，理既是形式，也是心性。总之，如清人所说，“理”字像个大口袋，什么东西都可以往里装。从一个“理”字出发，讨论各种各样的问题，例如理本气末、理一分殊等，讲理与万物的关系，又从本体中推衍出物性与人性，讲事物的统一性，最后落脚到人性与天理的统一，所以，“存天理，灭人欲”，可以说是理学的核心或者纲领，他们讲天理，是为了“灭人欲”，这一点朱熹说得很明确：

① 陆九渊：《象山全集》卷二，《与朱元晦》。

② 以上引文均见《朱子语类》卷九四。

孔子所谓“克己复礼”，《中庸》所谓“致中和”、“尊德性”、“道问学”，《大学》所谓“明明德”，《书》曰“人心惟危，道心惟微，惟精惟一，允执厥中”：圣贤千言万语，只是教人明天理，灭人欲。天理明，自不消讲学。……①

由此不难看出，其主要目的是儒家一派的主张。“明天理，灭人欲”和孔子的“克己复礼”是一脉相承的。但是打出“明天理”的旗号，似乎能使儒家主张更具理论性，然而原本儒家是没有什么“天理”的，这“天理”是哪里来的呢？程颢说：“吾学虽有所授受，‘天理’两字却是自家体贴出来的。”② 这话看如何理解，说他关于“天理”有自己的理解和发挥，未尝不可，即所谓“自家体贴”，但“天理”两字应该说早就有了，在《庄子·养生主》中有一则“庖丁解牛”的故事，庖丁解牛时曾说：“依乎天理，批大却……”，其“天理”指“自然的纹理”是显然的，在道家的思想中，天指自然，这是具有普遍性的，无论“天道”、“天运”乃至“天德”、“天机”、“天乐”等等，皆有自然之义。庖丁的“天理”虽然是指“自然的纹理”，引申为一般的“自然之理”也是呼之欲出的，所以郭象在注《庄子·天运》时写下了一段话：

夫至乐者，先应之以人事，顺之以天理，行之以五德，应之以自然，然后调理四时，太和万物。③

“天理”是“自然之理”，原本把“天理”说成是“天性”时，仍有自然之义。但程颢、朱熹等人的“天理”则远离了“自然”之义，这是后话。至于把天理和人欲对立起来，我们发现最早似乎是在《礼记·乐记》和《淮南子·原道训》中，两书的文字几乎是相同的，请看原文，《乐记》说：

---

① 黎靖德：《朱子语类》卷十二，《学六》，中华书局 1985 年版，第 207 页。

② 《二程全书·二程外书》卷十二。

③ 这些话原被当作《庄子》原文，经考证为注文，参阅陈鼓应《庄子今注今译》（中华书局 1983 年版）。

> 人生而静，天之性也。感于物而动，性之欲（容）① 也。物至知知，然后好恶形焉。好恶无节于内，知诱于外，不能反躬，天理灭矣。夫物之感人无穷，而人之好恶无节，则是物至而人化物也。人化物也者，灭天理而穷人欲者也。于是有悖逆诈伪之心，有淫佚作乱之事。是故强者胁弱……此大乱之道也。是故先王之制礼乐，人为之节。

《淮南子·原道训》说：

> 人生而静，天之性也。感而后动，性之害（容）也。物至而神应，知之动也。知与物接，而好憎生焉（高注，情欲也）。好憎成形，而知诱于外，不能反己，而天理灭矣（高注：不能反己本所受天清静之性，故曰“天理灭也”，犹衰也）。故达于道者，不以人易天（高注：天，性也，不以人事易其天性也；一说曰：天，身也，不以人间利诱之事易其身也）。外与物化，而内不失其情（高注：言通道之人，虽外貌与物化，内不失其无欲之本情也）。

两者同样把天理与人欲对立，文字大同小异，《乐记》之文，《史记·乐书》也有，关于“人欲”产生的辞句属于解说性质，这与“记”的性质是一致的。这些话也许还有更早的源头，两书都照引了。但是我们可以注意到，《乐记》引此论述的结论是：“先王之制礼乐，人为之节。”而《淮南子》的结论是讲通道之人（“达于道者”）的心性修养，所以下面还有一些话反复加以说明：

> 好憎者，心之过也；嗜欲者，性之累也。（高注：心当专一，中扃外闭，反有所好憎，故曰过；性当清静以奉天素，而反嗜欲，故为之累也。）……故心不忧乐，德之至也；通（文典谨案：《御览》七百二十引作性）而不变，静之至也；嗜欲不载，虚之至也；无所好憎，

---

① 俞樾《群经平议》考证为“欲”，与下引《淮南子》之“害”，皆为“容”字之误。当一为意之误，一为形之误。

平之至也；不与物散（殽），粹之至也。能此五者，则通于神明。通于神明者，得其内者也。是故以中制外，百事不废（高注：中，心也。外，情欲）。中能得之，则外能收之。中之得，则五藏宁，思虑平……大道坦坦，去身不远，求之近者，往而复反。

圣人不以身役物，不以欲滑和（高注：不以身为物役，不以情欲乱中和之道也）。……是故有以自得之也（高注：自得其天性也）。

所有论述都归结到“几于道”，这个“道”，也有“静”的“天性”或者“天理”，“达于道者，反于清静”，与老子的“好静”、“无欲”等思想一脉相承。

朱子等人，《礼记》肯定是读过的，《朱子语类》卷八七中还记有关于上引文中的几句具体解说。《淮南子》也不会没有看过。然而其“明天理，灭人欲”的主张，不是像《礼记》那样急于去“制礼作乐”，而是像《淮南子》那样要注重个人的心性修养，朱熹解释《乐记》中的话时说：

“物之感人无穷，而人之好恶无节”，此说得工夫极密，两边都有些罪过。物之诱人固无穷，然亦是自家好恶无节，所以被物诱去。若自有个主宰，如何被他诱去！此处极好玩味，且是语意浑粹。

虽是就一句话而言的，但能反映朱熹对天理、人欲问题的仔细“玩味”，“自有个主宰”，即个人的修养，虽然不是要回到老子那里去，但可以说是充分吸收了道家，特别是《淮南子》这样新道家的思想。

如果仔细分析，关于天理、人欲以及修养方法的论述，有许多是从道家思想中来的，举一个例子，如何修养？从周敦颐开始，许多人“主静”，用静坐之类的方法加强修养，朱熹也曾同意过，并且说过“圣贤之学必主乎静”①，“无欲性静”，显然是属道家思想的范畴。二程改这种“静”的修养功夫为“敬”，程颐说：“涵养须用敬”②。朱熹认为改得好，他说：

---

① 《朱子文集》卷七五，《林允中字序》。
② 《河南程氏遗书》卷一八。

某旧见李先生，尝教令静坐。后来看得不然，只是一个“敬”字好。方无事时，敬于自持（凡心不可放入无何有之乡，须收敛在此）；及应事时，敬于应事；读书时，敬于读书；便自然该贯动静，心无时不存。①

为什么要改“静”为“敬”？朱熹说：

濂溪言“主静”，“静”字只好作为“敬”字看，故又言“无欲故静”，若以为虚静，则恐入释老去。

圣人定之以中正仁义而主静，正是要人静定其心，自作主宰。程子又恐只管静去，遂与事物不相交涉，却说个“敬”，云：“敬则自虚静。”须是如此做功夫。

程子是怕人理会不得他的“静”字意，便似坐禅入定。周子之说只是“无欲故静”，其意大抵以静为主，如“礼先而乐后”。②

原来如此，是怕人静坐“入释老去”，这似乎有点“此地无银三百两”的意思。当然他们与释老是不相同的，他们是“定之以中正仁义而主静”，但他们的修养论，特别是以“静”为中心（“敬”实际主要还是“静”，他们改“静”为“敬”字，但照样教人“静坐”）的修养之法，明显是受道家思想影响而确定的。“主静”和静坐的方法，使人们很容易联想的是《庄子》中的“心斋”、“坐忘”，白居易的《睡起晏坐》诗中说“行禅与坐忘，同归无异路”。佛教徒的坐禅也是静坐，但在中国以《庄子》“坐忘”为早，坐禅是否从道家来的，待考。在儒家思想中如《礼记》也有“静而正之”（《儒行》）、“静而后能安”（《大学》）等，但没有道家清静无为、无私无欲那种根本性意义。

朱熹哲学思想中的许多具体论述，除以上所述天理人欲之外，还有诸如理与气，心、性、情、才、阴阳、动静、轻清重浊，以及小大、刚柔、强弱等等许多具体论述，都可以和道家思想作些比较。明清学者正是在一

① 黎靖德：《朱子语类》卷一百二十，《朱子十七》，中华书局1985年版，第2911页。
② 黎靖德：《朱子语类》卷九十四，《周子之书》，中华书局1985年版，第2386页。

些具体比较中看到了朱熹的道家思想，如明王廷相《雅述》上篇说：

> 老庄谓“道生天地”，宋儒谓“天地之先只有此理”。此乃改易面目立论耳，与老庄之旨何殊？

清戴震《孟子字义疏证》说：

> 朱子亦屡言“人欲所蔽”，皆以为无欲则无蔽，非中庸“虽愚必明”之道也。……因私而咎欲，因欲而咎血气，因蔽而咎知，因知而咎心，老氏所以言“常使民无知无欲”。彼自外其形骸，贵其真宰；后之释氏，其论说似异而实同。宋儒出入于老释，故杂乎老释之言以为言。

今之学者，特别是研究道家与道教文化的学者，更是注意了这个问题，在《道家文化研究》[①] 这样的专辑上已发表了几篇文章，如冯达文的《程朱理学与老学》（第六辑），刘仲宁的《朱熹与先天学》（第九辑）等。应该是还有文章可做的。究竟该怎样看待所谓“朱子道，陆子禅”[②]，也是一个很有意义的课题。

对于朱熹与道家思想的关系，我们要说明如下几点：

第一，儒道融合和后来的儒释道的融合，是历史上客观存在的一个发展趋势，不同时期有不同的具体情况，产生了不同的结果：从战国开始到秦汉，形成了新的道家和新的儒家，这时又不仅是儒与道两家的融合，而有“百家”融合的特点。魏晋以后则主要是儒道两家了，后来又加入了一个外来的佛教，形成儒释道三教合流的问题。魏晋时期的儒道融合产生了可以说是以道为主体的“玄学”。隋唐时，儒释道三教的长期斗争和融合，最后产生了应该说以儒学为主体的宋明“理学”，但其中道家思想的作用和影响很大。在这样一个总的发展趋势之下，朱熹思想中有很大的道家成分，是一点也不奇怪的。

---

① 上海古籍出版社，自 1992 年以来出版了 10 辑，现改由三联书店出版，又出了四集。

② 李恭：《恕谷后集》卷六《万季野小传》引潘平格语。

第二，自唐以来就有一个儒家排斥佛老的问题。说朱熹“抗衡释道”也是有根据的，他既痛恨佛教、道教发展之影响国计民生，也反对人们“溺于老佛之说”。但应该具体分析，首先他抗衡释道重点在释，所谓“辟佛”，而道又主要是道教。其对于老子、老学倒是另眼相看的，且抄录几段语录看看：

问：“老子之言，似有可取之处?”曰：“它做许多言语，如何无可取？如佛氏亦尽有可取，但归宿门户都错了。”

……至妙之理，有生生之意焉，程子所取老氏之说也。①

老子之言可取，周子、程子都取过老氏之说，只是归宿门户“不同”，朱熹和理学家们的本体论、天理人欲论取自道家都是这样做的。把“天理”解释成“仁义礼智信”，就是“归宿”不同。

老氏初只是清静无为。清静无为，却带得长生不死。后来却只说得长生不死一项。如今恰成个巫祝，专只理会厌禳祈祷。这自经两节变了。

这是讲老子、道家到道教的转变，明显是贬低道教。

道家有老庄书，却不知看，尽为释氏窃而用之，却去仿效释氏经教之属。譬如巨室子弟，所有珍宝悉为人所盗去，却去收拾人家破甕破釜。

讲佛与道的关系，佛教借用道家的东西，道教对自己老祖宗的利用还不如佛教。他还具体地说：

老子说他一个道理甚缜密。……疑得佛家初来中国，多是偷老子

① 黎靖德：《朱子语类》卷一百二十五，《老氏》，中华书局 1985 年版，第 2995 页。下不注者同。

意去做经，如说空处是也。后来道家做《清静经》，又却偷佛家言语，全做得不好。佛经所谓“色即是空”处，他把色、受、想、行、识五个对一个“空”字说，故曰“空即是色。受、想、行、识，亦复如是”，谓是空也。而《清净经》中偷此句意思，却说“无无亦无”，只偷得他“色即是空”，却不曾理会得他“受、想、行、识亦复如是”之意，全无道理。佛家偷得老子好处，后来道家却只偷得佛家不好处。……殊可笑也。①

此类言佛老关系的言论还有很多，看来朱熹真正是“出入佛老”，对佛老有较深的了解。但是他既深入钻研进去了，又能钻得出来，有自己的“归宿门户”，这方面他毫不含糊：

儒者以理为不生不灭，释氏以神识为不生不灭。龟山云：“儒释之辨，其差眇忽。”以某观之，真似冰炭！

关于儒释之不同说了许多，如：

儒释言性异处，只是释言空，儒言实，释言无，儒言有。

吾儒心虽虚而理则实。若释氏则一向归空寂去了。

释氏虚，吾儒实；释氏二，吾儒一。

等等，不烦详引。以其“门户”之见，佛老的根本问题在哪里呢？他说：

佛老之学，不待深辨而明，只是废三纲五常，这一事已是极大罪名！其他更不消说。

天下只是这道理，终是走不得。如佛老虽是灭人伦，然自是逃不得。如无父子，却拜其师，以其弟子为子，长者为师兄，少者为师弟。但是只护得个假底，圣贤便是存得个真底。

---

① 黎靖德：《朱子语类》卷一百二十六，《释氏》，中华书局 1985 年版，第 3007 页。以下引文不注者同。

话讲得通俗易懂，旗帜鲜明。因此说他与佛道抗衡是不错的。

不过他对佛老的评价和比较也很有意思，值得注意，如说：

> 老氏见得煞高，佛氏安敢望他！
>
> 老氏煞清高，佛氏乃为逋逃渊薮。……
>
> 因论佛，曰："老子先唱说，后来佛氏又做得脱洒广阔，然考其语多本庄列。"
>
> 道之在天下，一人说取一般。禅家最说得高妙去，盖自庄老来，说得道自是一般物事，阒阒在天地间。后来佛氏又放开说，大决藩篱，更无下落，愈高愈妙，吾儒多有折而入之。把圣贤言语来看，全不如此。世间惑人之物不特于物为然，一语一言可取，亦是惑人，况佛氏之说足以动人如此乎！有学问底人便不被它惑。

他始终认为：一、老高于佛；二、佛之"高妙"有"动人"之处，因而使得许多儒者"折而入之"；三、佛教许多东西来自老庄，如前所说，"乘虚而入的佛教"，善于"窃取"老庄，而道教反而不得，"却不知看""老庄书"。由此可见，他虽反对佛老之空无，尤其是"辟佛"，但对于佛老的"高妙"之处，不无赞赏之意。朱熹说："西汉时儒者说道理，亦只是黄老意思。"看来他自己也深受黄老之影响。

最后，再想说一点，朱熹的思想中，免不了有不少矛盾之处，其中有时间先后的问题，有些看法早期和晚期不同，或者更成熟了，或者是改变了。也有些本来就是不好讲清楚的问题，人们又反复问，他也不得不反复回答，讲来讲去也会有些矛盾。好像关于太极、关于"理与气"等许多问题，人们都是反复问，例如理与气，他说："天下未有无理之气，亦未有无气之理。"但人们反复问"先有理，抑先有气？""必有是理，然后有是气，如何？""或问'理在先，气在后'"，他只好回答道："理与气本无先后之可言。但推上去时，即如理在先，气在后相似。"这是不是有矛盾之处呢？这里仅举一个具体例子而言。其他矛盾之处，特别是他到底是反对道家还是吸收道家这样的矛盾，似不可简单回答。

附录三

关于古书目中的“杂家”类

在中国目录学史上，从《汉书·艺文志》到《四库全书总目》的“诸子”或“子部”中，都有一个“杂家类”。《四库全书总目》是最后一个有《子部·杂家类》，也是分得最细最好的。这里考察一下其发展源流，或能有助于对所谓“杂家”的理解。

《四库全书总目提要·子部·杂家类》的小序写道：

> 衰周之季，百氏争鸣，立说著书，各为流品，《汉志》所列备矣。或其学不传，后无所述；或其名不美，人不肯居。故绝续不同，不能一概著录，后人株守旧文，于是墨家仅《墨子》《晏子》二书。名家仅《公孙龙子》《尹文子》《人物志》三书，纵横家仅《鬼谷子》一书。亦别立标题，自为支派，此拘泥门目之过也。黄虞稷《千顷堂书目》，于寥寥不能成类者，并入杂家。杂之义广，无所不包，班固所谓“合儒、墨，兼名、法”也。变而得宜，于例为善。今从其说，以立说者谓之“杂学”，辨证者谓之“杂考”，议论而兼叙述者谓之“杂说”，旁究物理、胪陈纤琐者谓之“杂品”，类辑旧文、涂兼众轨者谓之“杂纂”，合刻诸书、不名一体者谓之“杂编”，凡六类。

《四库》分类是继承了《隋书·经籍志》以来的经、史、子、集四部分类。对于战国以来诸子的分类，则又渊源于《汉书·艺文志》。但随着时代的变迁，目录学的发展，再也不“拘泥”原有的“门目”，择善而从，接受了《千顷堂书目》的办法，把“寥寥不能成类者并入杂家”，将名、墨、纵横等家并入。这是分“杂家类”的一个重大变化，人们对此没有注意。原有诸子书的分类不尽合理，但长期沿用。有的一、二种书分别列为一类，与其他类显然不相称，这是一方面。更重要的是另一方面，从学术发展源流上看，有些分类不合理，杂家就是其中之一。“杂之义”究竟是什么？从“杂家”一开始出现就有问题。

“杂家”之名最早见于《汉书·艺文志》，它关于“杂家”的定义是：

> 杂家者流，盖出于议官。兼儒、墨，合名、法，知国体之有此，见王治之无不贯，此其所长也。及荡者为之，则漫羡而无所归心。

这里讲了“杂家”的起源和性质。在讨论这性质之前，先还要说一下这个定义的来源。

一般认为，《汉书·艺文志》源于刘歆的《七略》（《七略》源于刘向的《别录》），加以删节和一定的注释。分类的原则和主要内容是刘向、刘歆的。刘向父子的《诸子略》显然是以思想系统分的。刘向每校一书，都作一“叙录”，然后根据其思想系统分类，如《汉书·艺文志》所说：“每一书已，向辄条其篇目，撮其旨意，录而奏之。”《隋书·经籍志》在解释“目录”时则说：“刘向《别录》、刘歆《七略》，剖析条流，各有其部。”

他们对每一部书，既介绍作者、内容，又辨别真伪、评述其源流，然后分部分类。在一定意义上说，思想系统的不同是分类的基础，这在诸子的分类上尤为明显①。从遗存的一些《书录》看，按书的思想归类，是很明显的。如《晏子叙录》中说：

> 其书六篇，皆忠谏其君，文章可观，义理可法，皆合六经之义。又有复重，文辞颇异，不敢遗失，复列以为一篇。又有颇不合经术，似非晏子言，疑后世辩士为者，故亦不敢失，复以为一篇。凡八篇。其六篇可常置旁御观，谨第录。

《汉书·艺文志》儒家有《晏子八篇》，当为刘向、刘歆原意，归儒家类的原因就是其中六篇“皆合六经之义”，另外两篇“似非晏子言”，作了说明。

---

① 大的部类标准并不统一，但思想仍为其基础，“六艺”是儒家经典，所以首重。《诸子略》以外，或以古书对象分《六艺》，或以体裁分《诗赋》，或以作用分《兵书》，或以职业分《数术》等等。

又如《邓析书录》明说“与公孙龙同类”，故两书同列于名家类。《关尹子书录》更有意思：

……列御寇、庄周皆称道家书，篇皆寓名，有章，章首皆有“关尹子曰”四字。篇篇叙异，章章义异，其旨同，辞与老列庄异，其归同。浑质崖戾，汪洋大肆，然有式则，使人冷冷轻轻，不使人狂。盖公授曹相国参，曹相国薨，书葬。至孝武皇帝时，有方士来，以七篇上，上以仙处之。淮南王安好道聚书，有此不出。臣向父德，因治淮南王事得之，臣向幼好焉。寂士清人，能重爱黄老清静，不可阙。

《关尹子》一书为什么列于道家讲得清清楚楚，只可惜此《书录》疑为宋人所作，但其与刘向作录的旨趣是相同的。

今存《书录》中，无确定“杂家类”的内容，有后来被列入“杂家类”的（《汉书·艺文志》无）《子华子书录》一篇，亦疑为宋人所作，不足为据，其中有“大抵子华子以道德为指归，而纲纪以仁义，存诚养操……”之类的话，与高诱序《淮南子》的话相似，不是刘向、刘歆分“杂家类”的思想。

反映刘向父子关于“杂家”看法的，还是只有《汉书·艺文志》的记载：“兼儒、墨，合名、法。”“兼”和“合”均有“杂”字之义，就是说此类书思想不单纯，较驳杂。但突出的问题是：《汉书·艺文志》所列“杂家类”书二十家四百零三篇，著录时大多“亡”佚，仅“存”《吕氏春秋》二十六篇和《淮南子》二十一篇。然而这两部书，其一是“以道德为标的，以无为为纲纪”，其一更是“其旨近《老子》，淡泊无为，蹈虚守静”。这是汉高诱为两书所写的序言，可见在汉代当时就有人认为其思想系统应属于道家。刘氏父子为何要列入杂家？这就是问题。

其次，“兼儒、墨，合名、法”这个说法，与司马谈《论六家之要指》中关于道家的论述相近或者相似。司马谈说：

道家……其为术也，因阴阳之大顺，采儒、墨之善，撮名、法之要，与时迁移，应物变化，立俗施事，无所不宜，指约而易操，事少而功多。

“采”、“撮”与“兼”、“合”，仔细分析词意是有不同的。但既然采了儒、墨之善，撮了名、法之要，那也就是说其中有了儒、墨、名、法各家的内容，还有阴阳家的内容，实际上又还有农家、兵家等内容，内容确实比较“杂”。为什么一个说是道家的特点，一个说是杂家的特点呢？刘向父子是有意修改司马谈的说法，还是借用其辞呢？已经不好讨论下去了。

我们认为，司马谈的概括是准确而比较科学的。第一，他讲得很明白，是采其“善”，撮其“要”，吸取、兼合了其他各家的内容，当然是自己认为好的重要的内容。实际上，也是“百家争鸣”中的一条发展规律，同时存在且相对立的各种学派，在发展中，在互相论争中，彼此在思想上采善、撮要，无论哪一家哪一派都是如此，只有采、撮、兼、合的多少、程度以及方法等等的不同。所以我们往往看到，这一派的思想，为那一派后学所采纳吸收。第二，“因阴阳之大顺”，可以说兼合了阴阳家的内容，也是采其善，并非那些“众忌讳，使人拘而多所畏”的东西，而是：

> 夫阴阳四时……各有教令……夫春生、夏长、秋收、冬藏，此天道之大经也。弗顺，则无以为天下纲纪，故曰：四时之大顺，不可失也。

虽说是“因阴阳之大顺”，但和《老子》的“天法道，道法自然”的思想是一致的，并且有具体的论述，有所发展，可见其讲道家的特点，既明确又相当科学，例如他说：“夫阴阳四时，八位、十二度、二十四节，各有教令，顺之者昌，逆之者不死则亡，未必然也。”这“未必然也”四字，可以说在认识上反映当时最先进的科学水平。

看来，刘向父子完全没有理睬司马谈的论述，而仅仅取了杂有各家思想这一表面现象，把《吕氏春秋》和《淮南子》两书列入“杂家类”。是否有政治原因，不愿把它们列入道家类，又当别论。

《吕览》《淮南》两书，就其思想体系而言，从高诱为它们作序的分析看，是符合司马谈的“道家”或者“道德”家的。而司马谈的“道家”，实际又是黄老之学，或称“黄老道德之术”，不过，司马谈所分是大的学派，什么“儒分为八”、“墨离为三”都没有管，同样也没有仔细区分黄老道家与先秦道家老庄的同异，或者没有看到，或者不愿意区分。当时的现实是：黄帝、老子相提并论，老子书与黄帝书同时流行，黄帝和黄帝书实际是按老子的理想制造出来的。当时的道家，就是黄老道家，《吕览》《淮南》为其重要代表作。不过，司马谈已是谈学派不是谈图书，并且《吕览》不好说，《淮南》尚未流行。

到了刘向父子进行图书分类时，对一些不好分类的书临时分了一个“杂家类”。《吕览》《淮南》两书在这时候已经比较流行了，司马迁说：“不韦迁蜀，世传《吕览》”①；高诱说：“故夫学者不论《淮南》，则不知大道之深也。是以先贤通儒述作之士，莫不援采以验经传。”② 把它们列入“道家类”吗？显然与老庄等道家有较大的区别，加上主持编著这两部书的人又都有“政治问题”，不太愿意把它们放在曾是汉家指导思想的道家（黄老）这一类。因此临时在诸子中列了一个“杂家类”。而其关于“杂家”的定义，主要是根据这两部书作出的。如说“出于议官”，如同司马迁说齐国“稷下学士”一样，是一些“不治而议论”的人③，吕不韦的门客和淮南王刘安的宾客，也都是这样的人。又如说“兼儒、墨，合名、法”，如上所述，就是因为《吕氏春秋》：

> 此书所尚，以道德为标的，以无为为纲纪，以忠义为品式，以公方为检格，与孟轲、孙卿、淮南、扬雄相表里也，是以著在《录》《略》（!）④

同样，《淮南子》也是“讲论道德，总统仁义”。同时又参考了司马谈的“采儒、墨之善，撮名、法之要”。再例如，谈“知国体之有此，见王治之无不贯，此其所长也”。师古注曰：“治国之体，亦当有此杂家之说。”又曰：“王者之治，于百家之道无不贯终。”两种解释，都不过是“其务为治者也”⑤。

我们说刘歆父子列“杂家类”是一个临时处置，从《汉书·艺文志》

---

① 司马迁：《史记》卷一百三十，《太史公自序》，中华书局 1982 年版，第 3300 页。
② 《淮南子·叙目》，诸子集成本，中华书局 1954 年版。
③ 司马迁：《史记》卷四十六，《田齐世家》，中华书局 1982 年版，第 1895 页。
④ 《吕氏春秋·序》，诸子集成本，中华书局 1954 年版。
⑤ 司马谈引用《易大传》的话说明诸子百家的作用，见《史记·太史公自序》。

所录其他杂家书的情况，可以作些说明，如孔甲《盘盂》二十六篇自注云："黄帝之史，或曰夏帝孔甲，似皆非。"《大佘》三十七篇自注云："传言禹所作，其文似后世语。"《博士臣贤对》一篇自注云："汉世，难韩子、商君。"可见都是一些性质不好确定的书，放在杂家一类。又如《子晚子》三十五篇、《尉缭（子）》二十九篇、《吴子》一篇等书，皆可入《兵书略》的，后人作注，多言与《兵书略》的著录"盖非同书"，章学诚说："班固不著重复并省，疑本非一书。"① 但可否考虑，是未定时的一些疏忽呢？这样考虑也不是毫无根据的，因为《汉书·艺文志》本身已经留下了这种痕迹，在"右杂二十家，四百三篇"之后，有"入兵法"三字，王先谦《汉书补注》引陶宪曾曰：

入兵法上脱"出蹴鞠"三字。兵书四家，惟兵技巧入蹴鞠一家二十五篇，而诸子家下亦注出蹴鞠一家二十五篇，是蹴鞠正从此出而入兵法也。今本脱"出蹴鞠"三字，则"入兵法"三字不可解，而诸子家所出之蹴鞠，亦不知其于十家中究出自何家矣。②

以上从《汉书·艺文志》"杂家类"的问题作了一番梳理，说明了这开始的"杂家类"所存在的问题。然而这个当时不尽合理甚至权宜之计的分类，却一直沿袭下去了。接下来应谈的就是《隋书·经籍志》了。它在"子部"继承了《艺文志》的这个"杂家类"，但多少有些变化。

首先，关于"杂家"的定义，《经籍志》写道：

杂者，兼儒、墨之道，通众家之意，以见王者之化，无所不冠者也。古者，司史历记前言往行、祸福存亡之道。然则，杂者盖出史官之职也。放者为之，不求其本，材少而多学，言非而博，是以杂错漫羡，而无所指归。

与《艺文志》定义中一个显然的不同是"盖出史官之职也"。它对"史官

① 陈国庆：《汉书艺文志注释汇编》，中华书局1983年版，第150页。
② 陈国庆：《汉书艺文志注释汇编》，中华书局1983年版，第154页。

之职”的理解，在“史部”中反复提到：

> 古之史官，必广其所记，非独人君之举。
>
> 夫史官者，必求博闻强识，疏通知远之士，使居其位，百官众职，咸所贰焉。是故前言往行，无不识也；天文地理，无不察也；人事之纪，无不达也。……书美以彰善，记恶以垂戒，范围神化，昭明令德，穷圣人之至赜，详一代之亹亹。

《艺文志》没有“史部”，所谓“班固以《史记》附《春秋》”（《经籍志》），但《艺文志》在“道家类”说：“道家者流，盖出于史官，历记成败存亡祸福古今之道，然后秉要执本……。”两者所言“史官之识”相同，实际是说，什么都知晓，什么都记就是杂家。所以，《经籍志》虽继承《艺文志》仍有诸子的“杂家类”，但看法已有所不同了。看法不尽相同，故而在图书归类上也会有所不同，主要是增加了“杂家类”的内容，按照杂糅之意，扩大了“杂家类”的范围。首先当然是类似《吕览》《淮南》这样的“子书”，如《论衡》《仲长子昌言》《蒋子万机论》《傅子》《抱朴子外篇》《金楼子》等。其中有一些很明显是可以归入道家类的，如《论衡》作者王充自称其议论“合黄老之义”①。又如《抱朴子》之与道家和道教的关系（《四库全书》放在“道家类”）。其次是增加了《风俗通义》《博物志》《博览》《古今注》《物始》乃至《俗语》《俗说》之类的杂七杂八的书，可称杂事物者，几乎无所不包，有的更是直名《杂记》《杂略》《杂语》《杂事钞》《杂书钞》等。还有一些后来属于“类书类”的书也列入了“杂家类”，如《皇览》（一二〇卷）、《类苑》（一二〇卷）、《圣寿堂御览》（三六〇卷）、《长州玉镜》（二三八卷）等大部头的书。最后，《经籍志》虽在“集部”有了“道经”、“佛经”两类，但还有一些关于道教、佛教的书放在这“子部·杂家类”，如《释氏谱》《历代三宝记》《众僧传》《高僧传》乃至《宝堂四法藏目录》《玄门宝海》等。大约“集部”所定乃“道经”、“佛经”两类，以上这些不能称为“经”的图书，就只好放在“子部·杂家类”了。

---

① 王充：《论衡·自然》，诸子集成本，中华书局1954年版。

《隋书·经籍志》所定的这个“杂家类”的规模，以后很长时间又被沿用。当然同时也不断的有些小的变化，所谓“增、删、改、易”，例如《旧唐书·经籍志》和《新唐书·艺文志》中，“子部”增加了类书类，《皇览》之类的书即由“杂家类”分出了；《高僧传》又分别入“史部·杂传类”和“子部·道家类”。在调整过程中，有时也难免乱套，如《伏侯古今注》就在“史部·杂史类”（也是新增加的）和“子部·杂家类”重出。可以看出，按书的性质应入“史部·杂家类”，按《隋书·经籍志》的旧例，则仍留在“子部·杂家类”中，具体分类时，顾此失彼，因而重出。

以后宋、明，诸如以上种种具体变化还有不少。比较重要的，如有杂说、杂考、杂钞之类的名目开始出现，如《读书附志》就在诸子之后有“杂说类”。

到了清代，关于“杂家类”的又一重大变化，即将墨、名、纵横等家并入“杂家类”，这是黄虞稷的《千顷堂书目》开始的，他在“杂家类”的开头特加说明：“前代《艺文志》列名、法诸家，后代沿之。然寥寥无几，备数而已，今削之，总名之曰‘杂家’。”

《四库全书总目提要》介绍并评论说：

> 其墨家、名家、法家、纵横家并为一类，总名杂家。虽亦简括，然名家、墨家、纵横家传述者稀，遗编无几，并之可也。并法家删之，不太简乎！

因此，如本文开头所引，《四库全书总目》一方面“从其说”，把“寥寥不能成类者并入杂家”，如《墨子》《公孙龙子》《鬼谷子》等少数书；另一方面，“法家类”仍在“子部”中独立存在。

《四库全书总目提要》在这方面的主要成就是，在以前分类法的基础上，“杂家类”中明确地分出了“杂学”、“杂考”、“杂说”、“杂品”、“杂纂”、“杂编”六类，并且对每一类都有说明，关于“杂学之属”：

> 案：古者庠序之教，胥天下而从事六德、六行、六艺，无异学也。周衰而后百氏兴。名家称出于礼官，然坚石、白马之辨，无所谓

礼。纵横家称出于行人，然倾危变诈，古行人无是词命。墨家称出于清庙之守，并不解其为何语（以上某家出某，皆班固之说）。实皆儒之失其本原者，各以私智变为杂学而已。其传者寥寥无几，不足自名一家，今均以“杂学”目之。其他谈理而有出入，论事而参利害，不纯为儒家言者，亦均附此类。

关于“杂考之属”：

案：考证经义之书，始于《白虎通义》，蔡邕《独断》之类，皆沿其支流，至唐而《资暇集》《刊误》之类，为数渐繁。至宋而《容斋随笔》之类，动成巨帙。其说大抵兼论经、史、子、集，不可限以一类，是真出于议官之杂家也（班固谓杂家者流出于议官），今汇而编之，命曰“杂考”。

关于“杂说之属”：

案：杂说之源出于《论衡》，其说或抒己意，或订俗讹，或述近闻，或综古义。后人沿波，笔记作焉。大抵随意录载，不限卷帙之多寡，不分次第之先后，兴之所至，即可成编。故自宋以来，作者至夥，今总汇之为一类。

关于“杂品之属”：

案：古人质朴，不涉杂事，其著为书者，至射法、剑道、手搏、蹴鞠止矣。至《隋志》而《欹器图》犹附小说，《象经》、《棋势》犹附兵家，不能自为门目也。宋以后，则一切赏心娱目之具，无不勒有成编，图籍于是始众焉。今于其专明一事一物者，皆别为“谱录”，其杂陈众品者，自《洞天清录》以下，并类聚于此门。盖既为古所未有之书，不得不立古所未有之例矣。

关于“杂纂之属”：

案：以上诸书，皆采摭众说以成编者，以其源不一，故悉列之杂家。《吕览》《淮南子》《韩诗外传》《说苑》《新序》，亦皆缀合群言，然不得其所出矣，故不入此类焉。

关于“杂编之属”：

案：古无以数人之书合为一编，而别题以总名者，惟《隋志》载《地理书》一百四十九卷，《录》一卷，注曰：陆澄合《山海经》以来一百六十家以为此书。澄本之外，其旧书并多零失，见存别部自行者，惟四十二家。又载《地记》二百五十二卷，注曰：“梁任昉增陆澄之书八十四家，以为此记。其所增旧书，亦多零失，见存别部行者，惟十二家。是为丛书之祖，然犹一家言也。左圭《百川学海》出，始兼裒家杂记，至明而卷帙益繁。《明史·艺文志》无类可归，附之类书，究非其宜，当入之杂家，于义为允。今虽离析其书，各著于录，而附存其目，以不没搜辑之功者，悉别为一门，谓之“杂编”。其一人之书，合为总帙，而不可名以一类者，既无所附丽，亦列之此门。

由以上说明中，明显地可以看出《总目提要》的作者们，把杂家分类的问题讨论得相当透彻，有许多地方纠正了以前的不当之处。同时，也显然有一些是旧的沿袭。有原有看法的继承和发展，也有新的解释和说明，以上引文都较明显，不必再多说了。

总而言之，从《汉书·艺文志》“诸子略”关于杂家定义的不合理，分类法的临时处置，到《四库全书总目提要》“子部·杂家类”的比较全面，相对准确，是目录学史上的一个进步发展过程。旧的分类法（主要是四部分类法）淘汰以后，“杂家”之名不再用了，但总还有些不好归类的书，如梁启超《西学书目表》说：

自余诸书分为三卷。上卷为西学诸书，其目曰“算学”，曰“重学”……中卷为西政诸书，其目曰“史志”、“官制”……下卷为杂类之书，其目曰“游记”，曰“报章”……总曰“西人议论之书”，曰无可归类之书。[1]

无可归类之书，对于任何一种分类法都会有，如今之综合类等。

《四库全书总目提要》在目录学史上是有重要地位的，如人们所说：

> 窃谓自汉以后，符录之书无论官撰、私著，凡卷第之繁富，门类之允当，考证之精审，议论之公平，莫有过于是编。[2]

从以上关于“杂家类”的分析看，证明此类说法是有道理的。

① 梁启超：《饮冰室文集》第一册，《西学书目表》。

② 周中孚：《郑堂读书记》卷三二。

总后记

本人文集的编辑出版，花了他人不少时间和精力，虽不得已，但是应该铭感在心。

酝酿出版文集前后也有两三个年头了，范军、吴琦、赵国华、刘固盛等几位教授反复谋划、合计促成了此事。文集的编选、整理阶段，刘固盛教授做了大量具体的组织工作。另外还邀请了叶秋菊、肖海燕、王闯几位老师参加，博士生则有聂新、杨志昆、张盼盼、张亚伟、杜文君、魏淑贤、张艳鸽等，他们都花了许多时间和精力，仅仅规范注释，按出版的要求，就是一个很费时间的细致工作。

这里我要说明一下，实际上有些注释的格式难以完全按照出版规范统一起来。例如过去写文章，如果引用《史记·五帝本纪》《汉书·礼乐志》的内容，注释只需注明书名就可以了，但现在的规范一般要求标明出版社、出版时间和引文的页码等。是为了读者，为了编辑，还是为了"统一"、"好看"？类似的要求似乎存在某些不合理之处。如果读书、写书的人，连基本的史料例如二十四史之类都不知道，那还谈什么学问？何况有些史料没有标点本，或者有而不准确，注明出来又有何用？所以本文集在注释规范方面虽然尽了很大的力，但仍然会有那么一些并不规范之处，也是不得已，特此说明。

参考已出的一些文集，本文集也选用了一些照片，是新来的硕士生杨帆帮忙完成的，想反映一下人生经历和师友关系。师友很多，学生更是不少，也只能选用有代表性的几张合影，由于选用的数量有限，遗漏恐怕还是有的。

华中师范大学出版社从过去到现在的领导和许多成员都是我的朋友，文集的出版，有他们的关注和支持。负责本文集具体实施的冯会平同志前后也交往多年了，她工作热情积极，此次也费力不少。还有梅杰、张怀东、张建英、曾艳、庞丹、卢格蕙、陈良军编辑的辛劳，都是应该衷心感谢的。

本文集的出版得到华中师范大学中国史一流学科建设的经费支持和历史文化学院的关心，在此一并致谢。